KB269014

웨슬리안의 영성에 있어서 성례전

-외적 표시와 내적 은혜--

웨슬리안의 영성에 있어서 성례전

-외적 표시와 내적 은혜--

웨슬리안의 영성에 있어서 성례전

발행일 2022년 10월 25일 초판 1쇄 발행

지 은 이　롭 스테이플즈
옮 긴 이　조종남
발 행 처　선교횃불
등 록 일　1999년 9월 21일 제54호
등록주소　서울시 송파구 백제고분로27길12 (삼전동)
전　　화　(02)2203-2739
팩　　스　(02)2203-2738
이 메 일　ccm2you@gmail.com
홈페이지　www.ccm2u.com

웨슬리안의영성에 있어서

성 례 전

-내적 표시와 외적은혜-

롭 스테이플즈 지음 / 조종남 옮김

신교횃불

출간사

18세기 영국교회의 개혁자이자 성결복음의 전도자였던 존 웨슬리의 성례전을 다룬 롭 스테이플즈 박사의 『외적 표시와 내적 은혜』가 이번에 번역되어 출간하게 된 것을 하나님께 감사드립니다. 이 책은 우리의 신앙생활에서 성례전이 갖는 의미와 중요성을 웨슬리적 관점에서 잘 설명하고 있어 한국교회에 보약이 되리라 생각됩니다.

더욱 감사한 것은 세계적인 웨슬리 학자이신 조종남 박사님께서 이 책을 번역해주신 것입니다. 고령의 연세에도 철저한 자기관리와 성실함으로 웨슬리신학의 명저들을 번역해주고 계신 조박사님께 깊은 감사의 말씀을 드립니다. 앞으로도 건강하셔서 저희 후학들을 위해 좋은 책들을 번역해 주시고 가르쳐 주시기를 기도드립니다.

교정작업을 맡아 번역 초고를 읽고 수정 제안을 하시느라 수고한 배명지 박사님에게도 감사를 드립니다. 좋은 책이 되기 위해서는 여러 번의 교정작업이 필요한데 우리 웨슬리신학연구소의 연구원이신 배박사님의 수고로 책의 완성도가 높아지게 되어 참으로 감사합니다.

앞으로도 서울신학대학교 웨슬리신학연구소에서는 웨슬리 설교연구모임, 신학세미나, 특강과 웨슬리 명저 번역 활동을 통해서 그가 외쳤던 성결복음과 성서적 부흥의 메시지들을 전파하고 연구하는 일에 정진하고자 합니다. 이를 통해 복음주의 신학을 더욱 성경의 풍성한 가르침에 맞게 발전시키고 한국교회와 한국사회를 갱신하는 성결부흥이 일어나는 일에 밑거름이 되겠습니다.

서울신학대학교 웨슬리신학연구소 소장

김성원 교수

역자의 글

미국에서의 19세기 성결 부흥 운동의 영향을 받은 웨슬리안/성결 전통에 있는 교회들 즉 자유 감리교회, 웨슬리안 교회, 나사렛 교회에서는(물론 한국의 성결교회도 포함될 것이다) 종교적 표현에서 자발성을 열망하고 성령 안에서의 자유를 주장하는 경향이 있다. 그리하여 성례전은 차갑고, 생기 없는 냉정하고 단순한 외적 형태로만 인식하는 경향이 있다. 따라서 세례는 그저 구원받은 것의 공개적인 증언으로만 이해하고, 유아세례 대신 유아헌아식을 선호하며, 주의 성찬은 기념식으로 이해하는 경향이 있다. 성례전에 대한 어떤 신학도 수립하지 않았다. 이는 분명히 성서적, 역사적, 전통적 견해 그리고 고전적인 웨슬리안주의에서 멀어진 것이라 할 것이다.

이에 저자는 웨슬리안/성결 전통에 있는 교회들이 성례전의 진가를 잘 알고, 분명한 성례전의 비전이 거룩한 삶에 도움이 될 수 있음을 보여주기 위하여 이 책을 썼다.

그러면서, 성례전이 무엇인가? 그(Staples)는 말한다. 웨슬리의 정의에 의하면, 성례전은 내적 은혜의 외적 표시이며, 우리가 그것을 통하여 은혜를 받는 수단이며 주님이 제정하신 은혜의 수단이다. 이는 내적 은혜의 외적, 가시적 표시일 뿐 아니라, 작동하는 상징이다. 은총의 행위를 행한다. 또한 성경적 믿음의 수호자로서, 성례전은 창조에 대한 성서적 교리, 성서적 믿음의 역사성, 하나님의 초월성에 대한 성서적 견해의 수호자이다.

그러면서, 저자는 기독교 공동체에 입문하는 성례전으로서의 세례의 풍부한 성서적 역사적 의미를 밝힌다. 또한 유아세례에 대한 웨슬리의 입장과 그 의미를 밝히며, 오늘의 웨슬리안/성결 교회들이 유아세례 대신 헌아식을 시행하는 잘못을 지적한다. 헌아식은 성례전이 아니다. 또한 저자는 "성화의 성례전으로서의 주의 성만찬"을 논의한다. 그리고 세례와 성만찬이 전도에 어떻게 유효하게 역할을 할 수 있다는 것을 말하며, 마지막으로 세례와 성만찬을 시행함에 있어, 목사가 유의하고 개선하며 실행해야 할 것을 건설적으로 제안하고 있다. 이는 현장의 목회자들에게 큰 도움이 될 것이다.

저자가 말하는 대로, "영성은 객관적인 실체, 하나님의 입에서 나오는 모든 말씀에서만" 즉 성육신하신 말씀, 기록된 말씀, 전파된 말씀과 함께 성례전의 "가시적인 말씀"에서만 양육될 수 있다. 세례로 그리스도와 함께 장사되고 새 생명으로 다시 살아남을 아는 것, 그것이 영성이다! 우리의 구속주이시며 장차 오실 왕이신 분을 "기억하여 이것을 행하고", "동서남북으로부터" 온 자들과 함께 앉아(눅 13:29), 하나님 나라의 잔치에 저들과 함께 앉게 될 그 날을 기쁘게 기대하며 이것(성찬례)을 행하는 것, 그것이 영성이다!

이에 이 책은 웨슬리안의 성례전 신학 주제에 대한 귀중한 자료이며 목회자들에게 큰 도움이 될 책이라고 사료된다.

끝으로 이 책의 번역에 도움을 준 수잔 트루이트(Susan Truitt) 박사와 원고의 교정을 봐준 김성령 전도사와 배명지 박사, 그리고 웨슬리신학 시리즈를 계속 출판해 주시는 출판사, 선교횃불의 김수곤 사장님과 출판비를 후원해 주신 신촌성결교회와 담임목사 박노훈 박사께 감사를 표한다. 아울러 서울신학대학교 웨슬리신학연구소의 명저 번역 사업이 계속해서 한국 신학계와 교회에 크게 기여하기를 기원한다.

2022년 4월 5일
역자 조종남

차례

서 론
(Preface)

이 책의 제목과 부제에 있는 용어(terms)에 대한 설명은 이 페이지 앞에 놓여 있는 내용에 대한 유용한 미리보기를 제공할 수 있다. 물론『외적 표시(outward Sign)와 내적 은혜(Inward Grace)』라는 제목은 존 웨슬리의 성례전에 대한 정의에서 따온 것이다. "웨슬리안의 영성(Wesleyan Spirituality)"이라는 용어는 이 책이 쓰여진 관점, 즉 18세기 웨슬리주의에 뿌리를 둔 영적 풍조를 나타낸다.

책 자체에서 종종 사용되고 있는 웨슬리안/성결(Wesleyan/holiness)이라는 용어는 내가 서 있는 전통과 이 책이 주로 다루는 전통을 나타내기 위한 것이다. 이를 위해서는 웨슬리안(Wesleyan)이라는 넓은 의미를 가진 언어 그 자체로는 충분하지 않을 것이다. 존 웨슬리의 자녀라 할 수 있는 주류의 메소디스트들은 그 용어에 대해 우선권을 가지고 있다. 그러나 그들의 신학에서 웨슬리안이라고 주장하는 자들은 또한 웨슬리의 "손자들"이다.—이들의 종교적 유산은 마음과 삶의 성결을 강조하던 초기 메소디즘의 회복이었던 19세기 미국 성결 운동의 것이다. 따라서 웨슬리안/성결 전통이라는 용어는 이중 목적을 가지고 있다. 즉, 같은 신학적 뿌리를 드러내는 웨슬리안이라는 용어는 메소디즘과 공유하는 전통을 나타내는 것이고, 그리고 성결(즉 holiness tradition)이라는 용어는 이 전통을 성결 운동과 동일시하지 않는 현대 주류 메소디즘의 일부와 구별하는 단어이다.

이 책에서 옹호하는 성례전적 관점은 성결 운동에서 발견되는 관점의 수정보다는 오히려 웨슬리의 관점과 더 많은 연속성을 가지고 있기 때문에, 웨슬리안/성결 영성이라는 더 복잡한 용어는 부제에 사용되지 않았다. 그러므로 부제에서 성결이라는 용어는 관련이 없게 되었다.

영성(spirituality)은 다루기 어려운 것이다! 종교 역사에서 이 용어는 신학의 차이만큼이나 사람의 성격 유형의 다양한 것으로 인해 사람들에게 다른 것을 의미하게 되었다. 기본적으로 영성은 우리의 종교적, 윤리적 의무를 이해하는 방식과 이러한 이해에 대해 습관적으로 행동하고 반응하는 방식을 말한다. 영성이 무엇이든, 복음주의자들 사이에서 영성에 대한 새로운 관심과 필요성에 대한 내용은 휴스턴(J. M. Houston)의『복음주의 신학사전』(Evangelical Dictionary of the Theology)에서 다음과 같이 나타난다;

> 갱신 운동에도 불구하고 오늘날 복음주의 세계에는 영적 지도와 관리가 부족하다. 가톨릭은 캘커타(Calcutta)의 테레사 수녀(Mother Teresa)를, 정교회는 현대 러시아의 무명의 순교자에 희망을 걸지만, 복음주의 개신교는 대체로 그들의 정치, 성장에 대한 집착, 행정에 대한 관심, 패라처치(독립교회) 활동 등에 의하여 세속화되어 있다. 기도 생활의 상실, 풍부한 영성의 전통에 대한 무지, 그리고 믿음의 실천을 위한 문화적 틀을 개발할 필요는 20세기 말에 있어, 가장 심각하게 고려해야 할 가치 있는 도전이다."[1]

나는 성례전적 관점이 영성의 중요한 구성 요소라고 믿는다. 그리고 나는 성례전에 대한 더 명확한 이해가 웨슬리안/성결 전통에 속한 사람들의 영성을 강화시킬 수 있기를 바란다.

이 책에서 지지하는 성례전의 관점은 서술적이라기보다는 규범적(normative)이다. 이것은 내가 오늘날 웨슬리안/성결 전통 내에서 통용되

---

1) Edited by Walter A. Elwell (Grand Rapids: Baker Book House, 1984), 1050.

는 성례전적 믿음과 실행을 서술하려 하지 않았다는 것을 의미한다. 나는 합의점을 찾으려고 노력하지 않았다. 그것을 결정하기 위해서는 약간의 주의 깊은 통계의 연구가 필요할 것이다. 그에 대해서, 나는 관심도 자격도 없다. 차이가 너무 크다. 어떤 성결 그룹은 성례전을 높이 평가하는 반면, 어떤 성결 그룹은 매우 낮은 우선순위를 부여하고 있다. 초기에 "친구들의 협회(Society of Friends)"(영성에 대한 이해가 성결 전통의 이해와 어느 정도 유사한 단체)는 성례전을 전혀 시행하지 않았다. 구세군은 성례전을 거의 사용하지 않았지만, 부스 장군의 시대에는 그 이유가 신학적인 것보다는 실용적인 것에 있었다. 나사렛 교인, 웨슬리교인, 자유 감리교인, 그리고 기독교 성결협회 내의 다른 교단 회원들 사이에는 상당히 다양한 성례전적 견해가 있다. 나는 웨슬리안/성결 교회들이 그들의 웨슬리의 유산에 충실하려면 그들의 믿음과 실천을 인도해야 한다고 생각하는 성례전적 비전을 간단히 설명했다. 부제에 쓰인 "성례전의 위치(The Place of Sacraments)"라는 말은 그들이 지금 하고 있는 성례전의 위치를 말하는 것이 아니라, 그들의 성례전이 있어야 할 위치를 말하는 것이다. 이 말을 생색 내는 것처럼 들릴지도 모르겠다. 내가 누구이기에 내 전통에 있는 사람들이 무엇을 믿어야 한다고 말하는가? 이는 공정한 질문이다. 내 의견은 단지 하나의 의견일 뿐이라고 대답할 수 있다. 그러나 나는 그것이 세련된 의견이기를 바란다. 이 책에 표현된 관점은 성례전에 대한 적절한 웨슬리안/성결의 관점이라고 나는 믿는 것이다. 또한 이 믿는 일에 대한 타당한 근거를 내가 가지고 있기를 바라며, 그것에 대해 진술하고자 한다.

나는 이미 "우리 웨슬리의 유산에 충실하는 것"이 무엇인지에 대해 언급했다. 웨슬리주의(Wesleyanism)의 근원은 18세기에 주로 존(John)과 찰스(Charles) 웨슬리의 설교에서 비롯된, 영국의 복음적 부흥(Evangelical Revival)에 있다. 그 부흥의 활력과 역점을 나는 고전적 웨슬리주의라고 부른다. 19세기의 미국 성결 운동은 18세기 성결 운동에서 생겨났고, 또 그 운동을 통해 추진력을 새롭게 하고자 시도되었다. 다시 말해, 18세기 메소디스트의 설교와 가르침이 근원이자 주류였다는 것이다. 나중에 같은 생각을 가진 운동이 부흥 운동의 흐름과 "이 땅에 성서적 성결을 퍼뜨리라"는 하나님의 부르심에 사로잡혀 그 흐름으로 흘러 들어갔다. 그렇게 하면서 그들은 역사에서 그들 자신의 시간과 장소에 고유한 몇 가지 독특한 특징을 가져왔다. 어떤 경우에는 내용에 있어 그의 설명이 주류(mainstream)와 다르기도 했다. 그리고 여기에 내 개인적인 확신(conviction)을 말하자면; 많은 경우에 주류로 흘러드는 지류가 일부 새로운 요소로 그것을 풍부하게 하기도 했지만 전체 흐름을 정화함에 있어서 항상 도움이 되지는 않았다고 확신한다. 때때로 그들은 그 대신 물을 오염시키거나(그 단어가 너무 강한 경우) 적어도 어떤 면에서는 물을 진흙탕으로 만드는 요소를 추가했다. 예를 들어, 내가 다른 곳에서 보여주려고 했던 것처럼[2] 웨슬리는 성령의 교리에 있어서 팔머(Phobe Palmer)보다 성경적 진리에 더 가까웠다. 성례전의 경우, 나는 성결 운동을 통해 웨슬리의 흐름으로 흘러든 재세례파의 흐름이 웨슬리의 세례 교리를 약화시키고, 웨슬리가 주의 만찬에 부여한 중요성을 줄이는 데 기여했다고 믿는다.

왜 오늘날의 웨슬리안은 그들의 성례전적 견해와 관행을 고전적인 웨슬리안 신학에 기초하여 평가해야 하는가? 우리는 웨슬리를 보다 낮게 하지도 않고 더 정확한 비전으로 나아갔다고 누가 말할 수 있겠는가? 다시 말하지만, 이것은 공정한 질문이다. 나는 신학적 진리가 부분적으로 문화에 의해 형성되지만, 그것에 구속되어 있지는 않다고 말할 뿐이다. 나는 웨슬리의 성례전에 대한 관점이 그의 추종자들이 일부 변경한 것(그리고

---

2) Cf. Rob. L. Staples, "Wesleyan Perspectives on the Doctrine of the Holy Spirit," in The Spirit and the New Age, ed. R. Larry Shelton and Alex R. G. Deasely (Anderson, Ind: Warner Press, 1986), 199-236. also published under the title "John Wesley's Doctrine of the Holy Spirit": Wesleyan Theological Journal, Spring -Fall, 1986, 91-115.

등한시한 것)보다 성경과 역사적 기독교 전통에 더 확고하게 뿌리를 두고 있다고 믿게 되었다. 오늘의 신학은 과거의 속삭임에 귀를 닫을 때, 그 정신적 지주를 잃어버리게 되었다. 나는 내 신학 전반에 있어서, 특히 성례전 신학에 있어서 변명의 여지 없이 고전적인 웨슬리안이다.

그러나 이것은 존 웨슬리의 성례전 신학에 관한 책이 아니다. 그 주제에 대해 이미 가치 있는 연구가 많이 이루어졌다. 그럼에도 불구하고 나는 글을 쓸 때 내 어깨 너머로 바라보는 웨슬리의 유령을 끊임없이 의식하고 있었다. 그가 내 워드 프로세서의 빠른 작업에 매료된 것처럼 나의 단어를 모으는 속도가 느린 것에 짜증 냈을 것이라고 생각되지만, 내가 쓰는 것을 보고 너무 실망하지 않았기를 바란다.

일반적으로 그리스도 교회에서는 성례전에 대한 많은 책이 있다. 그러나 웨슬리안/성결 교회에서는 이 주제에 대한 문헌이 부족했다. 때때로 우리는 성결 운동의 현대 성격(ethos)에서는 성례전을 너무 많이 강조하는 것이 "형식주의"나 "성례전주의" 또는 "반-복음주의" 또는 다른 무서운 것으로 빠질 것이라는 암묵적인 두려움을 감지할 수 있었다. 나의 이 작업이 그러한 두려움을 없애는 데 도움이 되기를 바란다.

나는 이 한 학기 동안 성례전을 읽고, 생각하고, 글을 쓰도록 안식년을 허락해 준 나사렛 신학교 당국과 이사들에게 감사드린다. 또한 나에게 도움이 되는 제안을 해주신 여러 분께 감사한다. 신학자 더닝(H. Ray Dunning)과 윌리엄 그레이트하우스(William M. Greathouse)는 원고 전체를 읽어 주셨다. 신약 학자인 데즐리(Alex R. G. Dasely)와 하워드(Richard E. Howard), 예배학자인 보이드(Donald Boyd), 그리고 나의 전 대학원 조교인 운루(Von Unruh)가 이 책의 상당 부분을 읽었다. 나사렛 커뮤니케이션(Nazarene Communications)의 전 이사인 세실 폴(Cecil Paul)은 내가 글을 쓰는 데 필요한 더 많은 시간을 주기 위해 몇 주 동안 나의 성인 주일학교 공부반을 가르쳐 주었고, 이 부분에서 나를 강력하게 격려해주었다. 보니 페리(Bonnie

Perry)는 어색한 문장을 많이 고쳐 주었고, 신학교 과정의 학생들은 성례전 신학에 관한 초고에 있는 원고에 접근할 수 있었고, 그것에 관한 귀중한 피드백을 주었다. 나는 여러 해 동안 특히 성찬에 대한 질문과 영적인 토론을 통하여 내 관점을 예리하게 하는 데 도움을 준 학생들에게 감사한다. 나는 그들이 성례전적 비전을 확장한 것에 대해 특별한 "아버지다운" 만족감을 느낀다.

비록 이 책이 한 학기 동안의 안식년에 시작되었지만, 그것이 쓰여져야 한다는 개념은 오래전부터 생각했었고, 거의 30년 동안 신학을 가르치는 동안 잉태되었다. 나는 성례전에 관해서 지금 내가 가지고 있는 견해를 이전부터 항상 가지고 있지는 않았다는 것을 고백한다. 나는 교직 생활을 시작하기 전에 몇 년 동안 목회를 하였는데, 그때는 세례와 성찬이 신앙생활에서 그다지 중요하지 않은 것으로 여겼었다. 유아세례보다 헌아식을 더 좋아했고, 세례식 때, 물을 뿌리거나 붓는 것보다는 침례(immersion)를 시행하였다. 그리고 이전에 받은 세례에 불만을 느끼는 몇몇 사람들에게 아무렇지 않게 다시 세례를 주었다. 그러나 내가 복음, 은혜, 교회, 기독교인이 된다는 것, 역사적 기독교 전통, 그리고 내 자신의 웨슬리안의 유산을 더 잘 이해하게 되면서, 몇 년 동안에 내 견해는 바뀌었다. 이것이 그리스도인의 여정이 되어야 하는 것이 아닌가? 우리가 현재 시대를 더 잘 섬기고 미래에 가야 할 방향을 더 명확하게 인식할 수 있도록 우리의 과거를 끊임없이 재검토해야 하지 않겠는가?

이 책은 연역적이 아니라 귀납적으로 전개되었다. 따라서 이 책의 초반부에서 독자의 마음에 제기될 수 있는 몇 가지 질문은 다음 절(sections)에서 답변이 이루어지기를 바란다. 모든 성경 인용문은 달리 명시되지 않는 한 새 국제 번역판(New International Version)에서 인용하였다. 일반적 관행에 따라 나는 성찬식에 사용되는 물체에 대해 말할 때 포도주(wine)라는 단어를 사용했다. 그러나 우리는 금주를 주장하는 웨슬리안/성결파

(Wesleyan/holiness) 사람들은 성찬식에서 포도 주스를 사용한다는 것을 이해해야 한다. 3) 어쨌든 이 책에서는 성례전에 대하여 토론할 때 포도 주스라는 말이나 실제 포도주를 사용하는 말이나 특별히 다르게 보이지는 않을 것이다! 내가 언어적으로 얼버무려 한 것이 있다면 이해해 주길 바란다.

나의 의도는 신학적 전문적인 표현들을 피하는 것이었지만, 그것들을 완전히 피할 수 없다는 것을 알았다. 그것들이 이 책의 중심 목적을 손상시키지 않기를 바란다. 이 책의 목적은 웨슬리안/성결 전통에 있는 동료 그리스도인들이 성례전을 더 잘 이해하도록 도와주고, 그리고 분명한 성례전적 비전이 거룩한 삶에 도움이 될 수 있다는 것을 보여주고자 함에 있다.

롭 L. 스테이플스

---

3) 그 이유는 제9장에서 알게 될 것이다.

1장
웨슬리안의 딜레마: "정신" 대(vs) "구조"
The Wesleyan Dilemma: Spirit vs. Structure

성례전(sacrament)이란 무엇인가? 어거스틴은 간결한 은유로 그것은 "가시적인 말씀"이라고 말했다, 존 웨슬리는 영국교회의 기도서(Book of Common Prayer)에 있는 교리문답 안에 있는 정의를 요약하면서, 성례전은 "우리에게 주어진 내적이고 영적인 은혜의 외면적이고 가시적인 표시"라고 말하였다. 웨슬리의 요약한 것과 다른 완전한 영국교회의 정의를 보면, "이는 우리에게 주어진 내적이고 영적인 은혜의 외면적이고 가시적인 표시; 곧 그리스도께서 우리가 그것에 의하여 은혜를 받으며, 그것을 보증하는 서약의 수단으로 제정하신 것"이라고 되어 있었다.

성례전은 몇 개나 있나?

로마 가톨릭은 "일곱 개"라고 주장한다. 대부분의 개신교는 "단 두 개"라고 주장한다. 고대와 현대의 일부 신학자들은 "명확하지 않은 많은 성례전"이 있다고 말했다.

우리는 성례전과 관련하여 무엇을 믿고 실천하는가? 웨슬리안/성결 전통에게는, 그것이 두드러진 질문이다. 우리가 그에 대한 답을 하려고 하면 우리는 진퇴양난에 빠지게 된다.

A. 정의된 딜레마

웨슬리안/성결 전통은 거룩한 삶의 양성에 있어서의 성례전의 위치에 대해서는 항상 약간의 불확실성을 갖고 있었다. 미국의 성결운동은 대체로 19세기 부흥운동의 산물이었다. 이들운동에서는, 성결 운동에 동조하는 사람들을 가장 많이 나오게 한 메소디스트 주류 교회들에서 볼 수 있는 특징들, 즉 좀 더 형식적이고 구조적인 기독교를 외면하는 경향이 생겼다. 부흥운동은 내적 체험의 종교, 즉 존 웨슬리의 "마음이 뜨거움"의 종교를 강조했다. 그러한 "마음에 느끼는(heartfelt)" 종교가 사람들의 삶에 현실(reality)이 되었을 때, 그들은 교회 구조와 예배의식(liturgies) 등에 대한 필요를 덜 느끼게 되었다. 구조화된 예배는 때때로 성령이 자유롭게 활동할 수 있는 여지를 주지 않는 "형식주의"의 표시로 격멸되었다. 구원은 마음의 상태를 말하는 것이고, 그리스도인의 삶은 규정된 특정한 의식을 따르는 것이 아니라고 생각했다. 자유와 자발성을 강조하는 종교적인 관점을 이 장의 제목에서 "정신(spirit)"이라고 언급된다.[1]

이런 환경에서 성례전은 자신의 종교적 경험이 성례전적 형식의 필요성을 초월한다고 믿는 사람에 의해 쉽게 평가절하될 수 있다. 내적 종교를 강조하는(퀘이커 교도와 같이) 메소디스트들의 주장을 좋아하는 그룹과, (구세군과 같이) 메소디즘에 실제로 뿌리를 둔 단체는 성례전을 성령의 내적 삶에 방해가 되는 것으로 여겼다. 그러나 그 관점은 예외였다. 19세기 후반의 성결운동을 구성하는 대부분의 단체에서 세례와 성만찬은 지방 교회뿐 아니라 장막집회나 대회와 같은 모임에서도 어느 정도 규칙적으로 성실하게 거행되었다. 성례전은 주로 그리스도께서 명하셨고, 또한 메소디

---

1) 여기에 Spirit로 쓰지 않고 spirit라고 썼는데, 이는 spirit를 주장하는 자들은 성령이 임재하는 예배의 형태를 말하는 것이라고 믿지만, 여기서 표현하는 것은 기분(mood), 경향(tenor), 어조(tone), 기질(temper) 또는 태도(attitude)를 표시하기 위한 것이었다.

스트 유산의 일부였기 때문에 실행되었던 것이다. 그렇게 실행함에도 불구하고, 성결 운동은 성례전에 대한 어떤 철저한 신학도 수립하지 않았다. 그것의 지지자들은, 그에 대한 특별한 신학적인 의의를 부여하지 않고, 단지 그들의 메소디스트 선조들의 성례전 관행을 수용했을 뿐이었다. 그들은 세례를 일반적으로 이해함에 있어서, 세례를 세례받는 사람이 그가 이미 받은 구원, 즉 그가 의식을 통하여서든지 또는 그냥 받은 구원에 대한 공개적인 증언으로 생각했다. 주의 성만찬은 주로 그리스도의 희생적 죽음에 대한 기억을 불러일으키기 위한 기념식으로 이해했다. 그러나 이 이것이 주의 희생을 기억하는 것에 도움이 된다는 정도의 의미를 제외하고는, 현재 은총을 전달하는 수단으로 인식하지 않았다.

나사렛 교회의 신학자 더닝(H. Ray Dunning)은 많은 웨슬리의 복음주의적인 후계자들이 그의 성례전적 가르침과 실천과 관련하여 어려움을 겪는 것은 부분적으로 그들이 살고 있는 문화적 환경이 웨슬리의 교회의 환경과 다르다는 사실에서 비롯된다고 제시한다.

그는 다음과 같이 말한다:

> 웨슬리는 영국 교회의 맥락에서 일을 한 반면, 세계 대부분 지역에서의 현재 상황은 그러한 분열된 상황에서 뒤따르는 연합의 의식(sense of unity)이 없는 교단적 형태의 교회 구조를 반영하고 있다. 더군다나, 계몽주의와 고독한 개인을 의미의 위치로 높여 인간 존재의 통합된 중요성을 비현실적으로 여기는 미국의 극한 개인주의의 영향이 있었다. 이것은 기독교인의 삶을 구성하는 교회의 중요성에 대한 인식과 웨슬리가 예리하게 느꼈던 인식을 잃게 하는데 크게 기여했다.[2]

여기에 추가되어야 할 것은, 미국 부흥운동에서 발전된 종교적 개종

---

2) H. Ray Dunning, *Grace, Faith, and Holiness: A Wesleyan Systematic Theology* (Kansas City: Beacon Hill Press of Kansas City, 1988), 549.

(conversion) 개념의 영향이다. 극적이고 감정이 풍부하고 의지 중심적인 경험을 강조하는 것이 현저하고 갑작스러운 변화를 초래했고 그것이 성례전에 대한 가치를 낮추었다. 3)

이러한 미국 성결 운동의 경향은 진공 상태에서 발전된 것이 아니다, 이러한 점에서 성결 운동은 단지 "시대의 정신"을 반영했을 뿐이다. 이와 같은 경향이 자유교회 개신교주의(Free Church Protestantism) 전체의 특징이기도 했는데, 그런 가운데, 세례와 성찬례는 그 성례전적 의미를 많이 상실하였다.

> 실제로, 자발적이고 회중 교회적이며 민주적인 미국의 환경에서 미국 비즈니스 생활에서 그랬던 것처럼 미국 종교 생활에서 공동 예배는 종종 공격적인 개인주의에게 희생되었다. 세상에 속하지 않는다고 주장하는 미국 복음주의는 실용주의적이고, 실용적이며 비즈니스적인 십자군 운동과 그리고 (부자들이 물건을 사는-역주)매디슨 에비뉴에서의(Madison Avenue-like) 부흥운동처럼 보이기 시작했다. 4)

19세기 부흥의 패턴은 주일 예배에서 제도화되었다. 설교가 중심적이었고 성례전은 지엽적인 것이었다. 설교는 일반적으로 목회적이기보다 전도를 위한 것이었다. 따라서 성결운동은 예배의 '자발성'과 '자유'에 반하는 '예식주의'나 '형식주의'를 깊이 의심하는 환경에서 양육되었다.

반면에 성결운동은 스스로를 초기 메소디스트의 정당한 상속자로 인식하기 시작했다. 그것은 존 웨슬리의 가르침, 특히 성화와 기독자의 완전에 관한 그의 교리의 부흥으로 시작되었다. 이 성결 단체들은 자신들

---

3) Ibid., 더닝은 다음과 같이 덧붙였다. "급진적인 개종(conversion)의 현실에 의문을 제기할 수는 없지만 그 형태와 표현이 문화적으로 영향을 받는다는 사실을 인식해야 한다." pp. 549-50.
4) William H. Willmon, *Word, Water Wine, Bread* (Valley Forge, Pa: Judson Press, 1980), 112.

을, 주요한 메소디즘이 황폐해지도록 허용한 초기 메소디스트의 강조한 것의 주창자가 되도록 부름을 받은 것으로 생각했다.

이제 "가슴이 뜨거운(warmed heart)" 웨슬리가 다름 아닌 "고교회주의자(High churchman)" 웨슬리 자신의 말을 빌리면, 고교회주의자의 아들이 되었다.[5] 이 후반의 웨슬리는 평생의 영국교회 신자로서, 영국교회에 대한 지속적인 감사를 가지고 있었다. 그리고 영국교회 예배의식과 성례전은 성결을 교화하고 전파하는 데 있어서 그에게는 매우 중요했다.[6] 웨슬리와 그의 추종자들의 이런 "가톨릭적 측면(catholic side)"—즉 전통을 사랑하고 예배의 질서를 높이 평가하며, 성례전에 높은 우선순위를 두는 것을—우리가 이 장의 제목에서 "구조(structure)"라고 부르는 것이다.

우리가 "정신"과 "구조"라고 부르는 웨슬리의 이 두 가지 측면이 우리가 "웨슬리안 딜레마(Wesleyan dilemma)"라고 부르는 것을 구성한다. 아무튼 표면적으로는 서로 긴장하고 있는 것처럼 보인다. 19세기 미국 성결 운동의 딜레마는 웨슬리 자신의 높은 성직자 직과 복음적 경험을 조화시키려고 애썼던, 그 자신의 신학과 실천에 뿌리를 두고 있다. 차례로, 미국의 성결 운동은 이런 딜레마를 20세기 후예들에게 물려주었다.

우리는 먼저 현재 상황을 검토한 다음 18세기 웨슬리 부흥에서의 그 뿌리를 검토할 것이다.

B. 오늘날의 상황

오늘날 웨슬리안/성결 교회들에는 약간 변형된 모양이라도 여전히 딜

---

5) *The Journal of the Rev. John Wesley*, A.M. ed. Nehemiah Curnock (London Epworth Press, 1916), 325.

6) 이것은 그가 쓴 북미 메소디스트의 주일예배서(Sunday Service of Methodist in North America)에 의해 입증된다. … 또한 그가 1780년에 출판한 Covenant Service 에 의해; 그리고 평생 사랑한 공통기도서(the Book of Common Prayer)에 의해 입증된다.

레마가 존재한다. 한편으로는 예배와 종교적 표현에서의 자발성을 열망하는 "성령의 자유"를 강조한다. 일부 교회에서 선호하는 예배 형식들, 곧 박수를 치며, 자발적인 음성으로 찬양하고, 찬송가와 축가보다 복음 성가와 합창을 선호하는(방언으로 말하지는 않지만) "은사주의적" 스타일에 접근하고 있다. 여기서의 강조점은 경험, 느낌의 중요성, 마음의 종교에 있다. 규정된 예배 형식은 때때로 영적인 자유의 맑은 산 공기를 마신 사람들에게는 이질적이고 불필요한 것처럼 보인다.[7] 그들에게는, 형식적인 종교는 흐릿하고 억압적으로 보일 수 있으며 성례전은 시간 낭비처럼 보일 수 있다.

이것은 경험을 강조하는 "마음의 종교"에는 지성적 생각이 없다는 것을 의미하지 않는다. 사실 성례전을 폄하하여 '구조보다 정신'을 옹호하는 자들도 가끔 경험의 권위뿐만 아니라 이성의 권위에도 호소한다. 기독교 신앙에 깊이 헌신하고 있는 많은 독실한 사람들에게는 교회 생활에서의 성례전적 행사의 현상에는 뭔가 이상하고 이해할 수 없는 것이 있다. 왜 지적이고 교육 받은 그리스도인들이 예배—즉 설교, 기도, 성경 봉독, 음악으로 찬양하는 공적 예배에서의 보다 합리적이고 이성적인 것을 만족해하지 않을까? 왜 아무것도 모르는 아이의 머리에 물을 뿌리거나 어른을 물속에 들어가게 하거나 또 엄숙한 말에 맞추어 소량의 빵을 먹고 포도주를 마시는 것과 같은 비합리적인 관행을 연속해야 하는가? 경험에 대한 관심이나 합리성에 대한 관심에서 그랬든 아니든, 성례전은 오늘날 웨슬리안/성결 교회에 속한 상당한 수의 사람들에 의해 상대적으로 중요하지 않은 것으로 간주되고 있다. 그런 것들은 진정한 영성을 향상 시키지 못하는 불필요한 구조로 간주되고 있다.

---

7) 그러한 회중은 자신의 예배 패턴에서 의식적인 요소(ritualistic elements)를 식별하지 못했을 수 있다. 예를 들어서, 예배 중에 노래하거나, 증거하고, 기도하거나, 예배 도중에 서로를 방문하는 일 등에 있어서의 의식적인 요소(ritualistic elements)를 식별하지 못했을 수 있다.

그러나 그런 경향과 관점의 위험을 보고 다음과 같이 말하는 니버 (Reinhold Niebuhr)에 동의하는 다른 사람들이 있다.

> 그런 규율이 없어도 상관없는 종교적 자발성의 짧은 기간이 있을 수 있다. 아메리카의 개척자들의 전도에는 그런 기간이 있었을 것이다. 그러나 이 자발성은 영원히 지속되지 않았다. 이 지속성이 사라졌을 때, 전통적인 전례와 신학적인 배움과 전통의 적절한 도관들(conduits)이 없는 교회는 생명수가 없는 교회이다.[8]

일부 지역에서는 성결 운동에 속한 많은 사람이 예배하는 방법을 알지 못한다는 확신이 커지고 있다. 특히 나사렛교회에 초점을 맞춰 명예 총감독인 그레이트하우스(William M. Greathouse)는 은퇴 직전에 자신의 글을 통해 예배의 "위기"라고 말하는 일에 대해 경고했다. 그는 "많은 교회가 예배를 구성하는 것이 무엇인지에 대해 혼란을 겪고 있는 것 같다."고 말했다. 그는 교회 예배에서 "특별한 음악으로 회중 찬송을 몰아내는 경향이 커지고 있고" 또 교회 예배가 "종교적 오락으로 흐르는 경향"을 개탄했다. "이 관행은 이 시대의 정신에 의한 교회의 침입을 나타낸 것이다. 자기 애적 문화는 오락을 요구한다. 그래서 우리는 종교적으로 오락을 즐길 수 있게 되고 그리스도의 영이 임재하지 않는 예배에 빠질 수 있다."고 경고하였다.[9]

그러한 경향에 대해 우려하면서 웨슬리안/성결 운동에 있는 많은 사람들은 교회에서 영원의 소리를 듣기를 갈망한다. 어떤 사람들은 예배 쇄신

---

8) Reinhold Niebuhr, *Essays in Applied Christianity*, ed. D. B. Robertson (New York: Meridian Books, World Publishing Co, 1959), 62,
9) William M. Greathouse의 "The Present Crisis in Our Worship"는 1988년 11월 16일 Nazarene Theological Seminary 채플에서 연설하신 것이다. 이후 Preacher's Magazine 1989-90년의 12월, 1월, 2월호에 게재되었다.

과 예배가 (예배 때 읽는)성구집(lectionary)의 사용, 기독교 연도 설교, 그리고 성례전의 보다 의미 있는 적용과 같은 전통적인 것들을 구체화시킴으로써 향상될 수 있다는 사례를 요구하고 있다. 많은 개인과 회중이 이 부름에 응답했다. 그리고 오랜 세월 동안 이어져 온 전례식문(liturgy)을 따름에서 오는 역사적 연속성의 의의를 인정하게 되었다. 그들은 새 성구집(New Common Lectionary)에 정해져 있는 대로, 구약성경, 복음서, 서신에서 성서봉독을 함을 통하여 의미 있는 영적 구조(formation)를 경험했다. 그들은 자기 자신을 떠나 하나님께 찬미를 부르며 기뻐했으며 성례전을 은혜의 수단으로 사용했다. 이 개인과 회중의 대부분은 "구조"보다 "정신(spirit)"을 강조하는 예배, 즉 덜 구조적인 예배에서 결코 발견할 수 없었던 영적 만족을 입증했다.

역설적이게도 "구조"보다 "정신"을 강조하는 예배에 있어서는 그 대조가 극도로 구조화됨으로 교회의 조직과 행정 정치에 종종 결합된다. 1854년에 유명한 스위스 태생의 미국 신학자이자 교회 역사가인 필립 샤프(Philip Schaff)는 독일인을 위해 미국 기독교를 분석하면서, 다음과 같이 말했다.

[미국 기독교]는 요한보다는 베드로 편이다. 예수의 발밑에 앉아 있는, 생각에 잠긴 마리아보다는 바쁜 마르다와 비슷하다. 그것은 깊이보다는 너비(breadth)로 더 확장된다. 그것은 종종 세속적인 사업처럼 계속되고 기계적인 방식으로 또는 공리주의적 정신으로 수행된다. … 여기에는 참된 신비주의와 역사와 교회에 대한 인식이 결여되어 있다. … 심오하고 영적인 신학의 기초가 부족하다. 정통주의라는 가면을 쓰고 의도하거나 알지 못하는 사이에 숨기는 일이 드물지 않다. 추상적인 지성주의와 피상적인 합리주의로의 경향, 이것은 특히 교회와 성례전의 교리와 빈약한 예배에서 그런 것을 알 수 있다. … [그 안에는] 설교, 자유기도, 노래 외에는 아무것

도 남지 않는다.[10]

거의 150년 전 미국 기독교에 대한 샤프의 기소 내용 중 일부 요소는 오늘날 일부 웨슬리안/성결 교단의 교회 생활과 기이하게 닮았다. 우리는 종종 행정 지도자들이 "성령의 자유"가 예배 안에 최고로 군림하는 비구조적인 예배를 유지함으로써 "영광을 억제하는 것"의 필요를 선언하는, 곧 밀접하게 구조화된 교단 정부의 아이러니한 현상을 가끔 본다! 이것과 샤프의 설명 사이에는 몇 가지 유사점이 있다. 즉 (1) 교회 개척과 교회 성장에 대한 강한 강조와 비교적 약한 예배에 대한 강조("바쁜 마르다", "깊이보다 폭이 더 넓어짐"); (2) 급성장하는 교회 관료제("세속적인 사업처럼 시행됨"); (3) 목회적 성공을 통계적으로 정의함("실용주의 정신")에 유사점이 있다. 이것은 우리에게 샤프의 분석을 절반도 안 되는 것으로 가져갔지만 그의 진술의 나머지 부분과 오늘날의 웨슬리안/성결 교회 생활과 정치 사이에는 유사성이 있음이 자명하다.

C. 웨슬리안의 뿌리

매혹적인 방식으로 현재의 딜레마는 존 웨슬리에서의 유사한 딜레마를 반영한 것이다. 웨슬리의 사역 기간 동안, 특히 초기 수십 년 동안 교회와 예배에 대한 그의 개념에 몇 가지 변화가 있었다. 이러한 변화에는 그의 관행과 교리가 모두 포함되었으며 이 둘은 상호 간에 영향을 끼쳤다. "그의 실행은 그의 신학을 수정했고 그의 변경된 신학은 그를 새로운 실행으로 이끌었다."[11] 교회에 대한 자신의 교리와 관련하여 웨슬리는 성인 시절의 대부분을 근본적으로 다른 두 가지 개념으로 일했으며 각 개념에

---

10) Quoted in Christianity Today, February 17, 1989, 53.
11) Frank Baker, *John Wesley and the Church of England* (Nashville: Abingdon Press, 1968), 137.

다양한 열정으로 반응했다.

교회에 대한 이 두 가지 견해는 금세기 초에 역사 신학자 트뢸치(Ernst Troeltsch)가 "교회형 기독교(church-type Christianity)"와 "종파형 기독교(sect-type Christianity)"라고 불렀던 것과 대략 일치한다. [12) [우리는 구별할 때 그것을 "거친(rough)" 대응이라고 부른다. 왜냐하면 트뢸치는 구별함에 있어서, 웨슬리를 이해하는 데 중요하거나 중요하지 않을 수 있는 사회학적 기준을 사용했기 때문이다.] 트뢸치는 사회학자 베버(Max Weber)의 글을 차용하면서, "교회"와 "종파"를 이상적인 유형 또는 기독교와 그 다양한 단체 형태를 이해하는 데 도움이 되는 개념적 모델로 설명했다. [13) 이러한 구분은 초기 메소디스트의 시작을 이해하는 데 유익하다.

트뢸치(Troeltsch)의 두 가지 유형의 사회학적 소제목을 제쳐두고 그들의 넓은 윤곽만 보면 웨슬리의 교회에 대한 견해에서 유사한 것을 볼 수 있다. 그는 베이커(Frank Baker)가 명료하게 묘사한 두 가지 다른 견해를 가지고 있었다. 첫 번째 견해(즉 웨슬리의 "교회 유형")는 "성경을 바르게 해석하고, 세례로 회원이 된 모든 사람을 대표하여 고대 전통을 보존하는 방법으로 성례전을 집행하는 사제 계급이 섬기는 감독들의 승계와 유전된 관습에 의해 사도적 교회와 유기적으로 연결된 역사적 기관(institution)의 유형"이라는 견해였다. [14) 웨슬리의 다른 견해(즉 트뢸치의 "종파" 유형과 유사한 것)는 "하나님의 살아계신 임재에 대한 사도적 체험과 다른 사람들을 예배와 전도의 어떤 방법으로든 이 동일한 개인적 체험으로 데려오려는 열망을 공유하

---

12) Ernst Troeltsch, *The Social teaching of the Christian Churches*, trans. Olive Wyon, 2 vols. (New York: Harper and Brothers, 1960).

13) Cf., Claude Welch, *Protestant thought in the Nineteenth Century* (New York: Yale University Press, 1985) 2:293-94. William Pauck, *Harnack and Troeltsch: Two historical Theologians* (New York: Oxford University Press, 1968), 78-79.
"이상형(Ideal types)"이라는 문구는 그것들의 예제가 존재하는 교회의 구조에서 발견될 수 있지만 반드시 필요한 것은 아니라는 것을 의미한다.

14) Baker, 137.

는 신자들의 교제”의 유형이었다. 15) 예배와 전도는 성령께서 그들 가운데서 특별한 예언과 지도력의 은사를 부여하신 사람들에게 가장 유망한 것으로 보였다. 베이커는 다시 두 가지 견해를 다음과 같이 비교한다.

> 한 견해는 … 교회를 모든 인류를 대표하고 포용하고자 하는 기관으로 보고, 그 교회의 사역자들은 그들을 위하여 주로 사제의 기능을 수행한다고 이해하는 견해이다. 다른 견해는 … 교회를 어떤 특별한 목적을 위해 하나님의 부르심을 받은 사람들의 모임으로 보고 그곳의 사역자들은 … 제사장이라기보다 선지자로 생각되고 있는 견해이다.16)

그리고 다시:

> 첫 번째 견해는 본질적으로 교회를 보존되어야 할 고대 기관으로 보고, 두 번째 견해는 교회를 세계를 향해 사명을 가진 충실한 소수로 보았다. 첫 번째는 전통적인 규칙을 중요시하고, 두 번째는 살아있는 관계를 중요시한다. 웨슬리는 한 기관으로서의 교회에서 태어나고 양육되고 안수받았다: 그는 … 개인으로서 그를 부르시는 하나님의 부르심에 대한 인식이 커지면서, 선교로서의 교회에 점차적으로 인도되었다.17)

이 두 교회 모델은 웨슬리의 교회론(ecclesiology)에 나란히 존재했으며, 그들은 각 메소디스트의 형성에 일종의 역할을 했다. 웨슬리의 메소디스트 “단체들(societies)”은 그가 죽은 후 영국 국교회에서 분리되었다. 그리고 그러한 분리로 이끄는 세력은 웨슬리의 생애 동안에도 부분적으로 가동

---

15) Ibid.
16) Ibid., 158.
17) Ibid., 137-38.

되고 있었다. [18] 결과적으로, 교회 조직의 관점에서 볼 때 웨슬리의 오디세이는 일반적으로 "교회형"에서 "종파형"으로 향하고 있었다고 말할 수 있다. 그러나 영성과 기독교적 양육의 면에서 볼 때 두 유형은 모두 웨슬리의 전 생애에 걸쳐 깊게 그리고 아주 균일하게 뿌리내리고 있었다. [19]

성례전에 대한 그의 견해를 살펴보면, 한 성례전에 관해서는 유사한 이중 모델을 발견하지만 다른 성례전에 대해서는 발견하지 못한다. 주님의 성만찬에 관해 우리는 그의 교회에 대한 견해의 성격을 나타내는 양면성(two-sideness)을 발견하지 못한다. 그의 성찬식에 대한 견해는 상당히 통일되어 있다. 그리고 그의 사역 과정에서 거의 변화가 없었다. 이것은 그가 1787년에 "지속적인 성찬의 의무"라는 제목의 설교를 출판했다는 사실에서 명백히 드러났다. 이 설교는 그가 링컨대학의 교수로 있을 때 그의 학생들을 위해 55년 전에 썼던 설교 내용과 거의 동일하다. 그 설교의 서문에서 그는 말하기를, "나는 하나님께 감사한다. 나는 아직 거기에 말한 어떤 점에 대해서도 내 의견을 바꿀 이유를 보지 못했다."고 하였다. [20]

적어도 표면적으로는 세례, 특히 세례의 중생과의 관계에 있어서는 그렇지 않은 것 같다. 웨슬리는 이 교리 영역에서는 두 가지 다른 모델을 사용했다. 웨슬리의 일부 학생들에게는 이것은 그가 그의 고교회파의 교직과 복음적 경험을 조화시키는 데 어려움을 드러냈다. 웨슬리는 예수께서 세례를 구약의 할례 의식을 신약이 계승한 것으로서 제정하셨다고 믿으면서 유아세례를 주장했다. 또한 세례를 받을 때 아이에게 어떤 식으

---

18) 위에서 인용한 Frank Baker의 책은 분리로 이어지는 이러한 영향들(forces)에 대한 훌륭한 조사이다.

19) 웨슬리는 메소디스트 협회의 회원들이 영국 교회와의 분리와 교리적 해석을 의존하며 성찬식을 위해 정기적으로 그곳에 간다고 강력하게 주장했음을 기억해야 한다. 그는 또한 영국교회에서 명시된 예배 시간과 충돌을 피하기 위해 메소디스트의 설교 집회의 시간이 예정되어 있다고 주장했다.

20) *The Works of John Wesley*, 3rd ed. 14 vols (London: Wesleyan Methodist Book Room, 1872, Reprint, Kansas City, Beacon Hill Press of Kansas City, 1978), 7:147. (Hereafter cited as Works).

로든 객관적인 은총이 수여된다고 믿었다. 이러한 관점을 따라, 아우틀러(Albert Outler)는 웨슬리가 "세례를 통한 중생의 교리(doctrine of baptismal regeneration)를 약간 허용(mild allowance)한 것"[21]이라고 말하며, 그는 또 성인 경험에는 다른 형태의 중생이 성례전의 예식과는 별도로 가능하다고 주장했다. 웨슬리 학자들은 그가 이 두 가지 견해를 완전히 조화시킨 적이 없으며 계속해서 두 가지 견해를 모두 지지했다고 널리 추측해 왔다. 세례를 통한 중생에 대한 그의 견해를 가장 간결하게 설명한 것은 그의 "세례에 관한 논문"에서 볼 수 있다. "신생(The New Birth)"에 관한 그의 설교에서는 강조점이 중생에 대한 성인들의 의식적인 경험으로서의 회심에 있다. 두 가지 견해를 논의함에 아우틀러는 말하기를, "문제는 웨슬리가 그 견해 둘 다를 주장했다는 데 있다."라고 하였다.[22]

그러나 이것은 웨슬리가 중생을 경험할 수 있는 시기(time)에 관하여 두 가지 다른 견해를 가졌다는 것을 의미하는 경우에만 "중요한 사항(the point)"이 된다. 그는 유아기에 세례를 받을 때 중생을 경험한 일도 있고 성인이 되었을 때 경험한 사람도 있다고 믿었다. 일부 성인의 경우 세례를 받을 때일 수도 있겠지만 꼭 그래야 하는 것은 아니다. 그의 견해는 일부 학자들이 가정한 것만큼 자기 모순적이지 않을 수 있는데, 6장에서 이러한 가정을 더 자세히 살펴볼 것이다. 그러나 웨슬리가 중생과 관련하여 세례에 대한 두 가지 견해 사이에서 갈등을 겪었는가에 대한 여부와 관계없이 그의 교회 개념에서는 딜레마가 있었다. 위에서 언급했듯이 그는 두 가지 모델 즉 "정신"을 강조하는 모델과 "구조"에 큰 중요성을 두는 모델로 작업했다. 이 광범위한 교회론적 딜레마는 웨슬리가 해결하기 어려웠다. 이 딜레마가 계속 존재하는 곳에는 영성 배양에서 성례전이 차지하는 위치에 대해서는 어느 정도 불확실성이 남아 있다.

---

21) Albert Outler, *John Wesley* (New York: Oxford University Press, 1964), 318.
22) Ibid.

여기까지의 논의의 요지를 정리하면 다음과 같은 것이 분명해 보인다. 웨슬리의 신학과 실천, 19세기 성결 운동의 신학과 실천, 그리고 오늘날의 웨슬리안/성결 교회의 신학과 실천에 있어서는 "정신"의 주장과 "구조"의 주장 사이의 균형을 맞추는 적절한 방법에 대한 약간의 불확실성이 존재한다. 이러한 주장을 어떻게 균형을 이루느냐는 것은 성례전의 관점에 영향을 미칠 것이다. 기독교 신학과 삶에서 경험의 의미와 역할을 살펴보면 딜레마를 더욱 잘 이해할 수 있을 것이다.

D. '경험'의 위험

위의 섹션(section)에서 "정신(spirit)" 대 "구조(structure)"에 관한 현재 웨슬리안/성결파의 딜레마가 웨슬리의 교회와 성례전에 대한 이해에서 나타난 유사해 보이는 딜레마를 반영한다는 점을 지적했다. 그러나 그 뿌리는 훨씬 더 거슬러 올라갈 수 있다. 16세기 종교개혁 당시에도 참 그리스도교의 본질에 대한 이해에서도 이와 유사한 양극이 존재했다.

그러나 개신교 종교개혁에 대해 말하는 것은 약간 오해의 소지가 있다. 왜냐하면 실제로는 4개의 종교개혁, 곧 한 종교개혁의 4개의 날개가 있었기 때문이다. 유럽 대륙에는 루터파와 개혁파(칼빈주의)가 있었다. 영국에는 미국파가 있었다. 영국과 유럽 대륙에는 모두 4개의 날개 즉 "재세례파", "영성주의자", "종파주의자", "급진파" 또는 "좌파"라는 이름을 가진 4개가 있었다.

이 네 번째 날개는 동종의 것으로 이루어지거나(homogeneous)나 단일화(monolithic)하지 않았다. 퀘이커 교도, 메노나이트파(Mennonites)교도 및 침례교도는 현대의 후손 중 일부이다. 말 그대로 혼혈(mixed bag)이었다. 이상하게도 정치적으로 좌파 종교개혁에는 평화주의자와 혁명가가 모두 있었다. 그리고 이들 그룹 중 많은 부분이 서로 큰 차이를 가지고 있었다. 그러나 그들 모두의 공통적인 주제와, 우리가 그것들을 한 부류에 놓을 수 있는 공통 주제는 종교적 경험에 대한 강조였다. 종교 경험에 대한 이러한 강조는 세 가지 운동 사이에 흥미로운 유사점이 있다. 즉 (1) 좌파 종교개혁, (2) 웨슬리의 교회에 대한 이해의 "종파형" 측면, (3) 웨슬리안/성결 전통의 "구조 위의 정신" 측면의 운동 사이에 흥미로운 유사점이 있다.

최근 몇 년 동안 경험이 높은 영예의 자리에 오른 것은 웨슬리안/성결 교회에서만이 아니다. 1970년대에 경험은 북미 종교에 있어서 중심 주제였다.[23] 1960년대에 10년간의 사회 운동 이후, 1970년대의 주요 관심사는 교회와 반문화에서의 내적 경험이었다. 그것은 교회에서 카리스마적 쇄신, "거듭남(born again)"을 강조하는 종교의 인기, "가능하다는 사고(possibility thinking)" 및 기타 자립 복음(self-help gospel)으로 표현되었다. 그리고 신학교에서는 사회적 행동주의로부터 "영적 형성"으로의 전환이 있었다. 한편 반문화는 동양의 신비주의, 정신확장, 환생에 대한 믿음, 초월명상 등을 더 깊은 진리로 가는 길로 받아들여졌다. 오늘의 소위 뉴에이지 운동(New Age movement)은 이러한 주제의 많은 부분을 포함한다. 이것은 교회의 경향과 반문화의 경향이 의식적으로 밀접하게 관련되어 있다는 것을 말하는 것이 아니다. 오히려 둘 다 내적 삶의 발전에 높은 우선순위를 두는[24] 최근 문화의 더 넓은 추세의 부분이다. 이 책의 한 가지 논제는 적절한 성례전 신학이 주관적인 경험에 대한 그러한 강조로 인해 생긴 한쪽으로 치우친(one-sided) 기독교를 적절한 균형으로 회복하는 데 도움이 될 수 있다는 것이다.

경험에 대한 현재의 매혹은 새로운 현상은 아니다. 지난 두 세기 동안

---

23) Cf. William Horden, *Experience and Faith*: 오늘날의 경험적 종교를 이해하기 위한 루터의 중요성(Minneapolis: Augsburg Publishing House 1983), 경험에 대한 최근 및 현재의 관심에 대한 탁월한 분석과 비판이다. 현재 섹션의 논의는 Horden의 자극적인 책에 많은 영향을 받았다.

24) 흥미롭지만 본 연구의 범위를 벗어난다. 동시에 많은 주류 교회에서 전례에 대한 쇄신(liturgical renewal)이 일어나고 있었다는 것이 사실이다.

신학은 종교에서의 경험의 역할에 많은 관심을 기울였다. 그것은 19세기 자유주의의 중심 주제였다. 20세기 초 독일 신학자 프리드리히 슐라이어마허(Friedrich Schleiermacher)는 "현대 신학의 아버지"로 알려져 있으며, 진정한 종교는 교리에 대한 지적인 믿음이 아니라 경험의 문제, 즉 "절대 의존의 느낌"이라고 가르쳤다. 약 한 세기 후에, 루돌프 오토(Rudolf Otto)는 종교의 기초를 "초자연적인 것"의 경험(the experience of "numinous"), 즉 우리가 가장 "종교적인" 순간에 압도당하는 경외, 경이, 신비감에서 발견했다. 연대순으로 슐라이어마허와 오토 사이에 있는 루트비히 포이어바흐(Ludwig Feuerbach)는 경험에 대한 강조를 논리적인 결론에 이르게 했으며, 우리가 인간의 경험으로 시작한다면, 결국 마지막에는 인간의 경험에 지나지 않는다고 주장했다. 슐라이어마허가 말했듯이 종교가 감정에 뿌리를 두고 있다면, 포이어바흐는 교리는 욕구(felt need)의 징후일 뿐이라고 말했다. 그렇다면 신학은 인류학일 뿐이다. 하나님은 우리 자신의 인간성(humanity)을 천상의 스크린에 투영한 것일 뿐이고, 하나님에 대해 이야기하는 것은 우리 자신의 소원과 이상에 대해 이야기하는 것일 뿐이다.

칼 바르트(Karl Barth)는 주관적 경험을 통해 하나님에 대한 지식을 얻으려고 하면 항상 포이어바흐의 비판을 받기 쉽다는 점을 지적했다. 바르트는 종교개혁, 특히 루터파와 개혁파의 강조점인 "객관적인" 강조점으로 돌아가야 한다고 주장했다. 종교개혁의 급진파 또는 재세례파의 관점과 대조되는 루터의 경험에 대한 관점을 고려하는 것이 유익할 것이다.

종교 개혁 연구의 대부분은 루터의 로마 가톨릭과의 논쟁과 그의 견해가 형성되는 포럼이었던 개혁파(칼빈주의) 전통에 집중시켜 왔다. 그러나 그의 신학적 입장은 재세례파의 견해에 반대하여 토론하면서 상당 부분 구체화되었다.[25] 특히 이것은 종교적 경험에 대한 루터의 입장과 관련하여

---

25) Cf., *The work of the Canadian Mennonite sholar*, Harry Leowen, in Luther and the Radicals (Waterloo, Ont: Wilfrid Laurier University Press, 1974).

사실임이 분명하다.

진정한 의미에서 종교개혁은 루터의 경험에서 태어났다. 그는 "자비로운 하나님"을 열심히 찾고 내면의 평화와 용서를 찾기 위해 하루에도 여러 번 신부에게 자신의 죄를 고백했다. 그러나 그는 평화를 찾지 못했다. 그는 마침내 자신의 구원 추구가 자기중심(self-centeredness)의 표현임을 깨달았다. 그는 자신이 incurvatus in se("자아에 구부러진" 것)이라는 것과 자기 구원을 위한 모든 인간의 노력은 자신의 죄를 심화시킬 뿐임을 보았다.

그는 마침내 하박국 2:4과 로마서 1:17("의인은 믿음으로 말미암아 살리라")을 통해 복음이 기쁜 소식임을 발견했다. 이것은 종교적인 경험이었지만 그 자체에서 하나님께로 향하는 경험이었다. 루터는 우리의 평화가 우리가 할 수 있는 모든 것이 아니라 하나님께서 예수 그리스도 안에서 우리를 위해 하신 일에 근거한다는 것을 보았다. 그것은 개인적인 경험이었지만 자아 밖의 객관적인 현실에 대한 경험이었다.

그러므로 어떤 의미에서는 루터는 타락한 가톨릭교회의 권위에 대항하여 자신의 경험의 권위를 설정했다. 구원은 "오직 은혜로" 또는 "오직 믿음으로" 또는 "오직 그리스도로" 또는 "오직 성경을 통해서만"이었다. 루터에게 이것은 모순되지 않았다. 그는 같은 것을 네 가지 다른 방식으로 말하고 있었고, 각각은 복음의 다른 측면을 강조하고 있었다. 이러한 맥락에서 그의 "모든 신자의 사제직" 교리는 각 사람이 자신 안에서 교황, 공의회, 사제 또는 성례전에 의해 부여될 수 없는 현실(the reality)을 스스로 발견하도록 격려하는 것처럼 보였다.

재세례파 또는 "급진적" 종교개혁자들은 루터의 사상의 이러한 측면에 동의하고 그것을 그들의 주요 강조점으로 삼았다. 그러나 루터는 그들이 그것을 너무 멀리 가져갔다는 결론을 내렸다. 그 결과 그는 로마 가톨릭에 대항하고 좌파 개혁자들에 대항하여야 하는 두 가지 전선에서 전투를 벌이게 되었다. 후자의 경우에는 교회의 본질, 성경의 권위에 대한 이해, 성령의 역사, 성례전의 의미 등 여러 쟁점을 두고 다툼이 벌어졌다. 이들 중 마지막은 여기에서 우리의 관심사이다, 그리고 루터와 재세례파의 차이점은 세례에 대한 각자의 견해에서 생생하게 요약된다.

재세례교인[Anabaptists, 또는 재세례를 주는 자들(rebaptizers) ,즉 로마 가톨릭 체제에서 유아세례를 받은 사람들은 성인이 되어서 다시 세례를 받을 것을 주장하는 자들]은 물세례가 그들에게는 가장 중요하다는 인상을 주어, 오해할 수 있다. 실제로는, 그들의 믿음은 성례전과 같은 것에 있지 않았다. 그들에게 중요한 것은 물세례가 아니라 성령세례였다.[26] 이것은 물로 세례를 받기 전에, 먼저 성화의 증거가 있어야 한다는 것을 의미했다.[27]

> 사람이 성령으로 세례를 받았을 때에는 물로 세례를 주는 것이 또한 좋은 것이다. 예수께서 제자들에게 그렇게 하라고 명하셨기 때문이다. 그러나 그 목적은 구원에 이르게 하려 함이 아니다. 성령의 세례는 이미 구원에 이르게 하였다; 그 목적은 오히려 하나님께서 행하신 일, 그리고 다른 사람들을 위해 하실 수 있는 일을 공개적으로 증거하는 것이었다.[28]

로마 가톨릭의 성례전 교리에 반대하면서 루터 자신은 심지어 성례전, 특히 세례 없이도 믿음이 구원에 충분하다고 선언할 수 있었다. 그는 우리가 세례를 받을 수 있다면 그렇게 할 것이지만 세례를 받을 수 없다면 복음을 믿는 것으로 여전히 구원받을 수 있다고 주장했다. 루터의 입장에서는, 믿음이 성례전에 동반해야 하며, 구원하는 것은 외적인 표징이 아

---

26) 성령세례(baptism of the Holy Spirit)라는 용어는 미국 성결운동에서 말하는 두 번째 은혜의 역사를 의미하지 않았다.
27) 성령세례와 마찬가지로 성화는 두 번째 은혜의 역사가 아니라 회심에 뒤따르는 그리스도에 대한 계속적인 순종의 삶을 가리킨다.
28) Hordern, 57.

니라 믿음이다. 재세례파는 루터의 이 가르침을 붙잡고 성례전의 외적 표징을 멸시할 정도로 강조했다. 알트하우스(Paul Althaus)가 말했듯이, "그들은 믿음만이 구원을 준다는 사실에 대해 루터에게서 배운 모든 것을 취했고 그것을 성례전의 가치를 떨어뜨리는 데 사용했다."[29]

좌파 개혁자들의 가르침과 최근 미국 종교의 특정 주제 사이에는 명백한 유사점이 있다. 좋은 예는 카리스마적 부흥에서의 성령세례의 개념과 전통적으로 그것을 실천해 온 교단의 많은 사람이 말하는 유아세례에 대한 의구심이다. 호던(Hordern)이 다음과 같이 말했듯이,

> 내적 경험과 왕국을 동일시하는 급진적 개혁가들은 자연히 외적이거나 객관적인 것이 결정적인 중요성을 가질 수 없다고 주장했다. 중요한 것은 마음에서 일어나는 일이다. 구원은 하나님의 말씀을 통해 그리고 그 안에 거하시는 그리스도를 통해 하나님에 의해 시작되는 내적인 과정이기 때문이다. 따라서 성경, 물세례, 주의 성만찬에서 떡과 포도주를 먹는 것, 제도로서의 교회와 전례 행위 같은 모든 외적인 것은 결정적으로 중요하지 않다.[30]

재세례파의 도전에 직면하여 루터는 경험에 대한 이해를 정의하고 다듬어야 했다. 그는 자신의 신학의 근본적인 측면이 된 두 가지 주요 개념을 명확히 함으로써 그렇게 했다. 첫째, 성경의 최종 권위를 (즉 sola scriptura, 오직 성경을) 주장하였다. 모든 종교적 체험은 성경으로 심사를 받아야 한다. 이 점에서 존 웨슬리는 동의했다. 웨슬리가 신학의 근원을 확증하는 경험에 많은 중요성을 두긴 했지만, 결코 그것이 일차적 근원은 아니었다. 경험은 사람에 따라 다양하기 때문에 어떤 경험도 신학의 규범이

---

29) Paul Althaus, *The Theology of Martin Luther*, trans. Robert C. Schultz (Philadelphia: Fortress Press, 1966), 350.
30) Hordern, 58-59.

될 수 없다. 대신 "그리스도인들은 시금석인 성경을 통하여 그 계시가 진짜인가 또는 가정된 계시인가를 검토한다."[31] 윌리엄스(Colin Williams)는 웨슬리에게 있어서는 "경험은 권위의 원천이 아니라 권위의 문화적 전유(appropriation)"라고 말한다.[32] 루터는(그리고 웨슬리도) 성령은 성경에 어긋나는 것을 결코 우리에게 계시하지 않을 것이라고 말한다. 개인의 종교적 경험이 중요하지만, 그것이 결정적인 것(decisive matter)이 될 수는 없다. 경험은 항상 자신 외부의 권위, 즉 성경에 의해 검사를 받아야 한다.[33]

이에 대해 필요한 것은 루터가 경험에 대한 이해를 명확히 한, 두 번째 개념—즉 원죄 곧 전적 타락에 관한 교리에 대한 것이다. 삶의 모든 측면이 죄에 의해 영향을 받았다는 의미에서 우리의 타락이 총체적이라고 한다면(이것은 전적 타락을 의미함), 우리의 자기 이해는 결함이 있다. (따라서) 우리 자신의 종교적 경험을 해석하는 모든 해석은 완전히 신뢰할 수 없는 것이다. 비록 용서받고 씻음을 받았지만, 신자는 마지막 부활 이전까지는 완전히 지워지지 않은 죄의 상처를 가지고 있다. 결과적으로 우리가 우리의 내적 경험을 자기 멋대로의 관점에서 해석할 위험이 항상 존재한다. 자기 기만은 타락했지만 구원받은 인간의 마음의 문에 끊임없이 도사리고 있는 위험이다.

루터는 구원에 대한 확신은 우리 자신과 우리의 행위를 보고 가질 수 없고 오직 하나님께서 우리를 위해 하신 일을 바라봄으로만 가질 수 있음을 알게 되었다. 그는 재세례파들이 개인 경험을 강조하는 데서 행위에 의한 구원의 새로운 형태를 보았다. 그가 보았듯이 구원의 근거를 내적

---

31) *The Letters of the Rev. John Wesley*, A.M. ed. John Telford, 8 vols. (London: Epworth Press,1931) 7:298 (hereafter cited as Letters).

32) Colin Williams, *John Wesley's Theology Today* (New York: Abingdon Press, 1960), 33.

33) 루터도 웨슬리도 일종의 문자적 증거 텍스트를 옹호하지 않았다. 그러나 성경은 문맥에 따라 해석되어야 한다는 것을 이해했다. 이 문맥(context)은 궁극적으로 성경 전체를 포함하도록 확장된다. Cf., Hordern, 64.

체험, 또는 느낌, 또는 마음에 성령의 임재를 의식하는 데서 찾는 사람은 외적인 일을 질서 있게 행하는 사람처럼 자아 안에서 구원을 찾는 일에 몰두하고 있는 것이다. 이것은 중심에 하나님 대신 자기 자신을 두는 또 다른 방법이다.

좌파 개혁자들의 입장에서 루터가 본 위험은 웨슬리안/성결 전통이 "경험의 신학"이 되는 방향으로 너무 치우쳐 있을 때마다, 영향을 받기 쉬웠던 것과 같은 위험이다. 경험은 확실히 전통의 유효한 측면 중 하나이지만 확인이 필요하다. 존 웨슬리는 그것이 생명의 믿음의 하나로서 유효한 구성 요소라고 강력하게 주장하면서도 "마음의 종교"에 대한 일방적인 강조의 위험을 보았다. "믿음에 의한 구원"이라는 제목의 설교에서 그는 신앙에 대한 고전적인 정의를 제시한다. 마음의 성향도 마찬가지이다."34)

『종교의 유비(Analogy of Religion)』를 저술한 브리스톨의 주교 조셉 버틀러(Joseph Butler)는 웨슬리 시대에 정통신앙(orthodoxy)의 위대한 철학적 옹호자였다. 버틀러는 웨슬리가 [구원에 관한 영국교회의 설교(Homily)에 근거하여] 믿음을 마음의 내적 성향으로 이해한 것과 그의 성령의 내적 증거에 대한 신앙에 대해 다음과 같이 항의하였다. "선생님, 성령의 비범한 계시와 은사를 가장(pretend)하는 것은 정말 끔찍한 일입니다. 아주 무서운 일입니다!"35) 사실, 버틀러는 진정한 믿음은 마음의 성향이 아니라 사변적이고 이성적인 것이며 머릿속에 있는 일련의 생각이라고 주장했다. 웨슬리의 정의는 둘 중 하나(either/or)가 아니라 둘 다(both/and)의 입장을 취한다. 웨슬리에 있어서는, 믿음은 "단순히 … 머리에서의 생각의 연속이 아니라 마음의 성향이다."36) 웨슬리에게 있어서는 균형은 중요한 것이었다. 머리

---

34) Works, 5:9.
35) Journals 2:257.
36) Works 5:9.

와 마음이 모두 믿음과 관련되어 있다. 위의 설교에서 그는 머리를 지나치게 강조하는 것에 반대했다. 다른 곳에서 그는 마음을 강조함으로 머리를 무시하는 사람들의 "광신(enthusiasm)"[37]에 대해 강력하게 역설했다. 웨슬리가 보기에는 이것은 신중한 균형을 유지하지 않는 한 경험의 신학이 이끌 수 있는 위험이었다.

따라서 경험의 위험은, "자신에게 구부러지는" 것과(이것이 루터의 죄에 대한 이해였다) 전혀 다르지 않은 자기본위(subjectivity)의 위험이다. 웨슬리는 또한 이런 방식으로 죄를 보았다. 즉 그는 말하기를, "사람은 자신의 마지막 목적인 하나님을 직접 바라보며 창조되었다. 그러나 그는 죄에 빠져 하나님에게서 떨어져 나와 자기 자신으로 변했다."고 하였다.[38] 이것이 중요한 성례전 신학이 중요한 이유이다. 성례전은 우리 믿음의 객관성을 강조한다. 즉, 하나님께서 우리 자신의 행위 이전에 그리고 우리 자신의 행위와는 별도로, "이는 너희를 위하여 찢긴 내 몸이니라"(고전 11:24)고 하시면서, 우리를 위해 하신 객관적인 일을 강조한다. "무릇 그리스도 예수와 합하여 세례를 받은 것은 그의 죽으심과 합하여 세례를 받은 줄을 알지 못하느냐"(롬 6:3).

그러나 하나님께서 우리를 위해 하신 일에 대한 이러한 믿음에 불을 붙이고 연료를 공급할 수 있는 성례전은 차갑고, 생기가 없고, 사색적이고, 합리적이고, 냉정하고, 경험이 없는 단순한 외적 형태가 아니다. 오히려 그것들은 살아 있고 상상력이 풍부하다. 우리는 다음 장에서 그 아이디어에 대해 생각할 것이다.

---

37) 18세기에 "종교적 열광주의(enthusiasm)"는 본질적으로 오늘날 우리의 광신주의, 감정주의 등을 의미한다.
38) Works 9:456.

2장
신학과 상상력
Theology and Imagination

참고: 이 장은 기본적으로 신학적 방법에 대한 에세이다. 따라서 이 책 전체에 걸쳐 표현된 성례전 신학의 기초이다. 그러나 책의 나머지 부분은 이 배경 자료와 별도로 동화될 수 있다. 따라서 방법론에 특별한 관심이 없는 독자들은 3장으로 넘어가기를 원할 것이다.

* * *

바울이 우리가 세례를 통하여 죽음으로 그리스도와 함께 장사되었다는 그의 주장을 어떻게 이해해야 할까? 예수께서 떡에 대하여 "이는 내 몸"이라고 하시고, 잔에 든 포도주에 대하여 "이 잔은 내 피로 세우는 새 언약이니라"(고전 11:24, 25)고 말씀하셨을 때 우리는 이 이상한 말을 어떻게 해석해야 할까? 그분이 우리에게 그분을 "기념하여" 먹고 마시라고 말씀하실 때(24절), 한 입의 빵과 한 모금의 잔이 필요한 것은 어떤 종류의 정신적 회상인가? 왜 우리는 물리적인 영양을 전혀 제공하지 않을 정도로 아주 적은 양의 음식과 음료를 소비하는 이 이상한 행위 없이, 단순히 머리로 기억할 수 없는가? 그러한 질문에 대한 답을 주는 것이 성례전 신학에 관한 것이다.

A. 로고스(이성)와 미토스(신화)

고대 그리스 사고방식에는 두 가지 방식이 나란히 작용했는데, 바로 로고스(이성)와 미토스(mythos, 신화)였다. 불행히도 우리 현대인들은 이 둘을 서로 반대되는 것으로 설정하는 경향이 있지만, 고대 그리스 문화에서는 그것들을 상반된 사고방식으로 인식하지 않았다. 현대인이 생각하는 방식을 곰곰이 생각해 보면 헬레니즘의 인식이 옳았다는 것을 알 수 있다. 우리는 두 가지 모드에서 생각하며, 때로는 하나에서 다른 모드로 빠르게 이동하여 담론과 대화에서 둘을 혼합한다. 실제로 사고하는 사람의 모든 활동은 재빨리 혹은 조금 지나서 로고스(logos)와 신화(mythos) 모두를 포함한다.

그리스인에게 있어서는 로고스는 "이성(reason)"을 의미했다. 또한 문법적 형태가 아닌 "단어(word)"를 의미할 수도 있지만, 또 단어 뒤에 숨어 있는 생각이나 단어를 말하거나 쓸 때 전달되는 내용을 의미할 수도 있었다. 로고스 또는 이성은 합리적이거나 명제적인 용어로 기술될 수 있는 모든 것을 포함했다. 이는 모든 이성적 마음에 동일하게 나타나는 "객관적" 진리를 말한다. 예를 들어, "2+2=4"라는 간단한 공식은 모든 문화, 모든 세기, 모든 대륙, 그리고 아마도 모든 행성과 하늘에도 적용된다(2천사 더하기 2천사는 4천사라는 형식). 다른 종류의 사고, 즉 신화는 상상에 관한 것이다. 이러한 사고방식은 검증의 대상이 될 수 없지만 그 자체에 진실성(truth)을 담고 있다. 그 진리는 자신의 아름다움에서 나오는 설득력의 힘에 있다.

로고스(logos)와 미토스(mythos)는 고대 그리스 문화에서 고도로 발달했다. 역사상 가장 합리적이라고 여겨지는 문명(곧 아르키메데스와 아리스토텔레스를 낳을 수 있었던 문명)이 가장 상상력이 풍부한 우화를 믿었고, 또한 그 우화

를 심지어 발명했을 수도 있었다는 사실은 놀라운 일이다. [1]

철학자 플라톤(Plato)도 누구와 마찬가지로 "합리주의적"이 뛰어난 신화 제작자였다. 예를 들어 심포지엄에서 그는 인간이 처음으로 두 개의 머리, 네 개의 팔, 네 개의 다리를 가진 구형 형태로 창조되었다는 안드로지니(Androgyny)의 신화를 구성했다. 덕분에 그들은 한 번에 모든 방향을 볼 수 있었고 고양이처럼 실수하거나 넘어지면 두 발로 착지할 수 있게 하였다. 그들이 매우 강했기 때문에 그들의 창조자는 그들을 더 약하게 만들기로 결정했다. 이 목적을 위해 그는 그들을 둘로 나누었다. 이 분할(split)이 성의 기원이었다. 한쪽의 반(half)은 남성(male)이고 다른 반은 여성(female)이었다. 그 이후로 두 반쪽은 불완전함을 감지하고 잃어버린 전체(wholeness)를 되찾기 위해 다시 뭉치려고 노력하고 있다. 이것이 플라톤이 사랑(에로스)의 의미를 기술한 방식이었다. 이것이 사실인가? 물론 문자 그대로는 아니다. 그리고 성경적 관점에서 볼 때 그것은 용납될 수 없다. 왜냐하면 성경에서 성은 하나님이 만드신 창조 질서의 일부이지 하나님이 정하신 분열의 결과가 아니기 때문이다. 부분적인 "진리"는 플라톤의 이야기, 즉 "사람의 독처하는 것이 좋지 못하다"는 창세기 2:18의 진실을 통해 나왔다. 그것은 신화적인 언어로 남성과 여성이 서로에게 끌리는 것을 묘사하는 한 가지 방법이다. 이것은 그리스 문화에서 신화의 한 예일 뿐이다.

위대한 그리스 서사시의 신화를 고려해 보라. 일리아드(Iliad)와 오디세이(Odyssey)가 없었다면 서구 문명은 얼마나 더 가난했을까? 이 저명한 서사시의 시들(poems)은 인간의 상상의 산물이다. [특히 고대 방황하는 그리스의 음유시인 호머(Homer) 또는 그에게 귀속된 시를 쓴 사람들의 상상의 산물이다.] 상상력이 없었다면 그러한 문학적 보물은 존재하지 않았

---

1) Pierre Grimal, ed., Larouse, *World Mythology* (London: Hamlyn Publishing House, 1973), 97.

을 것이다. 그리스인들이 그러한 신화적인 이야기를 실제로 믿었는지 여부를 묻는 것은 무의미할 것이다. 피렌체(Florence)에 있는 미켈란젤로의 다비드 조각상이 골리앗과 싸울 준비를 하고 있는 어린 양치기의 진정한 표현인지, 또는 로마에 있는 그의 모세 조각상이 이스라엘의 위대한 지도자의 진정한 이미지인지를 묻는 것은 적절치 못할 것이다. 그러한 질문들은 의미가 없을 것이다. 미켈란젤로의 다비드와 모세는 아름답다. 그리고 그러한 독창적인 상상력의 작품은 많은 명상가에게 완전함의 의미, 일종의 신에 관한 직관에 대한 감각을 불러일으켰다. 이성과 상상 모두는 고대 그리스 문화의 일부이며, 둘 다 "아는" 방법이었다.

비슷한 관찰을 히브리인들에 관해서도 할 수 있다. 히브리어의 다바르(*dabar*)를 70인역 성서(Septuagint)에서 로고스(logos)로 번역한 것은 계시의 내용을 나타낸다. 즉 말했거나 쓰인 말(words) 뒤에 있는 생각이나 개념을 나타낸다. 히브리인들에게 "지식(knowledge)"은 헬라인들처럼 추상적이고 합리적이며 지적인 것이 아니었지만, 그들은 "진리"의 객관성, "토라"의 "말씀"을 믿었다. 그들은 이 진리를 구현한 계명—즉 "귀로 듣는 것"을 통해 사람들에게 전달되는 명제적이고 합리적인 진술문을 가지고 있었다. 확실히, 지식은 차갑고 추상적인 지식이 아니라(성행위가 아내를 "아는" 것으로 기술되는 것처럼) 강렬하고 친밀하게 인간적인 것이다. 그러나 그들은 단어(words)를 사용하여 의미를 개념화하고 언어화하고 전달하는 방법을 알고 있었다. 예수와 동시대 사람인 알렉산드리아의 필로(Philo of Alexandria)와 같은 위대한 사상가들에게서 로고스의 개념은 그리스인의 이해와 매우 유사했다. 필로는 철학적으로 유대인 전임자(또는 후계자)보다 플라톤에 더 가깝다. 그럼에도 불구하고, 그들의 "추론하는(reasoning)" 것의 성질이 그리스인들의 것과 다를지라도, 히브리인들은 이성적 사고에 익숙하지 않다고 가정하는 것은 잘못된 것이다.

그러나 그리스인들과 마찬가지로 히브리인들 사이에는 이성보다 상상력이 더 많이 관여하는 또 다른 사고방식이 있었다. 히브리인들은 근본적으로 일신론이었고, 일신론에는 신화를 위한 비옥한 토양이 아니었기 때문에 우리가 그것을 "신화"라고 부르는 것을 정당하게 자제할 수 있다.[2] 게다가, 최근에는 신화라는 단어는, 다른 작가들에 의해 다른 의미로 사용되는 논쟁의 여지가 있는 단어이다, 그래서 그것은 "많은 사람에게 비현실성을 암시하는 불협화음의 느낌을 전달한다."[3] 그러나 신화를 만든 문화에서 신화는 거짓으로 간주되지 않고 초월적인 것을 세속적인 표현으로, 이 세상의 관점에서 저 세상의 것을 설명하려는 시도였다. 그러한 "설명"은 진지하게 받아들여져야 했지만 문자 그대로는 아니었다. 어쨌든 신화라는 용어는 히브리 사상을 논할 때 오해의 소지가 있을 수 있지만, 히브리 사람들은 문자 그대로가 아니라 진지하게 받아들여야 하는 방식으로 하나님을 묘사하는 능력이 뛰어났다고 말할 수 있다. 히브리 문화에는 상상력(imagination)이 어디에나 있었다. 그들의 십계명 중 두 번째 계명은 하나님의 "우상"을 만드는 것을 금지했지만(출 20:4), 하나님 대신 우상을 숭배하여 우상 숭배자가 되지 않도록 상상력이 스며드는 하나님에 대한 그림 언어를 사용했다. 하나님은 반석, 요새, 방패, 빛, 목자이셨다. 그는 눈과 귀, 얼굴과 오른팔, 심지어 "등 부분"(출 33:23)을 가졌다. 그러한 의인화는 그들을 조금도 괴롭히지 않았다. 그들은 하나님은 영이시며 따라서 모든 피조물보다 무한히 위대하심을 알았지만, 또한 그러한 구체적인 표현이 가장 심오한 추상보다 신성한 진리를 더 효과적으로 전달할 수 있다는 것도 알고 있었다.

예레미야를 부르신 하나님의 예를 생각해 보라.

---

2) Cf., One meaning of mythos is "stories of gods." Cf., G. Stahlin, "Mythos in Theological Dictionary of the New Testament", ed. Gerhard Kittel, trans. Geoffrey Bromiley (Grand Rapid: Wim B. Eerdmans Publishing Co., 1967) 4:782. 이것은 Dynamics of Faith에서 Paul Tillich가 채택한 의미이다.
3) Dunning, 120. n 49.

"보아라. 오늘 내가 뭇 민족과 나라들 위에 너를 세우고, 네가 그것들을 뽑으며 허물며, 멸망시키며 파괴하며, 세우며 심게 하였다."

주님께서 또 나에게 말씀하셨다. "예레미야야, 너는 무엇을 보고 있느냐?" 내가 대답하였다. "저는 살구나무 가지를 보고 있습니다."

주님께서 나에게 말씀하셨다. "네가 바로 보았다. 내가 한 말이 그대로 이루어지는 것을 내가 지켜 보고 있다." (렘 1:10-12)[4]

물론 히브리인들은 하나님이 "말씀"으로 인간과 소통하신다는 것을 이해했다. "이스라엘아 들으라!" "여호와께서 이와 같이 말씀하셨다." 그러나 그 말씀을 선포한 선지자들을 또한 "선지자들(seers)", 즉 예지할 수 있는 통찰력을 가진 사람들이라고 불렀다. 두 가지 사고방식이 나란히 존재했다.

오늘날에는 이러한 구분을 "좌뇌(left brain)" 및 "우뇌(right brain)"의 활동이라고 말한다. 최근의 생리학적 연구에 따르면 다양한 사고방식은 뇌의 다른 측면에 기반을 두고 있다고 한다. 우리가 로고스라고 부르는 것은 주로 왼쪽 뇌의 활동이고, 신화는 주로 오른쪽 뇌에서 나온다고 한다. 어떤 사람들은 다른 유형보다 생각의 한 유형의 사고에 더 능숙하지만, 우리는 모두 "좌뇌"와 "우뇌"의 사고방식을 모두 사용한다.

성경과 역사적 기독교 전통에서의 진리는 두 가지 방법으로 인간에게 전달된다. 한편으로, 진리는 "왼쪽 뇌"의 합리적 진술, 율법, 명령, 명제, 그리고 신조들 안에 포함되어 있다. 곧 "태초에 하나님이 천지를 창조하시니라"(창 1:1), "거짓 증언하지 말라"(출 20:16), "너희가 섬길 자를 오늘날 택하라"(수 24:15), "예수는 유대 베들레헴에서 나셨느니라"(마 2:1), "나는 전

---

4) 여기에 단어에 대한 언어유희가 있다. 지켜본다(watching)는 말의 히브리어 단어는 살구나무에 대한 히브리어처럼 들린다—아마도 봄철에, 아몬드가 겨울잠에서 깨어난 첫 번째 나무였기 때문일 것이다.

능하신 아버지 하나님, 천지를 만드신 하나님을 믿나이다"(사도신경), "지음으로 되지 아니하시고, 탄생하신 참 하나님은 참 하나님 아버지와 한 본체이시니라"(니케아 신조)와 같은 신조들 안에 포함되어 있다.

그러나 이것들은 진리를 받아들이는 형식 중 하나일 뿐이다. 말씀하신 하나님의 말씀은 또한 다른 형태로도 우리에게 다가온다. 그중 하나가 우리가 들을 때 단지 무언가를 "들을" 뿐만 아니라 무언가를 "볼" 것을 요구하는 것은 "오른쪽 뇌(right brain)"에 의한 이야기의 상상력이다. 이런 이야기는 예수님의 가르침의 방법의 핵심이었다. 우리는 그러한 이야기를 비유라고 부른다. 그렇기 때문에 눈먼 사람도 비유를 들으면 "볼" 수 있다. 이런 이야기는 단지 추상적인 것뿐만 아니라 우리의 지상에서의 경험을 통해 구체적이고 그림 같은 살아있는 장면을 인식할 수 있게 해준다. 예를 들어서, "씨 뿌리는 사람이 씨를 뿌리러 갔다"(마 13:3), "어떤 남자에게 두 아들이 있었다"(눅 15:11), "여자가 은전 열 닢을 가지고 있는데 하나를 잃었다"(눅 15:8), "어떤 사람이 예루살렘에서 여리고로 내려가다가 강도를 만나매"(눅 10:30)와 같은 이야기들이다.

이런 것은 비유 외에도 복음서 저자들이 생생한 언어로 기록한 예수님의 기적이 있다. 예를 들어서, "예수께서 떡을 가져 축사하신 후에 앉아 있는 자들에게 나눠 주셨다"(요 6:11), "그의 손을 만지시매 열병이 떠나더라"(마 8:15), "그들의 눈을 만지시며"(마 9:29), "침을 뱉으시며 그 남자의 혀를 만지시다"(막 7:33), 밤 사경에 호수 위로 걸어서 저희에게로 나가사"(막 6:48), "일어나사 바람을 꾸짖으시고 물결을 꾸짖으시니 잔잔해지더라"(마 8:26) 등 예수님의 기적 사건을 기록하였다.

그리고 비유와 기적 외에도 예수님과 제자들의 삶에는 기적보다 훨씬 더 평범하지만 그 의미가 생생하게 가득한 일들이 있다. 40일 동안 금식한 후에, 그는 시장하셨다(마 4:2), "그들이 땅에 올라오매 거기 타는 숯불이 있고 그 위에 생선이 있고 떡이 조금 있는 것을 보시다"(요 21:9), "저희와 함께 상에 계실 때에 떡을 가지사 축사하시고 떼어 주시매, 그들의 눈이 밝아졌더라"(눅 24:30-31) 등 이런 이야기는 우리에게 귀로 들리지만 우리가 들을 때의 상상은, 소리만이 아니라 시각과 후각, 맛을 포함하는 가시적 형상을 불러일으킨다. 왼쪽 뇌로 듣고 이해한 진리는 우리의 오른쪽 뇌에 의해 생생한 패턴으로 물들여진다. 즉 듣는 자로서 우리는 선각자가 되는 것이다.

비유, 기적, 우연히 일어난 일들 외에, 이런 이야기도 있다. 즉 "예수께서 … 세례를 받으러 요단강에 오셨다"(마 3:13), "저희가 먹을 때에 예수께서 떡을 가지사 감사 기도를 드리시고 떼어 제자들에게 주시며"(마 26:26), "가서 모든 족속으로 제자를 삼아 그들에게 세례를 주라"(마 28:19), "너희가 이 떡을 먹고 이 잔을 마실 때마다 주의 죽으심을 그가 오실 때까지 전하는 것이니라"(고전 11:26). 물, 빵, 와인 … 만지고, 맛보고, 냄새 맡고, 보는 것! 이것이 바로 "보이는 말!"이요, 곧 성례전이다. 그러나 나중에 그것에 대해 더 자세히 설명할 것이다.

B. 신학적 사고의 구성 요소들

이 모든 것에서 우리가 말하고 있는 것은 이성(로고스)과 상상력(미토스)이 모두 종교적 신앙에서 한 자리를 차지하고 있다는 것이다. 사실 이 세 가지, 즉 이성, 상상력, 믿음은 모든 신학적 사고에서의 기본 요소이다. 각각은 "안다는" 일에 관여한다. "이성의 개념화 행위, 상상력의 창조적 구성, 믿음의 확신은 모두 완전한 인간의 삶과 진리의 이해에 불가결한 것들이다."5) 과학에서는 이성이 지배적이고, 예술과 산업에서는 상상이 지배적이며 종교에서는 믿음이 중심이다. 그러나 모든 형태의 인간 활동에

---

5) Hugh Vernon White, *Truth and the Person in Christian Theology* (New York: Oxford University Press, 1963), 28.

는 모두가 관련되어 있다.

순수 과학은 대체로 합리적이다. 즉 그것은 논리와 아이디어의 비율(ratio)의 문제이다. 그러나 "순수한" 과학은 대부분 이성만으로는 이루어지지 않는다. 위대한 과학자들은 위대한 상상력을 가지고 있다. 즉 그것은 과학적 조사가 이끌어 낼 수 있는 다양한 가능성을 시각화하는 선견자의 능력이다. 알버트 아인슈타인은 과학에 대해 쓴 글에서 "상상력이 지식보다 더 중요하다"고 말했다.[6] 순수한 과학자로서 그는 원자폭탄의 이론적인 기초가 되는 공식 $E=MC^2$을 이해할 수 있었다. 그리고 그는 그 폭탄이 가져올 파괴도 틀림없이 예측할 수 있었다. 따라서 순수 과학은 기술로 합쳐지는데, 이것은 순수 이론적인 것의 결과가 실제 세계에서 사용될 수 있는 구조와 과정을 구성하는 데 있어서 상상력이 이성을 사용하는 사용법이다.

미술(fine arts)에서 "순수한" 상상력(imagination)이 지배적인 것처럼 보이지만 예술가는 붓, 캔버스, 물감, 소리, 악기, 태블릿, 펜, 돌 또는 끌을 가지고 있어야 한다. 이들은 기술의 산물이다(즉, 응용과학의 산물이다). 미학(aesthetics)이라고 하는 예술 철학도 있는데, 예술도 그 존재 자체만으로도 이성과 동떨어진 상상력의 영역에서만 번성할 수는 없음을 보여준다.

과학, 예술, 종교의 세 분야 각각은 이성, 상상력, 믿음의 세 가지 요소를 모두 통합한다. 믿음에 관해서는, 그것은 과학자의 연구에는 거의 전적으로 은연중에 내포되어 있을지 모르지만, 그럼에도 불구하고 그것은 거기에 존재한다. 과학자는 우주에는 과학적 탐구와 실험에 의미를 부여하는 일종의 질서가 있다고 믿고 있다. 자연의 질서와 어느 정도 예측 가능성에 대한 믿음이 과학을 가능하게 한다. 마찬가지로 예술에서는 믿음은 암묵적으로 보일 수 있지만 예술가는 음악, 그림, 드라마 또는 문학

---

6) Quoted in Burton Stevenson, ed. *The Home Book of Quotations, 5th ed.* (New York: Dodd, Mead, and Co.,1947), 961, no. 12.

을 통해 표현하고자 하는 아름다움이나 의미에 대한 믿음을 가지고 있다. 아름다움과 의미 대신 추함과 혼돈만이 인식되더라도 작가는 이것들이 현실에 부합한다고 믿는다. 여기서 과학과 예술에 관련된 믿음에 대해 말할 때 우리는 믿음이라는 단어를 일반적(세속적이라고 할 수 있는) 의미로 사용하고 있음을 분명히 해야 한다. 그러나 우리가 종교의 영역을 고려할 때, 그 단어의 보다 구체적인 의미를 염두에 둘 필요가 있다. 종교인이 예배를 드릴 때 신앙이 지배적인 것처럼 보이고 이성적인 사고 구조가 모호해 보일 수 있다. 그럼에도 불구하고 이성은 있다. 그렇지 않으면 예배는 무의미하고, 소리일 뿐일 것이다. 그리고 과학자와 예술가의 활동에 존재하는 상상력은 종교에 풍부하게 존재한다. 여기서 후자라 할 수 있는 종교 예배에서의 상상력의 위치가 이번 장의 관심사이다.[7]

그리고 이제 신학적 사고에서는 이성, 믿음, 상상력, 이 세 가지가 공존하지만 그중 가장 큰 것은 상상력이다. 이 주장은 언뜻 보기에는 매우 비종교적으로 보일 수 있다. 이성을 우선시해야 하지 않겠는가? 여기서 논의되고 있는 범주는 우리가 신학을 하는 방식이며, 믿음이 작동하거나 이성이 확인하기 전에도 인간이 하나님의 계시에 의해 파악되는 방식이다. 그런 관점에서 상상력은 근본적이고 우선적이다. 상상이란 이성의 빛을 가장 먼저 엿볼 수 있고 믿음의 따뜻함을 받아들이는 창이라고 할 수 있다. 이를 염두에 두고 우리는 신학적 사고의 세 가지 요소와 그것들이 신학적 작업에서 담당하는 부분을 보다 정확하게 정의할 수 있다.

a. 이성(Reason)

17세기에 데카르트(Descartes), 스피노자(Spinoza), 라이프니츠(Leibniz)와 같은 사상가들과 그 이후로 많은 현대 사상에서 '이성'은 객관적이고 고

---

7) 신학에서의 상상의 위치에 대한 나의 이해를 위해 나는 나의 전 선생님인 Hugh Vermon White에게 큰 빚을 지고 있다. Cf., *His Truth and the Person*, chap. 3.

정된 구조로 간주되었다. 이것이 우리가 합리주의(rationalism)에 대해 말할 때 의미하는 것이다. 이러한 합리주의는 이성(또는 마음)의 내부 구조를 조사함으로써 하나님을 포함한 모든 실재에 대한 지식에 도달할 수 있다고 말한다. 그러한 합리주의는 부적절하다는 것이 입증되었다. 그래서 대부분의 20세기에 신학적 사유에서는 이성에 대한 주장이 이전에 비해 훨씬 더 많지 않다. 이성은 단순히 "조리 있게 추론하는 것(reasoning)"이며 질서 있고 일관된 생각을 수반한다. 데이터의 해석과 아이디어의 구조화는 이성의 기능이다. 이성은 논리적 사고이지만 논리는 본질적으로 "질서"를 의미하므로 논리적 사고는 질서 있는 사고이다. 그러므로 신학에서 이성은 질서 있고 체계적이고 비판적인 사고를 한다. 이성을 사용함으로써 신학은 종교적 믿음의 내용을 설명하고 그것을 "가장 명확하고 가장 일관된 언어로" 표현할 수 있다.[8] 그러한 설명과 표현은 신학의 임무이자 목표이다.

b. 믿음(faith)

신학은 종교적인 신앙(religious faith)의 합리적인 또는 체계적인 해석과 표현이다. 그러나 믿음이 무엇인가? 대중적인 심리학적 수준에서 말할 때 믿음은 희망적이고 긍정적인 태도를 의미한다. 그것만으로도 그것은 감상주의(sentimentalism)에 불과할 것이다. 무엇에 대한 태도인가? 믿음에는 대상이 있어야 한다. 사람의 종교적인 믿음은 일반적으로 적어도 느슨하게 일부 종교 전통과 연결되어 있다. 따라서 믿음(faith)은 신념(belief)이다.—즉 주어진 전통의 주장과 신조를 신뢰하는 것이다. 그러나 믿음은 신념 그 이상이다. 그것은 또한 신뢰(trust)이며, 기독교 신앙에서 말하는 이 신뢰는 부버(Buber)가 "나와 너(I-Thou)"의 관계라고 부른 것처럼 "살

---

8) John Macquarrie, *Principles of Christian Theology*, 2nd ed. New York: Charles Scribner's Sons, 1977), 1.

고 움직이며 존재하는 것"이다. 따라서 가장 높은 수준에서 믿음은 인지 (cognitive)의 요소를 포함한다. 믿음은 "아는 것(knowing)"의 방식, 즉 인격적 존재에 의한 실재에 대한 이해이다. 신학은 "믿음의 일차적인 행동에서 유래된 의미들의 합리적인 구성물에서 공들여 만들어진 것이다."9)

c. 상상력(Imagination)

"생각하는 마음의 일차적 행위는 상상이다. 거기에는 이성과 믿음이 있다. 즉 질서와 현실감이 있다."10) 상상은 백일몽이나 공상의 무책임한 장난이 아니다. 상상은 생각하는 사람이 의식적으로 현실 세계를 다루는 진지하고 책임감 있는 방식이다. 물론 상상력이 병적인 것이 될 수도 있다. 그런 경우에는 완전히 비현실적인 세계를 상상할 수도 있다. 그러나 정상적인 기능에서 상상력은 즉시 경험에 존재하지 않는 현실의 부분을 처리하는 개인에게 있어서 가장 원시적인 사고방식이다. 어떤 사람의 세계의 대부분은 시간과 공간에 존재하지 않는다. 예를 들어, 내 부모님은 더 이상 살아계시지 않는다. 내 아이들은 "둥지를 떠나" 저들의 집에서 살고 있다. 나는 내가 태어난 곳에서 수 마일 떨어진 곳에 살고 있다. 그리고 수십 년 동안 나의 어린 시절의 장면과 나를 분리시켰다. 이 세상에서, 내가 그 모든 시간과 장소를 "현재"로 만들고, 무수히 많은 시간과 (아직 오지 않은 시간과 내가 가본 적이 없는 장소를 포함한) 장소와 함께 그것들을 하나로 묶을 수 있게 해주는 것은 상상력이다. 그 세계의 현재화는 먼저 그림의 형식으로(pictorial form), 또는 한마디로 신화적으로 이루어진다. 그러다가 추상적인 이성이 같은 재료로 작용하면서 상세한 것들이 채워지고 보다 질서 있는 세계가 개념화된다.

신학에서 상상력의 위치를 고려할 때 우리는 잘못된 방향으로 가면 안

---

9) Hugh Vermon White, 32.
10) Ibid.

된다. 인간의 일반적인 상상력과 특히 기독교인의 특별한 상상력 사이에는 확실히 공생 관계가 있다. 그러나 후자는 하나님의 계시의 통제하에 있어야 한다. 그러므로 한편으로는 호머(Homer)의 일리아드(Iliad)나 플라톤의 "남녀양성 소유자(androgyny)"를 만들어낸 상상과 다른 한편으로는 구약의 이야기와 신약의 비유와 기적 이야기 사이에는 차이가 있다. 우리는 역사 속의 하나님의 계시와 기독교의 상상력이 난무하는 것을 막는 성서적 영감의 교리를 가정한다. 전례, 예배, 성례전은 역사적 기독교 전통의 합의를 표현해야 한다. 후자 곧 기독교의 전통은 상상과 이야기가 넘어서는 안 되는 경계를 설정한다. 그럼에도 불구하고 하나님은 인간에게 자신을 계시하는 데 하나님이 사용하신 것이 인간의 상상력이다. 죄로 어두워진 인간의 상상력(롬 1:21)은 은혜로 구속되고 성화 될 수 있다. 그리고 하나님께서 사용하시는 것을 경멸해서는 안 된다.

그러나 상상에 의해 해석되는 세계와, 이성에 의해 구성된 세계도 결코 완전한 것은 아니다. 어느 쪽도 현실 전체를 포괄할 수는 없다. 기껏해야, 일반적으로 이성과 상상은 실재의 본성과 특히 궁극적 실재의 본성을 암시할 수 있을 뿐이다. 그러므로 상상과 이성(신화와 형이상학)은 모두 실재의 상징적 표현이다. 이런 표현은 부분적이고 불완전하지만, 그렇다고 이것이 거짓 표현임을 의미하지는 않는다. 문제는 상징주의의 적절성과 타당성이다. 그러나 상상력이 우리가 주장해 온 것과 같은 우선순위를 갖는다면 상징주의는 복음을 이해하고 선포하는 데 결정적으로 중요하다.

C. 종교적 상징주의

성례전 신학은 상징주의에서 많은 것을 얻고 있다. 따라서 성례전을 다룸에는 반드시 상징의 의미와 본질에 대해 무언가를 말해야 한다. 표상

(symbol)[11]이라는 단어는 가시적이며 형이상학적인 현실을 표현하는 데 사용되며 또한 그것이 표현하는 현실에 참여하는 대상이나 패턴을 가리킨다. 표상(symbol)은 이성적 사고로서가 아니라 시각이나 직관에 의하여 상상한다. 신학은 상징적 사고가 극히 중요한 것을 안다. 당연히 신학은 철학과 마찬가지로 추상적 합리적 개념을 많이 다룬다. 그러나 종종 상징적 또는 "상상적" 형태의 개념이 진정한 의미의 표현에 더 적합하다는 것을 발견한다. 이것은 역사와 예수 그리스도의 인격과 사역에서 기본 상징을 취하는 기독교 신학에 특히 해당된다. 우리 주님이 빵 한 조각과 잔을 들고 "이는 내 몸이다 … 이는 내 피다"라고 말씀하였을 때, 그는 상징을 만들고 계신 것이다. 그는 하나님에 의해서 주어진 상상력의 은사를 사용하시고 또한 그것을 우리가 사용하도록 초대하셨다. 사실 그런 상상력의 은사 없이는 이러한 모든 상징은 의미가 없다.

아우구스티누스는 성례전을 "보이는 말씀(visible words)"이라고 했다. 아마도 이것이 의심할 여지 없이 지금까지 있는 성례전에 대한 가장 짧고 가장 좋은 설명일 것이다. 그것에 대해서는 나중에 더 이야기해야 할 것이다. 그러나 여기서 "보이는 말씀"이라는 용어는 우리가 이 장의 시작 부분에서 논의한 두 가지 사고방식, 곧 로고스와 신화(또는 이성과 상상력)를 결합한다는 것을 관찰할 수 있다. 성례전은 "말씀"이다. 그러나 그 말씀은 단순히 들으라고 말하는 말씀은 아니다. 그 말씀은 보이는 말씀들이다. 그 말씀은 맛보고, 만지고, 냄새 맡을 수 있는 말씀들이다. 그 말씀은 물과 포도주를 붓고 떡을 떼므로 "들을" 수 있는 "보이는 말씀"이다. 그 말씀은 모든 감각에 "호소하는(speak)" 말씀이다.

이것은 종교적 상징주의의 의미를 눈에 띄게 한다. 성서와 다른 종교 문

---

11) 상징(symbol)은 symbolon이라는 헬라어에서 파생된 것으로, 사물을 유추하는 기호(sign) 또는 표시(token)를 의미한다. 이는 차례로 '함께 던지다'를 의미하는 symballein에서 파생되었다.

헌은 하나님의 임재의 경험을 기술할 때 듣는 것만큼 자주 "본다, 느낀다, 맛본다"는 표현을 사용한다.[12] 우리가 하나님의 말씀을 듣는 것은 귀를 통하여서만이 아니다. 시편 기자는 "너희는 여호와의 선하심을 맛보아 알지어다"(시 34:8)라고 촉구하였다. 욥의 믿음이 보는 수준에 이르렀을 때 비로소 그가 하나님의 도(ways)와 화목하게 되었다. "내가 주께 대하여 귀로 듣기만 하였사오나 이제는 눈으로 주를 뵈옵나이다"(욥 42:5). 이사야는 주님께서 "이것이 네 입술에 닿았으니 네 허물이 제하여졌고 네 죄가 사하여졌느니라"(사 6:7)고 하신 주님의 말씀을 들었다. 예수님은 대부분 친히 만지심으로, 그의 치유사역을 행하셨다.

우리는 고대 그리스 문화에서 흔히 볼 수 있는 두 가지 다른 사고방식을 살펴보면서 히브리 문화도 마찬가지로 두 가지 사고방식을 가지고 있음을 지적했다. 초기 기독교가 그리스 철학에서 차용하여 재해석한 기독교적 로고스 개념에 이르면 그 형체의 경계선이 크게 사라진 것을 볼 수 있다. 그리스 철학 용어에 대한 신약의 재해석은 로고스의 개념을 넓혔고, 따라서 기독교 신학에서 로고스는 이제 우리가 상상의 양식이라고 부르는 것을 포함할 만큼 충분히 넓어졌다. 그러므로 "이성"과 "상상력"은 둘 다 로고스의 항목(rubric)에 포함될 수 있게 되었다.

우리는 기독교 신학에서 로고스 또는 말씀이 하나님의 계시 활동 전체를 의미한다는 점에 유의할 때 이것이 사실임을 알 수 있다. 하나님의 계시는 말이나 글로, 또는 이성적인 명제의 형태로만 발생하지 않는다. 또한 하나님의 계시는 사건들, 환상들, 의식의 전례들(rites)을 통해서, 그리고 확실히 그리스도의 사건에서 나타났다. 하나님의 계시 활동의 절정에서 "말씀이 육신이 되셨다"(요 1:14). 로고스의 성육신이라는 기독교의 교리

---

12) Paul Tillich, *Systematic Theology* 3 vols. (Chicago: University of Chicago Press 1951-63), I:123. (hereafer cited s ST).

에는 말씀이 비전(vision)과 접촉(touch)의 대상이 되었다는 역설이 있다.[13] 태초부터 있는 생명의 말씀에 관하여는 우리가 들은 바요 우리가 눈으로 본 바요, 주목하고 우리 손으로 만진 바요—이것은 우리가 생명의 말씀에 대하여 선포하는 것이다(요일 1:1). "성육신"은 "성례전"에 대한 가장 강력한 논거이다. 예수 그리스도는 최고의 "보이는 말씀"이다. 그리고 교회의 성례전에 대한 이해에서, 그분의 몸인 떡과 그분의 피인 포도주는 예수 그리스도를 선포하는 "보이는 말씀"이다.

존 웨슬리는 성례전을 "내적 은총의 외적 표시(sign)이며 우리가 그것을 통하여 은혜를 받는 수단"이라고 정의했다.[14] 더닝(H. Ray Dunning)은 "아마도 웨슬리가 표시(signs)로 의미한 바는 틸리히(Paul Tillich)가 제안한 표상(symbol)의 개념에 의해 더 적절하게 전달될 수 있을 것"이라고 말한다.[15] 이것은 우리가 "표시"가 단지 성찬에서의 물질적 요소(즉 물, 떡, 포도주)를 가리키는 것이 아니라 성찬의 합당한 사용에 관계된 모든 행위를 가리키는 것으로 이해하게 하는 적절한 제안이다. 더닝은 표상(symbol)에 대한 틸리히의 관념이 아마도 "종교 언어에 대한 이해에 대한 현대 신학에 있어 가장 적절한 제안"이라고 생각한다.[16] 틸리히의 표상 개념을 간단히 살펴봄으로써 이 관념을 추구해 보기로 한다.

틸리히(Tillich)에게 있어서, 표상(symbols)에는 몇 가지 특징이 있다.[17] 첫째, 그것들은 자신을 넘어 다른 것을 가리킨다. 이런 점에서 표상은 표시(signs)와 같다. 그러나 표상과 표시 사이에는 차이가 있다. 표상의 두 번째 특징은 표상은 그가 지적하는 것에 참여한다는 것이다. "표시는 그것이 가리키는 것과 필연적인 관계가 없지만, 표상은 그것이 나타내는 것

---

13) Ibid.
14) Works, 5:188.
15) Dunning, 543.
16) Ibid. 121.
17) Cf. Tillich, DE 41-43

의 현실에 참여한다."18) 열병은 내가 의사를 만나야 한다는 신호일 수 있다. 고고학 발굴에서 발견된 도기 파편은 인간 거주의 흔적이다. 붉은 얼굴은 분노의 표시(sign)일 수 있다. "전쟁과 난리의 소문"은 시대의 표시(signs)이다(마 24:6; 막 13:7) 그러나 한 국가의 국기(flag)는 표시가 아니라 표상(symbol)이다. 국기(flag)는 국가와 같은 것이 아니다. 그러나 그것은 그 나라의 현실을 공유하고 있다. 달리 말해서, 국기는 그것이 상징하는 국가와 관련이 없다고 할 수 없다. 우리는 국기에 대한 충성을 맹세할 때, 즉 표상에 대해 충성을 맹세하는 것은 그 상징되는 것에 충성을 맹세하는 것이다. 반대로, 적어도 많은 시민의 마음에서 깃발을 모독하는 것은 곧 국가에 대한 무례함을 나타내는 것이다.19) 상징주의는 일종의 편법이다. 비록 그것이 가리키는 실물과 동일하지는 않지만, 그것이 가리키는 실체의 현실에 함께하는 것이다.

표상(symbol)의 또 다른 특징은 우리에게 닫혀 있게 될 현실의 수준을 이용할 수 있게 하는(opens up) 것이다. "그림과 시(poem)는 과학적으로 접근할 수 없는 현실의 요소를 드러낸다."20) 또한 표상은 "현실의 차원과 수준에 대응하는 우리 영혼의 차원과 요소들을 열어준다."21) 교향곡의 위대한 연주는 표상을 사용하여 우리 각자의 새로운 차원을 드러낸다. 마지막으로, 표상은 의도적으로 생성되거나 발명될 수도 없다. "살아 있는 존재처럼 성장하고 죽는다. 상황이 익으면 성장하고 상황이 바뀌면 죽는다."22) 다음의 인용은 표상과 표시의 또 다른 차이점을 강조한다.

---

18) Tillich, St. I:239.
19) 이 글을 쓰는 시점에서 미국 대법원과 일부 의회 의원들은 이 문제에 대해 날카로운 의견 차이를 보이고 있다.
20) Tillich, DE, 42.
21) Ibid.
22) Ibid., 43.

표시는 필요에 따라 임의로 변경될 수 있지만, 표상은 상징화되는 것과 그것을 상징으로 받아들이는 사람들 사이의 상관관계에 따라 성장하고 소멸한다. 그러므로 하나님을 가리키는 표상은 그것이 가리키는 하나님의 힘에 참여할 때만 진정한 표상이 될 수 있다."[23]

틸리히는 20세기 신학에서 표상(symbol)의 의미를 명확히 하기 위해 많은 노력을 기울였지만, 이런 이해가 이전에 알려지지 않았다고 가정하는 것은 잘못일 것이다. 사실 틸리히는 근대에 이르기까지 대부분의 기독교 역사에서 이해되었던 표상의 의미를 회복했을 뿐이다. 그러나 바셋(Paul M. Bassett)은 초대교회는 대부분 현대인이 일반적으로 믿는 것처럼 믿지 않았다는 것을 다음과 같이 지적하였다.

표상은 무엇인가를 의미하거나 나타내며, [그것은] 그 자체가 상징된 것에서 추상화된 것이다. 초기 교회에서, 사실, 그리스–로마 세계의 많은 부분에서, 표상은 추상화가 아니라 사물이나 사건 또는 아이디어의 본질로 가는 하나의 길이었다. 표상은, 사실 사물이나 사건이나 아이디어 그 자체가 그랬던 것처럼 사물이나 사건, 또는 사상의 일부였다.[24]

바셋은 개혁주의 전통도 표상을 이런 고전적 의미로 이해했다고 말한다. 즉 "현실로부터의 추상화가 아니라 현실 자체에 참여하는 현실로의 창문으로 말한다." [25]

이런 견해의 철학적 기초는 analogia entis(존재의 유비)로 알려진 것이며, 이는 무한과 유한 사이, 또는 하나님과 인간 사이에는 관계가 있다는 가

---

23) Tillich, ST. I:239.
24) Paul M. Bassett and William M. Greathouse, The Historical Development, vol. 2 of *Exploring Christian Holiness* (Kansas City, Beacon Hill Press of Kansas City, 1985), 36.
25) Ibid, 182, n.68.

정이다. 이에 비추어 볼 때, 웨슬리가 의미하는 "표시(sign)"가 틸리히(Tillich)의 표상(symbol)으로 의미하는 바에 더 가깝다는 더닝(Dunning)의 제안은 틸리히의 용어가 웨슬리의 용어보다 더 복잡한 철학적 의미를 함축하고 있음에도 불구하고 타당한 것으로 보인다. 성례전에 대한 웨슬리의 견해를 논하면서 보르겐(Ole E. Borgen)은 다음과 같이 말한다.

> 전통적인 개념에 따라 웨슬리는 하나님께서는 그의 지혜로 물질적 요소를 마구잡이로 선택하지 않았다고 주장한다. 아니, 오히려 의미 있는 요소의 자연적 특성은 의미하는 것과 명확한 평행성 또는 유추적 관계를 드러내고 있다고 본다. 세례에 있어, 물의 특성들을 씻으며 정화하는 것은 유추적으로 성령의 내적 씻음을 상징한다. … 마찬가지로 떡과 포도주가 우리의 몸에 영양분을 주는 것과 같이 주의 성만찬에 참여하는 자들은 그리스도의 몸과 피를 먹게 될 것이다. 곡물이 찍히고 털리고 불로 태워지는 것 같이 그리스도께서는 우리를 위하여 찔리고 괴로움과 고통을 받으셨다.[26]

우리는 여기서 성례전에 대한 웨슬리의 관점에서 일종의 유비(analogia entis)를 볼 수 있다. 물질적 요소(물, 빵, 포도주)는 그것이 의미하는 객관적 실체와 유비적인 관계를 가지고 있다.

표상들(symbols)은 표시들(signs)과 다를 뿐만 아니라 (틸리히의 구별을 받아들인다면) 신호들(signals)과도 구별되어야 한다. "상징주의(symbolism)는 합리적 인식을 초월하는 것을 표현하는 마음의 언어로서 인간과 동물 세계를 구별하는 역할을 한다. 동물은 표상들(symbols)이 아니라 신호들(signals)에 반응한다."[27] 인간도 신호에 반응한다. 이런 반응은 우리와 동물과의 차

---

26) Ole E. Borgen, *John Wesley on the Sacraments* (Nashville: Abingdon Press 1972), 52.
27) Erika Dinker-Von Schubert, "Symbol," in *Handbook of Christian Theology*.

이점이라기보다는 동물과의 친밀감을 보여주는 것이다. 차이점을 드러내는 것은 표상들(symbols)이다. 오직 인간만이 "언어, 신화, 예술, 종교가 일부 포함된 상징적 우주"를 창조했다.[28] 종소리는 파블로프의 개에게 음식이 가고 있다는 신호였으며, 높은 학교 건물에서의 종소리는 일반적으로 수업이 끝났다는 신호이다. 교차로의 빨간불은 차량이 정지하라는 신호이다. 신호는 표상만큼 복잡하고 심오하지 않다. "표상이 하나님을 암시하는 범위까지, 그것이 인간과 초월적 인간 사이의 연결 고리를 형성한다."[29]

성례전은 신호가 아니다. 위에서 설명한 의미에서의 표시(sign)도 아니다. 그것들은 이 책의 많은 부분(책 제목과 마찬가지로)에서 표시(sign)로 불릴 것이다. 왜냐하면 위에 인용된 웨슬리의 정의와 같은 성례전의 역사적, 교리적 논의에서 이 단어를 사용하는 오랜 전통이 있기 때문이다. 성례전의 교리의 역사를 논의할 때 표시(sign)라는 용어를 피할 수는 없으며, 이 책에서 우리는 전통적인 공식에서 표상을 표시로 대체함으로 교회 역사의 용어를 다시 쓰는 생각은 하지 않을 것이다. 그러나 성례전의 교리에 있어 표시(sign)는 위에 사용된 예와 같은 의미를 갖지 않는다. 오히려 우리가 성례전을 다룰 때 표시(sign)가 의미하는 바는 고전 신학, 종교 개혁가, 일부 현대 신학자들이 갖고 있는 표상(symbol)에 대한 이해에 가깝다.

표시(sign)와 표상(symbol)의 차이점을 설명하기 위해 우리는 국기(flag)를 사용했다. 그 차이는 기독교의 으뜸가는 표상인 십자가를 생각해보면 더욱 명확해질 수 있다. 유대의 1세기 여행자에게 산비탈의 빈 십자가는 누군가 최근에 십자가에 못 박히거나 아니면 누군가 곧 그 십자가에 달

---

ed, Marvin Halverson and Arthur A. Cohen(New York: World Publishing Co. 1958), 359.

28) Ibid., quoting Ernst Cassirer, *The Philosophy of Symbolic Form: Language and Myth*.

29) Dinkler-Von Schubert, 359.

릴 것이라는 표시였을 것이다. 그러나 그리스도께서 그 십자가에서 죽으시고 죽은 자 가운데서 다시 살아나셨을 때, 그리고 이 복음이 전파되었을 때, 십자가는 그리스도인들에게는 강력한 표상(symbol)이 되었다.

표상(symbol)에 대한 이러한 이해는 과거와 현재의 일부 성례전 논의에서 주어진 용어의 의미와 다르다. 종종 표상은 성례전의 "낮은" 또는 "약한" 견해를 설명하는 데 사용되는 반면, 표시는 (종종 인장과 함께 사용되어) "높은" 이해를 나타내는 것으로 보인다. 이 사용법에서 표상은 단순히 추상적인 포인터(pointer) 또는 표시기(indicator)를 의미한다. 이러한 표상에 대한 이해는 이 책에서 주어진 용어의 의미와는 정반대이다. 예를 들어, 베르까우어(G. C. Berkouwer)는 그의 책, 『성례전(The Sacraments)』[30]의 "상징인가, 실체인가?"라는 제목의 장에서, 성례전이 단순한 표상들(symbols)이 아니라고 주장한다. 여기서의 논쟁점은 "상징주의" 대 "현실주의"의 관점에서 제기되었다. 물론 베르까우어는 개혁파(칼빈주의)의 성례전 교리를 옹호하고 있는데, 그가 올바르게 지적한 바와 같이 루터파와 로마 가톨릭에게 이 교리는 "상징적" 존재로만 여겨졌던 츠빙글리의 입장과 너무 유사하다고 공격을 받았다. 성만찬에서, 로마 가톨릭과 루터파는 우리가 단순한 상징적 임재가 아닌, 그리스도의 진정한 임재를 만난다고 믿는다. 베르까우어는 개혁파의 입장도 역시 "진정한 존재"를 믿는다고 주장한다.

그와 개혁주의적 견해 옹호자들에 반대하는 사람들에게는 "상징적" 교리는 세례와 주님의 만찬이 단지 설명적 가치와 확실한 의미를 지닌 외설적인 표시로 보여지는 것일 뿐이며, 표시로서는 실재만을 가리키기 때문에 실재(reality)보다는 덜하다고 여기는 교리가 될 것이다.[31]

이것은 의미론(semantics)의 부분적인 문제일 뿐이다. 중요한 신학적 문제가 관련되어 있으며 이에 대한 더 자세한 논의는 7장에서 다루겠다. 여

---

30) (Grand Rapids: Wm. B. Eerdmans Publishing Co. 1969), 202ff.
31) Ibid. 202.

기서 우리는 위에서 발전된 표상(symbol)의 의미는 (틸리히의 도움으로) 성례전에 적용되며, 존 웨슬리가 "내적 은혜의 외적 표시"로 표현한 바와 가깝다고 믿는다고 말함이 당연할 것이다. 웨슬리에게 있어서 이러한 "표시들(signs)"은 단순히 필요하지 않은 포인터(pointers)가 아니었다. 웨슬리는 세례가 믿음에 대한 인간의 증언 이상이며, 성찬례는 그리스도의 죽음을 기념하는 것 이상이라고 믿었다. 성례전은 우리가 그를 통해 내적 은총을 받는 수단(means)이었다. 위에서 설명한 의미에서의 단순한 표시(a mere sign)는 은혜를 받는 수단이 아니라 은혜를 가리키는 지표일 뿐이다. 그러나 표상(symbol)은, 그것이 상징하는 것의 힘에 참여하기 때문에 수단이 될 수 있다.

위에서 전개된 표상(symbol)의 의미는 표상(symbol)이 실재와 대조되는 것으로 보는 베르까우어와의 논의에서 주어진 용어의 의미와 정반대이다. 그 용법에서는 표상(symbol)은 단지 우발적이고 불필요한 "포인터"일 뿐이다. 성례전에 적용하면 이것은 세례가 단지 인간의 신앙고백이라는 것을 의미할 것이다. 그리고 주의 성만찬은 우리가 주님의 죽음과 그분의 재림(이러한 사건들과 그들이 가져오는 구원이 실제적인 것)을 기억하고 축하하도록 돕는 보조물일 뿐이다. 그러나 우리의 용법에서는 표상은 실제로 그것이 가리키는 현실에 없어서는 안 될 참여자이며, 따라서 하나님은 성례전 안에서, 그리고 성례전을 통해, 우리에게 자신을 실제로 내어 주신다. 성례전에서 표상은 추상화된 것(abstracted)이 아니며, 하나님의 자기를 나타내심과 분리할 수 없다.

동시에 성례전 신학은 반대되는 오류를 경계해야 한다. 표상은 그것이 가리키는 실재에 참여하지만 그 실재와 동의어(synonymous)는 아니다. 표상이 하나님을 가리키는 만큼 그가 하나님의 능력에 참여한다. 즉 그것은 인간과 하나님 사이의 연결 고리를 형성한다. 그러나 그 자체가 하나님은 아니다. 따라서 이 페이지에서 채택된 표상의 의미는 성례전이 자동적으로 ("수행된 작업에 의해") 은총을 전달한다는 견해에 반대한다. 로마 가톨릭 신학에서는 은혜를 받는 사람의 필요한 믿음과는 별도로 성례전을 통해 은혜가 주어진다고 주장한다. 이것은 표상과 실재를 혼동하여 사실상 그것들을 하나의 같은 것으로 만든다. 이것이 성찬의 빵과 포도주가 그리스도의 실제 몸과 피가 된다는 로마 가톨릭의 교리인 화체설(transubstantiation)에서 생생하게 볼 수 있는 것이다.

우리는 성례전을 (위에서 전개된 의미에서의) 표상(symbol)으로 보는 이해는 화체설 즉 표상을 다루어야 할 물체로 변형시킨다는 화체설의 오류와 기념설 즉 표상을 추상적이고 없어도 되는 포인터 곧 그들이 가리키는 하나님의 능력에 참여하지 않는 포인터[32])로 보는 "기념주의적 관점(memorialistic view)"의 오류 모두를 방지할 수 있다고 믿는다.

* * *

"신학과 상상력"에 대한 이 논의를 마무리하면서, 이것은 분명히 해야 할 것이다. 즉 상상은 공상의 도피, 공상적인 도피주의, 또는 사실일 수 없는 정신적 이미지를 상기시킨 것과는 거리가 멀고, 그것은 인간이 무엇을 의미하는지 정의하는 데 더 가까워질 수 있는 지각의 방식이라는 것을 분명히 해야 한다. 우리가 보기엔 동물은 상상력이 없다. 우리가 살펴본 바와 같이 동물은 표상(symbol) 대신 신호(signals)에 반응하고 상상보다는 본능에 의해 움직인다. 우리는 하늘의 천사들이 인간이 가능한 것보다 더 직접적으로 실재를 보기 때문에 표상이 필요하지 않다고 생각할 수도 있다. 그러나 그것에 관해서는 우리가 추측할 수밖에 없다. 왜냐하면 하나님의 계시가 우리에게 천사들에 대한 경험에 대한 지식을 거의 주지 않았기 때문이다. 또한 승리한 교회의 죽은 성도들은 더 이상 상상(imagination)

---

32) Cf. Tillich, ST. 3:120-24.

이 필요하지 않다고 추측할 수 있다. 그러나 그것은 확실히 잘못된 생각일 것이다. 상상이 타락의 결과가 아니라 틀림없이 하나님 형상의 일부라면 상상이 중단될 이유가 어디 있는가? 키플링(Kipling)의 말에 따르면,

> 각자가 일하는 즐거움을 위해,
> 그리고 각자가 자신의 있는 자리에서,
> 그가 보는 대로 사물을 그릴 것이다
> 있는 그대로 존재하는 모든 것들의 하나님을 위해! [33]

그러면 영원 속에서 우리의 상상은 영원히 창의적으로 풀려날 것이다!

그러나 우리는 이것에 대해 확신할 수 있다. 아직 "얼굴과 얼굴을 대하여"(고전 13:12) 보지 못하는 지상에 있는 우리 인간의 경우는 실재(reality)는 무수한 비스듬한 천사들과 색상, 모양 그리고 창조의 조직의 질문을 통해 매개된다. 그리고 동물과 천사와 달리 우리는 모든 천사들과 색상, 모양과 질감을 서로 연관시켜, 의미 있고 포괄적인 패턴을 포착하기 위해 끊임없이 노력하고 있다. 상상은 우리를 인간으로 만들고, 이 인간성은 성례전을 가능하게 하고 또 필요하게 한다.

이것은 성례전 신학에서 대단히 중요하다. 성례전이 고안된 것은 우리 인간을 위한 것이다. 물론 예수님은 그것을 성례전이라고 부르지 않으셨고, 성경 작가들도 그렇게 부르지 않았다. 그것은 우리가 부여한 명칭이다. 그러나 우리 주님은 물과 떡과 포도주를 명하셨다.—천사나 짐승을 위함이 아니라 우리를 위하여 그리하셨다. 하나님께만 영광!(Soli Deo Gloria!)

---

33) From Rudyard Kipling, "L'Envoi."

3장
성례전 중시주의자의 비전
The Sacaramentalist Vision

성례전 신학이란 무엇인가? 그것은 활발한 신앙을 위하여 절대 필요한 것인가 아니면 임의의 부질없는 것인가? 그것이 순수한 복음의 왜곡된 사실과 변질을 나타내는가? 그것이 개인의 믿음을 풍요롭게 하는가 아니면 저하시키는가? 로마 가톨릭은 신약성서의 기독교의 명백한 구조를 정교한 성례전으로 꾸밈으로써 복음에 충실하지 못했는가? 프로테스탄트 종교 개혁이 중세 교회에서 저들의 이미지들(images), 동상들(statues) 사당들(shrines) 및 유물들, 곧 신앙의 신비에 초점을 맞추는 대중의 상상을 돕는다는 시각적 개체들을 모두 없앤 것은 정당하였는가? 복음주의 개신교가 하나님의 진리는 빵, 물, 포도주와 같은 물질적 요소보다 이성적인 명제에 더 나타났다(embodied)고 가르친 것이 더 잘한 것인가 아니면 잘못한 것인가? 웨슬리안/성결 전통이 성례전의 "내적 은총"을 전유하는 반면, "외적 표시"에는 형식적인 주의를 기울이고, 그로 인해 "영"(즉, 경험)에 대한 탐구를 "구조"에 대한 관심보다 더 우선시한다고 늘 생각한 것이 잘한 것인가 아니면 잘못한 것인가? 그러한 질문에 적절하게 답하거나 확실하게 판단을 내리기 전에, 성례전 중시주의자에게 영감을 주는 비전을 이해하는 것이 중요하다.

웨슬리가 성례전을 "내적 은혜의 외적 표시요, 그리고 이는 우리가 그것을 통하여 은혜를 받는 수단으로 정의한 것"[1]은 성례전이 말한 것의 표상(symbol)일 뿐만 아니라 보고 행한 일의 표상임을 시사하는 것이다. 개신교 신학에서, 성례전은 행동(action)의 수행, 말(words)의 표현 그리고 물리적 실체의 사용을 수반한다. 후자는 나중에 생각해보자.

A. 기본적 통찰력

모든 성례전 신학의 근간에는 하나님이 물질적인 수단을 통해 영적 목적을 성취할 수 있다는 근본적인 통찰력이 있다. 확실히 하나님의 진리는 말이나 글을 통해 전달될 수 있으며, 이러한 거룩한 말씀은 종종 강력하게 표현될 수 있다. 그러나 "그림은 천 마디 말의 가치가 있다"는 유명한 격언이 사실이라면, 일반적으로 보고 행해지는 표상(symbol)은 말로만 하는 것보다 인간의 상상을 움직이는 힘이 더 크다.

한 나라의 국기는 표상(symbol)의 한 예(example)이다. 애국심을 갖게 하기 위하여, 국가의 목적에 대하여 영감적인 연설이나 가르침을 갖는 것은 합당한 일이다. 존 로손(John Lawson)이 우리에게 다음과 같이 상기시켜 주고 있다,

> 한 사람이 조국을 위해 전쟁터에서 목숨을 걸었다면, 이는 헌법의 원리에 대한 강의 이상이다. 그는 국기를 필요로 하는데, 이 국기는 그가 국가의 아이디어에 대해 배운 모든 것을 순간적으로 그의 상상에 집중할 수 있는 생생한 시각적 표상(symbol)이다.[2]

물론 국기가 무엇인지에 대한 이해가 없다면 국기는 애국심에 아무런

---

1) Works 5:188.
2) John Lawson, *Comprehensive Handbook of Christian Doctrine* (Englewood Cliffs, NJ: Prentice-Hall, 1967), 163.

호소도 할 수 없다. 주어진 표상(symbol)의 의미를 가르치기 위해 가르침, 강의 또는 설교가 필요할 수 있다. 그러나 일단 그것을 이해하면 표상은 단순히 입으로 하는 말을 훨씬 뛰어넘는 힘을 가질 수 있다. 인류 역사나 개인의 삶에서 중대한 위기의 순간에 우리는 본능적으로 시각적이며 연기된(acted) 표상들(symbols)에 의존한다. 3)

예수 그리스도는 이 통찰력을 기독교 신앙의 핵심에 심어 놓으셨다. 물론 그는 말씀으로 하나님에 대하여 가르치셨고, 믿음의 전파를 위해서는 여전히 말씀이 필요하다. 그러나 우리 주님은 구속의 중심에 있는 것, 즉 속죄의 죽음과 재림에4) 제자들의 주의를 집중시키기를 원하셨을 때, 그들에게 다른 상징인 비언어적 표상(symbol)5)을 주셨다. 그분은 제자들에게 다음과 같이 말씀하셨다. "무언가를 '행동'하라, 곧 무언가를 행동에 옮기고, 무언가를 먹고 마셔라." 그리고 그분은 자신을 하나님의 아들로 믿는 믿음이 단순한 지적인 동의 이상의 것이 되기를 바라셨기 때문에, 새로운 제자를 삼을 때 "그들이 무엇인가에 임하게 하거나 그들의 손에 무엇인가를 뿌리거나 뿌려야 한다"고 말씀하셨다.6) 그것은 무엇인가! 무엇(some THING!)을! 우리가 곧 보게 되겠지만, "사물의 실재성(thingness)"은 기독교 신앙에 대해 광범위한 의미를 가지고 있다.

그러므로 성례전 신학은 잠재적으로 물질적(physical)인 것을 영적인 것의 매개체로 보는 신학적 관점으로 이해할 수 있다. 이것은 하나님은 물질을 통해 영적인 일을 하실 수 있다는 견해이다. 물질을 본질적으로 악하

3) 제2차 세계 대전 중 이오지마 섬에서 깃발을 게양하는 미군의 잘 알려진 사진과 그것이 고취시킨 애국심은 상징의 힘의 좋은 예이다.
4) "너희가 이 떡을 먹으며 이 잔을 마실 때마다 주의 죽으심을 그가 오실 때까지 전하는 것이니라"(고전 11:26)를 참조하라.
5) 네 번째 복음서에서 예수의 기적을 "표징(signa)"이라고 부르는 것은 성례전 신학에서 흥미로운 점이다. 제임스 F. 화이트(James F. White)는 성례전을 비언어적 방법으로 의미를 전달하는 "표징-행위(sign-acts)" 또는 "이행된 표징(acted signs)"으로 지칭한다. *Introduction to Christian Worship* (Nashville: Abingdon Press, 1981), 제5장.
6) 세례 방식(the mode of baptism)에 대한 문제는 나중에 논의될 것이다.

거나 영적인 것의 적으로 보는 것이 아니라 신성한 은혜의 매개자로 보는 관점이다.

때때로 우리가 여기에서 성례전 신학 또는 "성례전 중시주의자의 비전"이라고 부르는 관점을 "성례전주의(sacramentalism)" 또는 성례전 중시주의(sacramentarianism)라고도 말할 수 있다. 그러한 용어들은 하나님의 은총이 인간에게 전달되는 수단으로서 성례전의 효능에 대한 믿음을 수반할 때마다 받아들여진다. 그러나 "복음주의적 합리주의자"[7]는 때때로 성례전이라는 용어가 구원을 전달하는 유일한 수단으로서 절대적 필요의 의미를 담고 있다고 가정하면서 지나치게 반응했다. 그러한 의미는 오늘날 가톨릭보다 바티칸 II, 이전의 로마 가톨릭에서 훨씬 더 진실했다. 웨슬리안/성결 전통은 그 의미에 미치지 못하며 이 책에서는 그 용어를 사용하지 않을 것이다. 하나님은 성례전을 통해 은혜를 주신다. 웨슬리에 의하면, 성례전은 "내적 은혜의 외적 표징이며, 우리가 그를 통하여 은혜를 받는 수단이다." 분명히 웨슬리는 용서와 거듭남이 성례전을 통해 받는 "내적 은혜"에 포함될 수 있다고 생각한다. 그러나 웨슬리는 성례전이 구원에 절대적으로 필요한 것으로 만들지는 않았다. 비록 그것들이 하나님께서 당신의 구원 목적을 이루시는 일반적인 수단일지라도 구원은 그것들 없이도 가능하다.[8]

그러므로 웨슬리안/성결 전통은 종종 위의 의미에서 "성례전주의(sacramentalism)" 또는 "성례전 중시주의(sacramentarianism)"에 대해 찬성하는 말을 하지 않는다. 그러나 그 전통은 분명 "성례전 중시주의자의 비전"을 유지하려고 한다. 이러한 비전을 가지고 있는 사람은 비록 전체적인 신학적 입장이 복음주의적이긴 하지만 "성례전 중시주의자"라고 부를 수 있

---

7) 여기서 사용되는 용어는 Robert E, Webber, *Evangelicals on Canterbury Trail*에 있는 의미이다. (Waco, Tex: Word Books, 1985).
8) Cf. Works 10:190-93, 198. Letters 2:227.

다. 아마도 우리는 웨슬리안들이야말로 "복음주의적 성례전 중시주의자"라고 말할 수 있을 것이다. 다른 말로 표현해서, 복음에 대한 이해에서 그들은 성례전 중시주의와는 반대되는 복음주의자이지만, 복음적 입장에서는 성례전 중시주의자의 비전을 공유한다. 최소한, 성례전 중시주의자라는 용어는 하나님이 물리적 수단을 통해 영적 목적을 성취하실 수 있다고 믿고, 또한 위에서 언급한 "사물의 실재성(thingness)"은 영적 삶에 반대되지 않는다고 믿는 사람을 가리킬 것이다. 웨슬리안들은 이 진리를 진심으로 믿는다.

그러나 "사물의 실재성(thingness)"은 기독교 역사의 한 시대 때에 기독교의 어느 특정 부분에 의해 잘못 취급될 수 있었다. 중세 후기의 로마 가톨릭은 신앙의 위대한 신비를 제단, 성지, 순례, 성유물, 면죄부 판매와 같은 외부 형태와 거의 은밀하게 위치시킴으로써 대중의 마음을 위해 신앙의 위대한 신비를 해석시켰다. 종교 개혁은 신약의 기독교가 주장하는 정당한 장소, 즉 인간의 마음에 이러한 신비를 옮기려고 시도했다. 종교 개혁의 분위기를 토마스 하워드(Thomas Howard)는 다음과 같이 설명하고 있다.

> 산티아고 데 콤포스텔라(Santiago de Compostela), 캔터베리(Canterbury), 또는 토마스(Blessed Thomas)의 사당(shrine), 심지어 성묘(Holy Sepulchre)에까지 걸어서 가는 순례길은 당신에게 아무 소용이 없다. 필요한 것은 불의에서 순결에 이르는 마음의 순례이다. 다시 말하지만, 당신의 돈과 구슬은 당신의 영혼의 계정에 조금도 영향을 미치지 않을 것이다(그리고 당신은 연옥과 같은 장소에 보관된 계산서가 없다는 것을 확신할 수 있을 것이다). 필요한 것은 회개다. 이것은 복음에서 단 한 가지, 곧 죄에서 돌이켜 마음으로 거룩함을 추구하는 것을 의미한다. 이것만이 당신을 구원의 길로 인도할 것이다. 그리고 다시 말하지만, 라틴 미사(Latin mass)라고 말하는 지붕 아래에

있는 것만으로는 아무것도 얻을 수 없다. 필요한 것은 죽은 유물처럼 가득 찬 석판 위에 있는 화학의 기적이 아니라, 오히려 당신 자신의 마음이 하나님을 믿음으로 의(righteousness)의 제사를 드리는 제단이 되는 기적이다. 이러한 모든 외부 행위와 대상은 도움이 되기는커녕 긍정적으로 파괴적이다. 그것들은 은혜의 복음 자체를 무효화시킨다.[9]

구원할 수도, 키울 수도 없는 그런 외적 형태, 대상, 행동을 내버려라! 개신교의 빗자루가 깨끗하게 휩쓸었다.

아마도 너무 깨끗하다! 더 은밀하고 더 냉정한 시대에 개신교는 "외부 물체들(external objects)"이 성령의 일에 종교적 상상력을 집중시키는 힘을 가질 수 있음을 인식했다. 아이러니하게도 개신교는 물, 빵, 포도주와 같은 물체와 관련하여 이것을 시행했다.

그러나 중세 가톨릭 사상에서는 하나님의 은총이 교회의 성례전의 시행을 통해 정교하게 분배된 "실체(substance)"로 이해되었으며, 은총은 하나님의 "약물(medicine)", 일종의 하늘의 "비타민"으로, 그리고 자신의 서품에 의해 그렇게 할 수 있는 권한을 부여받은 사제에 의해 집행되는 성례전을 통하여 자동적으로 영혼에 주입되는 하나의 에너지를 주는 "효력(virtue)"으로 이해되었다.[10] 가톨릭 신자들이 성례전을 통해 받은 이 신비한 물체인 하나님의 은총은 물이 파이프를 통해 흐르거나 전선에 전기가 흐르는 것과 같이 영혼에 전달되는 유사 "물질"과 같은, 비인격적인 용어로 끊임없이 생각되었다. 이런 개념의 배후에 있는 전제는, 고대 로마 교회가 의

---

9) Thomas Howard, "The Idea of Sacrament: An Approach," Reformed Journal, Feburary 1979 (hereafter cited as "IS"). 이 기사와 그 후속편, "상상, 예식, 신비: 그리스도는 왜 성례전을 제정하셨는가?" Reformed Journal, 1979년 3월호(이하 "IRM"이라고 칭함)는 영어 교사가 쓴 것으로, 성례주의적 관점에 대한 아름다운 변명을 구성한다. 나는 이 장의 처음 세 부분을 쓸 때 이 기사에서 많은 것을 차용했다.

10) 2장에서 언급한 바와 같이, 라틴어 용어는 ex opere operato("수행된 작업에 의해")이다. 이는 중세 가톨릭의 정확한 의식(the rite)의 교회적인 행사가 받는 사람들에게 은혜를, 즉 받는 사람의 믿음이 있든, 없든 전달한다는 가정을 나타낸다.

식적이든 무의식적이든 많은 양보와 조정을 했던 원시 종교와 지중해 민속 신앙의 흔적이 뒤섞인 스토아 철학의 사상이었다. 오늘의 로마 가톨릭 신학은 이러한 중세적 사고방식과 거리가 멀고, 종교 개혁 이후의 시대보다 훨씬 더 많은 부분에서 개신교의 성례전 사상이 가톨릭의 이해와 교차하고 있다. 그러나 이러한 "실체" 같은 것으로 성례전을 생각하는 것에 대해 마틴 루터는 반발했다.

이에 대해 루터는 "아니오!"라고 말했다. (그에 의하면) 하나님의 은혜는 실체가 아니라 하나님이 가치 없는 죄인에게 제공하는 새로운 관계(relationship)이다. 그것은 죄 많은 인간에 대한 그리스도 안에서의 하나님 자신의 태도이다. 이는 용서, 사죄, 화해이다. 그렇게 되면, 가톨릭교회의 미신은 물러간다! 은총은 성례전이라고 하는 "정맥혈관"을 통해 영혼에 마술처럼 주입할 수 있는 의약 물질이 아니다. 루터에게 은혜는 "물건"이 아니었다.

그러나 여기서 우리는 조심해야 한다. 성례전적 은총을 "실체"로 보는 로마 가톨릭의 개념을 거부한 것은 종교 개혁자들이 믿음에 대한 "사물의 실재성(thingness)"의 중요성을 부정한 것은 아니다. 은혜는 물건이 아니었지만, 사물과 행위로, 그리스도에게 순종하여 떡을 먹고 잔을 마시고 그의 이름으로 세례를 받는 것으로 전할 수 있었다. 물질적 표상을 사용하는 것이 영성이 부족하다는 신호는 아니다. 기독교 신학은 보이지 않는 것(즉, 순전히 지적인 것 또는 말로 된 것)이 보이는 것, 행동하는 것보다 더 영적이라고 가정하는 것은 잘못된 것이라 생각한다. 이러한 이유로 윌리엄 템플은 기독교가 "모든 위대한 종교 중에서 가장 명백히 유물론자(materialist)"[11]라고 주장할 수 있었다. 거룩한 기독교의 예배에서 (물, 떡, 그리고 포도주와 같은) 물질을 사용하는 것은 창조주이시며 구속주이시며 자신이

---

11) William Temple, *Nature, Man, and God* (London: Macmillan and Co., 1949), 478.

만드신 세상을 사랑하시는 삼위일체 하나님에 대한 확인이다. 물리적인 것이 영적인 것의 집, 거주지일 수 있다. 그것이 성례전 중시주의자의 비전의 기본적인 통찰이다. 이것이 성례전의 기본 원리이다. 이처럼 성례전은 말씀이 육신이 되고 육신이 하나님의 거처가 되는 "성육신의 원리"와 같다. 성육신을 가능하게 한 동일한 원리가 또한 성례전도 가능하게 한 것이다.

B. 신비와 은유

종교 개혁 이후 수 세기 동안 복음주의 개신교 사상에서 성례전의 개념은 가장 중요한 문제는 아니었다. 확실히, 세례와 주의 만찬의 적절한 의미와 방식을 놓고 개신교의 여러 분파 간에 큰 싸움이 벌어졌었다. 이러한 논쟁 중 하나(세례에 관한 루터교와 재세례파 사이)는 1장에서 다루었다. 마르부르크 성에서 루터와 츠빙글리는 주의 만찬에서 빵과 포도주가 성별되었을 때 일어나는 일을 이해하는 방법에 대해 격렬하게 논쟁했다. 루터와 칼빈은 성찬례에서 그리스도의 임재를 이해하는 방식에 대해 의견이 일치하지 않았다. 영국교회의 경우는, 로마에서 분리된 첫 수십 년 동안에는 성례전의 견해의 모든 방식이 교회의 계층에서 통용되었다.

이러한 문제가 격렬함에도 불구하고 다른 문제가 천년의 거의 절반 동안 복음주의 개신교의 관심의 더 큰 부분을 차지했었다. 이것에 대한 역사적 이유들은 충분히 분명하다. 개혁자들은 교황, 공회, 교회의 권위를 거부했다. 그들은 그것을 오직 성경의 권위(sola scriptura)로 대체했다. 그러한 혁명적 사상은 옹호되어야만 했다. 종교 개혁의 고전적 시기(루터와 칼빈의 시대)가 개신교 정통(Protestant orthodoxy) 시대로 바뀌면서 대륙의 개신교는 강력한 명제주의자(propositionalist)가 되었다. 이러한 특성은 개신교 안에, 특히 복음주의적인 영역에 크게 남아 있다. 이것은 일반적으로 성경에 대한 복음적 교리, 신학 체계, 설교, 그리고 성경 연구, 간증 및 기타 구두 연습이 중요한 신앙심(piety)에서 볼 수 있다. 2장에서 논의한 바에 따르면, 개신교에게는 로고스(logos)가 신화(mythos)보다 더 중요하게 되었다. 물론 개신교 영성에서는 신앙의 위대한 신비가 마침내 이성적인 범주에 포함될 수 없다는 것을 인정한다. 그럼에도 불구하고 이러한 인식은 만족스러운 명제로 기독교 신앙을 분명히 하려는 과도한 노력으로 인해 밀려나게 되었다.

이것은 성례전 중시주의자가 명제(propositions)에 반대한다는 것을 말하는 것이 아니다. 성례전은 이해력을 가지고 접근하지 않으면 의미가 없다. 토마스 하워드가 다음과 같이 말하였듯이 말이다.

> 정통신앙(orthodoxy)은 지팡이와 고리를 흔드는 것으로는 절대 유지될 수는 없다. 그곳 어딘가에서 아타나시우스나, 아우구스티누스가 펜을 들고 잘못된 견해가 무엇이 잘못이고 왜 모든 사람에 의해 유지되어야 할 옳은 견해인지를 설명해야 한다.[12]

그러나 본질적인 신학 작업이 끝난 후에 모든 그리스도인은 다음과 같은 사실을 안다. "믿음의 모든 지점에서 우리는 결국 우리가 머물러야 할 곳에 이르게 된다." 거기서 우리는, "이것은 미스터리다. 나는 이보다 더 설명할 수 없다. 창조, 타락, 구원—이 주제에 대하여 누가 설명할 수 있는가?"[13]

그것이 성례전 신학의 핵심—곧 신비(mystery)이다. 성례전에서 일어나는 일을 완전히 설명할 수 있는 명제, 논리적 진술 또는 논리적 삼단논법은 없다. 어떤 교부, 공의회, 신학자 또는 교황도 세례와 성찬례에서 어떤 영

---

12) Howard, "IS," 10.
13) Ibid.

적 일이 일어나고 있는지 정확하게 설명하는 정확한 언어를 찾지 못했다. 설명을 위한 모든 시도가 그 과정을 거친 후, 성례전 신학은 신비를 거행하는 데서 의미를 간단히 찾기로 선택한다.

그러나 그것이 무슨 의미인가? 성례전에서 사용되는 물질의 성분은 두 가지 수준에서 이해되어야 한다. 첫째는, 그들은 그저 보이는 것들—예를 들어, 세례당에 있는 물(또는 강, 개울, 호수) 또는 세례의 성수대, 그리고 접시에 담긴 빵 한 덩이나 작은 잔에 있는 포도주, 또는 작은 컵에 있는 적은 것들이다. 두 번째로는, 그것들이 수단(means)을 설립하여, 그것에 의하여 물, 빵, 포도주를 초월한 무엇인가가 우리에게 현실적으로 존재하게 한다.[14] 성례전 중시주의자의 비전에서 성례전은 기념품 이상이며, 과거에 일어난 무엇인가에 대한 기억을 이미지로 불러일으키는 데 도움을 준다. 주님께서 우리에게 "이를 기억하여 행하라"(고전 11:24)라고 명하셨을 때, 그분은 과거에 있었던 어떤 일에 대한 단순한 정신적 "기억" 이상을 의도하셨다. 실제로 성례전은 기억된 것을 현재 우리에게 현실로 만든다. 성례전에서 주님께서 우리를 부르신 것을 믿는 것은 바로 이러한 종류의 "기억"인 것이다.—곧 과거를 현재에서 현실로 만드는 기억 말이다. 그러면 어떻게 가능한가? 그것은 신비이다.

그러나 우리는 신비(mystery)로 미룰 필요가 없다. 초대교회 교부들에게 있어서는 성례전(라틴어 sacramentum)이라는 단어는 신비(그리스어 myterion)와 밀접한 관련이 있었다. 사실, 그리스어의 신비(myterion)는 라틴어 성례전(sacramentum)으로 대개 번역되었다. 물론, 신약성서에서는 그리스도께서 명령하신 행동을 구체적으로 나타내기 위해 신비(mysterion)란 말을 사용하지 않았다. 그것을 교회가 성례전이라고 불렀다. 그럼에도 불구하고 둘 사이에는 의미에 있어서의 일치

____
14) Cf. Ibid.

(correspondence)가 있다. 바울에게 있어서 신비는 복잡한 난제(puzzle)가 아니었다. 이 말은 하나님의 영원하고 측량할 수 없는 뜻 안에 감추어진 어떤 것을 의미하며, 이는 인간의 노력으로는 발견할 수 없고 오직 예수 그리스도를 통하여 믿는 이들에게 계시된 것이다(롬 16:25-26; 고전 2:7-10; 엡 1:9, 3:9; 골 1:26). 바울은 그리스도를 신비를 만드는 분이 아니라 위대한 신비를 해명하는 자, 해결하는 자로 보았다. 그러나 진정으로 해결되는 것은 오직 믿음의 사람을 위해서 뿐이다. 불신자에게는 성례전이 무의미한 인간 활동이지만, 신앙인에게는 성례전이 복음의 내적 의미를 드러내는 계시가 된다. "성례전에서 우리에게 정말 중요한 일이 일어날 수 있는가? 성례전을 중시하지 않는 자는, 옛날에 나다니엘(바돌로매)이 나사렛에서 어떤 선한 일이 있을 수 있는가 하고 질문했듯이 말할 수 있을 것이다. 그러나 성례전 중시주의자는, 빌립처럼 와서 보라고 대답할 것이다(요 1:46). 그리스도께서 성례전에서 우리를 위해 무엇을 하고 계시는가? 오직 그가 사랑하는 자만이 안다.

그러나 이 외에도. 성례전에서 신비와 관련된 일에 대한 해결책은 아마도 은유(metaphor)에 있을 것이다. [15] 은유는 창조적 사고의 기본 단위이다. 게일람쇼-슈미드(GailRamshaw-Schmid)는 다음과 같이 말한다.

> 은유에서 생각은 새로운 방식으로 확장되어 새로운 것을 상상하고 오래된 것을 개조한다. 은유는 라벨(label)을 붙여 명시하지 않는다. 그것은 혁명적인 방식으로 연결한다. 은유는 단순한 이미지, 닮은꼴, 거울에 비친

---

15) 이 단어는 "이어지다"를 의미하는 그리스어 metapherein에서 유래했으며, 일반적으로 그리고 주로 사용되는 단어나 구절을 다른 것에 적용하는 암시적 비교를 포함하는 말의 합성어다. 그리고 다음과 같은 은유가 성결에 있다. 예: "하나님은… 반석이시니"(삼하 22:32, 시 18:31), "여호와는 나의 목자시니"(시 23:1), "에브라임은 굽지 아니한 떡이라"(호 7:8).

반영이 아니다. 오히려 은유는 이전에 나온 적이 없는 비교(comparison)를 형성한다.[16]

은유는 유사하지 않고 논리적으로 양립할 수 없는 이미지를 겹쳐서 사람의 인식을 변경한다.

의자 자리를 잡는 네 개의 막대기를 무엇이라고 부를까? "다리"는 어떠한가? 우리는 언어의 은유적 특성에 의존하지 않고는 거의 한 문장도 말하지 않는다. 의자 다리에 대한 우리의 평범한 이야기 속에서 우리는 죽은 나무 위에 있는 생동감 넘치는 다리에 대한 은유, 단순한 의자의 고대 의인화를 발견할 수 있다.[17]

은유가 성례전에 대한 우리의 이해를 어떻게 도와주는가? 빵, 포도주, 물(즉 성례전에서의 물질적 구성요소)은 보이는 것과 보이지 않는 것 사이의 교차점에 있다. 그것들은 말하자면 우리가 볼 수 있는 것(그리고 만지고 맛볼 수 있는 것)과 우리가 그리할 수 없는 것 사이의 연결 고리를 형성한다. 성례전은 우리가 초월자와 접촉하게 되는 명백한 만남의 장소를 나타낸다. 그리스도의 몸인 교회 생활의 바로 중심에는 복음의 신비에 "우리가 귀를 기울이게 하는" 행동이 있다. 세례에서 우리는 그리스도와 함께 장사 되고(롬 6:3-4), 성찬례에서 우리는 그의 살을 먹고 그의 피를 마심으로써 영생을 얻게 된다(요 6:53-56)고. 표면상으로는, 그들 사이에 그것에 대해 논쟁했던 유대인들에게 그랬던 것처럼 우리에게도 터무니없는 것으로 들린다(52절). 그것은 우리의 상상력을 혼란스럽게 한다. 그리고 어떻게 단지 물질적인 것들이 기독교인의 하나님과의 관계에서 이렇게 높고 중심적인 위

---

16) Gail Ramshaw-Schmidt, *Christ in Sacred Speech* (Philadelphia: Fortress Press, 1986), 7.
17) Ibid., 8.

치를 차지할 수 있는지를 믿기 어렵다. 하나님은,

> 영원하시고, 보이지 않고 홀로 지혜로운 분이시며,
> 접근할 수 없는 빛 속에서 우리 눈에서 숨겨져 계신다.
> ―월터 C. 스미스

그러나 우리는 '단순한 물리적 물질적인 것'이 구원 역사에서 모든 위대한 사건에서 정확히 이처럼 고귀하고 중심적인 위치를 차지한다는 사실을 상기할 때 우리는 놀라게 된다. 토마스 하워드(Thomas Howard)는 그것을 아름답게 말했다.

> 이런 사건들, 곧 창조, 타락, 구속, 성육신, 수난, 부활, 승천, 오순절, 성찬 등의 사건들을 보라. 그중에 순전히 '영적인' 영역에서 발생한 것이 하나라도 있는가? 모든 시대의 영지주의자, 마니교인, 합리주의자의 혼란과 분노에 대해 극(drama) 전체가 극도로 당황스러울 정도로 물리적인 용어로 전개되었다. 그는 무엇인가(즉 물, 바위, 고래 등)를 만들었고, 그 모두는 그를 찬양했다; 우리는 그것을 잡아, 우리의 것이라고 부르려고 해서 망쳤고 모든 것이 부패에 빠졌다; 그는 구조와 회복을 계획했고, 그리고 한 사람과 한 민족을 선택했고 그리고 어린 양의 피를 필요로 했다(demanded); 그리고 그는 이 육신을 입으셨다; 그 육체의 고난으로 그는 세상의 구속을 이루었다; 그 몸은 무덤에서 나와, 승리를 거두었다는 징조와 보증을 하늘과 지옥에 선포했다; 그 몸은 승천하여, 삼위일체 하나님의 신비의 한 가운데로 임하였다;. 하나님(삼위일체 하나님)이 (불의)혀처럼 각 사람 위에 임하였다; 그리고 그들을 위해, 역사가 계속되는 한 그 중심에 빵과 포도주가 있었다.[18]

성례전 중시주의자는 이러한 역사적 현실에서 영감을 얻는다. 하나님

---

18) "IS", 11.

의 전체 구속의 계획은 육신의 물질적인 면에서 이루어졌다. 추상적 사고의 세계를 진리가 있는 곳으로 지적하는 서구의 합리주의자에게 성례전 중시주의자는 진리의 하나님은 다름 아닌 이 물질세계를 창조하시고 우리를 위해 성육신하신 하나님이라고 주장한다. 사이렌의 노래(siren song)가 우리를 이 물과 숲과 흙과 살과 피와 빵과 포도주의 세상에서 순수한 영의 미묘한 영역으로 탈출하도록 유혹하는 동방 신비주의자에게 성례전 중시주의자는 그리스도와 같은 하나님은 그의 세계로 돌아오셔서 세상을 우리에게 되돌려 주시고 우리에게 도피보다 무한히 더 큰 무엇을 제공하실 것이라고 주장한다. 하나님은 구원을 주신다.[19] 그러므로 바울 사도는 하늘과 땅에 있는 만물이 "한 머리 곧 그리스도 아래"로 모이게 될 것이라고 강조한다(엡 1:10). 아무것도—아무 "물건도" 빼놓을 수 없다.

그래서, 성례전 신학은 창조에 관한 성경의 교리를 진지하게 받아들인다. 이 교리는 세계와 그 안에 있는 만물이 허상이 아니라 실재한다고 주장한다. 돌과 같은 막대기와 부러진 뼈—모두가 실재이다. 해와 별들과 그리고 땅에서 죽어 백배의 결실을 맺는 씨들(seeds)도 실재이다. 들짐승, 공중의 새, 바다의 고기, 이 모든 것이 진실로 실재하는 것이다. 주 하나님은 모든 것을 만드셨고 그것을 보시고 "좋다"고 선언하셨다.

그러나 이 창조된 세계에는 또 다른 사실이 있다. 그것은 현실적일 뿐만 아니라 은유적이기도 하다. 이것은 세계가 단순히 그 자체일 뿐만 아니라 그 자체 너머에 있는 무언가를 가리킨다는 것을 의미한다. 물질과 가시적 세계는 우리 인간의 눈에 적합한 방식으로 초월적 현실에 대해 무엇인가를 보여줄 수 있는 능력을 가지고 있다. 세계는 우리에게 세상 너머의 소식을 전한다. 그것은 중세의 기사처럼 그가 대표하는 왕의 깃발과 왕의 무장을 입고 전령사 또는 기사의 역할을 한다. 그 색채들(colors)은

---

19) Ibid.

그 자체로 아름다웠다. 그 밖에도, 그 전령의 왕의 문양과 색깔을 반영하였다. 마찬가지로, 성례전 중시주의자에게는 물질적 창조물의 모양과 색상, 디자인이 그들 너머에 있는 주권자의 패턴을 반영한다. 그리고 물질적 피조물은 하나님의 전령이다.

이는 창조된 세계가 해야 할 추가의 임무를 부여받았다는 것은 아니다. 즉 이 물질세계가 우리 인간의 이익을 위하여 있다는 것 이외에—즉 우리의 일상적 임무에 더하여, 전령(herald)이 되는 임무를 추가로 받았다는 것은 아니다. 볼 수 있는 눈이 있는 사람들에게는, 이 세상의 구조에서 관찰된 패턴이 하나님을 근원으로 하여 모든 세계의 단계가 다 진실한 것으로 관찰될 것이다. 예를 들어, 봄에 땅에 심은 옥수수 씨앗이 죽고 썩는 것을 볼 수 있다. 그러나 죽는 것만이 아니다. 그 죽음에서 싹이 나고 줄기가 나고 이삭이 나고 추수하게 된다. 그것이 씨앗과 토양과 햇빛이 작용하는 자연스러운 방식이다. 그러나 그것은 또한 하나님 안에서 원자보다 작은(subatomic) 입자에 이르기까지 위아래로 우주 전체에 존재하는 사실에 대한 은유이기도 하다. 생명은 죽음에서 나고 목숨을 잃는 자는 찾을 것이요, 이기심을 베푸는 사랑의 원리에 자기 이익을 묻어두는 사람은 진정한 자아실현의 풍성한 수확을 얻게 되는 것이 진리이다. 십자가에 못 박히시고 죽으시고 장사 지낸 자가 사흘 만에 다시 살아나신 것이 진리이다. 자기를 비워 종이 되신 분이 하나님의 오른편으로 높임을 받으셨다는 것이 케노시스(kenosis)의 진리이다. [20]

이것이 이 세상이 은유적일 뿐만 아니라 실재적이라는 말의 의미이다. 물질적인 것은 고유한 가치가 있지만 또한 더 큰 것의 은유 역할도 한다. 지브롤터의 바위(The Rock of Gibralter), 스위스의 마테호른(Switzerland's

---

20) 케노시스라는 단어는 "비우다"라는 헬라어에서 유래했으며, 빌 2:7에서 바울이 사용했다. 그 문맥(5-11절)은 "케노시스 구절"로 알려져 있으며, 여기서 그리스도는 "자신을 비우셨다" 또는 "아무것도 되게 하지 않으셨다"고 언급되고 있다.

Matterhorn), 요세미티의 엘 캐피탄(Yosemite's El Capitan)은 각각의 장엄함을 가지고 있지만, 창조의 아름다움에 민감한 기독교인에게는 만세 반석(the Rock of Ages)을 말하고 공정하게 외칠 것이다.

> 여호와는 우리의 반석이시니 우리가 그에게 들어갑니다.
> 여호와는 폭풍이 일어날 때 우리의 피난처이시다.
> –버논 J. 찰스워스

어린 양은 어린 양으로서 가치가 있지만, 한편 이 어린 양은 세상 죄를 없애기 위해 죽임을 당한 어린 양을 생각나게 할 것이다. 물결치는 폭포, 나무에 스치는 바람의 속삭임, 아침에 앵무새의 잡색 노래, 또는 황혼에 쏙독새의 울음소리, 이 모든 것에서 우리는 더 큰 노래의 희미한 암시를 감지할 수 있다. 우리는 천사들의 합창이 천천이요 만만이요라는 하늘 보좌를 풍성하게 하시며 "죽임을 당하신 어린 양이 능력과 부와 지혜와 힘과 존귀와 영광과 찬송을 받으시기에 합당하도다"(계 5:11-12) 하는 들을 귀가 있다!

은유는 "시각적 비유"로 설명될 수 있다. 예수님이 말씀하신 비유와 마찬가지로 시각적 비유는 숨기기도 하고 드러낼 수도 있다. 주님께서 "비유로 많은 것을" 말씀하실 때, 그분은 당신의 청중 가운데 "들을 귀가 있는" 사람들만이 메시지를 받을 것임을 아셨다(마 13:3, 9. 참조 3-17). 또한 비유에서도 "보는 눈이 있는 자"만이 깨달을 것이다. 또한 보는 눈이 있는 자에게 은유는 "먼 데 있는 것"과 "여기 있는 것" 사이의 거리를 잇는 능력이 있는 것이다. 스터더트-케네디(G.A. Studdert-Kennedy)는 이러한 생각을 자신의 시에서 다음과 같이 표현했다.

하나님 우편에 계신 그리스도는 세상의 모든 것보다 얼마나 더 높이 계시는가?

그분의 하얀 천사들은 눈 덮인 봉우리들보다 얼마나 더 높이 서 있는가?

세계를 찾기 위해 여행을 떠나야 하는가, 저 고요한 별 너머로?

이 소중하고 사랑스런 가정을 버리고 언덕을 올라야 하는가, 얼마나 멀

리?

아름다움이 장미에서 나오는 것처럼,

뜻이 말에서 나오는 것에 관한 한,

시가 산문에서 나오는 것처럼,

음악이 소리로부터 나오는 것에 관한 한,

예술이 영리함에서 나오는 것처럼,

그림이 페인트로부터 나오는 것에 관한 한,

바리새인들이 성도에서 나오는 것처럼,

표시가 성례전으로부터 나오는 것에 관한 한,

이성이 진리에서 나오는 것처럼,

우정이 있는 곳에서 사랑이 나오는 것에 관한 한,

어린 시절이 젊음으로부터 나오는 것처럼,

웃음이 기쁨에서 나오는 것에 관한 한,

입맞춤에서 사랑의 정열이 먼 만큼,

사랑이 빛나는 눈에서 먼 만큼,

하나님은 푸르른 땅에서 그만큼 먼 것이고,

그 세계는 이로부터 먼 만큼이다. [21]

믿음으로 받아들인 성례전에서 "멀리 있는 것(far away)"이 "바로 여기 있는 것(right here)"이 된다. 세계의 은유적 본성은 성례전에 대하여 어떤 신학적 견해를 취하든 간에 상관없이 성례전을 함축하는 가정 중 하나이다. "이것이 내 몸이다"라는 말은 다음의 뜻을 가정하는 것이다. 곧 여기에 상 주위에 있는 굽고 쪼개어 나누어진 밀알에 관한 무엇이 있는데 이는 "우리의 죄악을 위하여 상함을 입고", 세상의 생명을 위해 주어진 하늘에서 내려온 산 떡에 대한 은유라는 것을 가정한다. 그리고 "이것이 내 피다"라는 말씀은 바위가 많은 산비탈에서 자란 포도에서 짜낸 잔에 담긴 포도주에 대해 무언가를 말하는 것인데, 이는 우리의 죄를 속죄하기 위해 갈보리에서 "다섯 곳의 출혈의 상처를 입으시고" … 골고다 바위산 꼭대기에서 뿌리신 흘러내리는 피에 대한 은유라고 가정한다. 그리고 "세례에서 그와 함께 장사되셨다"라는 말은 물속에서 보이지 않는 데로 갔다가 다시 올라오는 무엇인가가 있다고 말하는 것인데, 이는 죄의 옛 삶은 죽고 새 생명으로 살아났다는 것에 대한 은유라고 가정하는 것이다. 세례의 씻는 일의 이미지는 세례에서 사람에게 물을 붓거나 뿌리는 일이 있는데, 이는 우리의 죄가 씻긴 것에 대한 은유라고 가정한다. 신비? 그렇다. 누가 그것을 이해할 수 있는가? 하지만 은유를 통해 우리는 단서를 얻었다.

하워드(Thomas Howard)는 은유에 대해 두 가지 중요한 관찰을 했다. [22] 첫째, 성례전 중시주의자는 은유가 임의로 선택되거나 부과되지 않는다

<hr>

21) G. A. Studdert-Kennedy, "Set Your Affections on Things Above," in *Rhymess* (London: Hodder and Stoughton, 1929), 61-62.
22) Cf. "IRM," 16-17.

고 주장한다. 인간의 상상력은 전달하는 메시지에 적합하도록 하는 선택된 은유에서 고유한 "적합성(fitness)"을 인식한다. 예를 들면, 높은 천장과 군주(Kings) 사이에 적절한(임의가 아닌) 연결이 있다. 이유는 무엇인가? 둘 다 고귀함의 개념을 가지고 있기 때문이다. 늪이 아닌 산봉우리는 기쁨에 대한 올바른 은유이다. 이리가 아닌 어린 양은 순결에 대한 올바른 은유이다. 이제 누군가가 터널이 높은 천장보다 왕에 대한 더 나은 은유라고 주장하거나 늪이 봉우리보다 기쁨에 대한 더 나은 은유라고 주장한다면, 우리는 그들에게 인류가 모든 것을 지우고 다시 시작해야 한다고 대답해야 할 것이다!

둘째, 동일한 진리에 대해 둘 이상의 은유가 적절할 수도 있다. 예를 들면, 그리스도는 성경에서 왕이자 종으로 묘사되고 있다. "왕" 은유는 그리스도의 한 면을 포착하고, "종" 은유는 다른 면을 포착한다. 둘 다 완전한 구도의 그림에 유효하고 필요하다. "사자"와 "어린 양" 은유도 마찬가지이다. 어떤 면에서 그리스도는 사자와도 같고 어떤 면에서는 어린 양과도 같다(계 5:5-6). 그러나 우리는 그리스도를 뱀이나 도살자로 말할 수는 없다. 이것은 뱀이나 도살자를 폄하하려는 것이 아니다. 뱀도 하나님의 창조물의 일부이며 도살업자도 성도가 될 수 있다. 그러나 인간의 상상력은 그리스도가 누구인지에 대한 우리의 지식에 아무것도 추가할 수 있는 은유가 없다는 것을 안다. 성경 이야기와 수많은 고대 문화권의 문헌에서 뱀은 악의 상징이다. 도살자의 경우, 도살이 범주(category)라면, 그리스도는 칼을 휘두르는 자가 아니라, 도살의 희생자이다.

은유에 관한 하워드의 두 가지 관찰에 우리는 또 다른 것을 추가할 수 있다. 즉 동일한 은유가 둘 이상의 다른 진리에 사용될 수 있다는 것이다. 예를 들어, 성경에서 물은 때때로 이사야 43:2에서처럼 위험이나 시련을 나타내기 위해 사용되었다. 그러나 세례의 성례전에서는 물은 타락으로부터의 구원과 새 생명의 시작을 나타낸다. 잠언 4:17에서는, 빵과 포도주는 사악함과 폭력의 은유이지만, 성찬례에서는 주님의 몸과 피를 나타낸다. 그러므로 은유의 해석에 있어서 중요한 것은 그것이 문맥에서 어떻게 사용되는가이다.

은유를 이해하는 데 있어 이 세 가지 매개변수를 고려할 때, 성례전 중시주의자는 은유가 종종 어떤 논리 체계보다 구원의 진리의 신비를 기독교인의 상상력에 훨씬 더 잘 포착할 수 있다고 믿는다. [23]

C. 놀이로서의 선포

개신교에서는 복음을 선포하는 두 가지 주요 방법—즉 설교와 성례전—이 있다. 교황을 교회의 머리로 하고 로마에 본부를 둔 교회를 유일한 참된 교회로 인정하지 않았던 종교 개혁가들은 교회를 재정의해야 했다. 그들에게는 말씀이 전파되고 성례전이 집행되는 곳이 교회였다. 둘 모두를 통해 복음을 선포해야 했는데; 그것은 교회가 자신이 선포하는 것에 의해 정의되었기 때문이다. 설교는 들을 수 있는(audible) 복음 선포였고, 성례전은 눈에 보이는(visible) 복음 선포였다. 복음을 들리게(audibly) 전하는 방법이 여러 가지가 있듯이, 복음을 보이게(visibly) 전하는 방법도 다양하다.

이전 섹션에서, 창조된 세계의 은유적 본성은 초월자의 신비로 통하는 관문이라는 것을 논의한 원칙에 더하여, 성례전 신학에 작용할 또 다른 아이디어가 있다. 우리는 그것을 연기(playacting)라고 할 수 있다. 셰익스피어(Shakespeare)는 "모든 세상은 무대이고 모든 남자와 여자는 단지 플레어(players)에 불과하다"[24]고 했다. 이런 진술에 내포된 결정론을 거부하면서, 우리는 어떤 의미에서는 교회도 또한 무대이며, 특히 연극(drama)에서

---

23) But see again chap. 2. n. 12.
24) As you like it, act. 2, scene 7, lines 139-40.

처럼 그것이 성례전을 통해 연기하며, 그리고 우리 예배자들은 플레이어
라고 말할 수 있다.

어떻게 그렇게 되는가? 세례와 성찬례에서 우리는 우리가 믿는 것을 "행
동에 옮기는" 것이다. 바렛(C. K. Barrett)이 말했듯이 "교회는 어느 때보다
더 분명하게 세례나 주의 만찬과 같은 의식을 행할 때만큼 명확한 교회는
없다."[25] 그러나 이러한 가장 특별한 종교적 행사에 특유한 신비한 행동
과는 거리가 먼, 그러한 행동은 기록된 역사가 시작된 이래로 인류의 보편
적인 특징인 다른 현상들의 한 부분이다. 우리 인간은 일상생활에서 많이
의식을 집행하는 피조물이다.

한 가지 예는 '인사'이다. 거의 모든 문화권에는 사람에게 인사하는 관
습이 있다. 여러 문화에 따라, 악수, 몸을 굽힘(bow), 무릎과 상체를 굽히
는 인사(curtsy), 경례 또는 머리 끄덕이는 행동들이 있다. 인사의 의식이 무
엇이든, 우정, 평화, 존경 또는 환영의 개념을 신호하는 것은 우리의 소망
에 따라 행동하는 것이다. 환영이나 우정에 대해 웅변적인 연설을 하는
대신 우리는 육체적인 일을 한다. 우리는 본능적으로 몸짓을 통해 우리
가 전달하고자 하는 메시지를 전달할 것이라고 느낀다.

또는 '기도'를 생각해 볼 수 있다. 무릎을 꿇고 기도할 때, 머리를 숙여
경건함과 겸손함을 나타낸다. 우리가 지금 경건하기를 원한다는 것을 동
료 숭배자들(또는 하나님)에게 구두로 설명하는 대신에, 신호를 보내기 위해
우리는 어떤 육체적인 표현을 한다. 이것을 생각해 볼 수 있다. 어떤 사람
들은 교회 건물이 거의 비어 있을 때도, 또는 죽은 자를 추모하기 위해 장
례식장에 갈 때도 목소리를 낮춘다. 그 이유는 무엇인가? 이는 구경꾼이
물어봐도 설명할 수 없을지라도 그들이 인정하기를 원하는 어떤 중요한
것을 육체적 방식으로 전하는 그들의 방식인 것이다.

---

25) C. K. Barrett, *Church, Ministry, and Sacraments in the New Testament* (Grand
　　Rappids: Wm. B. Eerdmans Publishing Co., 1985), 54-55.

또는 '먹는 것'과 같은 평범한 문제를 생각해 볼 수 있다. 현대 의료 기술 덕분에 우리는 비타민 알약을 삼켜서 필요한 영양을 훨씬 더 빠르고 효율적으로 얻을 수 있다. 그러나 누가 그런 것을 아주 오랫동안 하며 즐길 수 있겠는가? 정말 기억에 남는 식사를 하고 싶을 때, 우리는 요리하고, 장식하고, 식탁을 세팅하고, 촛대와 센터피스(centerpiece), 린넨 냅킨, 은그릇, 수정 잔, 최고의 도자기로 차리는 의식을 거친다. 그 이유는 무엇인가? 우리는 의식의 창조물이기 때문이다. 우리는 가족이나 친구와 함께 식사하는 것이 단순히 콩이나 브로콜리에서 혈류로 영양분을 전달하는 것보다 훨씬 더 중요한 것임을 알고 있다.

이 장에서 이미 상당히 인용한 하워드(Thomas Howard)는 인간의 삶(출생, 성, 죽음)의 난해하고 위대한 신비에서 우리 스스로 그것들에 대한 우리의 반응을 의례화한다는 중요한 점을 지적한다.[26] 이러한 각각의 사건은 "단지" 일상적인 생물학적 사건이지만 모든 부족과 사회에서 정교한 의식으로 장식되어 있다.

하워드는 먼저 출생을 고려하면서. 다음과 같이 말한다.

> 우리 문화에서는 출생의 기념으로 장식을 흰색, 노란색, 분홍색 및 파란색의 실(lines)을 활, 목도리, 은색 숟가락, 예쁜 담요들과 함께 나르는 경향이 있다. 말(horse)은 이런 것에 신경 쓰지 않는다. 그러나 그들도 생물학적으로 동일한 경험을 하며 우리와 마찬가지로 즐겁게 뛰논다.[27]

왜 우리 인간은 이런 모든 장신구를 추가하는가? 단순한 산부인과에서는 이런 화제를 다루지 않기 때문이다. "무언가가 발생했다. 우리는 집게와 온도계, 기저귀와 차트를 넘어선 뭔가 아름다운 일을 해야 한다."[28]

---

26) Cf. "IRM," 16.
27) Ibid.
28) Ibid.

경례와 가식은 우리 인간성의 훨씬 더 깊은 무언가를 나타내고 있다.

그리고 성행위(sex)와 관계된 일이 있다고 하워드(Howard)는 말한다.

> 남자가 여자에게 접근하는 방식은 다시 "단순히" 생물학적 행동이며, 이
> 것은 오랜 세월 동안 그랬다. 특이한 것은 없다. 그러나 우리 모두는 매우
> 높은 울타리를 가지고 이 접근 방식을 설정했다. (적어도 우리는 그랬다: "자유
> 로운" 성적 성교에 대한 현재 서구의 실험은 역사에서 이따금 발생한다, 그리고 그 위에 지
> 속할 수 있는 것은 아무것도 없다.) 우리는 이 모든 것을 엄숙하게 장식한다.[29]

특정 문화에 따라 장식하는 일(festooning)에는 사춘기 의식이나 밀크셰이크를 공유한 형상(form), 그다음 지참금이나 약혼반지의 형태를 취할 수 있다. 미국에서의 페스투닝(festooning)은 신부 가운과 베일, 신부 들러리와 안내인, 서약 주고받기, 또는 반지 주고받기, 웨딩케이크, 피로연 및 결혼식에 수반되는 기타 모든 것을 포함할 수 있다. 이 모든 것은 의식의 징표로 사건의 중요성을 표시하려는 인간 욕망의 일부이다.

그리고 죽음, "의학적 보고서를 작성하고 죽음의 역학에 대한 사회학적 분석을 수행하고 방부액과 구리 금고로 부패를 막았을 때, 우리는 긴 장막, 영구차, 진혼곡(또는 무엇이든지)을 가지고 모든 것을 다 행한다."[30] 꽃 공물, 추도 연설 그리고 죽은 자에 대한 친절한 말을 하는 것은 사람의 죽음이 심장 박동이나 뇌파 활동의 단순한 호흡 정지보다 매우 더 중요하다는 것을 선언하는 방식들이다.

이 각각의 사건에서 인간은 삶의 위대한 신비에 직면할 때 필연적으로 그런 것들을 의식한다. 이는 역설을 만든다. 즉, 우리가 인간 존재에서 가장 심각한 사건에 이르렀을 때, 우리의 기술이나 방법론을 통한 작업으로

---

29) Ibid.
30) Ibid.

는 도저히 그 사건을 감당할 수는 없기에, 그 이상의 영역으로 접근해간다. 결과적으로 우리가 연기를 해야 한다는 것을 알게 된다! 의식과 예식은 실제로 연기(playacting)의 한 형태이다.

> 우리는 아이들이 인형의 집과 장난감 트럭으로 하는 일을 하고 있다. 우리는 이것이 그것을 나타내도록 하고 있다고 말한다. 아이들의 경우에는 이 인형이 미라 또는 엘리노어 여왕을 나타내도록 하거나 또는 이 작은 완구가 내 마크 트럭이 되게 한다. 성인에 있어서는 이 옷을 입은 행렬로 신부가 주인에게 다가가는 모습을 나타내거나 이 의식이 죽은 사람에게 우리의 경의를 나타내도록 한다.[31]

연기, 의식, 예식, 제정. 이것들은 모두 놀이의 형태이다. 그리고 그것들은 우리 인간이 실제에 접촉하여 작용한다.

이제 그리스도인에게 있어서 인간의 삶에서 가장 중요한 구원의 사건은 (1) 죄의 용서와 그리스도 안에서 새 생명을 받는 것, (2) 거룩한 삶의 계속되고 계속되는 성장이다. 다른 신학적 용어로 우리는 첫 번째를 칭의와 (동시에 있는) 중생, 두 번째를 성화라고 부른다.[32] 개신교의 성례전은 이러한 사건을 의식화하는 것으로 이해될 수 있다. 교회는 주님의 권위를 배후에 두고 우리가 이런 사건을 표시하는 "연기(playacting)"에 참여할 수 있는 방법을 개발했다. 교회는, 이 물에 잠기는 행위(또는 우리 머리에 물을 붓거나 뿌리는 것)는 우리의 죄가 씻겨지고 그리스도 안에서 새 생명을 받는 것을 상징하게 한다. 그리고 먹고 마시는 이 행위가 예수 그리스도께서 우리에게 보증해 주신 은혜로 말미암아 우리가 계속해서 자양분을 공급받아야 할 필요가 있음을 나타내도록 한다. 이는 연기(play)이다! 그리고 우리가

---

31) Ibid.
32) 여기서 성화(sanctification)는 초기, 진행, 온전한 성화 등으로 분류되지 않고 가장 넓은 의미로 사용되고 있다.

게임에 들어갈 때 하늘에는 기쁨이 있고, 영원의 관중석에서 "구름같이 많은 증인"(히 12:1)이 우리를 응원한다!

주의 만찬을 엄숙하고 암울하거나 슬프고 우울한 행사로 생각하는 데 익숙한 사람들에게는 이 모든 것이 이상하고 불경하게 들릴 수 있을 것이다. 유감스럽게도, 그런 분위기는 지역 교회에서 부자연스럽고 금기시하며, 엄숙함으로 영성체를 하는 방식으로 인해 종종 조장되었다. 이것은 경솔함과 경박함이 우세해야 한다거나, 엄숙함이 완전히 어울리지 않는다는 것을 말하는 것이 아니다. 그러나 암울한 분위기가 독점적인 분위기가 되도록 허용한 한, 교회는 그의 가르침에서 실패했다. 보시다시피 성찬은 만찬이다. 행복한 가정에서 이 만찬은 행복한 시간이다. 주의 만찬은 축제이지, 장례가 아니다![33] 초기 기독교에서 성찬례는 성금요일만큼 부활절을 기념하는 행사였으며, 수 세기 동안 이것은 로마 가톨릭보다 동방 정교회 내에서 더 충실히 지켜져 왔다. 주의 만찬은 또한 하나님의 영원한 나라인 천국의 잔치를 맛보는 것이므로 그 궁극적인 기쁨의 선구자가 되어야 한다.

최근까지 성례전을 연극으로 생각하는 것은 많은 그리스도인에게 이상하게 들렸을 것이다. 그러나 1970년대의 10년 동안 "놀이 신학"으로 알려진 새로운 신학적인 접근이 등장했다. 그것은 이미 일시적인 신학적 유행이었다는 것이 증명되었다. 그러나 일시적인 유행조차도 때때로 신학적 이해에 지속적인 기여를 한다. 놀이(Play) 신학은 보존할 가치가 있는 한 가지 점을 지적했다. 여기서 이 주제를 깊이 탐구하는 것이 우리의 목적은 아니다.[34] 그러나 그것이 지적한 요점은 성례전적 비전을 선명하게

---

33) 9장에서 우리는 때때로 그것을 "장례식"으로 만드는 경향을 보여주고 그렇게 하지 않는 방법에 대해 논의할 것이다.

34) 다음은 놀이 신학(play theology) 주제에 대한 추가 읽기를 위한 몇 가지 제안이다. Harvey Cox, *Feast of Fools* (New York: Harper and Row, 1969), Hugo Rahner, *May at Play* (New York: Harder and Harder, 1972), David L. Miller, *God and Games* (New York: Harmer and Row, 1973), Michael Novak, *The*

하는 데 유용할 수 있다.

계속 진행하기 전에 놀이 신학(play theology)을 "하나의 놀이의 신학(a theology of play)"과 혼동하지 않도록 하자. 후자는 그리스도인들에게 여가 사용에 대한 지침을 제공하고, 균형 잡힌 삶을 위해 필요한 것으로 놀이를 인정하며, 소위 "놀이에 대한 종교적 해석"을 제공하려는 시도이다.[35] 반면에 놀이 신학(play theology)은 "종교에 대한 장난스러운 해석"을 제공하려고 한다. 그것은 놀이 현상에 비추어 기독교 신앙을 재해석한다.

놀이 신학의 유행에도 불구하고 놀이 신학이 북미 종교에 기여한 이유는 놀이가 문화의 매우 중요한 측면이기 때문이다. 슈퍼볼, 월드 시리즈, 전미 골프 선수권(US Open)의 광경, 프로와 아마추어 스포츠에 대한 끝없는 열망, 오락에 대한 갈망, 영화배우, 록 음악가, 운동선수에게 지급되는 막대한 금액은 모두 우리가 놀이를 사랑하고, 사랑하고 있음을 증언한다. 놀이 숭배 사회. 이 사실은 우리의 문화적 가치 체계에 대해 말하는 입장에서 개탄스러울 수 있지만, 삶의 작업 영역에 대한 모델, 패러다임 및 은유를 제공한다. 금융가는 "주식 시장을 노리고", 정치인은 "게임 계획"을 세우고, 군사 지도자는 "전쟁 게임"에 참여한다. 놀이는 인간 문화의 모든 부문과 개인의 삶의 모든 단계에서 발견할 수 있는 활동이다.[36]

곰곰이 생각해보면 이 보편적인 경험은 종교적 경험과 어느 정도 유사하다. 놀이는 시간, 장소, 논리, 가치 면에서 다른 활동과 분리되어 자발

Joy of Sports (New York: Basic Books, 1976), 그리고 문헌 조사에 대해서는 Lonnie D. Kliever, *The Shattered Spectrum* (Atlanta: John Knox Press, 1981) 의 6장을 참조하라.

35) Robert K. Johnston, *Christian at Play* (Grand Rapids: Wm B. Eerdmans Publishing Co. 1983)은 우리가 여기에서 사용하고 있는 "놀이 신학"(play theology)이 아니라 "놀이의 신학(theology of play)"의 한 예이다.

36) 문화에서 놀이의 현상에 대한 보다 기술적인 처리는 Wolfhart Pennenberg, *Anthropology in theological Perspective*, trans. Matthew J. O'Connell, (Philadelphia: Westminster Press, 1985), 315-39을 보라.

적이고 짜릿한 활동이다.[37]

> 놀면서 우리는 한 세계에서 또 다른 세계로 발을 내디뎠다. 일반적으로 진지한 노력을 요구하고 종종 자유로운 기쁨을 가져다주는 세계이다. 따라서 놀이는 모든 인간이 평범한 삶의 일상 세계에서 경험할 수 있는 초월의 한 형태이다. 따라서 놀이는 거의 모든 지점에서 종교적 초월 형태와 매우 유사하다.[38]

놀이는 특히 신앙이 성례전에서 표현될 때 신앙의 은유를 제공한다. 성찬례에 참여함으로써 우리는 초월성을 경험한다. 우리는 삶의 더 많은 부분을 소비하는 평범한 직장 세계에서 벗어나 거룩한 쾌락으로 들어가 그것을 초월한다. 물론 이것은 어느 정도 모든 숭배에 해당된다. 그러나 많은 공적 예배, 특히 비전례적인 교회에서는 단순히 구경꾼이 되기 쉽다. 우리가 세례, 성찬례 또는 기타 전례 행위에서 우리의 신앙을 실천할 때 우리는 관중석에서 단순한 구경꾼이 아니라 게임에 참여하게 된다. 물론 놀이와 같은 성례전은 노력을 요구하지만 (만일 우리가 그로부터 유익을 얻는다면) 말로 표현할 수 없는 기쁨을 줄 수 있다! 많은 사람에게 놀이는 자신이 갇혀 있는 단조로운 지루함과 단조로운 존재를 초월하는 방법이다. 마찬가지로 성례전(특히 주의 만찬)은 놀이로 이해될 때 신자가 종교적 표현에 너무 쉽게 빠져들 수 있는 평범함을 초월할 수 있는 방법을 제공한다.

일상의 지루함을 초월하는 경험을 도피로 이해해서는 안 된다. 실제로 성례전은 하나님의 초월성과 신비를 체험하는 것이다. 왜냐하면 성례전은 평범한 구체적인 상징을 통해 우리의 세속적인 삶에 거룩함을 가져다주기 때문이다. 물과 빵, 그리고 대담함을 상징하는 포도주의 공통적인

---

37) Cf. Kliever, 150.
38) Ibid.

필수 요소를 사용하여 우리는 일상생활에서 하나님의 임재를 가정한다. 따라서 놀이로 이해되는 성례전를 통한 신성한 초월성과의 만남에서 우리는 임마누엘이신 하나님, 우리와 함께하시는 하나님의 신비한 내재성을 경험하게 된다. 우리가 경험하는 초월은 도피가 아니라 우리 삶에 있는 하나님의 "실제 임재"이다.

그렇다면 놀이는 현실 세계로부터의 도피라기보다는 평범한 삶에 생기와 활력을 불어넣는 수단이다. 물론 놀이는 우리가 성찬을 생각할 수 있는 방법 중 하나일 뿐이지만 어떤 사람들에게는 도움이 될 수 있다.

D. 성례전적인 세계?

이제 우리가 이 장에서 고려할 수 있는 "성례전 중시주의자의 비전"과 관련하여 주의해야 할 사항이 있다. 우리가 여기서 논의한 것의 대부분은 "성례전적인 세계"라고 불리는 것과 유사하다. [39] 이 용어는 특정한 의미의 성례전은 훨씬 더 널리 퍼져 있는 어떤 것의 정신의 집중(concentrations)일 뿐이기에, 모든 것이 기본적이고 일반적인 의미에서 성례전적이 아닌 한, 어떤 것도 특별한 의미에서 성례전이 될 수 없다는 생각을 나타낸다. [40]

이 개념은, 처음에는, "성례전의 존재는 전적으로 약속의 말씀에 달려 있으므로 물질적 요소가 아니라, 물이나 빵과 포도주를 성례전으로 만들 수 있는 하나님의 말씀에 전적으로 달려 있다는 개신교 신학의 중요한 원칙과 상충되는 것처럼 보일 수 있다." [41] 더닝(Dunning)은 신학적으로 성례전적 세계의 개념이 역사 속에서 하나님의 구속 사역에 대한 증인이 아니

---

39) 예를 들어, Temple, 강의 19,B 및 Donald M. Baillie, *Theology of sacrament* (New York: Charles Scribner's Sons, 1957), 42-47 참조
40) Baillie, 42.
41) Ibid., 43.

라 창조주 하나님에 대한 증인이 될 것이라고 말한다.[42] 그러나 이것은 창조의 하나님과 구원의 하나님 사이에 너무 큰 간격을 둔 것으로 보인다. 창조와 구속은 서로 분리된 두 개의 분리된 하나님의 활동이 아니다. 이것은 계시록 13:8(창세로부터 죽임을 당한 어린 양)과 마태복음 25:34(창세로부터 너희를 위하여 예비된 나라-kingdom)의 분명한 메시지이다. 그리스도 안에 있는 하나님은 세상을 화목하게 하고 계시다(고후 5:19, 참조 골 1:20). 구원하시는 창조주 하나님은 또한 창조하시는 구원의 하나님이시다.

따라서 성례전의 진정한 기독교 신학은 성례전적 우주라는 더 넓은 개념을 배제할 필요가 없다. 베일리(Baillie)가 다음과 같이 질문할 때 묵시적으로 한 대답을 생각해 보자.

> 하나님의 말씀은 특별히 하나님의 용도를 위해 세상에서 특별한 요소(elements)를 선별하는데, 그 넓은 세상에 하나님의 말씀이 완전히 부재하다는 말인가? 물질을 말씀으로 취하여 하나님의 은총의 도구로 성별하여 사용하는 데는 중요한 이유가 있지 않은가? 그들은 하나님께서 만드셨고, 또한 그것들은 하나님의 피조물이기 때문에 그것들을 그러한 용도에 사용하는 것이 아닌가?[43]

이것은 선행적 은총에 대한 웨슬리안 교리와 완전히 일치한다, 이는 베일리(Baillie)가 자신이 속한 개혁주의 전통과 일치하는 것보다 훨씬 더 그렇다. 선행적 은총의 교리는 자연과 은혜 사이에 근본적인 불연속성이 아니라 연속성이 있다고 주장한다. 존 웨슬리는 루터와 칼빈이 그랬던 것처럼 자연과 은혜 사이에 뚜렷한 분리를 만들지 않았다. 그는 모든 인간 존재는 하나님의 구애 활동으로 둘러싸여 있

---

42) Dunning, 543.
43) Baillie, 43.

고. 하나님은 이 세상에 오는 모든 사람에게 자신에 대한 약간의 지식—즉 유인하고 불안하게 하는 지식을 깨우쳐 준다고 가르쳤다. 웨슬리는 커쉬만(Robert E. Cushman)이 "진리와 은혜 사이의 실질적으로 절대적인 분리, 즉 종교 개혁의 철학적, 신학적 부조리"라고 부른 것을 거부했기 때문에 일종의 "성례전적 세계(sacramental universe)"를 믿을 수 있었던 것이다.[44]

기독교가 물과 떡과 포도주의 공통적인 요소를 취하여 그것으로 성례전을 만든 것은 세계가 바로 그런 일이 적당히 일어날 수 있는 곳이기 때문이었다. 이와 같은 성례전이 탄생한 것은 또한 우리가 보아온 바와 같이 인간의 상상력이 세상의 은유적 본성에서 믿음의 신비에 대한 탐구를 볼 수 있는 능력이 있기 때문이다.

동시에 성례전은 자연에서만 생기는 것이 아님을 기억하는 것이 중요하다. 자연의 은유적 힘은 그 자체로 성례전이 되지 않는다. 기독교 성례전의 필수 구성 요소는 성례전의 역사 안에 있는 하나님의 특별한 계시와의 관계이다. 성례전적 세계라는 개념은 기독교 성례전을 이해하는 좋은 배경이 되지만 핵심적인 초점은 아니다. 자연과 은총 사이에는 연속성이 있지만 성례전은 궁극적으로 은총에 초점을 맞추고 오직 믿음에 대해서만 권위 있게 말한다. 그러므로 "성례전의 사상(idea)이 성례전의 교리를 이해하기 위한 정당한 배경인가?"라는 질문에 대한 대답은 "그렇다(Yes)"이다. 그러나 특히 기독교 성례전 신학의 경우, "그러나(but)"는 "예(Yes)"를 크게 수식해야 한다.

---

44) Robert E. Cushman, "Salvation for All," in *Methodism*, ed. William K. Anderson (Nashville: Methodist Publishing House, 1947), 115.

4장
성례전이란 무엇인가?
What are Sacraments?

성례전의 의미에 대한 이해에는 몇 가지 고려할 사항이 있다. 즉 용어의 정의, 교회가 가져야 할 성례전의 수에 대한 질문, 교회가 성례전을 이해하는 방식, 성례전이 성취하고자 하는 것에 대한 질문, 그리고 그들이 기독교의 진리를 보존하기 위해 어떤 보호 장치를 제공하는지 등을 고려하여야 한다. 이런 것들이 이번 장에서 다뤄질 것이다.

A. 성례전의 유래와 정의

성례전(sacrament)이라는 단어는 원래 라틴어 'sacramentum'에서 유래한 것으로 생각된다. 이 단어는 고대에 소송 중의 두 당사자가 제3자에게 예치한 돈의 총액을 가리켰던 것이다. 그것은 오늘날 우리가 부르는 조건부 증서인 에스크로(escrow)를 통해 돈을 넣는 것과 같은 것이다. 이것은 특히 개신교 신자들에 의해 이해되는 기독교 성례전의 개념, 즉 성례전은 어떤 물리적 요소, 즉 표시나 표상의 사용을 포함하는 것으로 이해되는 성례전 개념의 한 측면을 예시했다. 그리고 후에 이 성례전은 자기의 나라를 섬기고 수호하기로 약속한 로마 군인의 충성 맹세를 가리키는 것이 되었다. 이것은 개신교가 강조하는 성례전의 또 다른 요소, 즉 표시

(sign)가 동반하는 약속의 말씀이 있어야 하고, 이것 없이는 표시가 그의 성례전의 성격을 가질 수 없다는 것을 예견하였다. 우리가 라틴어에 있는 성례전의 이 두 가지 초기 의미를 합할 때, 그 용어는 우리에게 기독교의 성례전의 개념에 두 가지 중요한 측면을 부여한다. 첫째는 행위에는 표상(symbol)으로 사용되는 육체적 요소가 포함된다는 것이고, 둘째는, 약속의 말씀이 표상(symbol)의 사용을 수반하는데, 후자는 하나님 은혜의 말씀과 인간의 믿음의 고백이다.

앞서서 언급했듯이 라틴어 sacramentum은 일부 초대교회 교부들이 그리스어 mysterion을 번역하는 데 사용했다. 그것은 에베소서 5:32에 있는 신비를 번역하기 위해 라틴어 불가타 성서(Vulgate; 4세기의 라틴어역 성서-역주)에서 사용되었다. 그러나 거기에서 바울은 교회가 "성례전"[1])이라고 부르게 된 것에 대해 말하고 있는 것은 아니다. 신비(mysterion)라는 단어는 헬라어 신약의 다른 다양한 문맥에서 사용되며, 그 중 어느 것도 오늘날 우리가 성례전으로 알고 있는 것을 뜻하지 않는다. 또한 그것은 그리스 "신비 종교들"에서 신비가 가지고 있던 의미를 전달하지도 않는다 (비록 한 가지 유사점이 있지만-세례와 성찬례는 불신자들에게 그 의미를 나타내지 않는다). 그럼에도 불구하고 기독교 성례전에는 라틴어와 그리스어에서 파생된 의미의 요소가 포함되어 있다. sacramentum은 군인의 충성 맹세로서 복음에 대한 우리의 충성 서약과 우리를 향한 하나님의 언약인 성례전이라는 단어의 조상이 되었다. 신비 또한 그 기여를 했다; 신비(mysterion)로서, 기독교 성례전의 의미는 불신자들에 의해 헤아려지지 않는다.[2]) 그러나 그것이 mysterion이 성례전에 대한 우리의 이해에 기여한 유일한 것은 아니다. 3

---

1) 그러나 일부 로마 가톨릭 신학자들은 에베소서 5:21-33(남편과 아내에 대한 바울의 논의)을 성례전에서의 결혼예식을 포함하는 성경적 근거로 사용한다.
2) Cf. Alan Richardson, "Sacrament, Sacramental Theology" in *A Dictionary of Christian Theology*, ed. Alan Richardson (Philadelphia: Westminster Press, 1969), 300.

장에서 우리의 논의에서 우리는 기독교 신앙이 필연적으로 "신비"의 요소를 포함한다는 것을 살펴보았다. 이성적 범주만으로는 복음의 경이로움과 영광을 담기에 충분하지 않다. 신약에 있는 mysterion라는 단어가 성례전과 동의어는 아니지만 그럼에도 불구하고, 바울의 신비에 대한 개념은 교회의 성례전 이해와 연결된다. 바울이 선포한 비밀(mystery)은 설명할 수 없는 "하나님의 부와 지혜와 지식의 깊음이다"(롬 11:33). 바울에게 있어서,

> 신비(mysteron)는 … 형언할 수 없는 하나님의 방법(way)이나 방식(pattern; 롬 11:25, 16:25; 엡 3:3; 골 1:26), 또는 그를 통하여 하나님의 숨겨진 의도가, 그리스도 안에서 알려진 바와 같이, 특정한 의도로, 복음 안에서(엡 6:19), 교회를 통해(엡 3:9), 또는 개인 신자를 통해서(골 1:27) 드러낸 그 수단이나 매체를 뜻한다(엡 1:9, 3:4; 골 2:2, 4:3).[3]

바울이 그리스도를 하나님께서 신자에게 계시하신 신비로 표현한 것은 "하나님 나라의 신비가 너희에게 주어졌느니라"는 예수의 말씀을 심오하고 일관성 있게 발전한 것이다.[4] 이것은 사람의 이성만으로는 알 수 없는 신비이다. 우리가 이 신비를 받는 방법 중 하나는 성례전을 통해서이다.

영어 단어 sacrament는 어원학적으로 sacramentum의 자식이자 mysterion의 손자이며, 특정한 종교적 사건을 가리키기 위해 신학적인 언어로 사용하게 된 것이다. 이 용어는 기독교의 용어로 "만들어졌다 (baptized)!" 성례전이라는 단어는 기독교 전통에 의해 부여된 특정한 의미를 지니고 성경에서 발견되지 않았지만, 그것은 교회의 합의가 성경에서 실행된 것으로 발견하고 주님께서 우리에게 물려주신 행위에 대한 합법적

---

3) Robert I. Browning and Roy. A. Reed, *The Sacraments in Religious Eduction and Liturgy* (Birmingham, Ala: Religious Education Press, 1985), 38.
4) Ibid., 39; cf. Mark 4:11.

인 용어이다. 성례전 신학의 성경적 기초를 조사할 때 말씀, 곧 성례전의 역사와 말씀에 의하여 표명된 것(thing)을 적절하게 구별하는 것이 중요하다. 후자는 교회에서 처음부터 믿는 공동체가 하나님에게서 받고 세상에 중개하는 은총에 대한 응답으로서 (강도는 다르지만) 작용해 왔다. 5)

이 책의 제목은 존 웨슬리가 성례전을 "내적 은총의 외적 표시이며, 그것은 우리가 그것을 통하여 은혜를 받는 수단"으로 정의한 것에서 따온 것이다. 6) 물론, 이것은 웨슬리가 영국교회의 공동 기도서에 있는 교리문답서(Catechism)에 있는 정의, 즉 (성례전은) "우리에게 주신 내적이고 영적인 은혜의 외적인 가시적 표시(sign)요, 이는 그리스도께서 친히 우리가 그것을 통하여 은혜를 받는 수단으로 또한 우리에게 그것을 보증하는 서약으로 제정하였다"는 정의를 요약한 것이다. 영국교회의 정의는 차례로 아우구스티누스의 사상에서 영향을 받은 것이다. 7) 이러한 정의는 "내적," "영적"과 "외적," "가시적"을 서로 반대되는 것처럼 대조시킨 것으로 보인 점에서, 즉 후자의 용어 쌍이 전자의 쌍보다 더 중요함을 의미하는 것으로 보여 사실상 반-성례전적이라는 비판을 받아왔다. "이 정의에서 주로 작용하는 것은 천상 세계를 지상 세계와 구별하여 보고 감각적 현실의 전체 세계를 형상과 그림자로 보고 현실 세계를 보이지 않는 천상 현실 세계로 보는 플라톤의 전통이다."8) 아우구스티누스(Augustine)가 플라톤의 전통에 서 있었기 때문에 이런 정의를 이런 식으로 읽는 것은 그럴듯하다. 그러한 플라톤적 이원론이 필연적으로 그러한 정의에 의해 함축된다면, 후자는 포기되어야 한다. 이 장의 뒷부분에서 보게 되겠지만, 성경적 사상은 세상을 하나님의 임재와 목적이 스며든 것으로 이해하고 외적인 것과

---

5) Cf. Raphael Schulte, "Sacrament," in *Encyclopedia of Theology: The concise sacramentum Mundi*, ed. Karl Rahner (New York: Seabury Press, 1975), 1477-78.

6) Works 5:188.

7) Cf. *City of God*, book 1, chap. 5.

8) Cf. *Browning and Reed*, 32-33.

보이는 것을 하나님의 선한 피조물과 은혜의 거처로 본다. "외부"와 "내부"는 유지하면서 "가시적인" 것과 "영적인" 것이라는 단어를 생략한 영국교회의 정의를 요약한 것이, 웨슬리가 의식적이든 무의식적이든 간에 플라톤주의의 일부를 걸러내려는 시도가 있지 않았나 하고 의아하게 생각할 수 있다. 어쨌든, 웨슬리의 성례전을 "내적 은혜의 외적 표시"로 보는 정의는 그런 이원론적 세계관을 요구하지 않는다. 오히려, 이는 기독교 사상이 때때로 하나님과 그의 세계 사이, 자연과 은혜 사이에 만든 불행한 격차를 메우는 한 방법으로 보일 수 있다. 웨슬리의 선행적 은혜에 대한 교리는 자연과 은혜 간에 밀접한 관련(continuity)이 있음을 주장한다. 그리고 그는 성례전을 "은혜의 수단"으로 분류하여 플라톤의 이원론을 암묵적으로 떨쳐버렸다.

우리는 성례전(sacrament)이라는 단어의 기원과 그에 대한 오랜 정의에 대해 논의해 왔다. 그럼에도 여전히 우리는 성례전이 무엇인지 조사하여야 한다.

B. 성례전에 대한 개신교의 기준

역사적으로 가톨릭과 개신교는 성례전에 대한 이해가 달랐다. 그 차이는 성례전의 수를 고려할 때 가장 분명하게 나타난다. 성례전이란 무엇인가라는 질문은 '성례전이 몇 개나 있는가?'라는 질문과 연결되어 있다.

수 세기 동안 성례전의 수는 정확하게 정의되지 않았다. 중세의 로마 가톨릭 신학은 교회가 구원에 효과적이라고 여겼던 일곱 가지 중요한 성례전을 확인했다. 롬바르드(Peter Lombard)는 성례전을 7개로 분류한 최초의 가톨릭 작가(writer)였다. 이것은 서유럽에서 수백 년 동안 신학의 기초 교과서가 된 그의 저서 『격언의 네 가지 책(*Four Books of the Sentences*)』에서 1150년경에 이루어졌다. 롬바르드에 따르면 일곱의 성례전은 세례, 견진례(confirmation), 고해성사(penance), 성만찬, 종부성례전(extreme unction), 안수, 혼인이다. 롬바르드가 가르친 성례전에 대한 이해는 20세기 중반 제2차 바티칸 공의회까지 로마 가톨릭 신학의 특징을 나타내는 것이었다.

세례는 불가능한 경우를 제외하고는 사제가 주로 물을 뿌림으로 행했다. 세례를 통해 원죄로부터의 씻음을 받은 것으로 믿었다. 그리고 그로 인해 세례를 받는 사람의 성품이 바뀌었고 그는 교회에 받아들여졌다.

견진례는 세례에서 시작된 그리스도의 입교를 완성하고 그를 성찬식에 완전히 참여할 수 있게 해 준다. 안수와 성유를 부음으로써 거행되었으며 세례받은 사람에게 교회의 책무에 참여할 수 있는 성령의 권능을 부여하였다.

고해성사(penance)는 사제가 사람의 죄 고백을 들은 후 사제의 지시에 따라 특정 행위를 하는 것이었다. 그 중심 목적은 회개한 신자가 세례받은 후 지은 죄를 제거하는 것이었다.[9] 이것은 사제가 하나님의 용서를 선언하고 죄인을 교회의 교제에 회복시키는 사죄를 받는 조건이었다.

성체 성사(Eucharist) 또는 성만찬은 빵과 포도주를 취하는 행사였다. 로마 교회는 성별의 기도로 그 물체가 예수의 몸과 피의 실제적인 실체로 변화되었다고 믿었다. 이 성례전을 통하여 교회는 영혼이 영적인 힘으로 새롭게 되는 합당한 제물(sacrifice)을 하나님께 다시 드렸다.

종부성례전(extreme unction), 또는 "마지막 의식(the last rites)" 또는 "병자에게 기름부음"이라고도 알려진 이 예식은 죽어가는 사람에게 행해지는 성례전이었다. 이 예식이 죄에서의 사함을 가져오고 내세를 위해 영혼을 강화하는 것으로 믿었다.

안수 또는 "서품식(orders)"이라고 자주 불리는 이것은 개신교와 달리 가톨릭에서는 성례전이었다. 개신교에서의 목사의 직무(ministry)는 성례전적인 사역이 아니라 기능적 직무이다. 즉 성직의 기능과 권위를 행사하도록

---

9) Karl Rahner, *Encyclopedia of Theology*, 1189, See n. 5 above.

사제에게 안수하는 것이다. 그러나 가톨릭에서 서품(ordination)은 사제에게 특별한 분량의 성령를 부여하고 그를 영구적이고 지울 수 없는 인격으로 만드는 것으로 이해되었다. 그가 불성실한 사제가 되더라도 그는 언제나 하나님과의 특별한 관계, 평신도가 할 수 없는 관계 안에 서 있는 것이다. 서품은 사제의 직분을 행사할 권한을 부여하는 적절한 말과 함께 주교가 안수함으로써 수행했다.

결혼도 또한 가톨릭에서는 하나의 성례전이었다. 다른 6가지 성례전에서 그랬듯이, 이 결혼 예식을 받는 사람은 은총을 받는다고 믿었다.[10] 에베소서 5:32에서 바울의 결혼에 대한 논의에 있는 "위대한 신비"(mysterion)가 호소되었다. 그러나 중세 가톨릭의 신학에서는, 결혼을 성례전으로 지정하는 데 있어서 성경 주석이 결정적이지는 않았다.[11]

위의 요약은 중세기와 제2차 바티칸 공의회 이전의 로마 가톨릭의 성례전에 대한 사상임을 거듭 강조해야(reiterated) 한다. 오늘날의 로마 가톨릭 사상에서는 이러한 견해가 다양한 방식으로 수정되었다. 그러나 우리는 개신교의 종교 개혁이 무엇을 반대했으며, 루터가 성례전을 위한 다른 기준을 개발했는지 명확히 하기 위해 위의 내용을 제시했다.

분명히, 그리고 흥미롭게도 로마 가톨릭의 한 개인은 일반적으로 일곱 성례전을 모두 받을 수 없고 기껏해야 여섯 개만 받을 수 있다. 이것은 교회가 독신 사제직을 주장하기 때문이다.—사제는 결혼할 수 없고 기혼자는 사제가 될 수 없다. 사제의 선택은 혼인 성례전과 안수 성례전 중 하나만이다. 둘 다 가질 수 없다

---

10) 3장의 첫 번째 섹션에서 은혜를 "실체(substance)"로 보는 것에 대해 논의한 것을 참조하라.

11) Cf. the remark in Berkouwer. "에베소서 5장에서 바울은 창세기에 호소하고 있다. 반면 로마에 따르면 신약성경의 기독교인의 결혼만이 성례전이라고 할 수 있을 것이다. 가톨릭 신학은 창세기에서 이미 '결혼의 성례전은 예표된 것'이라고 말함으로 이 패러독스(paradox)에서 벗어나려고 한다… 그리스도께서는 짐작건대, 결혼을 성례전적인 것으로 보셨다."

로마 가톨릭교회는 왜 일곱 성례전을 가르쳤는가? 가톨릭의 신학은 성경에 있는 7이라는 숫자의 신성함을 넘어서 이 숫자에 대한 성경적 증거에 최종적으로 의존하는 척하지 않았다. 대신, 그 결정은, 교회의 전통과 권위에 의해서 한 것이다. 교회 전통은 일곱(7) 성례전과 인간의 생활의 자연스러운 삶의 행로 사이에 의미 있는 평행을 보았다. 아마도 가장 위대한 로마 가톨릭 신학자인 토마스 아퀴나스(Thomas Aquinas)는 "영적" 삶과 "자연적" 삶 사이의 어떤 유사성을 지적하고 그것을 성례전에 적용했다.[12] 그는 세례가 출생에 해당하고, 견진례는 몸의 성장에 해당되고, 성만찬은 자양분(nourishment)에, 고해성사는 치유에, 그리고 종부성례전은 죽음에 해당된다고 생각하였다. 그리고 이 다섯 가지에 추가해서, 개인 생활과 평행을 이루는 두 가지가 있는데, 이들은 공동체에서의 생활의 완전과 관계되는 것으로서—곧 (영적인 지도력을 행사하는 힘을 위해) 안수를, 그리고 (자연적인 번식을 위해 필요한) 결혼을 추가하였다. 이와 같이 중세 로마 가톨릭 신학에서의 성례전의 수는 성경적 근거에 근거한 것이 아니라 처음부터 끝까지 개인과 사회의 모든 삶에 하나님의 은혜를 불어넣는 일련의 초자연적 행위를 구성한다는 견해에 근거했다. 이 조직(scheme)에는 부인할 수 없는 어떤 아름다움과 조화가 있다. 그러나 우리가 성례전적 우주에 대한 논의에서 언급했듯이, 이러한 고려는 성례전의 성경적 관점에서 궁극적이고 결정적인 것이 될 수 없다. 베르까우어(Berkouwer)가 말했듯이 "성례전에는 확실히 아름다움이 있다. 그러나 그 아름다움은 하나님이 그의 말씀으로 지상의 물체가 성례전이 될 수 있도록 만드시는 그분의 역사 속에서 행하시는 주권"[13]에 있다.

개신교는 일반적으로 세례와 성만찬을 성례전으로 인정해 왔

---

12) *Summa Theologica*, pt. 3, ques. 65, art. 1.
13) Berkauwer, 30.

다.[14] 왜 개신교는 적은 수의 성례전만을 주장하는가?

그 답은 개신교 개혁자들이 개발한 세 가지 구체적인 기준에 의해 결정된 것이다.

첫째는, 신약성경에 따라서 예수께서 친히 제정하셨거나 시작하신 의식들만 성례전으로 간주하여야 한다는 것이다. 신학에서 이것을 "주님이 제정하신 제도(dominical institution)"라고 불렀는데, 이는 그들이 주님 자신에 의해 시작되었거나 "제도화된" 것을 의미한다.

이것을 오해해서는 안 된다. 신약성경을 보면, 예수가 세례주는 것을 제안한 최초의 사람이 아님이 분명하다. 세례 요한은 예수님이 공생애를 시작하실 때 이미 그것을 실천하고 있었고, 요한 이전에도 유대교에서 이스라엘 공동체의 일원이 되기 전의 이방인 개종자들을 정결케 하는 것을 의미하기 위해 세례를 실천하고 있었다. 그러나 예수님은 선교 대분부(Great Commission)에서 모든 나라에서 오는 당신의 새 제자들이 믿음으로 입문하는 방식으로 세례를 줄 것을 명령하심으로써 세례를 새로운 맥락(context)에 두셨다. 그래서 세례도 "주님이 제정하신 제도(dominical Institution)"라고 부를 수 있다. 제도(institution)라는 단어의 적합성은 주의 성만찬과 관련하여 더 분명해진다. 즉 성만찬이 비록 유대인의 유월절을 기념할 때 아마도 "제정"되었을지라도 성만찬에는 오래된 것 위에 새로운 것이 있게 된 것을 볼 수 있듯이 말이다. "주님이 제정하신 제도를" 성례전을 인정하는 것의 기준으로 주장한다는 것보다는 오히려, 개신교는 예수께서 성례전을 집전하거나 받는 자로서 직접 참여하신 의식들만을 성례전으로 인정하고, 그렇게 함으로써 그의 권위로 성례전을 인정하였다고

---

14) 특정 기간 동안 일부 교회에서는 견진례(confirmation)가 성례전의 지위(status) 또는 준-지위를 가졌다. 그리고 종교개혁의 첫 단계에서 루터는 성례전에 참회(penance)를 포함시켰지만 곧 그것을 배제했다. Cf. Luther's Works, ed. Jaroslav Pelikan and Helmut T. Lehmann, 55 vols. (Philadelphia: Muhlenberg Press, 1959), 36:18, 124.

말하는 것이 더 나을 것이다. 이렇게 보면 "주님이 공인하신 것(dominical authorization)"이라는 용어가 더 좋을 것이다. 용어가 무엇이든 이것은 개신교가 일반적으로 가톨릭의 성례전의 7가지 중 2가지를 제외한 모든 것을 배제하는 기준 중 하나이다. 루터는 이에 대해 "우리는 하나님께서 제정하신 성례전들을 추구한다"고 말하였다. [15]

두 번째 기준은 성례전에는 물리적 "표징(sign)" 또는 기본물질(즉 물, 빵, 포도주)이 있어야 한다는 것이다. 루터는 성례전으로 간주할 수 있는 많은 것이 있다고 말했다. 즉 기도(눅 11:5-13), 말씀(28절), 그리고 고난("괴로워하고, 고난을 당하며 엎드러지는 자들에게 구원과 영광을 약속하신 모든 때를 누가 능히 알 수 있느냐")[16]함과 같이, 그것들에 하나님의 약속이 주어진 것들이 성례전으로 간주될 수 있을 것이라고 했다. 그러나 그는 "성례전의 이름에 표징(signs)이 붙은 약속에만 한정하는 것이 합당하다"[17]고 주장했다. 그 근거로 그는 교회에서 오직 두 가지 성례전, 즉 세례와 성만찬만을 발견할 수 있었던 것이다. "이 두 가지 성례전에서만 우리는 하나님께서 제정하신 표징과 죄의 용서에 대한 약속을 모두 발견할 수 있기 때문이다."[18]

세 번째 기준은 이미 지적한 바와 같이, 물리적 표징에는 성경적 약속의 말씀이 수반되어야 한다는 것이다. 루터에게 있어서 성례전은 표징과 약속의 결합으로 이루어진다. 기본 물질(물, 빵, 포도주) 자체는 성례전이 아니다. 루터는 모든 눈에 보이는 행동은 자연스럽게 보이지 않는 어떤 것의 형상(figure)이나 비유(allegory)로 이해될 수 있다고 설명한다. "그러나 형상이나 비유는 우리가 사용하는 용어의 의미에서의 성례전이 아니다."[19] 우리의 표징이나 성례전은 믿음을 요구하는 약속의 말씀과 연결되어 있다.

---

15) Luther's Works 36:92l.
16) Ibid., 123-24.
17) Ibid., 124.
18) Ibid.
19) Ibid,. 92.

그래서 그것들은 다른 일로는 이루어질 수 없다. [20] 루터는 "우리는 모든 성례전에는 표징을 받는 사람마다 믿어야 할 하나님 약속의 말씀이 있고, 그리고 그 표징만으로는 성례전이 될 수 없다."[21]고 말했다.

요약하면, 루터가 개발하고 종교 개혁 이후 대부분의 개신교가 따랐던 개신교의 기준은 다음 세 가지이다: (1) 위에서 느슨하게 정의된 주님이 제정한 제도(dominical institution), 즉 성례전은 그 배후에 그리스도의 명백한 권위가 있어야 한다. (2) 물리적 또는 물질적 요소 또는 표징이 있어야 한다. (3) 믿음의 응답을 요구하는 하나님 약속의 말씀이 있어야 한다. 종교 개혁 신학은 이러한 기준을 충족하는 행위만이 성례전으로 간주될 수 있다고 주장했다.

이 세 가지 기초에서, 루터와 개신교는 가톨릭교회에서 가르치는 다른 다섯 가지 의식을 성례전에서 배제했다. 견진례에서 안수하는 표시가 있다고 해서, 그와 관련된 하나님 약속의 말씀이 있었다고 믿지 않는다. [22] 우리는 고해성사(Penance)와 관련된 약속이 마태복음 16장 19절과 요한복음 20장 23절에 있다고 추정할 수 있다. 그러나 그 고해성사는 마치 속죄가 믿음은 필요하지 않고 행함만으로 되는 것처럼 공덕 행위로 변경되었다. [23] 병자성례전(Extreme unction)은 "주님이 제정한 의식"이 아니다. 왜냐하면 예수님께서 그것에 대해 전혀 말씀하시지 않았기 때문이다. [24]

---

20) Ibid., 65.

21) Ibid., 92.

22) Ibid., 92. 존 칼빈(Calvin)은 또한 견진례(confirmation)가 세례의 중요성을 평가절하하고 궁핍하게 만든다는 이유로 견진례를 반대했다. Cf., Institutes of Christian Religion, ed. John T. McNeill, 2vols. 4.19.8. (이하 Institutes라고 표시함). 이하 생략(역자).

23) Luther's Works 36:81-91. 칼빈은 그가 견진례를 거부한 것과 같은 이유로, 즉 세례를 평가절하한다는 이유로 참회(penance)를 반대했다. Cf., Institutes 4.19, 17.

24) 성례전으로서의 최후의 성유(unction)를 옹호하기 위해 사용된 주요 성경 근거는 야고보서 5:14-15이었다. 그러나 루터는 잘 알려진 바와 같이 야고보서를 거의 인정하지 않았다. 그는 다음과 같이 말했다. "어떤 사도도 자신의 권위로 성례전을 제정할 권리가 없다. 이는 오직 그리스도께 속한 것이기 때문이다." Luther's Works 36:118.

안수(Ordination)에는 주님의 권위도 없고 은혜의 약속도 없다. 따라서 루터는 사역의 일을 높이 평가했지만 안수는 성례전으로 생각하지 않았다. 마지막으로, 결혼은 이러한 기준 중 어느 것도 충족하지 못한다. 확실히 결혼은 모든 기독교인이 매우 중요한 신성한 질서로 받아들인다. 그러나 그것은 세상의 태초부터 존재했고(따라서 그리스도에 의해 제정되지 않은) 비기독교 종교에서도 존경을 받아 행해지고 있기 때문에 교회의 성례전이라고 불러야 할 이유가 없다. 특징적인 과장으로 루터는 다음과 같이 말한다.

> 아내와 결혼한 남자가 하나님의 은혜를 받는다는 기록은 아무 데도 없다. 결혼에는 신령하게 제도 된 표식도 없고, 결혼이 하나님에 의해 제도화되었다는 것을 우리는 어디에서도 읽지 못한다.[25]

몇 개의 성례전이 있는가? 대부분의 개신교 기독교인에게는 두 개의 성례전이 있다. 성례전은 받는 사람에게 하나님이 주신 은총의 약속을 수반하는 하나님에 의하여 주어진 물질적 표징이 있는 거룩한 행사여야 한다. 세례와 주의 성만찬만이 이런 자격을 갖추었다. 웨슬리는 롬바르드(Peter Lombard) 이전에 정의된 성례전의 수에 대해 종교 개혁자들의 의견에 동의했고, 오직 세례와 주의 성만찬만이 하나님이 제정하신 것이라는 아우구스티누스의 의견에 동의했다.[26]

웨슬리안/성결 전통과 밀접하게 연계된 일부 교회는 요한복음 13:14

---

25) Ibid., 92. 성례전에 대한 가톨릭의 견해에 반대하는 루터의 주장은 결혼의 관점에서 보면 가장 모호할 수 있다. 에베소서 5:22-33에서 바울은 남편과 아내의 사랑이 교회에 대한 그리스도의 사랑의 표시(sign) 또는 표상(symbol)이라고 말한 것으로 해석될 수 있다. 물론 성적인 결합이 아니면, 그리고 그 제정이 예수의 말씀이 아니라 창세기에 근거하였다면, 거기에는 하나님이 정하신 육체적인 표징은 없다. 그리고 루터가 결혼이 부부에게 모든 사람이 받을 수 있는 은혜 외에는 특별한 은혜를 가져다주지 않는다고 주장한 것은 옳다.

26) Cf. Works 10:112-13.

에 근거하여 세족식을 "예식"으로 생각한다(이를 수행하는 사람들은 "성례전"이라는 용어 대신에 예식이라는 용어를 일반적으로 선호하였다.) 세족식 예식의 관행은 종교개혁의 두 가지 기준, 즉 ("너희도 서로 발을 씻어야 한다"고 하신) 주님의 제정하심(dominical institution)과 (대야, 물, 수건, 발을 씻는 행위 자체 등의) 물리적 표징의 두 가지를 충족시키고 있는 것 같다. 그리고 "이제 이것을 너희가 알고 행하면 복이 있으리라"(17절)라는 말씀은 세 번째 기준과 일치하는 것 같다. 더욱 이 요한복음에서의 발을 씻는 이야기는 성만찬에 대한 이야기가 나오려는 바로 그 자리에서 있었다.

세족식을 세례와 성찬례와 같은 수준에 놓는 것을 반대하는 두 가지 주장이 있다. 첫째, 거기에 "축복"의 약속이 있기는 하지만 세례(로마서 6:3-4)와 성찬례(마 26:28)가 그랬듯이, 발 씻기는 그리스도의 속죄에 근거한 죄 용서를 위한 은혜의 새 언약의 약속이 아니라는 것이다. 둘째, 성경 시대에 발을 씻는 행위는 집에서 손님을 대하는 일반적인 예의였다. 이러한 예의가 예수님의 말과 행동으로 성화되었지만 그 가치는 고유한 것이었다. 즉, 그 행위는 단순히 뜨겁고 피곤하고 먼지투성이인 발을 씻는 것의 가치가 있었다. 그러나 세례와 성만찬에서의 표징은 그 자체로서는 거의 고유한 가치가 없다. 세례는 그것을 물에 잠그는 것으로 한다 해도 목욕하듯이 효과를 내는 방법은 아니다. 그리고 성만찬에서 먹은 빵과 포도주가 몸에 영양분을 제공하는 가치가 있는 것도 아니다. 그들의 가치는 주로 상징적 의미에 있는 것이다. 물론 발을 씻는 것은 겸손과 섬김의 상징이나 표시일 수 있다. 그러나 현대 사회에서 그러한 미덕은 의식적으로 발을 씻는 것보다 도움이 필요한 사람을 위해 설거지나 옷, 바닥을 씻음으로써 더 잘 실천될 수 있다. 하지만 발 씻기 의식이 기독교 전통의 주류가 아니며 고전적인 웨슬리 유산의 일부가 아님에도 불구하고 이 의식에 의미를 갖는 사람들에게는 존경을 표시해야 한다.

'몇 개의 성례전이 있는가?' 어떤 의미에서 이는 잘못된 질문이다. 우리가 다룰 단어를 정의하는 만큼 많은 성례전이 있을 수 있다. 그럼에도 불구하고 이 책은 개신교 전통과 고전적인 웨슬리 전통을 따라서 그 수를 둘로 제한한다.

우리가 얼마의 성례전을 지키는가? 라는 질문을 고려할 때, 우리는 주님의 교회 구조에 본질적인 것이 무엇인지에 대한 주님의 의도를 발견하고 실행하여야 한다. 세례와 성찬례의 "주님이 제정하신 제도"는 문자 교정(proof-texting)에 의해 논쟁의 여지없이 확립되지 않을 수도 있다.[27] 그러나 신약성경은 예수께서 그의 교회가 선포하는 좋은 소식이 복음의 구두 선포와 두 가지 "가시적인 비유"와 또는 "행동 비유"(즉 세례와 성만찬)를 수반하기를 원하셨다는 것을 보여주는 것 같다.[28] 만약에 이것이 주님의 의도에 대한 올바른 해석이라면 교회는 이 두 성례전을 인정해야 한다. 다른 예식이 얼마나 성스럽고 유용한지는 중요하지 않다. 신약성경은 교회를 위해 이 두 특정한 의례에서 우세했던 것과 같은 구원론적 강도를 가지고 시행하라고 명하지 않는다. 우리는 그리스도께서 중심이 되신 것처럼 보이는 것들을 확대하려고 해서는 안 된다. 성례전이라는 이름은 논쟁할 가치가 없지만 세례와 주의 만찬은 교회 생활의 다른 어떤 특징이나 거룩한 의식의 다른 어떤 의례에도 주어지지 않는 그 이름을 가져야 한다.

개인의 신앙이 고전적 개신교에 의해 형성되면 할수록, 이 두 성례전은 교회가 가져야 할 최소한의 것과 최대의 것 모두로 더 강하게 주장될 것이다. 그러나 오늘날 많은 개신교인이 둘보다 더 많은 성례전을 갖는 가톨릭 사상에 점점 더 개방성을 보이고 있다는 점을 알아야 한다. 그리고 많은 가톨릭 신자들은 전통적인 7개에서 숫자를 더 늘리는 아이디어에

---

[27] 그렇게 하려는 시도는 심지어 Browning과 Reed에 의해 "약간의 학구적인 농담(a specious bit of scholarly quackery)"으로 묘사되었다. 47.

[28] 구체적으로 지상명령(마 28:19)과 예수님의 주의 만찬의 제정(고전 11:23)을 보라.

열려 있다. 개신교와 가톨릭을 막론하고 일부 신학자들은 성례전은 아니지만 성례전과 같은 의례를 "어조(tone)와 효과 면에서 성례전적"29)이라고 말하고 있다. 개신교인들은 그것을 "예식(ordinances)"이라고 부르는 경향이 있다. 가톨릭은 "성례전"이라는 용어를 하나님이 자신의 세상에서 일하고 계시는 사람들에게 은혜를 전하고 있다는 개념으로 발전시키는 데 사용할 수 있는 모든 종류의 행위를 일컫는데 사용한다. 성례전(sacrament)과 "성례전적인 것(sacramental)"은 둘 다 수에 있어 개방적이어야 한다고 주장하는 사람들도 있다. 예를 들어, 브라우닝(Browning)과 리드(Reed)는 성례전에 대한 탁월한 연구에서 "성례전이란 무엇인가에 대한 고정된 수 또는 심지어 명확한 명칭이 있어야 한다"30)는 가정에 도전한다. 그러나 독자는 마지막 장에서 새로운 성례전의 문제가 논의된 대목에서 실망했다. 그는 거기서 유일한 "새" 성례전은 발 씻기라고 말하고 있다! 화이트(James White)는 세 가지 종류의 성례전 즉 주님이 제정하신 것(dominical), 사도적인 것(apostolic), 그리고 자연적인 것(natural)의 세 가지를 제안함으로써 상황을 중재하려고 시도했다.31) 그러나 이런 구분은 강제적인 것처럼 보인다.

성례전의 수와 정의와 관련하여 개방적이라는 개념이 갖는 장점이 있지만, 우리는 성례전을 사소하게 만드는 것을 방지하기 위한 사전 고려가 필요하다고 믿는다. 이 세상에는 물, 빵, 포도주 외에도 많은 것이 영원한 것의 상징이 되고 은혜의 매개체가 될 수 있다는 것은 사실이다. 그러나 두 차례의 세계 대전, 홀로코스트 및 기타 많은 현대적 잔학 행위는

---

29) H. Grady Hardin, Joseph D. Quillian, and James F. White, *The Cerebration of the Gospel* (Nashville: Abingdon Press, 1964), 110.

30) Browning and Reed, 290.

31) James F. White, *Sacraments as God's Self Giving* (Nashville, Abingdon Press, 1983), 70-92. 세례와 성찬례는 성례전으로 열거된다. 사도적 성례전은 주님께서 제정하지 않으셨지만 사도들이 예수의 행동과 의도를 계속해서 실천하는 것, 즉 화해, 치유, 안수이다. 자연적 성례전은 기독교인의 혼인과 장례로 열거되었다.

조화롭고 합리적인 세계 질서에 대한 계몽주의적 기대와 "살아 있는 것은 모두 거룩하다"는 낭만적 이상 모두가 인간의 능력에 대한 순진하고 오만한 가정이라는 것을 보여주었다. 과연 교회가 정당하게 은혜의 통로로 간주 될 수 있는 어떤 일이나 행동을 취하여, 주님께서 명시적으로 지시하신 것과 동일한 성례전적 차원으로 끌어올리는 것이 현명한가? 무한한 수의 것들이 성례전으로 간주된다면 그 용어의 가장 깊은 의미에 있어서 볼 때 어떤 것도 성례전이 된다고 볼 수 없을 것이다.

몇 개의 성례전이 있는가? 이 질문에 대한 대답은 "성례전이란 무엇인가?"라는 질문에 대한 답의 일부를 제공한다. 그러나 한 부분뿐이다. "성례전이란 무엇인가?"라는 질문은 또 다른 질문, 즉 "성례전이 하는 것은 무엇인가?"라는 질문을 포함한다.

C. 성례전은 은혜의 수단

성례전은 종종 "은혜의 수단"이라는 더 넓은 범주에서 논의된다. 이 용어는 로슨(John Lawson)이 말하는 바, "특정한 회중과 개별 신자들에게 하나님의 구원 행위를 전하는 수단"[32]을 말한다. 아울렌(Gustaf Aulen)은 은혜의 수단은 "교회의 구성 요소로서, 그를 통하여 교회를 창조하신 성령의 활동이 있게 된다"[33]고 말한다. 사도행전에는 "은혜의 수단"이라고 부를 수 있는 어떤 행위들이 초대교회를 구성하는 것으로 언급되어 있다. "그들은 사도의 가르침에 전념하며, 서로 교제하고 떡을 떼며 오로지 기도하기를 힘썼다"(행 2:42).

존 웨슬리는 "은혜의 수단"이라는 설교에서 다음과 같이 정의했다. "나

---

32) Lawson, 155.
33) Gustaf Aulen, *The Faith of the Christian Church*, trans, Eric H. Wahlstrom (Philadelphia: Muhlensberg Press, 1960), 318.

는 은혜의 수단은 하나님이 정하신 외적 표징, 말씀, 또는 행위로서, 이를 통하여 하나님이 사람에게 선행적 은총, 의롭게 하는 은혜, 거룩하게 하는 은혜를 전달하는 일상적인 통로가 되도록 제정하신 것으로 이해한다."[34] 그는 "주님이 제정하신(instituted)" 은혜의 수단과 "상황적(prudential)" 은혜의 수단을 구별한다.[35] 전자는 특별히 그리스도의 지시에 근거한 것이며, 기도와 성경 연구, 주의 성만찬, 금식, 성도의 교제 등이다. 후자 곧 상황적 수단은 영적 성장을 촉진하기 위해 그가 메소디스트 협회(Methodsit Societies)에서 영적 성장을 도모하기 위해 조직한 밴드(bands)와 속회(Classes)을 통한 경건 훈련들이다. 우리는 웨슬리의 주님이 제정하신 수단 목록에 주의 만찬이 언급되어 있지만, 세례는 그렇지 않다는 점에 주목해야 한다. 이것은 세례의 입회식 성격에 의해 설명될 것이다. 즉 세례의 기능은 반복되는 사건이 아닌, 그리스도인 생활의 시작에서 이루어지는 단 한 번의 사건이다. 반면에 웨슬리가 열거한 은혜의 수단은 거룩한 삶의 지속적인 발전을 촉진하는 것들로 되어있다. 그가 청중과 독자들에게 예정된 은혜의 수단을 사용하도록 촉구할 때 그는 대부분이 세례를 받은 성인들에게 말한 것이다. 그럼에도 불구하고 세례를 받을 때, 믿음이 동반되면, 은혜가 그 성례전을 통해서 전달된다고 믿는 것은 분명하다. 그러므로 그것은 은혜의 수단이라고 하는 것이 적절하다.[36] 세례는 "은혜의 수단으로서 모든 그리스도인이 받아야 하는 것"[37]이다. "은혜의 수단"이라는 개념은 웨슬리가 성례전은 "내적 은총의 외적 표징이요, 우리가 그 은혜를 받는 수단이다."[38]라고 정의한 자체에 구체적으로 포함되어 있다.

---

34) Works 5:187.
35) Ibid., 8:187.
36) Cf. ibid., 6:73-74;10:191-93.
37) Ibid., 10:188.
38) 이탤릭체 글자는 저자가 쓴 것이다.

여러 신학자들이 은혜의 수단으로 지정한 것을 볼 때, 아울렌(Aulen)이 말했듯이, 개념에 일정한 "융통성(elasticity)"이 있음이 분명해진다. "기독교 신앙은 은혜의 수단의 범위를 한정하는 데 관심이 없다."[39] 하나님은 다양한 수단을 통해 일하실 수 있다. 다른 한편, 개념에는 "안정성(stability)"도 있다. 그저 오래된 것이라 하여 은혜의 수단으로 인정될 수는 없다. 그 안정성은 그리스도가 하나님 계시의 주님이시며 성령에 의한 교회의 설립이 그리스도의 통치의 실현을 의미한다는 사실에 근거한다. 모든 은혜의 수단은 그리스도의 사건에 의해 정의되어야 한다. 말씀(기록된 것과 설교된 것 모두)은 그 중심이 살아 계신 말씀인 그리스도 안에 있기 때문에 은혜의 수단이다. 기도는 그리스도의 이름으로 드리는 기도이기 때문에 은혜의 수단이다. 확실히 성례전은 그리스도의 사역과 분리할 수 없다. 또한 성부와 성자와 성령의 이름으로 받는 세례는 그리스도와 동일함의 확인이다 (롬 6:3-8). 주의 만찬은 그리스도의 희생적 삶과 죽음에서 그 내용을 받는다. 그러므로 그리스도는 은혜의 수단을 다스리는 능력이시다. 다른 말로 표현하면, 성령은 또한 그리스도의 영이시기 때문에 은혜의 수단은 교회를 창조하는 성령의 활동 방식이다.[40]

은혜의 수단과 관련하여 기독교 신앙은 두 가지 위험에 직면해 있다. 첫째는 은혜의 수단이 기계적으로 이해될 가능성이 있다는 것이다. "은혜의 수단"이라는 용어는 성령과 그리스도인 사이에 어떤 것이 있고, 성령은 그러한 기계적 수단을 통해서만 주어질 수 있다는 의미로 왜곡될 수 있다. 이것은 중세 가톨릭교회에서 발전된 성례전의 개념에 있는 위험이다. 우리는 성령은 은혜의 수단과 분리된 것이 아니라, 그것들의 내적 유대를 구성하고 또한 하나님의 은혜가 우리에게 제공하는 인격적인 관계의 관점에서 이해되어야 함을 강조함으로써 이것을 극복한다. 두 번째 위험은

____

39) Ailen, 321.
40) Ibid.

은혜의 수단을 하나님과 우리의 관계에 있는 장애물(barrier)로 여기면서 그것을 완전히 폐지하고 영적으로 치우치려는 경향이다. 주관적인 신비적 체험을 통해 우리는 직접적으로 그리고 "즉각적으로" 하나님께 나아가야 한다고 주장한다. 이것이 우리가 1장의 마지막 섹션에서 논의한 위험성이다. 직접성(immediacy)은 은혜의 수단을 포기하는 대가로 얻는다. 하나님과 인간의 관계는 그 내용을 잃어버린다. 그리고 우리는 자기 자아에 갇히게 된다.[41]

웨슬리는 은혜의 수단에 공로가 있는(meritorious) 것이 아니라는 점을 분명히 하기 위해 주의를 기울였다. 은혜의 수단은 단순히 수행되는 것으로 거기에 고유의 힘이 있는 것이 아니다. 은혜의 수단들은 우리의 구원이 시작부터 완성에 이르기까지 오직 하나님의 일이라는 것을 인식할 때만 우리에게 가치가 있는 것이다. 그것이 은혜의 의미이다—즉 하나님은 우리가 우리 자신을 위하여 할 수 없는 일을 우리를 위해 하신다는 의미이다. 그럼에도 불구하고 이 값없이 주시는 은혜가 우리에게 올 수 있도록 하나님이 정하신 수단이 있다. 이러한 수단 중 가장 중요한 것이 성례전이다.

은혜의 수단의 중요성을 주장하는 웨슬리의 견해는 메소디스트 25개 신앙개조(Articles of Religion)에 명시된 교회의 정의에 분명히 나타나 있다. 제13조, "교회에 관하여"는 영국교회의 신조에 있는 것을 그대로 옮겨 놓은 것이다. 그는 그 조항에서 "가시적 그리스도의 교회는 신실한 사람들의 모임이며, 그 안에서 하나님의 순수한 말씀이 전파되고, 그리스도의 규례에 따라 성례전이 합당하게 집행되는데, 그 모든 일에 필연적으로 필요한 것이 있다."라고 말하고 있다. 여기에서 교회는 조직이나 사역의 측면에서 정의되는 것이 아니라 은혜의 수단의 관점에서 정의되고 있는 것이다. 따라서 은혜의 수단은 교회를 구성하는 요소이다. 이 점에서 웨슬리는 교회를 유사한 용어로 정의한 개신교 개혁자들과 동의한다.

---

41) Ibid., 320.

웨슬리는 윌리엄 로(William Law)에게 보낸 편지에서 외적 수단을 무시하면서 주장하는 성결에 이르는 어떤 내적 신비적 방법을 명백히 거부했다.

> 종교의 모든 외적인 것은 우리 영혼을 의와 참된 성결로 새롭게 하기 위함이다. 그러나 하나의 방법은 외적이고 다른 방법은 내적이라는 것은 사실이 아니다. 우리가 내적 은혜를 받는 성경적 방법은 하나뿐이다—즉 우리는 하나님께서 지정하신 외적 수단을 통해서 받는다.[42]

우리는 "수단"의 정의를 살펴보았다. 우리는 이제 이 문맥에서 "은혜"에 대한 정의를 살펴볼 필요가 있다. 우리는 이미 중세 가톨릭 신학이 은혜를 "실질적(substantial)" 또는 준-물질적(quasi-material) 용어로 이해했으며, 루터가 이러한 개념을 거부하고 은혜를 하나님의 자비 또는 하나님이 가치 없는 죄인에게 제공하는 용서의 인격적 관계로 이해했다는 점을 지적했다. 이런 의미에서 은혜는 종종 "공로 없이 얻는 하나님의 은총(God's unmerited favor)"으로 묘사된다.

종교 개혁 당시 성례전의 수에 대한 논쟁은 성례전의 본질에 대한 논쟁이기도 했다. 더욱이 성례전에 대한 견해의 차이는 은혜에 대한 이해의 차이를 반영했다. 오랜 교리적 발전의 과정을 거쳐서야 고정되게 된 로마 가톨릭교회의 성례전(일곱)은 성례전을 통해 생기는 은총(즉 거룩한 "실체"로 이해된 은혜)의 주입 개념과 연결되어 있었다. 이렇게 이해하면 은총은 일생 동안 거듭거듭 채워져야 하고, 성례전은 초자연적인 은총이 영혼에 주입되는 통로인 것으로, 삶의 각 단계나 그 면에서 성례전이 시행되었다(erected). 종교 개혁자들은 이것을 오류로 보았는데, 예를 들면 고해성사와 견진례는 세례에서 주어진 은혜가 불충분하여서 계속 보충되어야 한다는 것을

---

42) Letters 3:366-67.

인정하는 것이 된다고 주장했다. 물론 로마 교회도 하나님의 은혜는 하나님의 호의 또는 자비라는 것을 알고 있었다. 그러나 중세 시대에 와서 로마 교회의 은혜는 초자연적, 비인격적, 유사 물질적 실체로 주입되는 것처럼 점점 더 강조하여 왔다.

영국교회 전통에 뿌리를 두고 있는 존 웨슬리의 신학은 가톨릭과 개신교 사이의 일종의 중도(via media, middle way)의 위치에 있다. 그는 개혁자들과 함께 은혜를 죄의 가책을 해결하는 하나님의 값없이 직접 주시는 호의 또는 자비로 이해했다. 그러나 그는 또한 은혜를 죄의 권세에서 구원하는 데 필요한 하나님의 가능케 하는 능력으로 이해했다. 하지만 가능하게 하는 능력으로 은혜의 의미는 중세 가톨릭이 이해했던 것처럼 비인격적 실체에 의해서가 아니라 사람의 마음에서의 성령의 역사로 된다고 이해하였던 것이다. 웨슬리에게 있어 은혜의 두 가지 의미는 모두 주님의 속죄에 포함되어 있다. 그리스도의 십자가에 나타난 하나님의 은혜는 칭의와 성화를 가져온다. 그러므로 성례전은 "성령이 그리스도의 속죄를 모든 면에서 적용하는 수단"[43]이다.

우리가 성례전을 "은혜의 수단"으로 분류할 때, 성례전이 말씀을 통해서도 우리에게 오는 은혜와 다른 어떤 특별한 종류의 "은혜"나 다른 은총을 매개하지 않는다는 것을 주장하는 것이 중요하다. "기독교 신앙은 하나님의 그의 사랑을 주시는 데 나타나는 은혜, 곧 다른 말로 표현해서 하나님 자신을 주시는 사실에 존재하는 은혜 이외에, 다른 은총은 없다는 것을 알고 있다."[44] 하나님 자신보다 더 큰 선물은 없다. 스스로 주시는 은혜, 바로 이것이 선물이다. 이 은혜가 성례전에서 증진되고 적용되는 것이다.

앞에서 우리는 "은혜의 수단"이라는 범주로 성례전을 논의했다. 그러나

---

43) Dunning, 541.
44) Aulen, 332.

그 범주는 성례전 보다 더 광범위하다. 어떤 것은 기독교 전통이 성례전적 지위를 주장한 적이 없지만 은혜의 수단으로 분류되는 것이 있다. 곧 세례와 주의 만찬도 은혜의 수단이다. 그러나 이 장의 첫 번째 섹션에서 논의된 세 가지 개신교의 엄격한 기준에 의하면 은혜의 수단 중 세례와 주의 만찬 두 가지뿐이다. 이러한 주장은 이 두 성례전에서 아래의 세 가지 기준을 수렴하기 때문이다. 즉 (1) 그리스도 자신의 권위, (2) 물리적 표징의 사용(창조와 구속 모두에 대한 우리의 이해에 엄청난 의미를 함축한 표징), (3) 죄 사함을 받는 약속의 말씀의 세 가지 실재를 수렴하기 때문에 가능하다. 다른 어떤 수단에서는 이 세 가지 현실이 모두 그렇게 강력하게 수렴되지는 않는다.

이제 우리는 일반적인 범주에서 벗어나 성례전들을 구체적으로 살펴보고, 그것이 무엇인지 물어야 할 것이다.

D. 성례전은 가시적인 말씀

전에 언급했듯이, 아마도 지금까지 주어진 성례전에 대한 가장 좋은 설명은 354년에서 430년 사이에 살았던 북아프리카 히포(Hippo)의 주교 아우구스티누스의 설명일 것이다. 이것은 확실히 아주 짧은 설명 중 하나이다. 아마도 고대의 가장 위대한 신학자인 아우구스티누스는 성례전을 "보이는 말씀"이라고 했다. 성례전을 기술할 때 그는 "말씀이 요소(element)에 추가되어, 성례전이 마치 그 자체가 일종의 가시적 말씀인 것처럼 된다"[45]라고 말했다. 아우구스티누스는 성례전이라는 단어에 대한 공식적인 정의를 내리려는 것이 아니라 세례나 성만찬과 같이 그리스도인들이 함께 모일 때 행하는 행위에 대한 신학적 의미를 설명하고 있었던 것

---

45) "Tractus on the Gospel of John," 80.15.3. *Nicene and Post-Nicene Fathers*, Ist sect. (Grand Rapids: Wm B. Eerdmans Publishing Co. 1978), 7:344.

이다. 그가 말하는, "보이는 말씀"이라는 구절은 서부 교회의 "성례전적 슬로건"[46])이 되었다.

아우구스티누스는 "보이는 말씀"이란 표현으로 무엇을 의미했는가? 그는 주로 보이는 말씀과 보이지 않는 말씀을 대조시키고 있었다. 나중에 그는 성육신에서 "보이는" 하나님 자신의 내적 실재를 의미했다고 말한다. 하나님의 말씀 자체는 우리의 감각으로는 접근할 수 없다("아무도 하나님을 본 자가 없으나"(요 1:18). 그러나 성육신으로 하나님은 계시되셨다. 성육신하신 분이 "그러므로 가서 세례를 주라", "나를 기억하며 이를 행하라"(마 28:19; 눅 22:19)고 말씀하심으로, 우리가 그 일을 행함으로써 순종할 때 하나님의 내적 진리가 우리의 감각에 "보이게" 된다. 우리는 젠슨(Jenson)이 아우구스티누스가 말한 의미에서 모든 교회가 성례전을 시행하고 있다고 지적한 것에 동의할 수 있다.

> 그것을 부정하는 사람에게 나는 제시할 논쟁이 거의 없을 것이다. 나는 그에게 단지 "가서 교회를 잠시 동안 보십시오."라고 말할 수 있었다. 성례전이 없다고 주장하는 교회들은 의미론적 편견에 빠져 있을 뿐이다. 다만 그것이 참담한 방종으로 판명될 수 있고, 그들로 하여금 필요한 성례전을 버리고, 아마도 복음에 아주 부적절하게 어떻게 하든 채워질 공백을 만들도록 유혹할 것이다.[47]

성례전을 "보이는 말씀"으로 이해하는 아우구스티누스의 견해에서는 성례전을 사용하지 않는 어떤 종류의 예배를 드리는 것은 실제로 불가능할 것이다.

그러나 종교 개혁 신학에서 천 년 이상이 지난 후에 아우구스티누스

---

46) Robert W. Jenson, Visible Words. *The interpretation and Practice of Christian Sacraments* (Philadelphia: Fortress Press, 1978), 3.
47) Ibid., 5.

의 문구의 맥락이 바뀌게 되었다. 종교 개혁자들의 가르침에서는 "보이는 것"은 "보이지 않는 것"과의 대조가 아니라 "듣는 것"과의 대조로 설명했다. 즉, 우리가 듣는 말씀과 보는 말씀으로 구별한 것이다. 언어의 문장에서 수행되는 설교, 가르침 및 기타 모든 형태의 의사소통을 "들을 수 있는(audible)" 단어라고 한다. 그러나 개혁자들은 하나님은 들을 수 있는 방법으로만 말씀하시는 것이 아니라 보고 만지고 맛보고 냄새 맡을 수 있는 표적의 종류로도 말씀하신다고 했다. 우리 인간은 다양한 방식으로 서로 이야기하기 때문에 이것은 놀라운 일이 아니기 때문에 만지는 것을 고려해 보아야 한다. 우리는 하나님의 이름으로 서로 말하고, 성례전에서 종종 하나님의 이름으로 서로를 만진다. 우리는 서로에게 행동함으로써 하나님을 위해 행동한다. 우리의 예배는 손으로 가득 차 있다. 세례를 주고, 축도를 하고, 연인의 손을 합치고, 병자에게 기름을 붓고, 관에 티끌을 뿌리고, 떡과 잔을 주곤 한다. 행동은 말로 표현할 수 있는 것을 보완하는 강력한 상징(symbol)이다.

아우구스티누스가 성례전을 "보이지 않는" 말씀과 대조되는 "보이는 말씀"으로 묘사한 설명과 종교 개혁자들이 "들을 수 있는" 말씀과 대조되는 것으로 설명한 것은 상호 배타적인 의미가 아니라 강조의 차이로 보아야 한다. 두 측면 모두 복음의 핵심이다. 보이지 않는 말씀이 성육신 때 보이게 되었고, 성례전적 요소를 취하시면서 다시 보이게 되는 것이다. 그리고 교회의 설교에서는 말씀이 들리게 되며, 성례전에서는 눈에 보이게 된다. 그러므로 우리는 젠슨(Jenson)의 다음 말에 동의할 수 있다.

기독교 성례전을 복음의 "가시적인 말씀"으로 보는 기본적인 아우구스티누스—종교 개혁의 해석은 너무나 심오하고 원시적이며 명백하게 성경적이어서 나는 그것에 대해 논할 특별한 방법이 없는 것 같다. 그들의 신학적 정당성을 공격하는 사람에게 나는 "가서 성경 전체를 다시 읽으십시

오!"라고 말할 수 있었다. [48]

우리 교회가 성례전을 "보이는 말씀(visible words)"으로 말할 때 "보이는" 이라는 형용사가 우리로 하여금 "말씀"이라는 명사를 간과하게 해서는 안 된다. 종교 개혁이 말씀의 설교에 집중한 것은 결코 성례전의 훼손을 의미하지 않았다. 성례전은 말씀과 경쟁하지 않는다. 오히려 성례전은 말씀이 선포되는 방법 중 하나이다. "보이는 말씀"이라는 구절은 성례전이 메시지의 성격을 가지고 있음을 강조하는 것이다.

우리가 주위를 둘러보면서 일상생활에서 눈에 보이는 말을 통해 의사 소통하는 방식에 주목한다면 성례전의 "보이는 말씀"이 의미하는 바를 더 명확하게 이해하는 데 도움이 될 것이다. 눈에 보이는 단어의 한 예는 "악수"이다. 나는 한 번 이상 장례식 기간 영안실에 서서 유족이 따뜻한 악수, 물에 젖은 눈, 떨리는 턱으로 오랜 친구의 인사를 받는 것을 목격했다. 아무 말도 하지 않았지만, 동정, 배려, 이해의 메시지가 전달되고 있었다. 아마도 말을 했을 때보다 훨씬 더 효과적으로 메시지가 전달되었을 것이다. 이것이 "보이는 말"의 한 예이다.

다른 하나는 키스하는 경우다. 남자가 사랑하는 여자에게 키스할 때 그는 "말보다 더 큰 소리로 말하는 것"의 메시지를 보내는 것이다. 그는 말로 표현하는 것 없이 "사랑해"라고 말하는 것이다. 곧 보이는 말에 의하여 메시지가 전달된 것이다.

다음 시나리오를 고려해 보자. 아버지가 일을 마치고 집에 돌아와 놀이터에서 아직 걷지도, 말도 하지도 못하는 어린 아들을 보고, 아이를 사랑스럽게 품에 안고 아이의 뺨에 키스한다. 나는 그 아이가 사랑의 메시지를 받았다고 인정한다. 아버지가 그저 방 너머를 바라보며 "안녕, 아들아, 아빠는 너를 사랑해."라고 말했을 때보다 훨씬 더 의미가 있다고 인

---

48) Ibid.

정한다. 또한, 지켜보는 어머니도 '공동체'(가족)를 통해 사랑이 전파되고 있다는 것을 그 행동으로 이해한다. 어린 아기는 포옹과 키스가 무엇인지 개념화하지 못했을 수 있다. 그는 말하자면 사랑의 신학이 없고, 가족이나 인간관계에 대한 사회학도 합리적으로 이해하지 못할 수도 있다. 그러나 그는 메시지를 받았다! 메시지는 말보다는 가시적이거나 비언어적인 형태로 훨씬 더 효과적으로 전달되었다. 게다가, 일어난 일의 의미에 대한 아이의 지적 이해, 일어난 거래에 대한 아이의 이해는 전달된 메시지의 현실성 및 효과성과는 거의 관련이 없다. 나중에 우리가 유아세례에 대해 논의할 때 이것을 기억하자.

E. 성례전은 작동하는 상징(표상)

(symbol을 표상 또는 상징으로 번역하고, sign을 표시 또는 표징으로 번역함-역주)

2장에서 종교적 상징성(symbolism)의 의미를 논의하였고, 상징(symbol)이 성례전의 현대적 이해를 위한 표징(sign)보다는 더 포괄적이고 의미 있는 용어가 될 수 있다는 제안을 하였다. 종교 개혁과 후기 개신교의 언어에서 "표징"은 일반적으로 물질적 요소(빵, 포도주 또는 물)가 있어야 한다고 언급했다. 그러나 틸리히(Tillich)가 지적했듯이 "상징"은 그것이 나타내는 현실에 참여한다. 이것을 말하는 또 다른 방법은 다른 쪽 끝에서 보면, 상징이 무언가를 한다는 것이다.

우리가 성례전을 상징으로 말할 때, 그것은 성례전이 무엇인가를 수행한다(accomplish)는 것을 의미한다. 그들은 어떤 일을 행한다(perform), 그들은 "작동한다(operate)."—신앙에서 떨어져 있지는 않지만, 개신교도는 확언하기를 고집할 것이다. 따라서 기독교 신학은 대부분 성례전을 "작용하는 상징"으로 이해했다. 성례전이 수행하는 "작동(operation)"을 살펴보자.

성례전을 작동하는 상징이라고 부르는 것은 성례전이 진리를 선포할 뿐만 아니라 그것을 통해 하나님께서 그 진리에 상응하는 은총의 행위를 행하신다는 것을 확언하는 것이다. 그들(성례전)의 '일(work)'은 믿음으로 성례전을 받는 사람에게 은혜를 전하는 것이다. 우리가 조심스럽게 기억해야 하는데, 이것은 은총이 성례전을 통해 우리에게 전달되는 어떤 준-물리적 실체라는 것을 의미하지 않는다는 것을 기억해야 한다. 오히려 그 은혜는 관계적 의미에서의 은혜이다. 이것은(이 은혜는) 하나님께서 주신 은혜의 "수단"을 믿음으로 사용하기 위해 세례를 받거나 주님의 만찬에 참석하는 사람에게 하나님께서 그의 값없이 주시는 사랑(favor)이다.

작동하는 상징으로서의 성례전은 마치 성찬이 선택적인 것처럼, 성례전이 그것과 별개로 또는 성례전 없이 행해졌음을 나타내는 단순한 표시 그 이상이다. 아마도 결혼에 대한 예를 보면 이 점이 더 분명해질 것이다.[49] 결혼 예식에는 특정한 상징적 행위, 말, 물질적 물건이 관련되어 있다. 그 중에는 결혼 서약, 반지 주고받기, 종이에 주례자의 서명, 그리고 그것을 관청에 또는 법적 기록이 보관되는 곳에 보관하는 일이 있다. 언뜻 보기에 그 모든 것은 결혼의 외적인 표시일 뿐이다. 그리고 결혼 자체는 신부와 신랑의 마음에서 일어나는 내적 또는 영적 또는 보이지 않는 어떤 것이다. 그러나 인간 사회에서는 전혀 그렇지 않다. 서약, 반지, 종이에 한 서명, 그리고 그 문서를 공식 기록 보관소에 제출하는 등, 바로 이런 것들로 부부가 실제로 결혼한 것이 된다. 물론 이런 것들이 신랑 신부가 사랑을 표현하는 생생한 표현이기도 하다. 그러나 동시에 그들은 상징하는 사랑에 상응하는 일을 수행하고 지위(status)를 전한다. 그것들이 작동하는 상징인 것이다. 불치의 로맨티스트는 "결혼은 하늘에서 이루어진다"는 옛말을 믿고 싶어 한다. 우리는 그들이 그렇게 되기를 바랄 수 있지만 그것이 진실의 전부는 아니다. 사회의 수호를 위해 인류 역사

---

49) 그 삽화를 위해서 나는 Lawson의 책, 164를 참고하고 있다.

의 합의로 이해되는 바와 같이 혼인은 군청(county court house)에서 이루어진다!

이제 이에 반대되는 논쟁을 하고 싶어 하고, 이런 행동과 말들은 불필요하고, 내적, 영적, 비가시적, 하늘에 있는 어떤 것의 필요 없는 외적 지표라고 계속 주장한다면, 그 사람은 결혼하지 않고 동거하는 현대의 풍습에 대해 이의를 제기할 수 없다. 후자의 생활 방식을 선택하는 많은 부부는 "한 장의 종이가 무슨 의미가 있는가?"라고 묻는다. 그들은 오직 사랑만이 중요하고, 사적으로 서로에게 한 약속이 중요하지, 그들의 결혼을 인정받기 위해 공개적으로 또는 법적으로 장식하는 것이 필요하지 않다고 주장할 것이다. 신학적 언어로 말하면 그들은 성례전에 대해 낮은 견해를 가지고 있는 것이다. 그들은 값싼 은혜를 거래하고 있는 것이다![50] 결혼은 단순히 개인의 문제나 두 개인 간의 합의가 아니다. 결혼은 공동체의 일이다. 기독교의 결혼에서는 결혼은 교회 안에서 이루어지는 것이며, 은총은 결혼하는 개인들뿐만 아니라 공동체를 위해서도 작용한다.

물론 결혼의 예가 세례와 주의 성만찬의 성례전에 대해서도 그렇다고 입증하는 것은 아니다. 그것은 단지 무언가를 설명하고 있는 것이다. 그러나 성례전 중시주의자들은 성례전과 관련하여 설명된 내용이 충분히 사실이라고 주장한다. 그들은 무엇을 말할 뿐만 아니라 실제로 무언가를 행한다. 그러나 결혼의 외적 표시(signs)나 성례전의 외적 표시가 그 일을 "수행된 일에 의해 자동적으로"(ex opera operato) 그 역할을 수행하지 않는다는 사실을 기억해야 한다. 내적인 사랑과 헌신이 없다면 결혼 예식

---

50) 물론, 이것은 결혼을 성례전으로 만드는 데 대한 논쟁이 될 수 있다. 그렇게 함으로써 개신교가 쉽게 이혼하도록 하는 세속 문화의 압력에 더 저항할 수 있었을까 하는 생각이 들 수도 있다. 로마 가톨릭이 같은 압력에 서서히 굴복해 왔기 때문이다. 그러나 크리스천 사회인 믿는 공동체(교회)가 혼인의 연합에 관계될 때, 단지 사적인 협정으로 취급될 때보다 관계를 유지하는 데 더 많은 도움이 될 수 있을 것이다. Cf. James F. White, *Christian Worship*, 160.

은 광대극이요, 결혼의 진정한 의미의 흉내(parody)에 불과할 것이다. 마찬가지로, 믿음이 없다면 성례전은 아무것도 성취하지 못하는 외적인 형태일 뿐이다. 그러나 사랑과 헌신이 있는 결혼식은 실제로 진정한 결혼식이된다. 그리고 성례전은 믿음으로 그들이 하도록 계획된 일, 즉 신자에게하나님의 은혜를 나누어 주는 일을 성취한다. "외적 표징"과 "내적 은혜"가 함께 작용하는 것, 그것들이 성례전을 만드는 것이다.

존 로슨은 성례전을 작동하는 상징(표상)으로 논의하면서 어떻게 성만찬이 그 범주에 속하는지를 말하고 있다.

> 성찬식은 비록 다른 것들 중에서도 그렇지만, 같은 주제에 대한 설교에대한 시각적 대안으로서 십자가에서 보여진 진리를 엄숙하게 극화한 것이상이다. 성찬식을 거행하는 것은 교회가 그를 통하여 주님께서 속죄 희생을 바치신 주님과 하나 되게 하는 것이다. 또한 그를 통하여 교회가 그리스도께서 당신의 죽음과 부활을 통해 성취하신 일에 대한 교회의 몫(share)을 받는 것이다. 따라서 성만찬은 그리스도의 순종의 희생을 시각적으로나 행동으로 상징할 뿐만 아니라, 주님의 희생의 작동하는 상징(operative symbol)이다. 하나님은 그리스도의 죽음과 부활의 공로에 합당한몫을 교회와 경건하고 믿는 성도들에게 주기 위해 그것을 사용하겠다고약속하셨다.[51]

그러므로 은총의 수단 중에서 성례전은 독특하다. 하나님께서 그것들을 정하셨고 그리스도께서 우리에게 그 일에 참여하도록 명하셨다. 그리고 믿음으로 받아들여질 때는 그것들은 우리에게 하나님 앞에서 특별한지위와 그의 은혜에 대한 무제한적인 접근을 전달한다.

---

51) Lawson, 164.

F. 성례전은 성경적 믿음의 수호자

"성례전이란 무엇인가?"라는 질문에 대한 중요한 답이 하나 더 있다.
기독교의 성례전은 때때로 기독교 역사에서 비성경적 출처에서 발생하여
기독교 사상에 침투하는 이단적 견해에 대항하는, 즉 성경적 신앙을 심오
한 방식으로 보호하는 교회의 방법이다. 이러한 관점에 반하여 세례의 성
례전과 성만찬은 에덴동산의 입구에 서 있는 천사(cherubim)처럼 진리의 동
산으로 들어가는 입구를 지키는 화염검을 든 파수꾼의 역할을 한다. 이
역할에서 성례전은 세 가지 중요한 기능을 수행한다.

1. 성례전은 창조에 대한 성경적 교리를 보호한다.

모든 형태의 이원론에 반대하여 성경적 믿음은 창조된 세계의 본질적인
선을 주장한다. 이원론은 두 가지 궁극적 실재가 있으며, 이 둘은 영원부
터 존재해 왔다는 이론이다, 이 둘은 서로 상반되고 완전히 다르다고 말
한다. 이 두 가지 실재(또는 "물질")는 예를 들어 영과 물질, 정신과 물질, 정
신과 몸, 혼과 몸, 선과 악, 또는 하나님과 사탄으로 다양하게 지정된
다.[52]

이원론에는 여러 가지 형태가 있다. 조로아스터교(Zoroastrianism)와 고대
페르시아의 마니교(Manichaeism), 중국의 도교(Taoism), 대부분의 동방의 신
비주의 종교, 그리스 사상의 대부분(특히 플라톤주의), 초기 기독교 세기의 영
지주의(Gnosticism)와 같은 종교들이다.

영지주의는 초기 기독교에 위협이 된 최초의 위대한 이단이 되었다. 영지
주의는 2세기에 발전의 절정에 이르렀다. 그 이름은 지식을 뜻하는 헬라

---

52) 성경에는 사탄의 교리가 있지만 그러한 존재는 영원하지 않다. 즉, 그는 한때(일부 전
통에 따르면 1순위인 타락한 천사였으나) 계시록에 따르면 그는 결국 멸망될 운명이
었다. 이것은 일종의 이원론이지만 궁극적인 이원론은 아니다.

어 그노시스(gnosis)라는 형태를 취하지만, 영지주의자들이 추구한 것은 단순한 지적 지식이 아니라 영적으로 엘리트만이 얻을 수 있는 신비로운 조명(illumination)이었다. 그중 하나는 이원론, 즉 육체를 포함한 모든 물질은 악하다는 믿음이었다. 영지주의자들에게 "구원"은 인간의 영이 물리적 세계의 속박에서 해방되어 순수한 영의 영역으로 돌아가는 것이었다. 그러한 이원론적 설명은 종종 우리 주위의 세상에 명백한 것, 즉 선과 악, 질서와 무질서의 존재에 대한 그럴듯한 설명을 제공하는 것 같다. "이원론은 그림의 어느 쪽에도 눈을 감아야 한다."[53] 그러나 창조주이며 주님이신 한 분이신 하나님에 대한 믿음은 성경에서 절대적인 이원론을 배제한다.

물론 이스라엘 사람은 죄와 용서, 비참과 구원, 악과 선 사이의 대조를 분명히 인식했고, 그들은 쉬운 대답을 거부했다. 즉 그런 골치 아픈 대립을 화해시키려는 쉬운 시도, 선과 악의 구별을 흐리게 하는 시도를 거부했다. 신약성경에서도 이와 같은 실재론이 계속되었다. 바울은 율법과 복음, 행위와 믿음, 육과 영, 속사람과 겉사람의 대립을 말하고 있다. 요한은 빛과 어둠, 삶과 죽음, 진리와 거짓 사이의 대립에 대해 말하고 있다. 그럼에도 불구하고, 성경은 하나님이 모든 자연과 모든 역사의 주님이심을 이해하기 때문에 이러한 실제적인 성경적 묘사는 궁극적인 이원론에 이르지 않고 있다.[54]

이원론은 영혼과 육체를 대립시켜 인간의 단일성을 파괴하고 감각을 영적인 삶에 쓸모없게 만들거나 심지어 해롭게 만든다. 플라톤은 육체를 영혼의 감옥으로 간주하여 아름다움을 명상하는 길을 막았다. 그렇다면 영혼이 명상하려면 육체에서 빠져나와야 한다. 플라톤에게는 종교 생활은 인간이 완전히 비물질적인 것이 될 것을 요구하는 것이다. 신앙생활은

---

53) Geddes MaCregor, *Introduction to Religious Philosophy* (Boston: Houghton Mifflin Co. 1959), 71.
54) Cf. Rob. L. Stayples, "Dualism," in *Beacon Dictionary of Theology*, ed. Richard S. Taylor (kansas City: Beacon Hill Press of Kansas City, 1963), 176.

아무리 사람에게서 존재할 수 있다 해도, 육체를 버리지 않는 한 완성될 수 없다.

성례전은 궁극적인 이원론의 관점에서 현실을 보는 모든 세계관에 반대하며 오히려 보호 장치의 역할을 한다. 어떻게? 성례전 주장자의 비전은 지상과 하늘이 만나는 지점을 식별한다. 우리가 우주는 영적인 것과 물질적인 것, 영원한 것과 일시적인 것, 보이는 것과 보이지 않는 것으로 영원히 나누어졌다고 이해한다면 순전한 이원론은 거부될 것이다. 성례전 주장자는 실재가 전적으로 영적 영역에 있으며 물질적 영역은 그림자에 불과하다는 플라톤의 대중적 관념을 거부한다. 그것은 또한 구원이 가시적인 세계에서 어떤 영적 현실로 도피한다는 것으로 생각하는 여러 동양 종교의 대중적인 가르침을 거부한다.

성례전 신학은 세계를 부정하는 것이 아니라 세계를 긍정하는 것(world-affirming)이다. 이들은 "보이는" 영역과 "보이지 않는" 영역을 마치 두 개의 다른 세계인 것처럼 언급하는 것을 좋아하지 않는다. 물론, 그러한 구분이 우리 인간의 사고 패턴 중 많은 부분에 유용할 수 있음을 인식한다. 그러나 성례전 주장자의 비전의 핵심에는 땅돼지에서 얼룩말(zebras)에 이르기까지, 천사에서 접합체(zygotes)에 이르기까지 모든 피조물이 창조 조직의 한 좋은 위치에서 잘렸다는 확고한 인식이 있다. 하나는 보이는 것이고 다른 하나는 보이지 않는 두 개의 완전히 다른 세계가 있는 것이 아니다. 하나님은 하나의 위대한 창조 행위로 하늘과 땅을 만드신 분이다. "하나님은 영들(spirits)을 만드시고, 돌도 만드셨다. 그리고 그들 모두는 하나의 거대한 세계에서 살고 있다."[55]

성경적 믿음에서는 죄와 악으로 인해 차별이 생기게 되었다. 타락 이후에 썩지 않는 영역과 썩는 영역이 구분되며, 썩어짐은 물질적 영역만큼 영적 영역에도 적용된다는 사실을 기억해야 한다. 마귀, 악령들 지옥에 있

---

55) Thomas Howard, "IRM," 11.

는 저주받은 영혼들은 부패(corruption)의 단계에 있는 영들이다. 갈라디아서 5:19에서 바울이 말한 "육체의 일"의 목록은 대부분 "영적" 죄의 목록이다. 하워드는 다음과 같이 말한다.

> 성경에는 이것을 설명하는 음절이 없고, 그리고 확실히 과학적 연구를 통해 그 점에 대한 어떤 데이터도 밝혀낼 수 없지만, 이를테면 인간의 타락 시에 어떤 필름이 우리의 눈을 가리게 되어, 그래서 우리가 천사와 우리 자신이 연속적인 영역에 거주하는 하나의 전체 구조를 지각하는 능력을 잃었다고 상상할 수 있다. 우리는 더 이상 많이 볼 수 없다. 우리는 우리의 행동으로 사물에 (이것은 우리의 것이고 저것은 하나님의 것으로) 분열(disjuncture)을 만들었다. 그리고 우리는 바로 우리 자신의 눈으로 거둘 것을 거두게 되었다. 우리는 이제 사물을 분열된 것으로 인식해야 했다. 누가 아는가?[56]

이는, 분명, 변덕스러운 설명이지만 요점은 잘 설명되고 있다. 영원히 반대되는 두 영역으로 분할된 세계는 성경의 세계가 아니다. 철학적 신학자들은 세상이 "실체론적으로는" 타락했지만 "본질적으로는" 선하다고 말할 것이다. 간단히 말해서, 그것은 하나님이 만드신 세상이 좋다는 것을 의미한다. 그런데 그것을 우리가 엉망으로 만들었다. 하나님은, 그것이 가치가 있기 때문에 그것을 구속하려고 하신다. 더욱이 하나님의 아들인 주 그리스도께서 이 창조의 이 기본적인 선함(this basic goodness)을 선포하고 모든 이원론적 위협으로부터 보호할 수 있는 방법을 그의 교회에 남겨 주셨다. 어떻게? 성례전을 통해 남겨 주셨다.

우리가 물(물질)로 세례를 받을 때마다, 또는 주님의 상에 가까이 나가 빵 한 조각(물질)을 먹고 포도나무 열매(물질)를 마실 때마다 우리는 우리의

---

56) Ibid., 12.

구원에 대해 무엇인가를 확언하는 것이다. 그러나 그것에 더하여 우리는 창조에 대해 부차적으로 뭔가를 말하고 있는 것이다. 우리는 모든 형태의 이원론에 대해 일격을 가하고 있는 것이다. 우리는 다음과 같이 말하고 있는 것이다. 이 물이나 이 빵, 또는 이 포도주는 하나님의 은혜의 수단이요, 운반수단이다. 그러므로 성례전은 좋은 것이다!

역사적 기독교는 본질적으로 성례전적 성격을 띠는데, 이는 성육신을 통해 물질이 악하거나 하나님의 내주에 대해 이질적인 것이 아니라 하나님의 진리와 은혜의 표현이 될 수 있음이 보였기 때문이다(요 1:14). 이것이 우리가 3장의 첫 번째 섹션에서 지적한 요점이다. 즉 우리는 성육신을 가능하게 한 동일한 원리가 또한 성례전을 가능하게 한다고 했다. 그러나 이 생각은 일부 기독교인들이 이해하기 어려운 것이었다. 이들의 성례전에 대한 오랜 반대 중 하나는 예배에 이러한 물질적 보조물을 사용하는 것이 영적인 것이 아니며 진정한 영적 종교에는 그런 것이 필요하지 않다는 것이었다.

여기에 포함된 것은 영성에 대한 이해이다. 성경적 믿음에 있어서 그것은 물질세계로부터의 도피를 의미할 수 없다. 또한 물질적인 세계를 최대한 차단하면서 영적인 삶을 영위하기 위해 마지못해 참는 것을 의미하지도 않는다. 영성은 물질세계에서 함께 생활함으로써 개인 및 대인 관계 방식으로 형성된다. 이것은 같은 집, 같은 방, 같은 식탁, 같은 식사를 공유하면서, 가장 물질적인 의미에서 함께 사는 것을 의미한다. 동물에게 식사는 그저 생존을 위한 필수품으로서의 식사이다. 그러나 사람에게 있어서 식사는 친교의 수단이기도 하다. 모든 시대에 함께 떡을 떼고 한 잔을 나누는 것은 공동체 생활의 수단이자 표현으로서 심오한 영적 의미를 지니고 있다.

우리의 하나님과의 개인적인 관계에 대해서도 같다고 말할 수 있다. "하나님은 영이시다"라고 요한복음 4:24에서 말하고 있다. 그러나 우리 인간은 영적인 것과 육체적인 것 둘 다를 가지고 있는 존재로서, 한 면을 다른 면보다 열등한 것으로 간주하지도 않는다. 하나님께서 자신을 우리에게 완전히 드러내 보이고자 했을 때, 그는 그의 아들이 한 여자에게서 태어나게 하셨다. 그 말씀이 육신이 되었다! 그러므로 하나님에 대하여 생각하거나 말할 때, 그리스도인들은 자연 세계로부터 그려지는 은유와 상징 없이는 말할 수 없다. 왜냐하면, 그 자연 세계가 바로 하나님이 자신을 우리에게 드러내 보이기 위해 오신 세계이기 때문이다. 하나님은 우리가 하나님을 경배하기 위해, 어떤 세계를 부인하는 듯한 영적 방식으로, 우리의 자연세계를 무시하라고 요구하시지 않는다. 아니, 그는 성육신으로 우리에게 내려오셨고, 다시 그는 빵과 컵을 통해서 우리에게 내려오신다. 우리가 대중예배에서 말과, 음악과 몸짓, 일어서거나, 무릎을 꿇거나, 찬양하며, 성경을 읽는 것 등 없이 예배를 편히 드릴 수 없다. 우리는 무언가를 듣고 뭔가를 하고, 무엇인가 어떤 "것"을 보아야 한다. 그와 같이 우리는 말씀뿐 아니라 또한 성례전 곧 "보이는 말씀"이 필요하다. 물과 빵과 포도주는 우리의 육체적 감각에 의해 인식된다. 그에 대해 영적이 아닌 것은 아무것도 없다. 육체(body)는 악하지 않다. 하나님께서 육체를 만들었고 그것이 좋다고 말씀하셨다. 단지 우리가 하나님이 만드신 것을 매춘화하거나 변태 또는 오용할 수 있다. 그러나 그가 그것을 속량한 때도 그것은 여전히 몸이다. 최종 부활에서도 우리는 육체서 분리된 영들이 아닌 영적 몸체(spritual bodies)가 될 것이다(고전 15:44). 이러한 심한 진리를 성례전이 보호하는 것이다.

성례전은 창조에 대한 성경적 이해를 보호하기 때문에 일관된 성례전주의자는 생태학에 관심이 있는 환경보호론자(environmentalist)가 될 것이다. 성례전에 관한 책이 이 관심을 실행하는 구체적인 방법에 대해 독단적 주장을 하는 것은 주제넘은 일일 것이다. 과학, 기술, 법, 정치, 종교와 윤리 분야 모두가 그 문제에 집중해 있다. 그러나 성례전에 대한 올바른 견해는 기독교인에게 그의 생태학에 대한 신학을 형성하는 데 몇 가지 일반적인 지침을 제공하고, 또한 그에게 또는 그녀에게 창조에 대한 기본적인 견해(perspective)를 제공할 것이다. 성례전 중시자는 부주의하고 불필요하게 천연자원, 오존층의 고갈, 산성비의 생성, 또는 강, 바다 및 대기의 오염에 기여하지 않을 것이다. 성례전 중시자의 비전은 깊은 확신을 가지고 다음과 같이 노래할 수 있게 해 준다.

이것은 내 아버지의 세계,
그리고 내 듣는 귀에
모든 자연은 노래하고 나를 둘러싸고,
천공의 음악이 울린다.

이것은 내 아버지의 세계
나는 생각에 나를 쉬게 한다.
바위와 나무가 하늘과 바다에
그의 손이 기적을 일으켰다.

이것은 내 아버지의 세계,
새들이 그들의 캐롤을 부른다.
아침 햇살, 하얀 백합
창조주의 찬양을 선포한다.

이것은 내 아버지의 세계,
그는 공정한 모든 것에서 빛을 발하고,
바스락거리는 풀 속에서 그가 지나가는 소리가 들린다.
그는 어디에서나 나에게 말한다.
—MALTBIE D. BABCOCK

성례전 중시자들은 자궁(womb)에서 무덤까지의 순례에서 우리의 존재와 소유 모두 하나님과 관계가 있다는 것을 안다. 우리는 지구 지각의 어떤 부분이든 우리에게 맡겨진 청지기에 불과하다. 우상 숭배는 고대 가나안 사람들만이 행했던 것이 아니다. 우리는 우리가 가진 모든 것이 선물임을 잊을 때마다 그에 관여하는 것이다. 이처럼 성례전의 한 가지 기능은 우리가 기억하도록 돕는 것이다. 요컨대, 그 모든 놀라운 뉘앙스가 종교적 상상력에 의해 결정될 때, 세례와 성만찬은 태초에 창조주께서 친히 선언하신 고유의 선함을 지닌 피조물의 귀중한 보물을 지키는 파수꾼과 같은 역할을 하는 것이다.

2. 성례전은 성경적 믿음의 역사성을 보호한다.

유대교를 배경으로 한 초기 그리스도인들에게 성례전은 그리스도께서 안내하신 현세와 내세 사이에 있는 긴장의 극복이라기보다는 오히려 영과 물질 사이의 큰 차이를 메우는 역할을 하는 것이었다. 영과 물질, 그리고 살아 계신 그리스도와 떡과 포도주의 요소들 사이의 관계를 고려할 때, 문제는 시간보다 공간의 관점에서 더 많이 제기되었다. 이처럼 공간적 차원이 중요하기 때문에 이 문제를 해결함에 있어서, 성경적 방식보다는 헬레니즘적 방식에 더 많았던 것이다. 시간과 역사는, 자연적 사고보다는 성경적 사고의 범주이다.

자연과 역사 모두에서 하나님은 자신을 알게 하셨다. 자연에 대해 성경적 믿음은 "하늘이 하나님의 영광을 선포하고 궁창이 그 손으로 하신 일을 나타내는도다"(시 19:1)라고 했다. 그러나 하나님은 자연에서 명백하게 보이지 않는다. 자연의 많은 현상은 "존재의 무의미함과 냉담함을 우리에게 각인시킨다"는 것은 "믿음이 지지하는 것이라는 것보다는 알려고 검사함"[57])을 의미한다.

역사에 나타난 하나님의 계시는 자연에서 발견된 것보다 훨씬 더 결정적이다. 역사는 특별한 의미에서 하나님의 계시의 장소이다. 왜냐하면 역사 안에서 그분의 위대한 구원의 행위가 성취되었기 때문이다. 그러나 자연과 마찬가지로 역사에서도 하나님의 계시가 모호하지 않은 것은 아니다. "자연에 신비하고 무의미한 것이 많이 포함되어 있다면 역사에서도 그런 것이 많다는 것이 사실이다."[58])

믿음의 역사에서 결정적인 것은 예수 그리스도가 역사 가운데서 성육신하여 하나님을 계시하신 분으로 나타났다는 것이다. 기독교는 역사적 신앙이다. 그 형성적 사건들이 역사의 무대에서 펼쳐졌다. 이것을 잊어버리는 것은 성경에 나오는 하나님이 자신의 목적을 이루시는 방법을 이해하지 못하는 잘못된 지식주의에 빠지는 것이다. 초기 기독교 신학자들은 플라톤의 '선의 형태' 또는 '형태들의 형태'라는 개념을 사용하였다. 그리고 이 개념을 기독교의 하나님을 묘사하는 데 사용했다. 그렇게 함으로써 그들은 하나님을 성경의 하나님과는 다르게, 완전히 초월적이며 역사를 초월한 존재로 이해할 수 있는 불행한 가능성을 열어 놓았다. 이것은 우리가 이전에 고려한 영과 물질의 이원론과 유사한 영원과 시간의 이원론이 된다.

어떤 종류의 이원론에서는 하나님은 성례전을 세우실 수 없다. 그런 하나님은 세상에서 행동할 수 없었다. 그러나 성경의 하나님은 행동하시는 분이다. 그분은 성례전을 제정하실 뿐만 아니라 성례전이 집행될 때마다 믿음을 통해 성례전을 받는 사람에게 은총을 전하는 일에도 행동하신다. 그러므로 성례전은 우리의 믿음을 증거하는 인간의 말일 뿐만 아니라 그를 통해 은총을 주시는 하나님의 행위를 구성한다. 그것은 세상과 역사

---

57) Aulen, 27.
58) Ibid., 28.

와 현재에서 일어나는 하나님의 행위이다. 행동하시는 하나님에 대한 개념은 우리가 성례전을 받을 때마다 지켜진다. 세례를 받을 때와 주님의 식탁에서 떡과 잔을 받을 때 우리는 지금 여기에서 우리에게 은혜를 베푸시는 하나님의 역사의 수혜자가 되는 것이다.

3. 성례전은 하나님의 초월성에 대한 개념을 보호한다.

우리가 논의한 공간적 및 시간적 종류의 이원론과 반대는 범신론 (pantheism)의 오류이다. 이 견해는 하나님과 자연이 동일한 것처럼 하나님과 자연을 같은 것으로 취급하는 견해이다. 그 견해에 의하면 "하나님은 모두이고 모두는 하나님이다"는 것이 인기 있는 범신론의 슬로건이다. 범신론은 그리스와 로마의 사상 그리고 힌두교와 다른 동방 종교들에서 하나의 종교적 개념으로 존재했다. 범신론은 때때로 서구의 사상에도 수정된 형태로 기독교 사상의 형태에 약간의 영향을 끼쳤다. 그것은 현재 소위 뉴 에이지 운동(New Age Movement)의 사상에서 발견된다. 이런 면에서 범신론은 이원론보다는 더 교묘하고(subtle) 덜 자세하게 만들어진 시스템이다. 그의 특수한 의도는 영(spirit)과 물질 사이 그리고 하나님과 세상 사이의 경계를 없애는 것이다.

범신론은 다른 방식으로 또는 다른 모델에 따라 구체화될 수도 있다. 첫 번째로 가장 단순한 견해는 하나님과 자연(또는 하나님과 세계)은 같은 사물에 대한 두 개의 이름일 뿐이라는 견해이다. 그러나 대부분의 범신론은 그렇게 단순하지 않다. 두 번째 모델은 하나님을 세상의 "영혼"으로 묘사하지만, "영혼"은 정확히 영적인 것이 아니라 세계에 스며들어 그 통일성을 구성하는 일종의 고도로 정제된 물질(matter)인 것이다. 세 번째 모델은 세상을 화산에서 용암이 분출하거나 샘에서 물이 분출하는 것처럼 하나님의 존재에서 "분출"된 것으로 본다.

이러한 각 모델에서는 하나님과 세계 사이의 경계선은 존재한다고 해도, 감지하기는 어렵다. 이런 모델들에서는 어느 것도 성경이 말하고 있는 대로, 세계가 하나님의 자유로운 창조 행위의 결과라고 말할 수 없다. 성경적 믿음의 관점에서 보면, 범신론의 기본적인 오류는 창조주와 피조물 사이의 구별을 지우거나 적어도 흐리게 하는 것이다. 이러한 각 모델(및 구성될 수 있는 다른 모델)에서의 강조점은 하나님의 내재성에 있다. 이는 초월성의 정반대이다.

성례전은 어떻게 이 오류로부터 성경적 믿음을 보호하는가? 그 답은 상징주의(symbolism)의 중요성에 있다. 만약에 하나님과 세계가 같거나 그 경계가 흐려지면, 상징(표상)의 창조도 있을 수 없고, 그것을 통한 의사소통도 없고, 우리를 세상 너머로 인도하는 예술도, 의식도, 행동도 있을 수 없다. 따라서 성찬례에서 빵을 먹는 것은 하나님의 한 조각을 먹는 것일 것이다! 더 황당하게도 우리 인간은 세상의 일부이고 또한 하나님의 일부이기 때문에 성만찬에서 하나님은 자신의 일부를 먹고 있는 것이 될 것이다![59] 그 안에는 상징주의가 없으며 상징주의가 필요하지도 않다. 그러나 우리는 이미 기독교 신앙이 상징주의에 얼마나 의존하는지를 보았다. 우리는 상징이 그들이 가리키는 현실에 참여하지만 그것이 상징하는 현실과 동일하지 않다는 점에 주목했다.[60] 틸리히(Tillich)가 말했듯이 "궁극(the ultimate)은 현실의 모든 수준을 초월하며 현실 자체의 기반이다."[61] 순서대로 실재(즉, 하나님)의 궁극적인 근거를 표현하기 위해 우리는 우리 일상적 경험의 재료인 자연적, 개인적, 역사적 상징에서 취한 종교적 상징을 사

---

59) 하나님과 세계에 대한 또 다른 견해는 만유내재신론(panentheism)으로 알려져 있으며, 때로는 쌍극 신론(dipolar theism)이라고도 하며, "하나님은 세계와 동일하지 않지만 세계는 하나님 안에 있으며 세계는 어떤 의미에서 하나님의 몸이라고 주장한다." 이 견해는 범신론에 대해 제기된 반대를 다소 누그러뜨리지만, 그것들을 완전히 처리하지는 않는다. 전통적인 기독교는 하나님이 세상과의 관계를 창조하고 유지하지만 그럼에도 불구하고 그는 세상과 다른 존재라고 주장했다.

60) 2장 C 항목에서 symbolism에 대해서 논의된 것을 보라.

61) Paul Tillich, "Theology and Symbolism" in *Religious Symbolism*, ed. E. Eamest Johnson (Port Washington, N.Y. Kennikat Press, 1955), 109.

용해야 한다. 종교적 상징은 그들이 가리키는 것의 거룩함, 즉 거룩함 그 자체에 참여하지만 상징 자체는 거룩하지 않다. 만약 다리를 놓을 틈이 없다면 하나님과 세계의 틈새를 메우기 위해 상징주의가 필요하지 않을 것이다.

성례전은 범신론에 대항하는 파수꾼으로서 하나님의 초월성에 대한 관념을 수호한다. 성례전 중시주의자의 비전에 있어서 성례전은 하나님은 하나님이라고 말하며 하나님과 인간 사이의 소통을 구성한다. 그러나 그것은 하나님과 같지 않다. 이것은 미사 거행 중에 빵과 포도주가 그리스도의 몸과 피로 바뀌는 것을 말하는 성만찬에 대한 로마 가톨릭의 견해에서도 사실이다. 이것은 "화체설"로 알려져 있으며 7장에서 논의될 것이다. 여기서 개신교인들이 이 이론을 거부하지만, 화체설은 범신론적이 아니라는 점은 주목해야 한다. 화체설에서 빵이 "그리스도의 몸"이 된다고 말하지만, 이미 그것은 하나님의 일부가 아니다.

* * *

이 장에서 우리는 '성례전이란 무엇인가?'라는 문제를 다루었다. 비록 다른 것들이 이차적인 면에서 성례전처럼 보이기를 원할 수도 있겠지만, 우리는 개신교의 기준을 적용하여, 종교 개혁자들과 함께 세례와 주의 성만찬만이 적절한 의미에서 성례전으로 지정되어야 한다는 데 동의했다. 우리는 성례전을 은혜의 수단, 보이는 말씀, 작동하는 상징, 성경적 믿음의 수호자라고 불렀다. 후자의 역할에서 성례전은 창조에 대한 성서적 교리, 성서적 믿음의 역사성, 하나님의 초월성에 대한 성서적 견해의 수호자이다. 그러면 이제 우리는 각각의 성례전을 하나씩 살펴볼 것이다.

5장
세례: 입문의 성례전
Baptism: Sacrament of Initiation

하나님의 말씀은 자연과 역사, 창조와 구원, 설교와 성례전에서 선포된다. 지고하고 최종적인 하나님의 말씀은 육신이 되신 말씀, 곧 예수 그리스도이시다. 예수 그리스도가 하나님의 말씀이고 그 말씀이 모든 사람에게 말하는 것이라면 기독교 신앙은 성례전을 통해 오는 말씀을 감히 잃어버릴 수 없다. 왜냐하면 인간은 육체가 없는 영이 아니라 육신과 영이 있는 존재이기 때문이다. 우리는 입으로 나오는 말씀뿐 아니라 상징과 성례전에 의하여 살고 "하나님의 입에서 나오는 모든 말씀"(마 4:4)이 필요하다.

많은 기독교인 중 개신교인, 특히 웨슬리안/성결 전통의 기독교인에게는 성례전의 실행이 무의미하고 무관한 것처럼 보인다. 주님의 성만찬에 대하여서는 어느 정도는 그러하지만 세례의 경우는 더욱 그렇다. 신약에서 성찬례보다 세례에 대한 언급이 많음에도 불구하고 성찬식에서 종종 성만찬의 의미에 대해서는 설교하지만, 세례의 의미에 대해서는 별로 설교하지 않는다. 웨슬리안/성결 전통의 사람들이 선교의 대분부와 오순절 사건은 강조하면서, 거기에 대단히 중요했던 세례에 관하여는 거의 설교하지 않는 점을 고려할 때 이상하게 생각된다.

신약에서 알려지고 교회에서 행해지는 세례는 개신교가 인정한 두 가지 성례전 중 첫 번째 성례전이다. 세례는 단 한 번만 시행되고, 그때 (세례받은 자는) 기독교 공동체에 입문한다. 행정의 형태와 방식은 개신교 교파에 따라 크게 다르지만, 기독교 세례가 행해지는 곳에서는 본질적인 행위와 그에 수반되는 말들이 매우 획일적이고 일관적이다.

여기에서 이 성례전의 역사를 추적하는 것은 우리의 목적이 아니다. 그렇기 때문에 간단히 요약해서 말하고자 한다. (예를 들면, 레위기와 민수기에서 많이 언급되었듯이) 구약의 종교를 포함하여 많은 종교에서 다양한 종류의 씻기와 깨끗이 하는 일(lustration)이 행해지고 있었다. 에스겔 36:24-26은 신약성경이 이해하는 것에 큰 영향을 끼치고 있다. 또한 예레미야와 다른 선지자의 메시지는 옛 언약이 새 언약으로 대치되어야 한다는 것이었다. 이것이 후대에 새 언약을 실현하려는 다양한 시도를 낳았다. 가장 잘 알려진 예는 스스로를 새 언약 공동체로 여겼던 사해 두루마리와 관련된 그룹이다. 그러한 그룹에 들어가는 것은 일종의 세례식에 의한 것 같다. 물로 씻는 것의 중요성은 우리가 복음서에서 많은 정결예식을 말한 바리새인과 같은 후기 유대교의 종파에 의해 강조되었다. 그러나 그것들은 의식적인 씻음과 정결케 하는 일이 하나님의 백성에게 얼마나 중요한지를 보여주는 것 외에는, 세례의 직접적인 선례들(antecedents)로 보긴 어렵다.

세례식을 시행한 것의 정확한 기원은 완전히 명확하지 않기 때문에, 상당한 논쟁의 주제가 되어 왔다. 일반적으로 기독교의 세례의 직접적인 선례는 유대교 개종자에게 베푼 세례의식, 즉 유대교로 개종한 이방인들에게 할례를 대신해서 베푼 세례이다. 그러나 개종자에 대한 세례가 언제 시작되었고, 그것이 세례 요한의 사역보다 먼저 시작되었는지는 확실하지 않다.[1]

---

1) 유대교 개종자 세례에 관한 이 문제와 다른 문제에 대한 토론에 대해서는, G. R. Beasley-Murray, *Baptism in the New Testament* (Grand Rapids: Wm B. Eerdmans Publishing Co. 1962), 18-31을 보라.

기독교 세례의 가장 직접적인 선례는 요한의 세례(세례 요한이 행한 세례)이다. 이 세례에서 태어날 때부터의 유대인을 개종자로 취급하고 회개하라고 호소했다(마 3:8-9), 예수께서는 세례자의 하는 일에 견해를 같이 하면서 요한의 손에 의하여 세례를 받으셨다(마 3:13 이하; 막 1:9-11; 눅 3:21-22; 요 1:29 이하). 그리고 그분은 세례라는 주제를 언급했고, 그의 제자들도 세례를 시행했다. 요한복음에 따르면 제자들은 예수님의 지상 사역 중에도 세례를 베풀었고,[2] 마태는 부활하신 주님의 사도들이 설교하고 가르치는 것뿐만 아니라 세례도 베풀어야 한다는 직접적인 명령을 우리에게 주셨다고 말했다(마 28:19). 마지막으로 기독교 교회의 탄생일인 오순절(행 2:38-41)에 세례가 강권되고 행해졌다. 그리고 이때부터 교회에서 세례가 시행됐다.

따라서 기독교의 세례는 오순절에서 시작되었다. 세례 요한은 자신의 세례와 그리스도의 세례의 차이점을 설명했다. 예수의 세례의 독특한 요소는 성령으로 주시는 것(gift)일 것이다(마 3:11; 눅 3:16; 참조, 행 19:2). 이런 세례는 유대교 개종자들의 세례나 요한의 세례에 의해서 주어지지 않았다. 따라서 기독교의 세례는 오순절에 성령이 주어진 후에만 가능한 것이다. 그 후로 사도행전에서 그리스도에 대한 믿음에는 세례가 수반되었다(행 2:38, 41; 8:12-13, 36, 38, 9:18 등). 이것을 바울이 그의 서신에서 입증한다. 바울은 자신이 고린도전서를 썼을 때(12:13) 이미 일반적으로 세례를 베풀었다는 것을 암시하고, 그가 직접 알지도 못하는 로마 교회의 사람들이 세례를 받았다고 예상했다(롬 6:3). 교회는 사도행전과 바울의 서신과 같은 세례에 관한 최초의 문서가 작성되기 약 20년 동안 새로운 개종자들에게 세례를 주어 왔다. 한 세대의 기독교인들은 세례에 익숙해지면서 성장했

---

2) 요한복음 4:1-2. 2절은 요한이 예수가 세례를 베풀었다고 말하는 3:22의 설명인 것 같다. 만일 그가 그렇게 하셨다면 그것은 분명히 그의 사역의 초기 단계 기간이었을 것이다. Cf. Oscar Cullmann, *Baptism in the New Testament*, trans. J. K. Reid (London: SCM Press, 1950), 9, n. 1.

다. 기록된 신약 문서가 존재했을 때 세례는 이미 교회에서의 일반적인 관행이었다.

그러나 문서들이 나타나기 시작하면서 우리가 보는 것은 기독교인들이 세례를 받는 이유에 대한 기술적이며 신학적 설명이 아니었음을 알게 되었다. 그 대신에 우리는 세례를 이미 잘 알려진 것과 비교하는 은유와 이미지를 찾게 되는데, 이 이미지는 형태가 놀랍도록 자연스럽다. 이성적인 범주가 아니라 출생, 씻기, 의복 입기, 죽음, 매장 등 일상생활에서 경험하는 것들이다. 그것들은 추상화가 아니라 일상적인 사건들이다. 즉, 그것들은 놀라운 풍부함과 다양성을 가진 이미지들(images)이다.

신약성서에서는 기독교의 세례는 항상 기독교 신앙과 삶에 입문한다는 의미를 담고 있다. 그래서 웨슬리는 그것을 "우리로 하여금 하나님과 언약을 맺게 하는 입회의 성례전(initiatory sacrament"[3]이라고 부른다. 특징에 있어서, 세례는 서로 연관되어 있지만 구별할 수 있는 다섯 가지 의미를 가지고 있다. 즉 (1) 그것은 그리스도께서 세우신 새 언약에 우리를 포함시키는 표이다. (2) 그리스도의 죽음과 우리를 동일시하는 상징이다. (3) 그리스도 부활의 삶에 참여하는 상징이다. (4) 그리스도의 영이신 성령을 우리가 영접함의 상징이다. (5) 우리가 그리스도의 몸인 교회의 일부가 되는 행위이다. 세례의 이러한 서로 다른 측면 사이에는 겹치는 부분이 많이 있으며, 신약성경에서는 한 측면을 다른 측면과 완전히 분리하여 논의하는 경우가 거의 없다. 그러나 그것들을 따로따로 고려하지 않으면 쉽게 놓칠 수 있는 교훈적인 신학적 뉘앙스가 각각에 있다. 이제 개별적으로 고려해 볼 것이다.

A. 세례는 그리스도의 표를 지니고 있는 것

태초부터 하나님은 당신의 백성을 "표시"하셨다(marked). 성경 이야기의

---

3) Works 10:188.

아주 초기에 아담과 하와의 맏아들 가인이 하나님께 받아들일 수 없는 희생을 바치고 그 후에 그의 형제를 죽였을 때, 그는 지상에서 불안한 방랑자가 되는 선고를 받았다. 그러한 처벌은 마땅했다. 그러나 심판하시는 하나님은 긍휼의 하나님이시기도 했다. 이 자비로운 하나님은 "가인에게 표(mark)"를 주셨다. 이 표는 심판의 표가 아니라 은혜의 표이다. 하나님은 가인에게 표를 주신 것은 그를 정죄하기 위함이 아니라 보복적 정의의 폭력으로부터 그를 보호하기 위함이었다(창 4:15). 표의 정확한 본질은 여전히 미스터리로 남아 있지만, 그 이야기는 하나님은 죄 많은 타락한 인간을 쉽게 내버려 두지 않으시며, 우리가 만든 지옥(소외, 외로움, 두려움)에 우리를 쉽게 버리지 않으시며, 하나님의 심판과 자비는 우리가 가는 곳에서 우리를 따르고 계시다는 것을 가르쳐 주고 있다.

> 내가 주의 영을 떠나 어디로 갈 수 있을까?
> 주의 앞에서 어디로 피할 수 있을까?
> 내가 하늘에 올라갈지라도 주는 거기 계시며
> 스올에 내 자리를 펼지라도 당신은 거기 계시니이다. (시 139:7-8)

그래도 여전히 가인의 이야기는 비극으로 남아 있다. 하나님의 자비에도 불구하고 가인은 생명의 주님을 신뢰하는 것보다 죽임을 당한 형제의 피를 더 두려워했다. 그는 "여호와의 면전을 떠나" 하나님으로부터 소외된 도망자와 방랑자로 머물렀다(창 4:16).

물론 신약성경은 세례를 다룸에 있어, 가인의 이야기를 기초로 하지 않는다. 그러나 그 유사점은 교훈적이다. 하나님은 그의 은혜 안에서, 하나님이 가인을 찾으셨던 그곳에서 우리를 찾으신다. 즉 하나님은 외롭고, 두렵고, 죄가 있고, 더 나아가 우리들의 불안전함으로 인해 공동체에서 멀어지게 된 그곳에서 우리를 찾으신다. 세례를 통해 하나님은 우리에게 표를 주신다. 이처럼 세례를 받는다는 것은 구속하는 은혜의 필요성을 인식하는 것이다. 세례를 받을 때 우리는 홀로 길을 잃고 무력함을 고백하는 것이다. 우리는 우리가 하나님의 공동체에 속해 있으며 우리가 형제를 지키는 자임을 인정하는 것이다. 그러나 가인의 표와 같이 세례의 표는 가혹하고 보복적인 심판이 아니라 우리가 불순종하여 그분의 면전에서 숨었을 때도 우리에게 확장되는 하나님의 은혜의 제안(offer)이다.[4] 세례는 소유권에 대한 하나님의 표이다.

우리는 가인의 표가 무엇이었는지 알지 못한다. 그것이 물질적인 표였는지? 눈에 띄었는지? 호손(Hawthorne)의 걸작에 나오는 헤스터 프린(Hester Prynne)의 『주홍글씨』처럼 지울 수 없는 흉터였는지? 우리는 모른다. 그러나 우리는 이것을 안다. 세례의 표에는 흉터가 남지 않는다. 은혜의 방법은 얼마나 놀라운가! 세례는 우리가 "어린 양의 피로 씻음"을 받았다는 사실을 가리키는 "씻음"이다. 그 흉터는 그리스도의 것이기에, 우리는 더 깊은 상처와 괴로움을 가질 필요가 없다. 그는 우리에게 그와의 사귐을 주기 위해 죄와 소원함을 짊어졌다. "그가 찔림은 우리의 허물을 인함이라 … 그가 채찍에 맞음으로 우리가 나음을 입었도다"(사 53:5). 이러한 그리스도의 표시는 십자가에서 볼 수 있다. 십자가는 구속된 하나님의 공동체에 대한 선언이며, 세례는 우리를 그 공동체로 환영하는 그분의 표이다.[5]

가인의 이야기는 창세기에 나온다. 성경 계시의 다른 쪽 끝에서 우리는 하나님께서 당신의 백성을 표시하셨다는 사실을 다시 만난다. 계시록에 나오는 밧모섬의 선지자는 이상하고 신비한 환상에서 엄청난 진리를 표현한다. 예수께서는 "한 사람이 두 주인을 섬길 수 없다"고 가르치셨지만

---

4) Cf. John Frederick Jansen, *The Meaning of Baptism* (Philadelphia: Westminster Press, 1958), 21ff.
5) Ibid., 24.

(마 6:24), 요한에게 이 진리는 온 인류의 궁극적인 운명을 예견하는 우주적인 비중을 지닌 것이다. 한편으로, 그는 그 표가 없으면 아무도 사고팔수 없도록 하기 위해 모든 사람에게 강요하여 오른손이나 이마에 표를 받게 하는 짐승을 따르는 거대한 무리를 본다. 그러나 다른 한편으로 요한은 시온산에서 어린 양과 아버지의 이름을 이마에 쓴 144,000명을 주목한다(계 7:1-8, 13:11-17, 14:1). 또 다른 때는, 요한의 환상에 구속받은 무리가 "각 나라와 족속과 백성과 방언에서 아무라도 능히 셀 수 없는 큰 무리로 늘어나서 보좌 앞과 어린 양 앞에 서 있는 것을 본다"(7:9). 어린 양은 홀로 서 있지 않다. 왜냐하면, 자신의 백성의 이마에 그의 이름을 가지고 있기 때문이다.

이것이 우리에게 주는 의미는 분명하다. 모든 남자는 표시된 남자이다. 모든 여성은 표시된 여성이다. 모든 어린이는 표시된 어린이다. 충성심의 갈등에는 중간(middle way)이란 없다. 우리는 두 주인을 섬길 수 없다. 모든 사람은 짐승의 표나 어린 양의 표를 지니고 있다.

창세기부터 요한계시록까지 그리고 그 사이의 모든 곳에서 하나님이 그의 사람을 표시하셨다. 옛 언약 아래서는 하나님은 택하신 백성을 표시할 표징을 정하셨다. 그는 충실한 자의 조상인 아브라함에게 자신과 그의 집에서 태어날 모든 남자 자손에게 할례를 행하라고 말씀하셨다. "너는 할례를 받으라 이것이 나와 너 사이의 언약의 표징이니라"(창 17:11). 할례를 받지 않은 모든 남자는 하나님의 언약을 깨뜨리는 자들이었고 그들은 백성에게서 끊어질 것이었다(14절).

여기에 하나님께서 결코 동요하지 않으시는 구원의 패턴이 확립되어 있는 것이다. 그는 아브라함과 언약을 맺는 데 앞장서서 순전한 은혜로 그에게 다가갔다. 하나님의 은혜는 아브람이 여호와를 믿으니 주어졌고, 여호와께서 이를 그의 의로 여기셨다(창 15:6; 롬 4:3). 할례는 하나님의 언약의 유효성에 대한 증거였지만 그 효력은 자동적이지 않았다. 다른 사람들(예: 이스마엘과 에서)은 할례를 받았으나 그것이 그들에게 유익하지 못하였으니, 이는 그들의 마음이 하나님 보시기에 정직하지 못했기 때문이었다. 외적 표징은 내적 실재(reality)와 일치하지 않았다.

할례가 옛 언약에 입성하는 것과 같이, 세례는 새 언약에 입성하는 표(mark)이다. 바울은 이 두 가지 성례전의 상징을 함께 가져와 그리스도의 죽음과 부활을 연결시킨다. 그는 골로새 교인들에게 이렇게 말한다. "그 안에서 너희가 손으로 하지 아니한 할례를 받았으니 곧 육의 몸을 벗는 것이요 그리스도의 할례니라. 너희가 세례로 그리스도와 함께 장사되고 또 죽은 자들 가운데서 그를 일으키신 하나님의 역사를 믿음으로 말미암아 그 안에서 함께 일으키심을 받았느니라"(골 2:11-12). 그러므로 세례는 옛 언약의 할례에서 그랬듯이, 하나님의 은혜와 우리의 응답 사이의 합의 표시이다. 그분의 은혜로만이 아니라 "믿음을 통하여서"이다. 우리의 응답만이 아니라 "하나님의 일하심"이다. 이것은 그분의 제안과 우리의 응답에 찍힌 인장(seal)이다. [6]

할례는 신약의 저자들이 오직 세례의 의미를 밝히기 위해 사용한 하나의 언약의 표시가 아니었다. 사도 베드로는 노아 시대의 홍수가 성례전에 빛을 비춰 준다고 말했다. 그는 다음과 같은 날에 대해 쓰고 있다.

> 그들은 전에 노아의 날 방주를 준비할 동안 하나님이 오래 참고 기다리셨다. 방주에서 물로 말미암아 구원을 얻은 자가 몇 명뿐이니 겨우 여덟 명이라. 물은 예수 그리스도께서 이제 너희를 구원하는 표니 곧 세례라—이는 육체의 더러운 것을 제하여 버림이 아니요 하나님을 향한 선한 양심의 간구니라. 이는 예수 그리스도의 부활에 의하여 너희를 구원하심이다. (벧전 3:20-21)

---

6) Cf. Michael Green, *Baptism: Its Purpose, Practice, and Power* (Downers Grove, Ill: InterVarsity Press, 1987), 25.

여기에서 베드로에게 세례는 구원을 주는 것(salvific)이지만 자동적으로는 그렇지 않다는 것이 분명하다. 그것은 "수행된 작업에 의해"(ex opere operato) 자동적으로 구원하지 않는다. 하나님의 계획에 대한 내적 응답("선한 양심의 서약-pledge")이 필요하다. 이 단어는 "서약"(그리스어로 eperotema인데, 이는 "요청", "호소"로도 번역될 수 있는 말이다.) 또는 "응답"이라는 단어로, 서약의 형식으로만 신약에서는 사용되고 있다.[7] 이는 라틴어의 sacramentum과 유사한 의미를 가지고 있다.[8] "많은 훌륭한 해석자"의 권위에 따라 웨슬리는 에페로에마(eperoema)를 "약정, 계약 또는 언약"으로 번역하였다.[9] 하나님이 노아의 가족을 구별하여 죄 많은 인류와 구별하시고 물로 구원하신 것처럼, 사도는 이제 내적 응답이 필요한 외적 상징(물)으로 우리를 구원하신다고 말하는 것이다.

물은 강력한 상징(symbol, 표상)이다. 물은 생명을 만드는 데 도움이 되지만 생명을 파괴할 수도 있다. 그것은 생명에 영양을 공급하지만 또한 생명을 익사시킬 수도 있다. 치유할 수 있지만 파괴적일 수도 있다. 성경 저자들은 이것을 알고 있었다. 그들은 물이 온 땅을 덮을 수 있고 온 인류를 사방에서 덮칠 수도 있지만, 태초에 "물 위에 운행하시던"(창 1:2) 하나님의 영을 가두어 버릴 수 없다는 것도 알았다. 대홍수 동안 하나님은 노아를 기억하시고 그를 방주로 안전하게 인도하셨다. 물이 빠지자 하나님은 하늘에 무지개를 세우시고 그의 언약을 기억하셨다. "하나님이 이르시되 이는 내가 나와 너희 사이에 세우는 언약의 증표니 … 이는 앞으로 오는 모든 세대를 위한 언약이다. 내가 무지개를 구름 속에 두었으니, 그

---

7) 동사 형태는 자주 사용되며 "묻다(ask)"로 번역된다. Cf. W. F. Arndt and F. W. Gingrich, *A Greek-English Lexicon of the New Testament and Other Early Christian Literature* (Chicago University Press, 1957), 284-85.
8) 제4장의 앞 부문에서 논의된 것을 보라. Cf. Green, 27.
9) Works 10:191.

것이 나와 지구상의 사람들(the earth) 사이의 언약의 표적이 될 것이다"(창 9:12-13). 따라서 멸망의 이야기인 홍수 이야기는 훨씬 더 큰 의미에서 구원의 이야기가 된다. 이 때문에 베드로는 대홍수와 세례 사이에는 유사함(analogy)이 있는 것을 보았다.

> 홍수의 물과 같은 세례의 물은 작가에게 옛날의 삶의 끝을 상징한다. 그것은 무한히 긴 시기를 망각으로 쓸어버리기 때문이다. 새 생명과 새 세계가 태어나려면 옛 세계와 마찬가지로 옛 삶도 죽어야 한다. 그는 세례가 하나님의 정결케 하는 심판보다 훨씬 더 많은 것을 의미한다고 지적한다. 빛과 생명을 창조하기 위해 깊음 위에서 움직이신 동일한 성령이 세례의 물의 표징 위에서 움직이셨다. 대홍수를 통해 노아를 구원하신 그 하나님께서 오늘날에도 여전히 그의 백성을 부르며 모으고 계신다.[10]

논쟁 중인 성경 구절, 베드로전서 3:20-21에 있는 베드로의 말을 필립스(J. B. Phillips)는 다음과 같이 바꾸어 말했다(paraphrased).

> 그 물은 지금 당신을 구원하는 세례의 물에 대한 일종의 예언적 비유였다. 세례는 단순히 더러운 몸을 씻는 것을 의미하지 않는다; 이것은 하나님께 대한 맑은 양심의 호소이다.—이는 그리스도 부활의 능력에 의하여서 가능한 일이다.

하나님은 여전히 그분의 언약을 기억하신다. 노아와의 언약은 하늘에 무지개의 상징으로 자연에 기록되어있다. 새 언약은 무지개보다 더 큰 상징으로 역사에 기록되었다. 그것은 언덕 위의 십자가이다. 그 언덕은 깊은 물의 홍수가 하나님의 아들을 잠기게 했지만 그를 죽은 자 가운데서

---

10) Jansen, 67,

살리신 권능에 의해 굴러져 가버린 곳이다. 세례에서 우리는 그 십자가에서의 그리스도의 죽음과 동일시되고 그분과 함께 새 생명으로 되살아난다(롬 6:3-4).

또 신약성경에서 사용되고 있는 다른 옛 언약의 표징이 세례의 의미를 밝히는 데 도움을 주고 있다. 모세 시대에 하나님은 다시 한번 당신의 백성에게 표를 주셨다. 이스라엘 백성이 애굽에서 탈출할 준비를 하고 있을 때, 그들의 집은 그 안에 있는 사람들을 멸망에서 구원하기 위해 문설주에 피로 표시되었다. "피가 너희 있는 집에서 너희에게 표적이 되리니 내가 피를 볼 때에 너희를 건너가리라"(출 12:13). 신약성경에서 바울은 출애굽 때의 이야기를 들어서, 세례의 의미와 그것이 의미하는 구원을 조명하고 있다. 고린도전서 10:1-11에서 그는 이스라엘 사람들에게 세례에 상응하는 일—곧 홍해(물)를 통과하는 경험이 있었다고 말하고 있다.[11] 바울의 요지는 세례와 성찬은 홍해를 통한 탈출과 그들에게 주어진 만나와 같이 배교로부터 확실한 보호는 아니라는 것이다. 언약은 순종을 요구한다. 바울은 또한 광야에서 이스라엘 사람들을 진정으로 지켜주신 분은 그리스도 곧 그들이 그로부터 마신 그 반석이었다고 말한다. 이 구절은 또한 구약과 신약에서 말하는 구원은 하나님의 은혜의 역사임을 상기시켜 준다. 세례가 이것을 생생하게 선언한다. "세례를 받았다는 것은 하나님께서 우리가 하나님과 바른 관계에 있게 하는데 필요한 모든 일을 하셨다는 사실을 상징하는 것이다."[12]

신약성경 저자들에 의한 이러한 구약의 각 암시 뒤에는 하나님은 언약을 세우시는 하나님이라는 인식이 있다. 그분은 물질적인 표(token)에 의하여 당신의 백성에게 자신을 나타낸다(bind). 모세에게 주어진 증표는 유

---

11) 그들은 또한 하늘에서 내려온 만나 안에 있는 성찬례와 대조를 이루었지만, 여기서 우리의 관심사는 아니다.
12) Green, 30.

월절이었으며(출 12장), 노아에게 주어진 증표는 무지개였다(창 9:8-17). 그리고 아브라함에게 주어진 표는 할례였다. 이것은 유대인들 사이에서 수 세기 동안 계속됐다. 그리고 기독교 신학은 그에 대해 세례의 성례전과 가장 자주 연관시켜 말했다. 할례를 받는다는 것은 유대인 남성에게는 그가 하나님의 택하신 백성 가운데 한 사람이라는 명백한 표시였다. 사도 바울은 자신의 히브리 유산을 주장하면서 "팔일 만에 할례를 받았다"(빌 3:5)고 선언했다. 세례는 은혜 언약의 바로 그러한 표징이다. 마틴 루터는 사탄이 그의 옆으로 슬금슬금 다가와 그의 구원을 의심하도록 심하게 유혹하는 것을 느껴 종종 낙담하게 되었다. 그럴 때 그는 "나는 세례를 받았다!"고 힘차게 외침으로 그 마귀의 계획을 물리쳤다고 한다. 그의 모든 내적 고통, 감정적 상태, 반대되는 주관적인 느낌에도 불구하고, 루터는 그리스도의 표를 지니고 있음을 알고 있었다.

할례와 세례 사이의 관계는 논쟁의 여지가 없었던 것도 아니다. 그것을 거부하는 학자들의 대다수는 재세례파나 침례교 전통의 사람들이다. 그들이 이 인식(idea)을 반대하는 주된 이유는 유아세례를 거부하기 때문이다. 유아세례는 할례와의 혈연관계가 거부되면 거부하기 훨씬 더 쉽다.[13] 그러나 신학자들이 할례와 세례의 관계를 반대하는 것은 그 전통에서 나온 것만이 아니다. 칼 바르트(Karl Barth)는 유아세례에 대해 반대하며 결과적으로 신약의 세례에 대한 구약의 대응으로서 할례의 중요성을 경시했다. 그 뒤를 이어 영향력 있는 현대 독일 신학자 위르겐 몰트만(Jurgen Moltmann)이[14] 그 뒤를 이어갔다. 미국의 복음주의 학자인 래드(George Eldon Ladd)는 바울이 세례를 할례의 기독교의 대응으로 이해했다는

---

13) Cf. Beasley-Murray; also Paul K. Jewett, *Infant Baptism and the Covenant of Grace* (Grand Rapid: William B. Eermans Publishing Co., 1978).
14) Jurgen Moltman, *The Church in the Power of the Spirit*, trans. Margret Kohl (London: SCM Press, 1977), 226-42.

데 의심을 표했다. [15]

반대적인 입장으로, 바젤에 있는 바르트(Barth)의 오랜 동료인 쿨만(Oscar Cullmann)은, 바르트의 신학에서 가장 약한 부분으로 세례 교리를 지적하며 그것에 대해 날카로운 문제를 제기했다. 세례에 대한 그의 깊은 연구에서 쿨만(Cullmann)은 "할례와 기독교 세례 사이에는 근본적인 친족 관계"가 있다고 주장한다. [16] 그는 할례의 교리와 실천, 그리고 그것과 밀접한 관련이 있는 개종자의 세례는 신약의 세례 교리와 그에 따른 실천의 모든 복잡한 문제의 전제라고 주장한다."[17] 쿨만은 기독교 세례가 유대인의 할례의 완성이기에 따라서 유대인의 할례의 폐지(repeal)라고 주장한다. 그는 이 실재성을 확립하는 것으로 골로새서 2:11-12을 인용한다. 그리고 그것이 로마서 2:25 이하, 4:1 이하; 갈 3:6 이하; 그리고 에베소서 2:11에도 언급되고 있음을 볼 수 있다고 말한다. [18]

존 웨슬리는 확실히 세례를 할례의 완성과 대체로 보고 있다, 그리고 웨슬리안/성결 전통은 이 점에 있어 일반적으로 웨슬리를 따랐다. 웨슬리는 그의 "세례에 관한 논문"의 맨 처음에서 그것을 주장하였다. 그는 "세례는 그리스도께서 그의 교회에서 시행하도록 계획하셨다. … 이는 우리가 하나님과의 언약에 들어가게 하는 입회의 성례전이다. … 이는 모든 기독교인이 의무적으로 받아야 하는 것으로 … 할례를 대신하여 제정된 것이다."[19]라고 말한다. 그는 할례가 하나님이 아브라함과 맺은 언약에 들어가는 길이듯이 세례는 이제 새 언약에 들어가는 길이라고 주장한다. [20]

---

15) George Elden Ladd, *A Theology of the New Testament* (Grand Rapids, Wm B. Eerdmans Publishing Co., 1974), 548.

16) Cullmann, *Baptism*, 56-57.

17) Ibid., 56.

18) Ibid.

19) Works 10:188. 여기에 "room"이라는 말은 "place"로 읽어야 한다.

20) Ibid., 191. 이러한 관점에서 웨슬리는 Richard Waston, Adam Clarke, William Burt Pope와 같은 모든 초기 메소디스트 신학자들과 A. M. Hills와 H. Orton Wiley, 그리고 동시대의 웨슬리안/성결 신학자 H. Ray Dunning과 함께한다.

사도 바울은 "내가 내 몸에 예수의 흔적(marks)을 가졌노라"(갈 6:17)라고 했다. 물론 바울은 그 구절에서 세례에 대해 직접 말하는 것이 아니라 그리스도의 십자가에 대해 말하고 있는 것으로서, 이는 주인의 표를 받을 수 있는 유일한 방법을 말하고 있는 것이다. 그는 말한다. "내가 그리스도와 함께 십자가에 못 박혔나니 그런즉 이제는 내가 사는 것이 아니요 오직 내 안에 그리스도께서 사시는 것이라"(갈 2:20). 이는 옛 삶은 없어졌고, 이제 나는 주인의 관심사를 공유하고 그분의 성령 안에서 살게 되었다는 것을 주장하는 것이다. 세례는 우리 삶의 주님은 피로 세례를 받으신 구주라는 것의 엄숙한 상징이다. 그래서 일부 세례 의식에서 목사가 세례 물에 적신 손가락으로 세례받는 자의 이마에 십자가의 표시를 만드는 것으로서 주인의 표를 생생하게 묘사하고 있는 것이다. 세례는 나 자신에게 나는 그의 소유가 되었다고 선언하는 것이다. 그러므로 나는 가장 기쁘게 나의 주인의 표를 내 몸에 지니게 될 것이다.

그리스도의 표를 지닌다는 생각에는 또 다른 측면이 있다. 그리스도의 표를 지닌다는 것은 그의 이름을 지니는 것을 의미한다. 계시록의 환상(vision)에서 우리가 위에서 언급했듯이, 구속받은 자의 이마에 있는 "표"는 어린 양의 "이름"이었다. 예루살렘에서 복음이 전파되기 시작하여 안디옥에 이르렀을 때, 예수님의 초기 제자들은 "그리스도인"이라 불리기 시작했다(행 11:26). 곧 그들은, "그리스도인!" "그리스도의 추종자들" "작은 그리스도!" 세상에서의 하나님의 사랑의 성육신!과 같이, 그리스도의 이름으로 표시된 사람들이었다.

사도행전에 따르면 최초의 세례는 "예수 그리스도의 이름으로" 행해지는 세례였다(행 2:38). 이것은 주님의 제자들이 "아버지와 아들과 성령의 이름으로"(마 28:19) 세례를 베풀라는 주님의 명령과 상충되는 것으로 여겨져서는 안 된다. 아버지와 성령에 대한 언급이 없는 곳에서는 문맥에서 추론할 수 있다(행 2:38-39). 신약의 증거는 그리스도의 이름으로 받는 세례와 성부와 성자와 성령의 이름으로 받는 세례가 같은 사건을 가리키는 다른 방식임을 시사한다. 더욱이, 세례를 베풀라는 그리스도의 명령은 필연적으로 세례 요한에 의한 자신이 받은 세례, 즉 그때 성령이 그에게 내려오고 아버지가 예수를 자신의 아들로 불렀던 세례를 반영할 것이다. 여기서 그리스도의 이름으로 세례를 받는 것은 성자의 이름으로 성부로부터 성령이 오시는 것을 포함한다.

기독교의 신학은 우리 주님의 세례에 대한 복음서 기록에서 중요한 신학적 내용을 발견했다. 브로밀레이(G. W. Bromiley)는 종교 개혁 당시의 성경학자들에게 있어서의 세례의 의미에 대한 단서(clue)는 요한의 손에 의해 받은 예수님의 세례에서 발견되었다고 지적한다. 그는 다음과 같이 말한다.

> 아버지는 하늘에서 선택의 말씀을 하시며 예수님을 선택하신 아들로 인정하셨다. 그러므로 세례는 선택의 언약(covenant of election)의 성례전이다. 아들(the Son)은 회개의 세례를 받아들이면서 세례를 받았다. 그러므로 그는 십자가에서 순종하는 자기 봉헌으로 절정을 이루었던, 즉 죄인과 동일시되는 길에 들어가신 분이다. 그러므로 세례는 성육신하신 아들의 대속적 죽음과 부활로 언약의 성취를 이루는 성례전이다. 성령은 그 아들에게 내려와 그가 시작하는 사역 위에 그에게 능력을 부어주신 분이다. 세례는 그러므로 성령을 부어주는 성례전이다.[21]

신약성경의 모든 증거에 비추어 볼 때, 선교의 대분부에서 주어진 삼위일체적 세례 공식은 아마도 나중에 전개될 것이지만 "예수의 이름으로"의 세례와 다르지 않다고 봐도 무방하다. 세례식에 담겨 있는 삼위일체 교리는 우리가 예수 그리스도에 대해 믿는 바에 따라 하나님에 대한 견해가

---

21) G. W. Bromiley, *Sacramental Teaching and Practice in the Reformation Churches* (Grand Rapid: Wm. B. Eerdmans Publishing Co. 1957), 21.

필연적으로 나온 것이다. 그리고 예수 그리스도 안에서 하나님의 이름이 온전히 알려지게 된다. 우리는 아들을 알기 때문에 아버지와 그 성령의 이름을 안다. 그러므로 우리는 세례에서 성 패트릭과 함께 다음과 같이 선언한다.

> 나는 오늘 나 자신에게 맹세한다.
> 삼위일체의 강한 이름으로![22]

고대 히브리인들 사이에서 사람의 이름이 그 사람의 성품, 본성 또는 권위를 나타낸다는 것은 잘 알려져 있다. 이름에 많은 것이 포함되어 있기 때문에 어린이에게 적합한 이름을 선택하는 데 특히 주의를 기울였다. 성경은 종종 사람의 이름을 바꾸면 그 사람의 성품이 변하는 것을 묘사한다. 구약에서 도망자 야곱은 그 이름이 이스라엘로 바뀌면서 하나님의 친구와 종이 되었다. 고전적인 신약의 예는 시몬의 경우다. 그는 베드로 곧 반석이 되었다. 야곱처럼 시몬도 성인이 될 가능성은 거의 없었지만, 은혜의 좋은 소식은 그리스도께서는 우리가 우리 자신에서 볼 수 있는 것보다 우리에서 더 많은 것을 보신다는 것이다(주님은 말씀하셨다). "시몬아 네가 복이 있도다 … 내가 네게 이르노니 너는 베드로라 내가 이 반석 위에 내 교회를 세우리라"(마 16:17-18). 물론 새 이름이 방황(struggle)을 없앴다는 뜻은 아니다. 베드로는 이름이 바뀐 후에도 주님을 잊었다. 그러나 주님은 시몬을 잊지 않으셨다. "시몬아 시몬아, 사탄이 너를 밀 까부르듯 하려고 하였다. 그러나 시몬아 내가 네 믿음이 떨어지지 않도록 너를 위해 기도하였다"(눅 22:31-32).

이것은 우리 자신의 이름보다 더 강한 이름이 필요하다는 것을 말하는

---

22) Cf. the translation by Dudwig Bieler in *Ancient Christian Writers*, ed. Johnnes Quasten and Joseph C. Plumpe (Westminster, Md. Newman Press, 1953), 17:69.

것이다. 누구의 이름? 로마 가톨릭 전통에서는 세례받은 사람이 그 성인(saint)의 보호를 받을 수 있도록 수호성인(patron saint)의 이름이 세례에서 주어진다. 우리 자신을 우리보다 먼저 있어 전투에서 승리한 성도와 연결시키는 일 그 자체는 아무런 문제가 없다. 많은 프로테스탄트 부모들은 남자 아기에게 다윗(David), 베드로, 바울, 루터, 웨슬리라는 이름을 지어주었다. 또는 여자 아기에게는 사라, 리브가 또는 마리아 또는 루디아라는 이름을 지어주었다. 그러나 단 하나의 이름만이 우리의 보호자가 될 수 있다. 우리에게는 수호성인 이상이 필요하다. 곧 하늘과 땅에서 우리를 구원할 수 있는 유일한 이름은 예수님의 이름이다. 다른 이름은 필요하지 않다. 이것을 세례가 선포하는 것이다.

우리가 본 것처럼, 구약성경에서는 "이름"은 사람의 성격, 본성 또는 권위를 나타내는 일반적인 어구이다. 그러므로 사람, 장소 또는 사물에 하나님의 거룩한 이름을 관련시킨다는 것은 하나님께서 그것을 자신의 것으로 주장하셨고, 그것을 그분의 권위와 보호 아래 두셨다는 것을 의미한다. 예수의 이름(또는 성부, 성자, 성령의 이름)의 세례는 그리스도께서 나를 자기의 것으로 주장하시고, 나를 그의 권위 아래 두셨으며, 나를 보호해 주셨다는 것을 의미한다.

물론 세례의 성례전에는 아직도 답해야 할 많은 질문이 있다. 예로서, 그것이 언제, 어떻게 일어나는가? 내가 세례를 받을 때 새 이름을 받는가, 아니면 새 이름을 받았기 때문에 세례를 받는 것인가? 아니면 우리가 세례의 약속에 대한 미래의 어떤 확인을 기다려야 하는가? 이러한 질문에 대해 수 세기 동안 기독교인들은 의견이 같지 않았다.

그러나 우리가 꼭 알아야 할 필요가 있는가? 흥미롭게도 복음서에는 시몬이 그의 새 이름을 언제 받았는지 명확하게 말하고 있지 않다. 요한복음은 그가 예수님을 처음 만났을 때 그것을 받았다고 말한다(1:42). 누가는 그 이름이 그가 열두 제자 가운데 하나로 선택되었을 때 받은 것이라고 말한다(6:13-14). 마태는 자신이 큰 신앙고백을 할 때 그 이름을 받았다고 말하는데(16:17-18), 초대교회도 세례에 대해 이와 비슷한 불확실성을 느꼈던 것 같다.

사도행전에서는 변화시키는 성령은 때때로 사람들이 세례를 받기 전에, 때로는 세례를 받을 때, 때로는 세례받은 후에 사람들에게 임한 것으로 묘사되고 있다. 이것은 우리가 성령을 고정관념화하거나 구조화하거나 바꾸거나 가둘 수 없다는 것을 상기시켜 주는 것이다. 존 웨슬리가 "사람의 영혼에 작용하는 성령의 작용에는 화해할 수 없는 가변성이 있다"[23]고 말한 것은 옳았다. 예수님이 성령은 바람과 같아서 "원하는 데로 불고" 우리는 "그것이 어디서 와서 어디로 가는지 알지 못하느니라"고 말씀하셨다(요 3:8).

그러나 우리는 이것을 안다. 하나님은 그의 언약 백성을 표시하시고, 그리스도는 그들에게 그의 이름에 상응하는 새 이름(곧 그리스도인이라고 불리는 이름)을 주신다. 그의 이름의 능력을 통해 그 이름을 지닌 우리는 하나님의 보호를 받는다. 예수님은 그의 추종자들을 위해 다음과 같이 기도하셨다.

> 저들이 유일하신 참 하나님이신 아버지 그리고 아버지께서 보내신 예수 그리스도를 알게 하시옵소서. … 거룩하신 아버지여, 저들을 당신의 이름—당신이 나에게 주신 이름의 권능으로 보호하사, 우리가 하나인 것 같이 저희도 하나가 되게 하옵소서. 내가 그들과 함께 있는 동안 당신이 내게 주신 그 이름으로 그들을 보호하고 안전하게 지켰나이다. … 내가 그들에게 당신을 알게 하였고 또 계속 알게 하여 당신이 나를 위해 주신 사랑이 그들 안에 있고 그리고 나도 그들 안에 있게 하려 함이니이다. (요 17:3, 11-12, 26).

---

23) Letters 7:298.

기록된 하나님의 말씀은 그의 은혜로 내가 새 이름을 받게 될 것이라고 말한다. 세례의 제정된 "보이는 말씀"이 나에게 같은 것을 말해 주지 않을 것인가? 세례의 성례전은 하나님께서 나를 그리스도의 이름으로 표시해 주셔서, 내가 그의 은혜로 지켜지고 또한 내가 알고 있는 그대로 알게 되도록 하심을 선언하는 것이다.

B. 세례는 그리스도와 함께 죽는 것

"그럼 우리는 뭐라고 말해야 하나?" 사도 바울이 묻는다. "그런즉 우리가 무슨 말을 하리요 은혜를 더하게 하려고 죄에 거하겠느냐, 그럴 수 없느니라. 죄에 대하여 죽은 우리가 어찌 그 가운데 더 살리요, 무릇 그리스도 예수와 합하여 세례를 받은 우리는 그의 죽으심과 합하여 세례를 받은 줄을 알지 못하느냐"(롬 6:1-3). 이 구절은 그다음 구절과 함께 세례에 관한 신학적 진리로 화려하다. 세례를 받는다는 것은 그의 죽으심 안에서 그리스도와 하나가 되는 것이다. 그러나 이것이 무엇을 의미하는가?

"그리스도의 죽으심과 합하여 세례를 받는다"는 것이 무엇을 의미하는지 이해하기 전에 먼저 그리스도 자신의 죽음의 의미(significance)를 이해해야 한다. 바울의 말을 고려하기 전에 먼저 우리에게 도움이 될 수 있는 요한의 말을 살펴보자. 공관복음과 바울의 서신이 기록된 후에 요한은 주님의 죽으심의 의미를 묵상하는 데 많은 시간을 할애했다. 세례의 중요성은 그리스도의 십자가에 못 박히심에 대한 설명에서 간접적이지만 생생하게 표현되어 있다. 요한은 "군인들 중 한 명이 창으로 예수의 옆구리를 찔렀고, 피와 물이 갑자기 흘러나왔다"(요 19:34)고 언급하고 있다. 사도의 말에 따르면 그리스도의 십자가에 대한 이 묘사는 우리도 믿게 하기 위하여 주어진, 의미 있는 성례전의 표징이다(35절). 그는 십자가 사건에서 표현된 구속의 전체 드라마를 본다. 그는 십자가를 과거의 사건일 뿐만 아니라 현재와 미래를 형성하는 사건으로 본다. 그는 우리가 참 생명을 얻고, 그의 피가 우리를 모든 죄에서 깨끗하게 하는 것이 하나님 아들의 속죄의 죽음을 통해서 가능케 됨을 안다.

우리는 로마 가톨릭이 주장한 인간 성장의 다양한 단계를 하나님의 은혜와 연결시킨 일곱 가지 성례전을 보았다. 루터의 영향을 반영하는 개신교는 그들의 주장을 거부하고, 일반적으로 세례와 성찬례만이 우리를 십자가 사건으로 직접 인도한다고 주장하였다.[24] 우리는 물과 피가 우리를 갈보리에 결속시키도록 해야 한다. 주님의 상처 입은 쪽에서 흘러나온 물과 피가 무엇인지 기억하지 못하는 것은, 많은 사람에게 세례를 주의 만찬보다 덜 의미 있는 상징(symbol)으로 만들게 되었다. 세례의 물이 십자가의 피와 분리될 때 많은 그리스도인에게 세례의 주요한 의미를 잃게 되고, 주의의 초점이 그리스도에게서 떠나 목사의 솜씨나 세례의 구조나 침수 후의 젖은 옷 등으로 옮겨 가게 한다. 또는 유아세례의 경우는 주의의 초점이 아기의 아름다움(또는 울음), 또는 부모의 신앙 등으로 옮겨간다. 그러한 "표적의 누락"은 비극이나 다름없다. 바울이 "바울이 너희를 위하여 십자가에 못 박혔느냐? 너희가 바울의 이름으로 세례를 받았느냐?"라고 물었을 때, 바울은 세례에 대한 고린도 교인들의 태도에서 비슷한 비극을 보았을 것이다. 확실히 그는 "우리는 십자가에 못 박힌 그리스도를 전한다"고 강조했다(고전 1:13, 23).

> 당신의 상처받은 쪽에서 흘러나온, 물과 피가
> 죄에서 두 가지 치유를 하소서.
> 진노에서 구원하시고 나를 정결케 하소서.
> —Augustus M. Toplady

---

24) 그러나 이것에 대한 예외로 볼 수 있는 엡 5:25-26을 보라. 이것은 그리스도의 죽음과 관련된 결혼이다.

예수님께서 요단강에서 세례받으심으로 사역을 시작하셨을 때, 세례 요한은 "내가 당신에게 세례를 받아야 한다"(마 3:14)라고 항의했다. 상상해 보라! 하나님의 아들이 마치 죄인처럼 세례를 받는다. 그러나 그분은 세례받기를 선택하셨다. 그분이 세례받으실 때 그분의 사명의 본질이 분명해졌다. 그는 하늘이 열리는 것을 보시고 "너는 내 사랑하는 아들이라 내가 너를 기뻐하노라"(막 1:11)는 음성을 들으셨다. 그 말들은 시편 2:7과 이사야 43:1의 말씀의 일부를 함께 인용하고 있다. 첫 번째는 소위 예수의 메시아적 의식을 강조하고 있는데—그는 자신이 누구인지 알고 있었다. 두 번째는 이사야서의 종의 노래에서 인용한 것으로, 그가 세례를 받았을 때 예수님은 메시아가 그의 백성을 대신하여 고통을 당하고 "범법자들과 함께 헤아림을 받는" 종이 되어야 함을 아셨다는 것을 보여주고 있다. 다른 유대인들은 자기 죄 때문에 요한에게 세례를 받으려고 요단강에 왔지만 예수님은 세례받는 순간에, 네가 세례를 받는 것은 너의 죄 때문이 아니라 온 세상의 죄 때문이라고 중요하게 선언하는 음성을 들었다. 이는 예수께서 모든 사람의 죄 사함을 가져오게 하는 자신의 죽음이라는 견해에서 세례를 받으셨음을 의미한다. 이러한 이유로 예수님은 자신의 모든 백성과 연합하여 "모든 의를 이루기 위하여"(마 3:15) 세례를 받아야 했다. 쿨만(Cullmann)은 여기에서 "모든 것(all)"이라는 단어가 강조되어야 한다고 생각한다. 따라서 그는 다음과 같이 말할 수 있다.

> 예수께서 다른 사람들과 같이 행했어야 하는 이유는 하늘의 음성을 볼 때 분명하다. 예수님은 다른 모든 사람을 위해 고난을 받는 하나님의 종의 직분에 부르심을 받은 분으로서 자신들의 죄 때문에 세례를 받는 많은 다른 사람들과는 구별된다.[25]

---

25) *Baptism*, 18-19.

그러므로 요단강에서 받은 그의 세례는 예수에게 대단히 중요했다. 이 것은 그분의 물의 세례였으며, 이것은 그분을 피의 세례(baptism of blood) 에 주목하게 했다. 그것은 그에게 죽음, 곧 그리스도인의 세례가 그것의 기초와 그것의 수행을 모두 발견하는 그 죽음을 가리킨 것이다. 예수의 이 단번의 죽음이 쿨만(Culmann)이 말하는 그리스도의 "일반 세례(general baptism)"이다.

> 예수께서 받으신 일반 세례(general baptism)의 실재는 믿음의 결정과 그로 부터 혜택을 받는 사람들의 이해와 전혀 관계없이 주어진 것이다. 세례의 은총의 근거는 여기에 있다. 그리고 그것은 엄밀한 의미에서 "선행적 은 총"이다.[26]

예수님은 제자들에게 "나에게 받을 세례가 있으니 마치기까지 내가 얼 마나 괴로워하랴!"라고 말씀하셨다(눅 12:50). 이는 십자가에서 "다 이루 었다"(요 19:30)라고 외칠 때 비로소 완성되었다. 무엇이 끝났다는 것인가? 구속 행위, 속죄 행위, 죄의 권세에 대한 하나님 사랑의 승리이다.

> 놀라운 사랑! 어떻게
> 나의 하나님, 당신이 나를 위해 죽으셔야 했나?
> ─찰스 웨슬리

이것이 피의 세례이다. 요한은 "이는 물과 피로 임하신 이시니─곧 예 수 그리스도시라. 그는 물로만 아니요 물과 피로 임하셨느니라"(요일 5:6) 고 말한다. 십자가에서 단번에 이루신 예수의 세례의 죽음(baptismal death) 은 기독교 세례의 근거가 된다. "기독교의 세례는 이제 나를 위한 사건이

---

26) Ibid., 20.

되는 단 한 번의 사건에 뿌리를 두고 있다.”[27] 세례는 그리스도께서 나를 위해 하신 일에 대한 진실을 증거한다. 주님은 이제 내 안에서 행하기를 원하신다. 세례를 받는다는 사실 자체가 나를 용서하고 정결케 하는 것은 아니다. 그러나 그분은 십자가의 죽으심으로 나를 위하여 세례를 받으셨다. 그리고 나는 그의 이름으로 세례를 받는다. 즉 그분이 나를 죄의 죄책에서 나를 용서하시며 죄의 권세에서 나를 건져 주신다. 그래서 사도 요한은 자신의 복음서에서, “그중 한 군인이 창으로 예수의 옆구리를 찌르니 곧 피와 물이 나오더라. 이를 본 자가 증언하였으니 그 증언이 참이라 그가 자기의 말하는 것이 참인 줄 알고 너희로 믿게 하려 함이니라”(요 19:34-35)고 말하고 있다. 그렇기 때문에 세례의 성례전에서 우리는 “나는 믿습니다”라고 말한다.

요한은 그의 첫 번째 서신에서 이렇게 말한다. “예수께서 그리스도이심을 믿는 자마다 하나님께로부터 난 자니라”(5:1). 기독교인이 되는 것이 무엇을 의미하는지를 이보다 더 분명하게 표현할 수 없을 것이다. 그럼에도 불구하고 요한은 성례전의 언어를 사용함으로써 더욱 분명하게 말할 수 있다고 한다: “예수 그리스도 자신이 물과 피로 임하신 분이다.—물로만 아니요, 물과 피로 오셨다”(6절). 그는 물로 오셔서 요단강에서 세례를 받으사 모든 의를 이루시고 어려운 처지에 있는 우리와 함께 하셨다. “그분은 피로 임하셨느니라.”—즉 우리 죄 사함을 위해 흘리신 갈보리의 피로 임하였다. 하나님의 말씀은 예수가 그리스도이심을 믿는 모든 사람은 하나님의 자녀라고 선언한다. 그러나 하나님의 말씀이 우리 자신의 말로 흐려지지 않도록 하기 위하여 성례전의 상징은 새롭게 선언한다.

교회의 하나의 기초는
교회의 주님이신, 예수 그리스도시다.

---

27) Jansen, 55.

> 교회는 물과 말씀으로 이루어진,
>
> 그의 새로운 작품이다.
>
> 하늘에서 그는 교회를 찾아왔다.
>
> 그분의 거룩한 신부가 되기 위해,
>
> 자신의 피로 교회를 사셨고,
>
> 그리고 교회의 생명을 위해 그는 죽으셨다.
>
> -사무엘 J. 스톤

그리스도 자신의 죽음의 중요성을 생각할 때, 우리는 "그의 죽으심과 합하여 세례를 받는다"는 것이 무엇을 의미하는지를 더 잘 이해할 수 있다. 이제 이 섹션의 시작 부분에 인용한 로마서 6:1-3에 있는 바울의 메시지로 돌아가 보자.

> 그런즉 우리가 무슨 말을 하리요 은혜를 더하게 하려고 죄에 거하겠느냐, 그럴 수 없느니라. 죄에 대하여 죽은 우리가 어찌 그 가운데 더 살리요, 무릇 그리스도 예수와 합하여 세례를 받은 우리는 그의 죽으심과 합하여 세례를 받은 줄을 알지 못하느냐?

비슬리-머리(G.R. Beasley-Murray)는 이 구절이 "바울이 베푼 세례에 대한 가장 광범위한 설명"[28]이라고 말한다. 여기서 우리의 가장 중요한 관심은 바울이 죄에 대해 죽고 그리스도의 죽음과 합하여 세례를 받는다는 것이 무엇을 의미하는지를 확인하는 것이다. 세례와 그리스도의 죽음은 어떤 관계가 있는 것인가? 비슬리-머리(Basely-Murray)는 신약성서 학자들이 제시한 이 질문에 대한 세 가지 주요 대답을 설명했다.[29] (1) 첫 번째 견해는 세례에서 신자는 그리스도의 죽음과 같은 죽음을 겪는다는 것이다.

---

28) Beasley-Murray, 126.
29) Cf. ibid., 131-32.

그는 세례받을 때 죄에 대한 죽음을 경험한다는 것이다. 비슬리-머리는 이 견해가 영국 학자들의 특징이라고 말하지만, 일부 유럽의 성경학자들도 이를 지지한다. 우리가 기독교인이 되어 세례를 받았을 때 죄에 대해 죽었다고 주장한다. 그러므로 세례는 그리스도 자신의 세례를 믿는 사람을 위한 재연(reenactment)이다. 그분의 죽음에서 일어난 일이 우리가 세례를 받을 때 일어난다는 것이다. (2) 두 번째 견해는 세례받은 자의 죽음이 십자가 위에서의 그리스도의 죽음이라고 주장한다. 즉 신자는 그리스도께서 죽으신 바로 그때 죄에 대하여 죽었다는 것이다. 이 견해를 조장한 것은 대륙 신학자들, 대부분 독일인이었다. 신자는 세례를 받을 때 죄에 대해 죽도록 요청받는 것이 아니라 그가 이미 그리스도와 함께 죽었다는 것을 믿고 이 현실을 성취된 사실로 받아들이도록 요청받는 것이다. 이러한 견해는 대중의 생각이 이해하기 쉬운 것은 아니다. 그러나 옛날부터 부르는 찬송 곧, "그들이 내 주님을 십자가에 못 박을 때 거기에 있었느냐?" 그에 대답하기를, "예, 우리는 모두 거기에 있었습니다. 예수님을 나무에 못 박은 것도 우리의 죄였습니다."라는 가사에 표현된 심정에서 볼 때, 그리 이해하기에 어려운 것은 아니다. 이런 비슷한 방식으로, 이 이론에 따르면 우리는 예수님이 십자가에서 죽으실 때 죄에 대해 죽었다는 것이다. (3) 세 번째 견해는 위의 두 해석에 반대한다. 그리고 세례의 윤리적 성격을 주장한다. 즉 세례는 자아를 포기함으로써 죄악된 정욕과 행위에 대해 죽는 것이라는 세례의 윤리적 본질을 강조한다. 세례의 목적은 우리가 죄악 된 뜻을 따르지 않고 새로운 도덕적 삶의 길에 들어가도록 하는 것이라고 주장한다.

침례교 신학자인 비슬리-머리(Beasley-Murray)는 세 가지 견해 각각에 몇 가지 본질적인 진리가 있으며, 그 중 어느 것도 다른 견해와 분리되어서는 완전하지 않다고 믿는다. 그는 말한다.

우리가 바울의 신학을 일반적으로 고려한다면 … 그가 세례를 그리스도의 구속 사건과 관련하여 해석한 데는 세 가지 관계된 일(reference)이 있음을 알 수 있다. 첫째, 세례받은 자를 그리스도 자신의 죽음과 부활에 연결시켜, 그를 그리스도 자신의 실제 죽음과 부활에 포함시킨 것. 둘째, 그것은 세례받은 신자의 삶에 상응하는 사건을 포함하는데, 그에 의하여 하나님과 멀어진 옛 삶이 끝나고 그리스도와 그의 나라와 그의 성령 안에서 새 삶이 시작된다는 것. 세 번째로, 그것은 그에 상응하는 육신의 "십자가에 못 박히심"과 받은 은혜에 따라 성령의 능력 안에서의 새 생명을 요구하는데 이 "죽음"과 "되살아남"은 세례에서 시작된다는 것이다.[30]

웨슬리안/성결 전통에서 글을 쓰는 하워드(Richard E. Howard)는 우리가 그리스도와 함께 죽는다고 말하는 데는 다른 의미들이 있는 것으로 이해한다. 그는 다음과 같이 말한다.

우리가 믿음으로 그리스도 안으로 들어갈 때 우리는 그의 죽음 안으로 들어간다. 이는 신자가 그리스도께서 그를 위하여 죽으신 죽음을 믿음으로 제 것으로 삼는다(appropriate)는 것을 의미한다. 그는 그리스도의 죽음에 참여하거나 함께한다. 그는 그리스도와 함께 죽는다. 모든 사람은 그리스도께서 십자가에서 돌아가셨을 때, 잠정적으로(provisionally) 죽었다. 그러나 믿음으로 그 죽음을 받아들이는 사람들만이 경험적으로 그리스도와 함께 죽는다.[31]

그러나 하워드는 순수한 윤리적인 관점(비슬리-머리의 세 번째 입장), 즉 새로

---

30) Ibid., 132. 세 가지 견해를 종합하려는 이 시도에서 Beasley-Murray는 첫 번째 위치와 두 번째 위치의 순서를 반대로 한다. 그는 그 이유를 설명하지 않았지만 아마도 구원의 순서(ordo salutis)에 따른 연대순 재배열일 것이다.

31) Richard E. Howard, Newness of Life: A Study in the *Thought of Paul* (Kansas city Beacon Hill Press of Kansas City, 1975), 101.

운 윤리적 삶이 만약 인간의 힘으로만 이루어진다고 하는 이해에 대해서는 예외를 둔다.

그는 이렇게 말한다. "죄에 대해 죽는 것은 단순히 죄를 짓는 것을 멈추는 것을 의미하지 않는다!" 우리는 죄에서 끊어진다고 해서 죄에 대해 죽을 수 없다. "죄에 대한 죽음은 … 항상 믿음에 의한 그리스도의 죽음과 우리의 동일시와 관련이 있다. 마찬가지로, 십자가에 못 박히심을 바울이 자기-부정(self-denial)의 은유로 사용한 적이 없다. 그는 항상 그리스도의 죽음과 그 죽음에 우리가 참여하는 것과 관련시킨다."[32]

세례에서 그리스도와 함께 죽는 것에 관한 바울의 가르침은 아주 복잡하지만, 우리는 바울에게 있어서는 그 모든 것의 목적이 "우리도 새 삶을 살게 하려 함이라"(롬 6:4)는 것임을 안다. 또는 「킹 제임스 영어 성경」(King James Version)에서는 "이와 같이 우리도 또한 새 생명으로 행할지니라"고 말하고 있다. 윌리몬(William H. Willimon)은 다음과 같이 말한다.

> 바울이 그리스도인의 삶을 묘사할 때 자신에게 일어난 일을 '태어남'이라고 부를지 '죽음'이라고 불러야 할지 몰랐던 것 같다. 그는 두 가지를 동시에 느낀 것 같다. 출생이든 죽음이든, 바울은 회심은 변화를 의미한다는 것을 직접적으로 알고 있었다. … 세례는 옛 세상과 새 세상, 죽음과 삶 사이의 분명한 경계(demarcation)이다.[33]

비슬리-머리(Beasley-Murray)가 말했듯이, "로마서 6:1 이하의 신학에 묻혀 있는 것들은 무엇이든 간에, 이것은 표면 위에 있다. 왜냐하면 이 구절에서 바울의 관심은 그리스도인의 세례의 본질에 대한 신학적 설명을 제공하려는 것이 아니라 '은혜가 넘치도록 죄를 짊어지자!'라고 말하는 이단

---

32) Ibid., 101-2.
33) William H. Willmon, *The Service of God* (Nashville: Abingdon Press, 1983), 101.

적인 호소에 반대한다는 점을 확고하게 강조할 수 없었기 때문이다."[34] 우리가 "그리스도의 죽으심으로 죽는 것"은 "그리스도의 삶을 사는 것"으로 이어져야 한다.

C. 세례는 그리스도의 삶을 사는 것

그것(그리스도의 삶을 산다는 것)의 세례와 구원하는 세례의 의미에 관련하여, 그리스도의 죽음은 그의 부활과 분리될 수 없다. 사실 그리스도의 죽음과 부활은 하나님의 하나의 위대한 구속 행위의 분리할 수 없는 두 측면이다. 그러므로 그리스도의 죽으심과 합하여 받는 우리의 세례와 그분과 함께 부활하여 새 생명을 얻게 된 것 사이에는 불가분의 관계가 있다. 우리가 그리스도의 죽으심과 합하여 세례를 받았다고 말하는 바울도 그 사실의 영광스러운 의미를 다음과 같이 선언한다.

> 그러므로 우리가 그의 죽으심과 합하여 세례를 받음으로 그와 함께 장사된 것은, 아버지의 영광으로 말미암아 그리스도를 죽은 자 가운데서 살리심과 같이, 우리로 또한 새 생명으로 살게 하려 함이라. 만일 우리가 그의 죽으심에서 이와 같이 연합되었다면 우리는 그의 부활에서 반드시 그와 연합된 자가 되리라 … 이제 우리가 그리스도와 함께 죽었으면 우리는 또한 그와 함께 살 것이라고 믿는다. (롬 6:4-5, 8)

바울이 로마서에서는 우리의 부활을 미래 시제로 말한 반면, 골로새서에서는 과거 행위를 나타내는 부정과거 시제(aorist tense)를 사용하여, "너희가 그리스도와 함께 다시 살아나셨느니라"(골 3:1)라고 말한 것은 중요하다. 동일한 부정과거 시제를 엡 2:6에서도 사용하여, "하나님이 그리스

---

34) Beasley-Murray, 143.

도와 함께 우리를 일으키셨다"라고 했다. 바울은 우리의 부활에 대해 어떤 의미에서는 이미 일어난 일이고, 다른 의미로는 미래에 일어날 일이라는 이중 방식으로 말할 필요가 있었던 것이다.[35] 한편으로는 그리스도께서 다시 살아나셨고 우리가 그에 참여한 고로 우리는 그분과 함께 되살아난다. 그러나 다른 한편으로는 그분은 당신의 일을 완성하기 위해 다시 오실 것이며, 그 완성이 될 때까지 최종 부활은 있을 수 없다: 즉 옛 창조에서 새 창조로의 완전한 전이는 그의 재림을 기다리고 있는 것이다.

바울의 사상에서는, 그리스도의 죽음과 부활이 완전히 분리되어 있지 않은 것처럼, 그리스도의 부활과 그의 하나님 우편으로의 승천도 분리되어 있지 않다. 따라서 세례받은 자의 새 삶을 우리의 마음과 생각을 위에 있는 것에 두는 승천한 삶(ascended life)으로 묘사되었다 (골 3:1-4). 예수의 죽음, 부활, 승천에서 성취된 일련의 하나님의 행위는 교회의 삶에서 영적으로 재연된다. 그러므로 그리스도인들은 이것이 그들의 일상적인 행동에서 눈에 띄게 일어난다는 것을 알아야 한다. 그래서 바울의 말의 직설법 뒤에는 명령법이 따라온다(참조, 1-17절). 우리가 세례를 받을 때 경험한 "죄에 대하여 죽는 것"(롬 6:2-3)은 우리의 본성에 속한 모든 것을 "죽이라는 것"(골 3:5)이 뒤따라와야 한다.

옛것을 "벗는다"는 것은 새것을 "입는다"는 뜻이다. 바울은 갈라디아인들에게 이렇게 편지했다. "너희는 다 그리스도 예수를 믿음으로 말미암아 하나님의 아들이 되었느니라." 그는 계속해서 "그리스도와 합하여 세례를 받은 너희는 다 그리스도로 옷 입었느니라"(3:26-27)라고 했다. 어떤 사람들은 이 의복의 이미지가 그리스의 신비적 종교에서 차용되었다고 생각했지만 "내적이고 영적 변화를 나타내기 위해 옷을 갈아입는 모습은 히브리-기독교 전통에 너무 일반적이어서, 그러한 출처에서 직접 차용했다는

---

[35] 바울의 언어에서 "속사람"은 이미 되살아났지만 "겉사람"의 부활은 아직 미래에 있다.

말은 타당치 않은 것 같다."36) 그 표현은 아마도 사제직의 의복과 봉헌식의 유대 전례에서 따왔을 것이며, 교회는 이것을 세례 예식에 도입한 것 같다. 세례받은 자는 옛 생활을 벗고 물에서 나오자 그리스도를 입었다는 상징으로 흰옷을 입었다. 그리스도인은 세례를 받아 왕 같은 제사장과 거룩한 백성이 되는 것이다(벧전 2:5 이하).

"옛것을 벗는다" 그리고는 "새것을 입는다"고 하는 패턴은 내려가고 올라가는 것을 의미한다. 또 죽음과 부활의 패턴일 뿐만 아니라, 세상을 위한 그리스도의 구속 행위의 패턴, 더 나아가 우리가 세례받을 때 우리가 뒤돌아보는 모든 그리스도인의 패턴이다. (루터가 그랬던 것처럼) 필요할 때 격려와 갱신을 위해 세례를 뒤돌아본다. 그리고 그것으로부터 하나님이 "만유 안에서 만유"(고전 15:28)이실 마지막 부활을 항상 열심히 기다린다. 그리스도인들은 삶에서 이 이중 패턴을 재현하기 위해 끊임없이 노력하고 있다. 우리는 옛 삶을 벗고 새 삶을 입었다.

세례는 용서받지 못하고 하나님께로부터 소외되었던 사람의 죽음을 의미한다. 세례는 그 모든 것에 작별을 고한다. 즉,

> 죽음은 죽음을 의미한다. 때때로 그것은 절망적일 것이다. 당신의 희망, 꿈, 야망에 대한 죽음일 것이다. 그것은 당신이 구축하고 번성하게 보이는 일의 죽음을 의미할 수 있다. 그것은 억지(self-will)에 연결된 모든 것의 죽음을 의미할 것이다. 이것이 "나는 세례를 받았다"는 말의 진정한 의미이다. 그러므로 나는 이러한 "심각한" 경험을 기대해야 한다. 인생은 장미 침대가 아닐 것이다. 그것들이 올 때 나는 그의 능력으로 그들을 대적할 수 있다. 나는 그것들이 끝이 아니라는 것을 알고, 부활은 죽음을 통해서 온다는 것을 알기 때문이다.37)

---

36) Beasley-Murray, 148.
37) Green, 49-50.

세례는 그리스도인의 삶이 본질적으로 죽고 살아나는 삶이라는 것을 의미한다. 현세와 영원 속에서 그리스도인의 전 생애가 세례에서 생생하게 묘사된다.

> 세례는 오히려 해가 막 떠오른 날 풀밭에 내리는 한 방울의 비와 같다. 그것은 하나의 작은 물방울에 불과하지만 그것은 스펙트럼의 모든 색상을 굴절시킨다. 그리고 나는 세례를 통해 그리스도 안에서 나에게 제공되는 하나님의 모든 축복이 재현하는 것을 본다. 나는 또 "와서 나를 따르라"는 명령도 듣는다. 이 성례전에서 하나님은 총체적인 요구와 완전한 구원으로 나를 직면하신다.[38]

그리스도 자신의 죽음과 부활로 가능해졌고 세례에 의해 표시로 상징된 새로운 부활 생명에는 죄의 용서가 포함된다. 베드로는 "너희가 회개하여 각각 예수 그리스도의 이름으로 세례를 받고 죄 사함을 받으라"(행 2:38)라는 호소로 오순절 설교를 끝맺었다. 그리고 바울은 아나니아로부터 "일어나 그의 이름을 불러 세례를 받고 죄를 씻으라"(행 22:16)라는 말을 들었다. 나중에 바울은 그리스도인들을 "씻음 받은"(고전 6:11) 자들로 기록할 수 있었다. 히브리서 기자는 우리가 "마음에 뿌림을 받아 악한 양심으로부터 벗어나고 몸은 맑은 물로 씻음을 받았으니 참 마음과 온전한 믿음으로 하나님께 나아가야 한다"(10:22)라고 말한다.

신약성경에서는 말할 것도 없이, 그리스도인의 삶으로 가는 길은 젖어 있다! 단순히 "젖는다(getting wet)"는 의식이 사람을 구원한다는 것은 아니다. 신약성경은 그렇게 가르치지 않고 있다. 구원은 믿음으로 말미암는 하나님의 은혜이다(엡 2:8). 그러나 우리가 신약성경의 패턴을 따른다면 믿음의 내적 반응에는 세례의 외적 상징이 동반될 것이다. 이것은 하나님

---

38) Ibid., 50.

의 우선하는 은혜의 언약적 상징이다. 세례는 우리의 믿음의 반응을 가시
적으로 보여주지만, 이것은 우리를 향한 하나님의 행동을 가시적으로 보
여주는 주된 기능에 부차적인 것일 뿐이다. 신약 성서의 그리스도인들 중
세례를 받지 않은 자는 없다.[39) 그런 용어는 "사각형은 원"이라는 용어
만큼 모순될 것이다. 신약성경에는 세례를 선택적인 추가(optional extra)로
취급하는 일은 없다. 래드(George Eldon Ladd)는 "초대교회에서 구원받는 믿
음과 세례는 실질적으로 동의어였다"고 말한다.[40)

그러나 이 경우 동의어는 "교환할 수 있는 것(interchangeable)"을 의미하지
않는다. 구원의 조건은 언제나 믿음이다. 그러나 믿음은 순종을 별도로
하는 믿음이 아니다. 세례는 인간이 통제할 수 없는 상황으로 인해 불가
능한 경우가 아닌 한, 우리의 믿음의 응답으로 요구되는 명령이다. 어떤
때는 세례를 받을 수 없을 수도 있다. 이러한 이유로 웨슬리는 종종 세례
를 일반적으로 구원을 받는 수단이라고 불렀다. 따라서 그 규칙에 예외
도 있을 수 있음을 인정했다. 그는 "실제로 가질 수 없는 경우는 상황이
다르다", "그러나 예외적인 경우가 영구 규칙을 무효화하지는 않는다"고
말했다.[41)

더욱이 우리가 신약성경을 본보기로 삼으면 세례를 무기한 미루는 것
을 허락하지 않을 것이다. 사도행전을 보면, 그리스도를 믿는 것과 세례
를 받는 것 사이의 시간 간격은 그리 길지 않았다. 그들은 믿었을 때 가
능한 한 빨리 세례를 받았다. 이것은 오순절(2:41), 사마리아인(8:12), 에티
오피아의 내시(8:36-37), 사울(9:18), 고넬료의 집안(10:47-48), 루디아(16:14-
15), 빌립보의 간수(16:33) 등의 세례받은 사례에서 보았을 때 분명하다. 신

---

39) 이것은 기독교 세례가 오순절에 시작되었다는 쿨만(Cullmann)의 주장을 가정한다.
이처럼 십자가에 달려 회개한 강도는 세례 없이 구원을 받았지만, 이것은 이 성령의 시
대의 그리스도인들의 본보기일 수는 없다.
40) Ladd, 548.
41) Works 10:193.

약성경에서의 세례는 회심 후에 단순히 가볍게 첨가되는 어떤 것이 아니다. 오히려 세례는 회심 자체의 적절한 결론이나 절정으로 제시되는 것 같다.[42]

신약성경 교회에서 신자들은 세례를 믿음으로 말미암아 죄를 씻고 깨끗한 양심으로 그리스도와 연합하는 "은혜의 수단"으로 체험했다. 신학에서는 이것을 칭의라고 부른다. 과거는 지나가고 타락한 인류의 일원인 우리는 하나님의 은혜로운 용서의 선물로 소망을 받는다. 세례로써 우리가 그리스도의 죽음과 부활과 동일시된다는 것은 하나님의 행동으로 우리가 용서받고 그와 화목하게 된다는 것을 의미한다. "그런즉 누구든지 그리스도 안에 있으면 새로운 피조물이라. 이전 것은 지나갔으니 새것이 되었도다. 이 모든 것은 그리스도로 말미암아 우리를 자기와 화목하게 하신 하나님에게서 났느니라"(고후 5:17-18).

우리가 그리스도 안에서 경험하는 새 생명은 신생(new birth) 또는 중생으로도 알려져 있다. 이는 적절한 은유(metaphor)이다. 출생은 항상 선물이다. 우리는 결코 자신을 낳을 수 없다. 우리가 그리스도와 동일시됨으로써 하나님은 우리를 새로운 피조물로 여기신다. 신생에서 우리가 경험하는 변화는 우리 자신이 하는 것이 아니라 다른 사람이 우리를 위해 하는 것이다. 이러한 이유로 세례는 일차적으로 은혜의 표징(sign)이며 부차적으로 우리 믿음의 표징이다. 바울은 디도에게 그리스도께서 "중생의 씻음과 성령의 새롭게 하심으로 말미암아 그리스도께서 우리를 구원하셨느니라"(딛 3:5)고 말한다. 세례는 새로운 피조물로서의 우리의 존재의 시작을 표시한다.

흥미롭게도 신생은 구원에 대한 성경적 은유 중 가장 여성적(feminine)이

---

42) 그러나 그 세기 초에 작성된 히폴리투스의 사도전승에 따르면 3세기에 3년까지 지속될 수 있는 준비 기간은 세례를 받기 전이었다. 그러나 그러한 준비의 시작이 무조건 미루어지는 것은 아니다. Cf. Gregory Dix, ed., *The Treatise on the Apostolic Tradition of St. Hippolytus for Rome* (London: SPCK, 1937).

다. 인간의 영역에서 출산은 태어난 아이의 성별에 관계없이 항상 여성의 행위이다. 이 이미지는 우리에게 하나님의 여성적인 면을 보여준다. 신생에서 하나님의 생명이 은혜로 우리에게 주어진다. 우리는 우리 자신의 노력으로 새 생명에 들어갈 수 없다. 이는 전적으로 하나님의 사랑과 양육에 의존한다. [43]

디도서 3장 5절에서의 바울의 말은 요한복음 3장 5절에 있는 예수님의 말씀과 평행을 이루고 있다. 여기서 니고데모는 "누구든지 물과 성령으로 나지 아니하면 하나님 나라에 들어갈 수 없느니라"는 말씀을 들었다. 신생 또는 중생은 요한이 새 생명에 대해 사용하는 가장 좋아하는 은유이다. 신생과 관련하여 "물"과 "영"의 결합은 아주 흥미롭다. 일부 기독교인(주로 세례의 중요성을 최소화하는 경향이 있는 사람들)은 "물에서 난다는 것"을 인간의 출생을 의미하는 것으로 해석했다. 다른 말로, 그들은, 천국에 들어가기 위해서는 천연적으로 그리고 영적으로 태어나야 한다고 해석했다. 따라서 물에서 태어난다는 것은 물이 많은 환경에서 태아가 사는 어머니의 자궁에서 분만되는 것을 의미한다. 하지만 이런 해석은 추천할 것이 못 된다. 이에 대해 요한은 1:13에서 하나님으로부터의 탄생은 인간의 탄생과 아무 관련이 없다고 선언한다. 더 중요한 것은 요한복음 3:3에서 예수님은 니고데모에게 "누구든지 거듭나지(또는 "위로부터 나지) 아니하면 하나님의 나라를 볼 수 없느니라"고 말씀하셨다. 니고데모가 불신앙을 표현한 후, 예수님은 5절에서 "물과 성령으로 거듭남"이라는 구절을 사용하여 이것의 의미를 설명하셨다. 따라서 "위로부터 난"(또는 "거듭남")은 "물과 성령으로 태어남"과 동등한 의미이다. 5절의 표현은 3절의 표현을 정의한 것이다. "물과 성령으로"라는 전체 표현은 사람이 위로부터 태어나는 방식을 정의한 것이다.

---

43) 하나님의 주도권에 대한 그러한 의존은 또한 "입양"이라는 신약의 은유에 의해 강조된다.

일반적으로 요한의 글은 신약성경에서 기록된 마지막 글이라고 믿어져 왔던 것을 기억해야 한다. 그러므로 세례는 요한이 복음서를 기록할 때까지 널리 행해졌을 것이다. "물에서 난 것"이 자연적인 출생을 의미했다면, 예수님은 니고데모에게 그가 자연적으로 나지 않으면 하나님의 나라를 볼 수 없다고 말씀하신 것이 될 것이다. 즉 사람으로 존재하지 않고는 하나님 나라에 들어갈 수 없다고 말씀하신 것이 된다. 그러나 이렇게 지적하는 것은 터무니없는 일이다. 예수께서 그런 어리석은 말씀을 하셨을 것이라고 생각하는 것은 무리한 상상이다.-신약성경 어디에도 자연적 탄생을 "물로 태어나다"라는 표현으로 묘사한 곳이 없다. [44] 요한이 자연적 탄생을 의미했다면, 그는 그 "자연 혈통에서 태어난" 것이라는 표현을 사용하였을 것이다. 그런 표현이 1:13에서 그랬듯이 자연 출생에 대한 용어이기 때문이다.

웨슬리는 요한복음 3:5에 "사람이 물과 성령으로 나지 아니하면"이라는 말은 성령에 의한 큰 내적 변화를 체험하고 그의 외적 표징인 세례를 (세례를 받을 수 있는 데도) 받지 아니하면[45]이라는 것을 의미한다고 해석한다. 또한 나사렛 신학자인 와일리(H. Orton Wiley)는 "물로 난다(born of water)"는 것은 세례를 의미한다고 이해했다. 요한복음 3:5에 대해 언급하면서 그는 "여기서 말하는 표징은 분명히 물의 세례이다, 그리고 거기에 표명된 것은 성령의 내적 역사이다."[46]라고 말한다. 아무튼 우리는 믿기로, 이와

---

44) 그러나 어떤 사람들은 유대인들 사이에서 물, 이슬, 비와 같이 축축한 것은 무엇이든 남성 정액에 대한 완곡한 표현이라고 지적했다. 예수님의 말씀을 이런 의미로 이해한다면 '물로 난 것'은 자연적인 출생을 가리킬 것이다. Cf. Leon Morris, Jesus is the Christ: Studies in the *Teaching of John* (Grand Rapid: Wm B. Eerdmans Publishing Co., 1989), 151. 하지만 요한복음 3장 5절에서 '물'을 '정액'으로 해석하면 무리가 있는 것 같다.

45) *Explanatory Notes upon the New Testament*, 2 vols. (London: Wesleyan Methodist Book Room, n. d.; reprint, Kansas City: Beacon Hill Press of Kansas City, 1981(이후로는 NT, Notes 라고 표기함).

46) H. Orton Wiley, *Christian Theology*, 3 vols. (Kansas City: Beason Hill Press,

반대되는 모든 주장, 즉 "물로 난다"라는 단어가 세례가 아닌 다른 것을 가리킨다는 말은 진지하게 받아들이기에 어려울 것이다.

요한복음 3장 5절의 핵심은 세례자가 물로 세례를 베풀었지만 그리스도는 성령으로 세례를 주실 것이라는 선언이다(1:33). 니고데모는 오순절까지 시작되지 않은 기독교 세례에 대해서는 익숙하지 않았지만 의심할 여지 없이 유대교 개종자들의 세례, 아마도 (곧 후에, 요한복음 3:22 및 4:2에서 언급된) 예수의 제자들이 행한 세례, 그리고 분명히 세례 요한의 회개의 세례에 대해서는 잘 알고 있었을 것이다. 예수가 니고데모에게 말씀하셨을 때, 물은 요한의 세례를 언급한 것이다. 반면에 성령은 요한이 자신의 세례와 대조적으로 말한 내적 능력을 표시한 것이다. [47)](#)

따라서 예수님은 니고데모에게 말씀하실 때, 다음과 같이 말씀하신 것으로 이해될 수 있다. "즉 하나님의 나라에 들어가려면 회개와 용서의 인장(seal)인 하나님이 정하신 예식을 받아들여야 하며(1:33) 성령의 역사인 이 새 생명을 따라야 한다고 말씀하신 것으로 이해될 수 있다." [48)](#)

> 요한의 선포에서는, 물로 세례를 주는 자가 하나이고 성령으로 세례를 주는 자가 다른 자이기 때문에, 이 두 가지는 예언과 성취의 소망으로 분리되었다. 예수님의 말씀에서, 그들은 성취에 대한 "분명하고 확실한" 약속으로 더 가까이 다가갔다. 왜냐하면 세례는 성령으로 세례를 베푸실 분으

1940-43), 3:175.

47) 여기서 지지하는 요한복음 3장 5절의 "성례전적" 해석은 훨씬 후(네 번째 복음서가 기록된 때)에 발전된 견해이다. 그 견해는 니고데모의 삶의 상황(sitz im leben)을 다시 읽는 형식-비판적 접근(form-critical approach)이라는 이유로 때때로 반대된다. 따라서 니고데모는 "물로 난 것"을 세례와 연관시키지 않았을 것이라고 생각된다. 그러나 여기에서 언급한 이유 때문에 그 구절에 대한 "성례전적" 이해는 형식 비판적 방법에 의존하지 않는다.

48) Cf. B. F. Westcott, *The Gospel According to St. John* (London: John Murray, Albemarle Street, 1889), 49-50.

로부터 오는 것이기 때문이다.[49]

"외적 표징"과 "내적 은혜"는 동일하지 않지만 분리되어서는 안 된다. 니고데모는 세례 요한의 세례와 설교를 알고 있었기 때문에 예수님의 성령에 대한 말씀을 조금도 주저하지 않고 받아들인 것은 주목할 만하다. 따라서 니고데모는 세례에 대한 예수의 언급을 마치 왕국에 들어가는 것이 단순한 기계적인 문제인 것처럼 '수행된 작업(ex opere operato)'의 의미로 이해한 것이 아니라 회개와 성령의 내적 역사와 실질적으로 관련이 있는 것으로 이해했다.

예수의 말씀에서의 출생, 성령, 왕국의 결합은 더 많은 의미를 내포한다. 비슬리-머리(Beasley-Murray)는 "그것은 위로부터 태어난다는 생각에서 추정된 종말론적 배경을 암시한다"[50]고 주장한다. 에스겔은 말세에 하나님의 영이 부어져서 그의 백성이 그의 율법을 지키고 죽은 자 가운데서 부활하는 것을 경험할 것이라고 예언했다(겔 36:26 이하, 37:9 이하). 이는 성령의 은사와 관련하여 물을 사용하는 의식을 예시한 것이다. 이것이 오순절에서 성취되었다: "회개하고 세례를 받으라 … 그리하면 성령의 선물을 받으리라"(행 2:38).

위에 있는 에스겔의 예언은 존 웨슬리가 가장 좋아하는 구약성경 텍스트 중 하나이다. 물, 물 뿌림, 정결하게 함, 육의 생각, 새 영 등의 이미지(image)는 모두 새 언약 아래서 가능한 거룩한 삶에 대한 웨슬리의 가르침에서 두드러지게 나타나는 것들이다. 또한 요한복음서에서 "물로 난다(born of water)"와 "성령으로 난다"의 결합은 웨슬리가 성례전을 "내적 은혜의 외적 표징"으로 정의한 것을 반영하고 있다. 그에 의하면, "물로 남"은 외적 표징이고, "성령으로 남"은 내적 은혜이다.

---

49) Beasley-Murray, 230.
50) Ibid., 228.

우리가 중생이라고 부를 수 있는 새 생명을 세례에서 받는데, 그 구원을 세례 행위 자체가 자동적으로 가져온다고 말하는 "세례에 의한 자동적 중생설(baptismal regeneration)"을 의미하지 않는다는 점을 주의 깊게 염두에 두어야 한다. 로마 가톨릭의 수행된 작업(ex opere operato)의 개념은 그러한 맥락에서 이해되었지만, 그런 의견과는 반대로 세례에 대한 기계적 견해를 실제로 가르친 사람은 거의 없었다. 그러므로 개신교는 세례가 믿음과 별개로는 효력이 없다는 것을 분명히 하려고 노력한다. 우리가 보게 되겠지만, 이것은 성인 세례뿐 아니라 유아세례의 경우에도 똑같이 적용된다. 웨슬리안/성결 전통의 경우는 위험이 다른 방향에 있다. 즉 세례를 비성서적으로 경시하는 경우가 있다.

우리가 그리스도 안에서 경험하는 새 생명, 즉 세례의 문을 통해 들어가는 새 생명은 우리를 그리스도의 사역에 연루시킨다. 예수님은 세례받으실 때 고통받는 종이 되라는 아버지의 부르심을 들으셨다. 그의 사역은 그의 죽음과 부활에 집중되어 있다. 우리는 세례를 받을 때 그리스도께서 하시는 모든 일에 그분과 연합하게 된다. 우리는 하나님의 종이 된다. 우리는 세례를 통해 그리스도의 일을 우리의 것으로 삼는다. 주님의 일은 고통과 종의 신분을 수반한다. 그것이 바로 그리스도의 삶을 산다는 것을 의미하는 것이다.

D. 세례는 그리스도의 영을 받는 것

성령의 내주하심이 없이는 "그리스도의 삶"을 사는 것은 불가능하다. 위에서 언급한 바와 같이 기독교의 세례가 초기에는 주로 예수님 자신의 세례를 염두에 두고 형성되었다면, 성령의 임재와 세례는 명백한 관계가 있다. 요단강에서의 주님의 세례에 관해서 세 공관복음서는 모두 그 당시에 성령이 예수님에게 임하셨다고 말하고 있다. "그 때에 하늘이 열리고 하나님의 성령이 비둘기 같이 내려와 자기 위에 임하심을 그는 보았다."(마 3:16). 네 번째 복음서에는 예수님의 실제 세례가 기록되어 있지 않지만, 성령이 예수님께 내려오는 것을 보았다는 세례 요한의 증언(요 1:32)을 전함으로써 같은 점을 지적하고 있다.

물론 예수님은 세례를 받기 전에도 성령님과의 관계는 낯설지 않으셨다. 그가 잉태된 것은 성령으로 되었으며, 그가 지혜와 키가 자라가며 하나님과 사람에게 더욱 사랑스러워 가시는 것도 성령의 능력으로 된 것이었다. 그러나 이제 그의 공적 사역이 시작될 때 성령이 그에게 임하여 인류의 구세주로서의 그의 종의 역할을 준비시키고 능력을 갖추게 하신다. 이로써 이사야의 예언이 성취되고 있었던 것이다. "주의 영이 그 위에 머물리라"(사 11:2). 미카엘 그린(Michael Green)이 다음과 같이 언급했듯이,

> 전도자는 이 성령이 "머무른다(resting)"에서 큰 의미를 보았다. 구약 시대에서는 성령이 떠날 수 있었다. 삼손, 사울은 성령의 권능으로 큰일을 하다가 불순종으로 인해 성령이 떠나게 되었다. 성령이 누군가에게 임하여 그에게 머무른다면 그것은 놀라운 일일 것이다.[51]

이런 성령의 "머무름"이 예수님에게 있었다. 성령은 그에게 임하시어 자신이 누구인지를 알려 주셨다. 그때부터 예수님은 성령의 지참자, 그에게 성령이 내재하시어, 우리를 위하여 성령을 정의할 자, 따라서 우리가 성령의 생명을 사는 것이 무엇을 의미하는가를 보여주시는 분으로 보이게 되었다. 영원한 성령의 부으심이어야 했다. 그 성령은 이미 임하셨고 떠나지 아니하신다. 이것이 또한 우리 세례의 영광스러운 측면 중 하나이기도 하다. 세례는 성령의 영원한 임재가 우리에게 제공되는 성례전이다.

우리도 예수처럼 전에 그분과 관계를 가질 수 있었다. 그 후 우리는 그의 부드러운 음성에 귀를 기울이지 않을 때는 불모의 시기를 겪을 수도 있고, 또한 그의 권능을 생생하게 인식할 때는 다른 시기를 겪을 수도 있다.

---

51) Green, 40.

그러나 세례는 거기에 예수님과 함께했던 것처럼 우리의 삶에 그분의 영
원한 현존(presence)이 전능하신 하나님에 의해 굳게 약속되어 있는 의식
이다.52)

이것은 우리가 불순종으로 성령의 임재에서 물러날 수 없다는 것을 말
하는 것은 아니다. 그리고 "누구든지 그리스도의 영이 없으면 그리스도에
게 속한 자가 아니라"는 것은 분명하다(롬 8:9). 웨슬리안 신학은 세례받은
그리스도인이 세례 서약을 저버리고 하나님과의 관계에서 멀어질 수 있다
는 것을 믿는다.53) 그러나 우리가 그렇게 하는 것이 세례의 약속을 무효
화하는 것은 아니다. 하나님은 그의 약속을 저버리지 않으신다. 세례는
우리가 버린 것을 상기시켜 주고, 또한 우리가 고백과 회개를 통해 하나
님께 돌아가는 것은, 우리의 세례로 돌아가는 것이다. 움직인 사람은 우
리이지, 하나님이 아니었다.

예수님은 하나님의 독생자이셨다. 또한 우리는 하나님의 가족으로 입
양되었기 때문에 우리는 하나님의 자녀—즉 "하나님의 상속자요 그리스
도와 함께 한 상속자"이다. 우리는 하나님의 자녀이기 때문에 "하나님이
그 아들의 성령을 우리 마음에 보내사" 우리가 하나님을 우리의 "아바"라
고 부를 수 있게 하신다(롬 8:15-17; 갈 4:1-7). 거룩한 성령은 다름 아닌 그리
스도의 성령이다. 바울은 우리 안에 사시는 성령의 체험과 우리 안에 사
시는 부활하신 그리스도를 구별하는 데 어려움을 겪고 있다. 요한복음
에 있는 보혜사(Paraclete)에 대한 구절에서 예수님은 성령이 오시어 부재한

---

52) Ibid.

53) 성도의 "영원한 안전" 또는 "궁극의 구제(perseverance)"의 옹호자들은 종종 사람이
교제를 잃을 수는 있어도 하나님과의 관계를 잃을 수는 없다고 주장한다. 그러한 구
별을 지지하는 말은 성경에 없다. 그러한 견해는 "관계"를 다음과 같이 보는 것이다.
어떤 것은 외부적이고 기계적이고 필연적인 것인 반면, 개인 영역에서의 진정한 관계는
항상 내적, 상호성, 자유로 특징지어진다. 하나님과의 관계의 본질은 하나님과의 교
제(fellowship)이다.

그리스도를 대치하기 위해서가 아니라 그리스도의 임재를 완성하기 위해 오시리라는 것을 강조하고 있다. 54)

　이것이 세례와 무슨 상관이 있는가? 세례 요한의 메시지는 "그는 회개를 위하여 물로 세례를 베풀었으나 내 뒤에 오시는 분이 있으니, 그분은 성령으로 세례를 베푸실 것이다"(마 3:11)라는 것이었다. 표면적으로 보면, 요한의 선언은 일단 성령 세례가 가능하게 되면 물세례가 그것으로 대체될 것임을 암시하는 것처럼 보일 수 있다. 그러나 세례에서 성령이 그렇게 주어짐을 주장하는 것은, 우리가 세례 요한의 예언이 성취된바, 즉 사도행전에서의 성령이 임재하신 이야기에서 볼 수 있듯이 분명한 사실은 아니다. 오순절 날에 베드로는 청중에게 "너희가 회개하여 각각 예수 그리스도의 이름으로 세례를 받고 죄 사함을 받으라 그리하면 성령의 선물을 받으리라"(행 2:38)55) 권고했다. 베드로의 이런 말에는 세례, 죄 사함, 그리고 성령을 받는 것이 모두 연결되어 있다. 좀 더 구체적으로 말하면, 세례는 하나님의 새 언약의 표징이자 회개의 표현으로서 이중적인 효과—즉 죄의 용서와 성령의 선물이 있게 한다.

　사도행전의 다른 기록들도 물세례와 성령을 받는 것이 얼마나 밀접하게 연관되어 있는지를 보여준다. 그러나 연결의 정확한 특성은 설명되지 않았다. 사실 제임스 화이트(James F. White)가 말한 것처럼 "때로는 성령의 타이밍이 조금 어긋나는 것 같다."56) 고넬료의 집에서는 베드로가 설교를 마치기 전에 "이방인에게도" 성령이 부어졌다. 그리고 이는 저들이 세

---

54) 참조: 요한복음 14:15-18, 26; 15:26; 16:12-15.

55) 웨슬리안/성결 설교는 이것을 마치 "회개하여 지금 세례를 받고 죄 사함을 받으라, 그리하면 장차 성령을 선물로 받으리라"고 해석하는 경우가 있다. 이 시도는 오순절에 성령의 부어주심을 전적으로 거룩하게 하고 후자의 "이차성"을 보호하는 데 관심을 가진 어떤 사람들에 의해 이루어진다. 그러한 절차는 잘못 인도되고, 해석은 팽팽하며, 실제로 그것을 따르는 사람들은 해를 입는다. 고전적인 웨슬리주의에서는 온전한 성화의 두 번째는 그러한 해석에 의존하지 않는다.

56) Sacrament, 39.

례를 받은 것은 그 후였다(10:44-48). 사마리아에서는 그 순서가 뒤바뀌었다. 즉 주 예수의 이름으로 세례를 받은 자들에게는 아직 성령이 주어지지 아니하였다. 베드로와 요한이 와서 그들에게 안수하기 전에는 성령이 그들에게 주어지지 아니하였다(8:17). 에베소에서도 상황은 비슷하지만, 바울이 그곳에서 찾은 제자들은 세례 요한의 세례만 받았을 뿐이다. 그들은 바울의 사역 아래서 예수의 이름으로 세례를 받고 바울이 그들에게 안수한 후에 성령을 받았다(19:3-7).

사마리아와 에베소에서 "안수하는 것"은 언뜻 보기에 세례와 성령을 받는 것을 더 분리시키는 것처럼 보일 수 있는 다른 예식이었다. 사마리아의 경우는 죄 사함을 위하여 물로 세례를 주고 성령을 받기 위해서는 안수를 한다는 패턴을 설정하는 것처럼 보일 수 있다. 그러나 세례에서 그렇듯이, 안수와 관련하여 일관된 패턴은 없다. 에베소에서는 그것(성령 받는 것)이 세례와 밀접하게 연관되어 있었지만, 사마리아에서 베드로와 요한이 행한 것은 세례와 별개의 의식으로 볼 수 있다. 오순절과 고넬료 집에서의 "이방인 오순절"에는 그런 일이 전혀 일어나지 않았다. 안수례가 세례식의 일부가 된 것이 해결책인 것 같으나, 그 둘이 합해진 정확한 시기는 알 수 없지만, 아무래도 세례에서 성령의 선물의 실재성을 강조하기 위해 세례 예식에 추가되었을 것이다. 그러나 그것은 세례 자체와 관련될 수 없는 어떤 것을 전달하기 위한 것이 아니라, 세례 자체와 이미 관련되어 있는 이 요소(곧 성령의 수여)를 강화하기 위해 추가되었다. [57) 리차드슨(A. Richardson)이 다음과 같이 말한 것은 확실히 옳다. "신약성경에 있는 전체 세례 행위는 그 구성 부분으로 분석될 수 없는 하나의 유니티(unity)이며, 그리고 그것은 성령이 수여되는 전체 행위 안에 있다."[58]

---

57) Cf. Beasley-Murray's discussion of the "laying on of hands," 122-25.
58) Allan Richardson, *An Introduction to the Theology of the New Testament* (New York: Harper and Brothers, 1958), 355.

사도행전에서 세례와 안수와 관련하여 성령이 강림하시는 시기(time)에 대한 일관된 견해를 찾기 어렵다고 해서 당황하지 말아야 한다. 중세 후기 가톨릭에서는 성례전에서 하나님의 활동의 정확한 순간을 말하는 경향이 있었다. 유감스럽게도 웨슬리안/성결 신학도 그와 유사하게 은혜의 역사의 시간을 정확히 말하고, 구원의 순서를 세심하게 도표화하는 경향을 가지고 있다. 세례와 성령의 임하심(bestowal)과의 그 관계에서, 그러한 시도는 신약성경이 우리에게 알려 주는 것보다 더 많은 것을 알고자 하는 것이다. 비록 신약성경 교회에서 세례와 성령을 받는 것이 밀접한 관계가 있었지만, 하나님께서 그의 성령을 주시는 데 있어서, 하나님은 자유로우시다는 것은 항상 인정하여야 한다. 세례에서 중요한 요소는 예식이 수행되는 정확한 방법이 아니라 예식이 가리키는 것—곧 자기의 생명을 위하여 그리스도가 십자가에서 못 박히고 부활하셨다는 것을 인정하는 사람들 가운데에의 성령의 역사이다. 우리가 주 예수의 이름으로 세례를 받을 때 주의 이름이 우리를 불러, 우리가 그의 것이 됨을 선언한다.

> 사도행전에서의 세례는 삶의 전 과정을 변화시키고 쇄신할 것을 예상하는 것을 행위로 회개와 믿음을 표현되는 것이다. 세례를 통하여 순전히 내적인 경험이 열린 공간으로 단계가 올라가서 완성된다. 그러므로 세례의 행위는 결과적으로 성령을 받는 기회였다.[59]

진정으로 중요한 것은 성령의 부으심과 물세례는 가장 큰 선물의 "외적 표징"이라는 것이었다. 믿음이 없는 세례는 용서도 성령도 부여하지 않는다. 던(James Dunn)이 "누가는 '초기 가톨릭'이 아니었다"[60]라는 재미있는 지적은 정확하다. 그러나 사도행전에서 성령의 주심은 회개와 믿음으로

---

59) Beasly-Murray, 121.
60) James D. G. Dunn, *Baptism in the Holy Spirit* (Naperville, Ill: Alec R. Allemson, 1970), 102.

세례를 받은 사람들에게 각별히 종종 있었다는 것은 분명하다. 바울은 성령의 은사의 나타남에 관한 것을(고전 12장) 전체 장에서 말하고 있다. 거기서 바울은 세례를 통해 성령을 "받게 된(made to drink)" 사람들에게서 발견되는 "여러 가지 은사"(4, 13절)에 대해서도 논의했다.

한 가지 문제, 즉 사도행전에서의 성령 세례와 물세례와의 관계에 대해서는 아직 논의하지 않았다. 19세기 미국의 성결운동과 그 운동에서 비롯된 오늘날의 많은 단체에서 "성령 세례"는 신생 다음 두 번째 은혜의 역사로서의 온전한 성화와 연관시켜 말했다. 웨슬리안 학자들 사이에서 널리 알려진 바와 같이, 그러한 연관성은 존 웨슬리의 가르침에서 다소 벗어난다. 이 문제를 여기에서 조사하는 것은 우리의 목적이 아니다. 그것은 이미 웨슬리안 신학자들과 성서학자들 사이에서 격렬한 논쟁을 일으켰다.[61] 그러므로 한 가지 점만 고려할 필요가 있다.

존 웨슬리는 성결운동이 하는 것처럼 "성령을 받는 것과 성령으로 세례를 받는 것"을 구별하지 않았다. 온전한 성화와 성령으로 세례받는 것을 동일시하기 시작한 것은 그의 친구 존 플레처(John Fletcher)였다. 웨슬리는 그 견해에 저항했다(resisted). 온전한 성화 또는 기독자의 완전의 "두 번째 변화"를 언급하면서 그는 다음과 같이 말하였다. "만약에 저들이 이것(곧 온전한 성화)을 성령 받음(receiving the Holy Ghost)이라고 부르고 싶다면, 그럴 수 있겠지(they may): 그러나 그런 뜻에서 그 어구는 성서적이 아니며 또한 정당하지도 않다. 왜냐하면, 저들 모두는 저들이 의롭다함을 받았을 때 성령을 받기 때문이다."[62] 그 후에 플레처가 오순절에 제자들에게 성령이 임한 것을 온전한 성화를 체험한 것과 동일시하면서, 그 견해(idea)는 초기 메소디스트에게서 거의 사라졌다. 웨슬리 이후의 일반적인 메소디스

---

61) 이 토론(debate)에 관한 문헌의 대부분을 1973년에서 1980년 사이에 Wesleyan Theological Journal에 발표된 다양한 웨슬리안 학자들의 20개 이상의 기사에서 찾을 수 있다.
62) Letters 5:215.

트 신학자들 중 누구도 그러한 동일시를 하지 않았다.[63] 그러나 이 아이디어는 피니(Charles G. Finney), 마한(Asa Mahan), 파머(Phoebe Palmer) 등의 자극을 통해 19세기 미국 성결 운동에서 다시 나타났다.[64] 오늘날 웨슬리안/성결교회는 이 아이디어가 웨슬리보다 개선된 것이라고 믿는다. 그러나 그것이 사실이든 아니든 웨슬리로부터의 하나의 변화이다. 웨슬리의 온전한 성화의 교리와 그리고 그의 기독자의 완전성에 대한 견해는 완전히 다른 성경적 근거에 기초하고 있었다.

우리 논의의 요점은 존 웨슬리가 그리스도인이 되는 것은 새 언약의 약속인 성령을 받는 것이라고 믿었다는 것이다(겔 36:25; 갈 3:14). 이런 의미에서 그는 오순절에 그리스도인이 된 것은 제자들이 믿음으로 새 언약에 들어가 성령을 받았을 때로 보았다.[65] 웨슬리는 기독교의 세례가 오순절에서 시작되었다고 하는 오스카 쿨만의 견해에 동의할 수 있었을 것이다.

오순절에 회심하고 성령을 받은 3,000명은 유대인들이 옛 언약에 들어가는 징표로 할례를 받은 것과 같이 새 언약에 들어가는 외적인 징표로 세례를 받은 것이다. 웨슬리는 내주하시는 성령이 없으면 그리스도인이 아니라고 하는 바울과 확실히 동의했다.[66] 그리고 그는 제임스 던(James

---

63) 그 목록에는 Adam Clarke, Richard Watson, William Burt Pope, MINer Raymond, Olin A. Curtis, Thomas N. Ralston과 같은 존경받는 감리교 학자들이 포함되어 있다. 이들은 모두 웨슬리에 대한 다양한 강조와 의존도를 가지고 가르쳤다. 온전한 성결의 교리, Herbert McGonigle와 최초의 메소디스트 설교자 중 41명에 따르면 이 목록에도 포함되어 있다. Cf. McGonigle's article, "Pneumatological Nomenclature in Early Methodism," *Wesleyan Theological Journal*, Spring, 1973, 68.

64) Cf. J. Kenneth Grider, *Entire Sanctification: The Distinctive Doctrine of Wesleyanism* (Kansas City: Beacon Hill Press of Kansas City, 1980), 65-76, for a brief discussion of the views of these persons.

65) 그는 제자들을 오순절 이전에 옛 언약의 조건에 따라 구원받은 것으로 생각할 것이다.

66) 웨슬리는 로마서 8:9에 대해 다음과 같이 논평한다. "누구든지 그리스도의 영이 그 안에 거하지 아니하고 그 속에 거하며 다스리지 아니하면 그는 그의 것이 아니요 그리스도의 지체도 아니요, 그리스도인도 아니요, 구원의 상태에 있는 것이 아니다."

Dunn)이 로마서 8장 9절의 논평에서, 바울은 비기독교인이 성령을 소유할 가능성과 또한 그리스도인이 성령을 소유하고 있지 않을 가능성을 인정하지 않고, 오직 성령을 받고 그 성령을 소유하고 있음이 사람을 그리스도인으로 만든다"[67]고 말한 것에 틀림없이 동의하였을 것이다.

위에서 언급한 바와 같이, 신약에는 세례받기 전에 또는 세례받지 않고 성령을 받는 사람들의 예가 있다. 그래서 어떤 사람들은 하나님이 세례 없이 그의 성령을 주셨기 때문에 물의 사용이 전혀 필요하지 않다는 추론으로 이끌 수 있다. 웨슬리는 그러한 생각에서 열광(광신주의)과 오늘날 우리가 부르는 주관주의(subjectivism)의 위험을 보고 사도행전 10장 47절에 대한 주석에서 그것을 거부했다.

> 성령을 받은 사람들은 물로 세례받는 것을 금하라고 할 수 있겠는가—하나님은 그들이 성령으로 세례를 받았으니, 물로 세례를 받을 필요가 없다고 말씀하지 않으신다. 정반대이다. 만일 그들이 성령을 받았으면 그들에게 물로 세례를 베풀라.
>
> 만일 우리의 판단으로 하나님의 말씀을 취한다면, 이러한 문제들이 얼마나 쉽게 결정될 것인가! 사람이 성령을 받았던지 안 받았던지 둘 중 하나이다. 만일 그들이 받지 않았으면, 하나님이 말씀하신다. 회개하고 세례를 받으라, 그리하면 성령의 선물을 받으리라. 만일 받았고, 이미 성령으로 세례를 받았으면, 누가 물을 금하겠는가?[68]

와일리(Wiley)는 웨슬리의 의견에 동의한다. 그는 말한다.

> 어떤 사람들은 그리스도께서 성령으로 세례를 주셨기 때문에 물세례가

NT. Notes.
67) Dunn, 95.
68) NT. Notes.

더 이상 필요하지 않다고 주장해 왔다. 그것이 요한의 세례를 필요 없게 했다는 것은 의심할 여지 없이 사실이다. 그러나 … 예비 의식으로서의 요한의 물세례와 내적 은혜의 역사에 대한 표징과 표(seal)를 나타내는 그리스도의 물세례 사이에는 큰 차이가 있다.[69]

둘은 함께 간다. 사람은 물과 성령으로 거듭나야 한다. 참된 회개와 믿음으로 세례의 하나님의 외적인 증표를 받는 것은 성령의 선물이라는 내적인 은혜를 받는 것이다.

E. 세례는 그리스도의 몸이 되는 것

성령의 소유가 그리스도인을 만든다면 그리스도인이 되는 것은 단순한 개인의 일 그 이상이다. 웨슬리는 "기독교는 본질적으로 사회적 종교이다. 그런데 … 기독교를 혼자의 종교(solitary religion)로 변하게 하는 것은 참으로 기독교를 파괴하는 것이다"[70]라고 말했다. 오순절은 하나의 단체 활동(corporate affair)이었다. 제자들이 다락방에 모였을 때 성령이 "각 사람에게 임하셨다." 그러나 그것은 "다 한 곳에 모였을 때"(행 2:1-3)였다. 성령은 각 사람이 개별적으로 경험했지만, 저들이 오직 공통의 탐구와 공통의 순종으로 함께 연합되었을 때 경험되었다(눅 24:49). 베드로는 오순절 설교를 마치면서 말하기를, 회개하고 세례를 받는 사람들에게도 동일한 성령이 임할 것이라고 했다. 하나님의 언약의 표징인 세례는 성령의 수여를 표시한다. 그리고 교회를 창조하고 구성하는 분도 성령이시다. 베드로의 말을 받았던 사람들이 세례를 받으매 그날에 약 3,000명이 더하여졌다(행 2:41). 그리하여 교회가 시작되었다.

---

69) Wiley 3:174.
70) Works 5:296.

신약에서의 교회에 대한 가장 생생한 은유 중 하나는 바울이 교회를 그리스도의 몸으로 언급한 것이다. 이 은유가 몸의 머리이신 그리스도의 상관적 이미지와 결합 될 때(골 1:18), 교회에 대한 놀라운 그림이 나타난다. 각 그리스도인은 그리스도의 몸의 한 부분("구성원")이며 다른 부분과 조화를 이루며 살고 머리의 통제 아래 있다!

우리는 기독교의 세례가 기독교 신앙을 표현하는 방식들을 제안하려고 노력해 왔다. 지금까지 이 장에서 세례는 우리가 그리스도의 표를 지니는 것, 그리스도와 함께 죽는 것, 그리스도의 삶을 사는 것, 그리스도의 영을 받는 것이라고 논의했다. 이 모든 것이 함께 모여 세례를 통해 우리가 속한 교회의 살아있는 교제에서 그것들의 의미를 찾는다. 웨슬리는 "세례를 통해 우리는 교회에 들어가게 되며, 그 결과 교회의 머리이신 그리스도의 지체가 된다"[71]고 말했다.

가톨릭과 개신교가 모두 믿는 니케아-콘스탄티노폴리스 신조(A.D. 381)는 세례가 단순한 부속물이 아니라 우리 기독교 신앙의 필수 요소라고 선언한다. 그 신조는 부분적으로 말한다.

> "나는 하나의 거룩하고 보편적이며 사도적인 교회를 믿는다.
> 나는 죄 사함을 위한 하나의 세례를 인정한다."

복음은 특정 시간과 관계없는 사상의 체계가 아니라, 말씀이 육신이 된 특정한 역사의 토양에 뿌리를 두고 있다. 그러므로 복음에 대한 우리의 전용(appropriation)은 추상적이고 내적이며 보이지 않는 수용이 아니라, 우리의 경험에서 말씀이 육체가 될 수 있도록 주어진 역사적, 눈에 보이는 외적 표식으로 표현된다. 그 표증(sign)은 세례다. 신조에 따르면, 표징 없이 하는 것은 표명된 것을 무시하는 것이 될 것이다. 내적 은총은 (형제 단

---

71) Ibid., 10:191.

체나 구세군이 증언을 하는 것처럼) 외적 표징 없이도 존재할 수 있다. 그러나 로마 가톨릭 및 개신교의 대부분 분파와 함께 웨슬리안/성결 전통은 내적 은총은 외적 표징이 적절한 위치에 있을 때 가장 잘 전파될 것이라고 믿고 있다.

"하나의 세례"를 확언함에 있어, 니케아 신조는 신약성경, 특히 에베소서에서 우리 기독교 신앙의 위엄에 대한 웅변적이고 환희에 찬 묘사를 충실하게 하고 있다. 사도 바울은 에베소서의 아름다운 구절에서 그리스도인의 경험의 전체 규모를 요약하여 설명한다. 그는 거기서 하나님의 은혜로운 사랑이 어떻게 죄의 깊은 구렁을 메우고 인간 사이의 깊은 분열을 극복하여 그리스도 안에 있는 구속적 교제의 질서를 창조하는지를 이미 보여주었다. 이제 그는 독자들에게 하나님의 사랑이 창조한 성령의 하나 됨을 유지하라고 권고한다. 그런 다음 그는 그러한 일치가 유지되어야 하는 이유를 제시한다. 일치는 기독교 현실의 바로 핵심이다. "너희가 부르심을 받을 때에 한 소망을 위하여 부르심을 입은 것과 같이 몸도 하나요 성령도 하나요 주도 하나요 믿음도 하나요 세례도 하나다. 하나님도 한 분이시니 곧 그분은 만유의 아버지시라 만유 위에 계시고 만유를 통일하시고 만유 가운데 계시도다"(4:4-6).

일곱 가지 기독교의 실재(reality)에 대한 이 위대한 목록에서 바울은 아무런 변명도 없이 세례를 그 목록에 넣었다. 이 실재의 대부분은 영적이거나 보이지 않는 것인데, 이 목록에 바울은 육안으로 볼 수 있는 성례전의 표징(곧 세례-역주)을 포함했다. 이것은 바울이 이 목록에 주님의 만찬이나 성경이나 다른 은혜의 수단을 포함하지 않았다는 사실을 볼 때 더욱 놀랍게 보이는 것 같다. 세례가 중요하지 않다면 바울이 왜 이 세례를 그렇게 중요하게 취급했는지 이해하기 어려울 것이다.

한 몸이 있다. "나는 하나의 거룩하고 보편적이며 사도적인 교회를 믿는다." 교회의 일치는 분열된 기독교계의 분열로 인해 종종 흐려진다. 그러나 교회는 하나이다. 성도의 교제는 교회의 구조에 의해 형성되는 것이 아니다. 교회의 하나 됨(unity)은 획일(성)(uniformity)을 의미하지 않는다. 몸은 하나이지만 지체는 많다. "우리 각 사람에게 그리스도의 선물의 분량대로 은혜를 주셨느니라"(엡 4:7). 교회는 하나의 몸이다. 그리스도의 몸인 교회는 교파적 구조로 세워지는 것이 아니라 그 안에 세워져야 한다. 세례는 우리가 이 한 몸에 입회한 것을 표현한다. 우리의 여러 신학적, 교파적 전통이 아무리 다양하더라도, 하나의 세례식은 우리 모두를 한 이름 아래 곧 "성부와 성자와 성령의 이름으로"(마 28:19), 한 몸으로 모이는 것을 증거한다.

한 성령이 있다. 이것이 몸이 하나뿐인 이유이다. 영이 없는 몸은 단지 하나의 죽은 몸(corpse)일 뿐이다. 그리고 많은 "영들"을 가진 몸은 정신분열증을 가진 악마이다. 이 둘 다가 개인에서 그랬듯, 교회에서도 그렇게 될 것이다. 교회에는 하나님의 성령이 계시기 때문에 교회는 "살아 계신 하나님의 교회"(딤전 3:15)라고 부른다. 오순절에서 성령은 바벨에서 있게 된 사람의 혼란스러운 음성을 완전히 바꾸어 새로운 공동체를 창조하여 복음이 모든 사람의 언어로 선포될 수 있도록 하셨다. 그리스도는 그의 성령을 통해 여전히 교회에 계시고 그의 일을 하시며, 그의 말씀을 하시며, 그의 구속적 사명을 계속하신다. 그리고 교회는 이렇게 노래한다.

> 오소서, 하늘의 비둘기이신 성령이여,
> 모든 당신의 재생시키는 능력으로
> 오시어, 구주의 사랑을 널리 퍼뜨리십시오.
> 그리고 그것이 우리를 불태울 것입니다.
> ─아이작 와츠

헬라어 'pnema'는 "영"과 "호흡"을 의미한다. 호흡이 몸에 없으면 몸은 죽는다. 교회의 생기를 불어넣는 호흡은 성령이다.

한 소망이 있다. 바울은 "너희가 부르심을 받았을 때에 한 소망을 위하여 부르심을 입었느니라"(엡 4:4)고 말한다. 우리는 부르심을 받았다. 그러므로 우리는 그의 것이요 그러므로 우리에게는 소망이 있다. 요한은 다음과 같은 말로 동일한 희망을 표현한다. "사랑하는 자들아 우리가 지금은 하나님의 자녀라 장래에 어떻게 될지는 아직 나타나지 아니하였으나 그가 나타나시면 우리가 그와 같을 줄을 아는 것은 그의 참모습 그대로 볼 것이기 때문이다"(요일 3:2). 이 약속은 세례에 묘사되어 있다. 즉 세례에서 하나님은 우리가 그리스도의 표를 지니고 그분의 이름을 받았기 때문에 우리가 하나님의 것이라고 선언하신다.

한 주님이 계시다. 찬송가 작가는 "교회의 유일한 기초는 교회의 주님이신 예수 그리스도이시다"라고 말한다. 한 주님! "하나님이 그를 지극히 높여 모든 이름 위에 뛰어난 이름을 주사, 하늘에 있는 자들과 땅에 있는 자들과 땅 아래에 있는 자들로 모든 무릎을 예수의 이름에 꿇게 하시고, 모든 입으로 예수 그리스도를 주라 시인하여 하나님 아버지께 영광을 돌리게 하셨느니라"(빌 2:9-11).

한 믿음이 있다. 이것이 우리를 한 몸으로 묶는다. ─즉 예수 그리스도를 구세주로 믿는 믿음과 우리 삶의 주님이신 그분께의 복종이 그렇게 한다.

하나의 세례가 있다. 이 말에 대한 다른 해석이 있는데, 앞에서 "그리스도와 함께 죽는다"라는 주제로 다룬 내용을 상기하는 것이 좋을 것이다. 예수님은 요단강에서의 세례가 가리키는 십자가에서의 임박한 죽음을 자신이 받아야 할 "세례"(눅 12:50)라고 하셨다. 이것이 "하나의 세례"인가? 그러나 우리는 또한 성령의 선물이 오순절에 처음으로 교회에 주어진 것을 보았다. 이 사건이 세례 요한이 예언한(마 3:11; 눅 3:16) "성령과 불"로의 세례였다. 이것이 "하나의 세례"인가? 우리는 더 나아가 오순절에 베드로가 그곳의 "모든 사람"에게 죄 사함을 받기 위해 물로 세례를 받아야 한다고 설교했음을 보았다. 이것이 "하나의 세례"인가? 정답은 모두 세 가지다. 그리스도께서 십자가에서 받으신 단 한 번(once-for-all)의 세례가 그가 오순절에서 교회에 베푸신 단 한 번의 성령 세례를 가능케 만드셨다. 이 두 가지가 각 개인의 세례의 근거(foundation)가 된다.

후자의 경우(개인의 물세례): 세례를 물을 뿌림으로 하거나, 물을 부음으로 하거나, 침수함으로 하거나, 또는 세례를 유아에게 주거나 또는 성인 신자에게만 주거나 간에 세례를 교회 건물에서 주든, 흐르는 시내에서 주든 간에 단 하나의 세례이다. 세례가 삼위일체 하나님의 이름으로 행해지고, 믿음과 회개를 통하여 하나님의 언약의 수용과 성령에 대한 갈망을, 또 기독교 공동체의 일부가 되고자 하는 우리의 열망을 분명히 표현한다면 이는 합당한 기독교 세례이다. 세례를 주는 방식과 방법에 관한 의견 차이에 대한 이유들이 있을 수 있지만 … 그러한 것들의 문제를 최우선 순위의 과제가 될 때는 세례의 아름다움이 손상을 입는다.

마지막으로, 우리에게는 몸도 하나요, 성령도 하나요, 소망도 하나요, 주도 하나요, 믿음도 하나요, 세례도 하나일 뿐이다. 왜냐하면 "하나님도 한 분이시니 곧 만유의 아버지시라 만유 위에 계시고 만유를 통일하시고 만유 가운데 계시기"(엡 4:6) 때문이다.

그리스도의 몸의 하나임을 다루는 다른 구절에서 바울은 다음과 같이 말한다.

> 몸에 많은 지체가 있고, 몸의 지체가 많으나 한 몸임과 같이 그리스도도의 몸은 하나이다. 우리가 유대인이나 헬라인이나 종이나 자유인이나 다 한 성령으로 세례를 받아 한 몸이 되었고 또 다 한 성령을 마시게 하셨느니라(고전 12:12-13).

우리가 여기서 바울이 성령의 신학을 말하고 있다고, 아니면 교회의 신학, 또는 세례 신학을 말하고 있는 것으로 해석하든, 그것들은 모두 같은 것이 된다. "우리는 다 한 성령으로 세례를 받아 한 몸이 되었다." 그리스도인이 된다는 것은 성령을 소유하는 것이다. 이는 세례받은 사람이 되는 것이다. 이는 모든 동료 그리스도인들과 연합하여 그리스도의 몸이 되는 것이다. 존 웨슬리는 "우리가 세례에서 받은"[72] 하나의 영이 우리를 하나의 육체로 통합시킨다고 말했다. 웨슬리에 따르면, 세례가 우리에게 성령을 부여하고, 우리가 교회에 들어갈 수 있도록 하는 것이 교회가 존재하는 한 지속되도록 의도하신 하나님의 계획이다. "일반적인 방법에 있어, 교회에 들어가거나 천국에 들어갈 수 있는 다른 방법은 없다."[73] 할례가 "유대인들에게는, 율법이 존속하는 한 있었듯이, 순전히 동등한 이치로, 할례의 자리를 차지한 세례는 모든 민족이 인정하는 복음 언약의 기간 동안 기독교인들 사이에서 지속되어야 한다."[74]

교회를 "말세를 만난 자들"(고전 10:11)의 교제로 표시하고, "장차 나타날 영광"(롬 8:18)을 기다리는 자들의 공동체로 교회를 각인하는 것은 성령이 하는 일이다. 불신자들은 출생과 죽음 사이에서 산다. 그러나 신자는 세례와 그리스도의 재림 사이에서 산다. 그들은 이미 그리스도의 몸의 일부이면서도 수고와 불완전함 속에서 최후의 완성을 기다리고 있다.

이 믿음과 소망 안에서 세례받은 사람들은 "이미(already)"와 "아직(not yet)" 사이에서 완전과 불완전 속에서 살며 봉사한다. 그들은 세례에서 그리스도와 함께 죽고 부활하였기 때문에 교회의 또 다른 성례전, 즉 성찬식에 참여할 수 있다. 그리고 그들은 마지막 부활을 기다리기 때문에, 성찬식에 참여하는 것이 필요하다.

---

72) NT Notes, 고전 12:13.
73) Works 10:192.
74) Ibid.

6장
유아세례에 대하여
What About Infant Baptism?

웨슬리안/성결 전통에 있는 교회들은 아마도 그들의 성례전의 다른 면들보다 유아세례의 문제에 있어서, 고전적인 웨슬리안의 유산으로부터 아주 눈에 띄게 벗어났을 것이다. 그 원인은 복잡하고 다양하지만, 그 사건은 기본적으로 "재세례파(Anabaptist)", "급진적" 또는 "종파주의자" 또는 "좌파"라고 다양하게 불리는 개신교 종교 개혁의 좌익에 뿌리를 둔 자들의 견해들이 성결 운동에 침투된 결과이다.

A. 웨슬리주의에 끼친 재세례파의 영향

19세기 미국에서는 메소디스트가 아닌 다른 배경을 가진 많은 사람이 웨슬리와 초기 메소디스트가 가르친 온전한 성화의 교리와 체험을 포용하였기(embraced) 때문에, 성결 운동에 참여했다. 이 교리와 경험은 그들의 연합의 기초였다. 성례전에 대한 신조와 관습은 부차적인 문제였다. 이 성결 운동에 들어온 사람들 가운데는 성례전을 전혀 행하지 않는 퀘이커 교도가 있었고, 또 성인 신자만이 세례를 받아야 한다고 믿었던 다양한 재세례파 배경을 가진 사람들이 있었다. 이렇게 서로 다른 성례전에 대한 견해를 가진 사람들이 결합하고, 성결 교리와 체험을 중심으로 연합함으로써, 일반적으로 성례전 특히 유아세례에 대한 중요성이 줄어들었다. 그들에게는 전파해야 할 더 중요한 진리가 있었다. 이 과정이 교회 역사학자 마틴 마티(Martin E. Marty)가 최근에 미국 종교의 "침례교회화(baptistification)"라고 묘사한 것이다. [1]

성결 그룹 내에서 유아세례를 등한시하는데 기여한 또 다른 요인은 선교 활동에 대한 그들의 과중한 참여였다. 오늘날에도 같은 상황이 존재한다. 비기독교 문화에서 성인이 기독교 신앙을 가짐으로 세례를 받은 것은 어떤 극적인 의미를 갖는다. 그러나 유아세례에는 그런 것이 없다. 기독교 신앙으로 개종한 사람들이 특히 침수로 세례를 받을 때, 그들의 비그리스도인 친구들에게 그가 옛 삶을 의도적으로 "벗고" 새 삶을 "입는" 모습을 묘사하는 생생한 가시적 증거를 준다.

유아세례에 대한 또 다른 반대는 가톨릭 국가에 있는 웨슬리안/성결 선교사들에 의해 종종 표명된다. 그들은 가톨릭에서 개종한 사람들에게 "우리가 가톨릭과 다르지 않은" 세례식을 갖는 이유를 설명하기가 어렵다고 말한다. 다른 기독교 전통의 구성원들과 다르다는 것 자체가 교리와 관행을 서술하는 데 어려운 이유이지만, 이런 동기가 존재한다는 것은 말할 필요도 없이 사실이다. 위의 이유와 또 다른 이유 때문에, 웨슬리안/성결 전통에 있는 교회들은 성례전의 실천에서 그들의 고전적인 웨슬리의 기원에서 크게 달라졌다.

웨슬리안/성결 전통에 있는 대부분 교회에서는 유아세례와 성인세례가 공식적인 신앙고백서에 포함되어 있다. 그리고 유아세례를 위한 의식도 규정되어 있다. 이것은 나사렛교회와 자유메소디스트 교회도 그렇게 되어 있다. 웨슬리안 교회(The Wesleyan Church)의 신앙신조(the Articles of Religion)에는 유아세례에 대한 언급이 없다. 물세례를 "신자들에게 행한다"는 주

---

1) Martin E. Marty, "Baptistification Takes Over(세례가 이어지다)," Christianity Today, September 1, 1983.

장은 유아를 배제하는 재세례파의 입장으로 해석될 수 있다.[2] 세례에 관한 자체 조항과 충돌되는 것처럼 보이지만, 웨슬리안 교회의 장정에는 유아세례나 헌아식(infant dedication)에 사용될 수 있는 의식이 있다. 그 조항은 이 의식(ritual)이 그들의 아이를 봉헌하되, 세례의 성례전 없이 자녀를 봉헌하거나, 또는 세례의 성례전을 통해 자녀를 봉헌하고자 하는 부모나 보호자에 의해 사용할 수 있다고 명시하고 있다. 헌아식에는 두 가지 유형이 있음을 명시하고 있다. 따라서 세례는 헌아식 안에 포함되어 있는 것이다. 세례를 베풀지 않고 유아를 봉헌하는 경우를 선호하게 된 것은 아마도 순례자 성결교회(Pilgrim Holiness Church) 안에 있는 퀘이커 교도의 영향력 때문일 것이다. 순례자 성결교회는 1968년에 웨슬리안 메소디스트 교회와 합병하여, 오늘의 웨슬리안 교회(The Wesleyan Church)라는 교단이 되었다. 최근에 발행된 나사렛교회의 매뉴얼과 자유감리교교회의 규칙서에서는 유아세례와 헌아식에 대한 별도의 의식(ritual)이 규정되어 있다. 그리고 부모는 둘 중 하나를 선택할 수 있게 되어있다. 따라서 이 교회들은 (나사렛교회, 감리교회) 비록 그 차이는 때때로 실제보다는 이론에서 더 명확하겠지만, 웨슬리안 교회가 하고 있는 것보다 더 크게 유아세례와 헌아식을 구분하고 있다.

웨슬리안/성결 교단들에서 헌아식에 대한 유아세례의 비율을 보여주는 신뢰할 수 있는 통계는 없지만, 헌아식이 훨씬 더 많다는 것으로 널리 알려져 있다. 종종 목회자들이 부모에게 유아세례가 교단에서 유효한 선택임을 알리지 않아서 못 받았을 때, 그것에 대한 책임이 목회자에게 있다. 이에 대해 교회와 교회의 지도력을 신뢰하는 평신도들은 종종 유아세례와 헌아식 사이의 선택이 아니라 헌아식만 있다고 인식한다. 물론, 헌아식에 대한 정보를 접수하고 그를 신중히 선택한 것은, 그 사람들이 일반적으로 세례는 의식적인 결정을 내리고 개인적인 믿음을 행사할 수 있는

---

2) 그러나 마틴 루터의 관점에서 우리가 현재 보게 될 것처럼 유아도 "신도"일 수 있다.

성인에게만 집행되어야 한다는 재세례파의 주장을 공유하기 때문이다. 이것은 오늘날 웨슬리안/성결 교회의 만연한 실천과 초기 메소디스트의 실천 사이에 큰 차이를 나타내는 것으로서, 이는 존 웨슬리 자신의 신학에서 크게 벗어나는 것이다.

그동안 유아세례의 교리와 관습에 반대하는 강력한 주장이 제기되어 왔다. 그것은 많은 사람에게 스캔들로 보인다는 것이다. 왜냐하면 그것(유아세례)은 사람들이 그들 자신은 전혀 아닐지라도 그들 스스로를 기독교인이라고 생각하게 만들기 때문이다. 그리하여 그것은 사람들에게 참된 복음에 반대하게 고취한다는 것이다. 이에 반대하는 수많은 성경적, 신학적 논쟁이 있다. 그러나 우리가 요약하면 유아세례에 반대하는 주장은 기본적으로 다음과 같이 축소된다: 개신교도들은 구원은 믿음으로 말미암는다고 믿기 때문에 세례에도 하나님의 은혜에 대한 우리 개인적인 믿음의 응답이 있어야 한다는 것이다. 그리고 어린아이들은 하나님의 부르심을 이해하거나 의식적으로 응답할 수 있는 나이가 아니므로 그들이 세례를 받아서는 안 된다는 것이다. 성인들은 그러한 결정을 내리고 구원의 믿음을 행사할 수 있기 때문에 세례를 받을 수 있다는 것이다. 믿음은 성인만이 가능하다고 가정하기 때문에 이것은 일반적으로 "믿는 자의 세례(believers's baptism)"라고 부른다. 이것은 마틴 루터에 의해 도전받은 재세례파의 주장 중 하나였다.

세례를 둘러싼 루터와 재세례파들 사이의 논쟁은 기독교 신앙과 삶에서의 경험의 역할과 관련이 있다는 것을 앞에서 간략히 지적했다.[3] 유아세례에 대한 대부분의 갑론을박이 종교개혁 당시의 고전적 논쟁인 만큼, 당시 전개된 두 가지 관점을 이해하는 것이 중요하다.

유아세례의 권리를 주장함에 있어서, 루터는 재세례파에 대항하여 일반적인 기독교 전통에 크게 의존하고 그의 역사신학적 근거를 바탕으로 주

---

3) 제1장의 마지막 항목을 보라.

장한다. 유아세례는 교회의 초창기부터 시행되어 왔다. 그리고 "하나님은 처음부터 오늘날까지 잘못되었던 것들을 오래 지속되는 것을 허용하지 않을 것이다."4) 물론 그는 논의 중인 제도가 성경에 위배되지 않는 경우에만 전통의 주장이 유효하다는 것을 인정한다. 5) 그는 유아세례는 성경에 명시적으로 명령되어 있지 않다는 것을 인정한다. 그러나 그것은 분명히 성경에 어긋나는 것이 아니므로(하나님께서 오랫동안 그것을 보존하셨으므로) 아무도 선한 양심으로 그것을 거부할 수 없다.6) 이 기본 확신에 기초하여 루터는 그리스도께서 어린이들이 그에게 오는 것을 허용하셨고, 또한 하나님의 나라가 그들에게 속한다고 말씀하신 일을 인용한다. 그는 세례를 주라는 주님의 명령을 인용하며, 그 명령에는 어린아이가 배제되지 않았다고 말한다. 그는 또한 사도행전에서 가장이 개종한 후 "가정" 전체가 세례를 받은 사례를 인용한다.7) 그는 "자녀들은 틀림없이 가정의 좋은 일부이다"라고 주장한다. 8)

세례의 사도적 실천과 분명히 부합하는 세례를 베풀라는 명령에 일치하는 보편성은 복음의 보편성(universalism)의 표현이다. 그리고 루터에게는 이것은 결정적인 주장이다. 루터는 유아세례의 권리와 필요성을 궁극적으로 복음의 기본 의미에 근거를 두고 있다.9)

성경에 관한 한, 유아세례의 타당성에 대한 루터의 주장은 대체로 침묵

---

4) Althaus, 359.

5) 그는 바로 이 이유 때문에 로마의 다른 많은 제도를 반대했다. 그것들은 성경에 반대되는 것이었다.

6) Althaus, 361.

7) Cf. 행 16:15, 18:8, 고전 1:16. 이 구절에서 헬라어 oikos는 보통 "가정(household)"으로 번역된다. 사도행전 16장 33절에는 oikos는 나오지 않는다. 이하 생략(역자).

8) Luther's Works 40:245.

9) Althaus, 362.

에서 나온 주장이다. 그는 (1) 성경은 그것을 반대하지 않고, (2) 성경은 어린이들을 세례에서 명시적으로 배제하지 않았으며, (3) 성경은 성인들만 세례를 받으라고 명령하지 않는다고 믿었다.

재세례파는 성례전은 믿음으로 받을 때만 효력이 있다고 주장했다. 분명히 루터는 이것에 반대하지 않았다. 왜냐하면 그것은 또한 로마 가톨릭의 ex opere operto 교리에 반대하는 그의 주장이기도 했기 때문이다. 유아는 믿음을 가질 수 없다는 반론에 대해 그는 "유아 신앙(infant faith)"의 개념을 가르친다. 본질적으로 그는 다음과 같은 질문을 던진다. "아이가 믿음을 가질 수 있으려면 몇 살이어야 합니까?" 이것은 재세례파들이 정말로 대답할 수 없는 질문이었다. 특정한 나이 이전에는 신앙이 불가능하다고 주장하는 것은 루터에게 있어서는 신앙을 이해력이나 지적 능력과 혼동하는 것이었다. 그렇다면 구원은 믿음으로 말미암는 것이 아니라 지식이나 이성으로 말미암는 것이 된다. 이성적인 나이 이하의 어린이는 신앙을 가질 수 없다는 반론에 대해 루터는 그 반대가 사실이라고 대답한다. 즉 이성이 신앙을 가로막는다. "아이들은 자신의 이성에 발을 들이고 자신의 부푼 머리를 좁은 문으로 밀어 넣으려 하지 않는 나이 많고 이성적인 사람들보다 항상 믿음에 더 적합하다."[10]

루터는 아이가 믿음을 가질 수 없다는 재세례파의 주장을 이렇게 논박하지만, 그는 결국 유아세례의 타당성을 유아들에게도 믿음이 있다는 것을 근거로 주장하지는 않는다. 대신 그의 주장은 반대 방향에서 주장한다. 그는 유아세례가 유효하고 성경적이기 때문에, 하나님의 뜻에 따라 아이들이 믿음을 가질 수 있다고 주장한다. 세례에는 믿음이 동반해야 하고 유아세례는 하나님의 승인을 받았기 때문에 우리는 유아가 신앙을 가질 수 있다는 것을 안다!

---

10) D. Martin Luther Werk, *Kritische Gesamtausgabe* (Weimar. H. Bolau, 1883), quoted in Althaus, 366.

그러나 이것이 여전히 결정적인 핵심은 아니다. 우리는 아이에게 믿음이 있는지 없는지 알 수 없다. 성인의 경우에도 마찬가지이다. 그들이 진정으로 믿는지 우리는 알 수 없다. 모든 것은 하나님의 말씀과 계명에 달려 있다. 믿음이 세례를 설립시키는(constitute) 것이 아니라, 믿음은 받는 것이다. 세례는 우리를 믿음으로 부른다. 믿음으로 세례를 받으러 오는 성인들도 믿는다는 사실에 안주하지 않아야 하는데, 이것은 하나님의 계명이라는 사실에 의지해야 한다. 유아세례의 경우도 마찬가지다. "우리는 그 아이가 믿을 것이라고 생각하고 희망하기 때문에 아이를 데리고 와 세례를 받게 한다. 그리고 우리는 하나님께서 아이에게 믿음을 주시기를 기도한다. 그러나 우리는 이것 때문에 아이에게 세례를 주는 것이 아니다. 다만 하나님께서 명령하셨기 때문에 세례를 주는 것이다."[11]

루터는 재세례파의 공격에 대해 유아세례를 옹호했을 뿐만 아니라 복음에 근거하여 불가능하다고 주장한 그들의 세례 행위도 공격했다. 그는 두 가지 이의를 제기했다. 첫째, 이미 언급한 바와 같이 세례를 받는 사람의 신앙에 의존하는 세례를 만드는 것은 항상 어떤 특정한 세례에 대해 불확실하게 만든다. 왜냐하면 그 사람이 정말로 믿는지 결코 확실히 알 수 없기 때문이다.[12] 둘째, 이런 방법으로 믿음에 의존하게 하는 것은 실제로 그것을 "일(work)"로 취급해, 결과적으로 하나의 새로운 "행위로 인하여 의롭게 되는 것(works-righteousness)"이 되게 하는 것이다. 구원하는 믿음이 "믿음을 믿는(faith in faith)" 것이 된다. 믿음이 그 자체의 대상이 될 때 믿음은 부패되고 파괴된다. 우리의 믿음은 우리 자신의 믿음을 믿는 것이 아니라 하나님께 전적으로 의존하는 것이라야 한다.

16세기 종교 개혁 이후 유아세례에 대한 논쟁은 계속되어 왔다. 그러나 어느 쪽도 상대방을 설득하는 데 큰 성공을 거두지 못했다. 이 문제

---

11) Althaus, 369.
12) Luther's Works 40:239-40.

는 18세기 존 웨슬리에게도 생생한 문제였다. 웨슬리는 별 거리낌 없이 재세례파 사람들을 "독일에서 최고의 성품을 가지고 있지 않은 별로 거룩하지 않은 사람들"13)로 말했다. 웨슬리는 그의 세례에 관한 논문(Treatise on Baptism)에서 재세례파의 세례는 그 배후에 사도적 권위가 없는 것으로 간주하여 거절하였다. 그는 다음과 같이 말하였다. "재세례파의 세례—나는 그것을 '물에 담그기(dipping)'라고 불러야 하는데, 저들이 그것을 강조하는 경우에는 물에 담그는 것(침례-역주)이지, 전혀 세례가 아니다."14)

B. 유아세례에 관한 웨슬리의 입장

웨슬리는 메소디스트의 신조의 25개 규약에 "자녀들의 세례는 교회에서 유지되어야 한다"고 기록했다. 그의 세례에 관한 논문(Treatise on Baptism)15)에서 그는 유아가 세례의 적절한 대상자라고 주장하며, "성경, 이성, 원시적이고 보편적인 관습에서 취한 유아세례의 근거를 제시"하고 "이에 대한 반대에 대답할 것"16)을 제안하였다. 그의 다른 많은 글에서 동일한 요점이 때로는 덜 구조화된 방식으로, 때로는 다른 토론의 맥락에서 이루어지고 있다.

유아세례에 대한 웨슬리의 견해를 이해하기 위해서는 물론 그것을 일반 세례에 대한 그의 교리의 맥락에서 알아보고, 또한 성인 세례에 대한 그의 생각과 관련하여 볼 필요가 있다. 세례에 관한 논문(Treatise on Baptism)에서 웨슬리는 세례의 첫 번째 은혜(benefit)는 그리스도의 죽음의 공로를 적용함

---

13) Borgen, 145, incl. n.98.
14) Cf. Outler, 318.
15) 이 논문은 존 웨슬리가 태어나기 3년 전에 그의 아버지가 출판한 Confirmation manual의 축약형으로 The Pious Comminicant라고 불렀다. 그것은 영국교회의 성례전 신학의 요약이었다. Cf. Outler, 317.
16) Works 10:193.

으로써 원죄의 죄를 씻어내는 것이라고 선언한다.[17] 여기에는 유아도 포함된다. 이는 저들도 아담 안에서 모두 죽었기 때문에, 실제 죄로 인한 것은 아니지만, 원죄로 인하여 모두 범죄하였기 때문이다. 아담이 죄를 지었을 때 "아담의 허리에" 있었기 때문에 모든 유아도 아담의 범법에 참여한 것이 되어, 따라서 그들에게도 그 죄에 대한 책임을 지게 된 것이다. 세례를 통해 우리는 하나님과 언약을 맺게 되고 교회에 들어가 하나님의 자녀가 된다. "그런즉 하나의 수단인 물로, 세례의 물로 중생하거나 거듭나는 것이다."[18] 확실히 알 것은, 세례는 단지 외적인 씻음이 아니라 거기에 가해진 내적인 은혜이다. 그 은혜가 세례를 성례전이 되게 만드는 것이다. 그러나 모든 시대에 있어, 외적 세례는, "외적 할례가 마음의 할례임과 같이, 내적 은혜의 하나의 수단(means)이다."[19] "여기에 은혜가 주입되는데, 이 은혜는 우리가 오랫동안 악한 일을 계속함으로 하나님의 성령을 소멸하지 않는 한, 전적으로 떠나가지 않을 것이다."[20]

대조적으로, 그의 설교 "신생(The New Birth)"에서는 의식적인 내적 체험으로서의 중생을 더 강조한다. 그리고 비록 완전히 분리되지는 않았지만, 중생과 세례 사이의 구별을 말하고 있다. 성례전의 두 부분이 구별되는 것처럼 둘은 구별된다.

성례전의 역할은 두 가지이다. 하나는 외적이고 감각적인 표징이고, 다른 하나는 그것에 의하여 드러나는 내적이며 영적인 은총이다. … 세례는 성례전이다. 거기서 그리스도는 물로 씻는 것이 성령으로 중생한 것의 표징

---

17) 신학에서 원죄의 죄책은 원죄 자체와 구별된다. 후자는 가장 흔히 죄를 짓는 타락한 경향을 나타내는 반면, 전자는 모든 사람이 실제로 아담의 범법(죄를 지을 때 이미 "아담의 허리에" 있음)에 참여했으며, 따라서 그의 죄를 공유하고 그들의 행위에 대한 용서가 필요함을 의미한다. 이하 생략(역자).

18) Works 10:1921.

19) Ibid.

20) Ibid.

과 표(seal)로 정하셨다. 여기에서 세례, 즉 표징은 그가 가리키는 것인 중생과 구별되는 것으로 언급되었다는 것이 명백하다.[21]

그는 계속해서 "신생이 세례와 같은 것이 아니므로 세례가 항상 함께 있는 것은 아니다.… 내적 은혜가 없는 곳에 외적인 표징이 있을 수 있다"[22]라고 말한다. 반면 웨슬리는 (성인의 경우) 신생이 세례를 반드시 수반할 필요가 없다고 믿지만, 세례가 주어질 상황에서 불가능하지 않는 한, 세례가 신생에 동반되지 않는 것을 받아들일 수 없다고 생각한다. 그러나 유아세례와 관련하여 오해를 받지 않도록 그는 다음과 같이 설명한다.

> 나는 이제 유아에 관하여 말하지 않는다. 우리 교회는 유아기에 세례를 받은 모든 사람이 동시에 거듭난다고 가정하는 것은 사실이다. … 유아의 경우는 그럴 수 있지만, 나이가 많은 사람이 세례를 받음으로 모두 동시에 거듭난다는 것은 아니다.[23]

성인 세례와 유아세례의 관계에 대한 이러한 이해를 바탕으로 이제 우리는 후자에 대한 그의 견해를 더 자세히 조사할 수 있다. 그의 책『세례에 관한 논문』에서 유아세례를 옹호하면서 웨슬리는 다섯 가지를 주장한다.

첫째, 모든 사람이 가담한 아담의 죄 때문에 유아는 세례의 합당한 대상이 된다. "하나님은 유아를 무죄한 자로 보지 아니하시고 아담의 죄에 연루된 자로 여기신다."[24] 그들은 "원죄의 죄"가 있기 때문에 "세례의 합당한 대상이 된다. 이것이 세례로 씻겨지지 않는 한, 저들은 구원을 받을

---

21) Ibid., 6:73.
22) Ibid., 74.
23) Ibid.
24) Ibid., 9:316.

수 없다."25) 그리스도께서는 "첫째 사람의 범죄로 말미암아 모든 사람에게 임한 질병"에 대한 치료(remedy)를 마련하셨다. 그러나 이 치료의 은혜(benefit)는 "그가 지정한 수단을 통해" 받게 되어 있다. 특별히 그 목적을 위해 정하신 통상적인 수단인, 세례를 통해서 받게 되어 있다; 비록 그 자신은 그에 연연하지 않았을지라도 하나님께서는 "우리를 세례에 연결하게 하셨다."26)

둘째로(그리고 이것이 웨슬리가 가장 중요하게 생각하는 주장인데), 세례는 하나님이 아브라함과 맺은 은혜 언약의 연속성 때문에 자녀들에게 합당하다. 이 언약은 "영원한" 것이며, 믿는 모든 사람은 아브라함의 상속자이다. 그리스도께서 세우신 새 언약을 지킴에 있어, 아브라함과의 언약은 동일한 조건(믿음)과 동일한 유익(즉 "내가 네 하나님이 되리라"는 유익)을 가진 "복음 언약"이었다. 더욱이 그것은 같은 중보자에 의해 세워졌다(창 22:18; 갈 3:16). "오직 그리스도의 피가 흘려졌으매 모든 피의 예법은 폐하여졌다. 그러므로 할례는 세례에 자리를 내주었다."27) 세례는 이제 "그리스도의 할례"(골 2:11-12)이다. 그러므로 유아는 언제나 그랬던 것처럼 하나님과 성약을 맺을 수 있으며, 따라서 세례를 받을 자격이 있다. 할례가 아브라함과 맺은 언약의 표시(seal)이었듯이 세례는 그리스도께서 세우신 언약의 표시이다. 낡은 표시가 빗겨나자 그 자리에 세례가 있게 되었다. "우리 주님은 하나의 긍정적인 기관이 다른 기관을 계승하도록 지시하시는 분이다."28) "아브라함의 언약에 새 표시가 세워졌다; 표시들은 달랐지만 사실(deed)은 같았다."29) 웨슬리에게 있어서, 주의 성만찬이 어떤 면에서 유월절과 다르기 때문에 주의 성만찬이 유월절을 계승하지 못했다는 것을 증명할 수 없

<hr>

25) Ibid., 10:193.

26) Ibid.

27) John Wesley, *Explanatory Notes upon Old Testament*, reprint form the 1765 edition(1975), 창세기 17:10. 이후는 이 책을 OT Notes로 표기함.

28) Works 10:194.

29) Ibid., 194-95.

듯이, 세례가 할례와 어떤 면에서 다르다는 사실이 세례가 할례의 자리를 차지하지 않았다는 증거가 될 수는 없다.[30] 유아들은 하나님과 언약을 맺을 수 있고 "다른 사람들이 그들의 이름으로 맺은 언약으로 말미암아 의무를 지게 될 수 있고 또한 그들로 인하여 이익(advantage)을 받을 수 있다."[31] "작은 자들"이 언약에 포함되어 있다고 말한 신명기 29:10-12을 인용하면서 웨슬리는 다음과 같이 말한다.

> 이제, 어린아이들과 언약을 맺을 능력이 없었다면 하나님은 결코 그들과 언약을 맺지 않으셨을 것이다. 어린아이들(children)만 말하는 것이 아니라 히브리어로 유아를 뜻하는 아주 어린아이(little children)를 포함하는 말이다. 그리고 이것들은 지난날 그 의무에 참여할 시점에 수행할 수 없었던 것을 후에라도 이행할 의무가 있을 것이다.[32]

셋째로, 마태복음 19:13-14 및 누가복음 18:15를 기반으로 하여 웨슬리는 어린아이들이 그리스도께로 인도되어야 한다. 따라서 어린아이들이 그분께 나아가 교회에 들어갈 수 있다고 주장한다. 그는 세례를 통해 교회에 들어갈 수 있다고 믿는다. 보르겐(Borgen)은 말하기를, "웨슬리는 세례의 이러한 측면은 부모가 자녀를 세례로 데려오는 것과 또한 그 아이를 위하여 저들이 언약의 특권과 의무를 다하겠다고 약속하며, 그리고 그 아이에게 주님의 법도를 가르치겠다고 약속한다는 두 가지 서약을 하는 것을 포함하는 것"[33]으로 이해했다.

넷째로, 웨슬리는 사도들의 관행에 호소한다. 즉 그들이 유아에게 세례

---

30) Ibid., 195. 예를 들어, 어린 소녀와 소년이 세례를 받지만, 할례는 남성만이 받을 수 있었다. 이것은 히브리인들의 가부장제 사회와 공동생활의 성격(corporate personality)의 개념을 반영한 것이다. 이하 생략(역자).

31) Ibid., 193.

32) Ibid., 194.

33) Borgen, 142-43.

를 베풀었다면 유아는 세례의 합당한 대상이라는 것이 아닌가. 루터처럼 그는 그것이 유효한 추론이라고 믿기는 하지만 신약성경에서 유아가 세례를 받는 것에 대해 명시적으로 말하지 않는다는 것을 알고 있다. 그는 개연성(probability)에 근거하여 주장한다. 유대인들은 모든 유아 개종자들에게 세례를 주었다. 그러므로 주님께서 사도들에게 세례를 주어 모든 민족을 제자로 삼으라고 명하셨을 때 그것을 금하지 않으셨기 때문에 사도들도 그렇게 했을 것이다. 다시 이 말이 약간 루터의 말처럼 들리지만, 그는 사도행전에서 온 가족이 세례를 받았다는 언급에서 주장한다.

> 만일 그것이 "성경에 사도들이 세례를 준 유아에 대한 명시적인 언급이 없다"고 해서 반대한다면, 나는 이렇게 묻고 싶다. 사도행전에 사도들에 의해 두 여자가 세례를 받았다는 언급이 없다고 가정해 보자. 그러면 수천, 수많은 온 가족이 세례를 받을 때 여자가 배제되지 않았다고 우리가 공정하게 결론을 내리지 못할까? 특히 유대인들이 그들에게 세례를 베푸는 관습이 알려진 관습이기 때문에도? 어린이의 경우도 마찬가지다. 아니, 더 강하게, 할례 때문에 그렇다.[34)]

그는 계속해서 말한다. 어느 날에는 3,000명, 다른 날에는 5,000명이 그리고 많은 가정이 사도들에게 세례를 받았다고 사도행전에 언급되어 있다, 그리고 그는 베드로의 오순절 설교에 호소하며 논증을 끝맺는다. 베드로의 설교는 "세례를 받으라 … 이 약속은 너희와 너희 자녀를 향한 것이다"(2:38-39)는 말로 마치고 있다.

마지막으로, 웨슬리는 전통의 권위에 호소하여 "모든 장소에서 모든 연령에 있는 사람에게 교회가 세례를 주었다"는 데서 유아세례에 대한 주장을 하였다. 그는 어거스틴(Augustine), 오리겐(Origen) 및 키프리안(Cyprian)을

---

34) Works 10:196-97.

인용한다. 그리고 필요하다면 그는 또한 아타나시우스(Athanasius), 크리소스톰(Chrysostom) 및 "구름 같은 증인"도 인용할 수 있다고 말한다. "또한 어떤 정통 기독교인이 세례를 받으려고 데려온 아이에게 세례를 거부한 사례는 모든 고대에서 하나도 찾아볼 수 없다."[35] 유아세례는 모든 장소와 모든 시대에 기독교 교회의 일반적인 관행이었고, 여러 세기 동안 끊임없이 계속되어 왔기 때문에, 웨슬리는 "이는 그리스도의 마음을 가장 잘 아는 사도들로부터 물려받은 것"[36]이라고 결론을 내린다.

C. 세례는 인간의 행위인가, 하나님의 행위인가?

유아세례에 관한 결정은 궁극적으로 신학적 근거에 근거해야 한다. 물론 교회는 신학의 발전에 있어서 끊임없이 그 시작으로 돌아가서 성경과 신약성경에서의 교회의 관행에 대한 연구를 해야 한다. 그러면 유아세례와 관련한 질문은; 유아세례가 "신약성경의 교회에서 가르침이 있었고 실행되었는가?"이다. 이 문제에 대해 많은 연구가 수행되었지만, 성서학문은 이 질문에 대한 명확하고 명확한 답을 제공하지 못했다. 예를 들어, 쿨만(Oscar Cullmann), 예레미아스(Joachim Jeremias) 같은 일부 유능한 현대 학자들은 유아세례에 대한 신약성경의 근거(authority)를 말하는 반면, 알란트(Kurt Aland), 비슬리-머리(G.R. Beasley-Murray)와 같은 다른 학자들은 그것을 부정한다.[37] 모호한 점 중 하나는 소위 oikos 공식("집" 또는 "가정"에 해당하는 그리스어에서 유래된 것)이 사도행전에서 온 가족 또는 가족들이 세례를 받았다는 것을 말하기 위해 사용되었다는 것이다. 이런 표현은 이 가정들

---

35) Ibid., 197.

36) Ibid., 198.

37) 그러나 앨런(Alan)은 교회가 유아에게 세례를 주는 것이 부적절하다고 생각하지 않는다. 그러나 그는 그 근거를 신약성경 본문에서 찾지 않고, 복음의 의미, 즉 교리적 근거에서 찾는다.

의 일부에는 적어도 아이들이 포함되었을 가능성이 매우 높아 보이게 한
다. 그러나 그들이 포함되어 있었다는 것이 절대적으로 확실하다고 말할
수는 없다. 신약성경의 교회가 유아에게 세례를 주었는지 안 주었는지에
대해서 학자들은 두 가지 주장 모두를 하고 있다. 여기에서 그 모든 주장
을 나열할 수는 없다. 요한의 과장법을 빌리자면, 그 모두를 기록하려면
온 세상에는 그것을 기록한 책들을 둘 방이 없었을 것이다(요 21:25)! 이 문
제에 대한 주석적 연구는 결론이 나지 않았기 때문에 유아세례에 관한 결
정을 내리는 데 있어서, 단지 끝에서 두 번째 장(penultimate)의 중요성이 있
을 뿐이다. 궁극적으로 결정은 신학적 결정이어야 한다. 38)

　그것이 반드시 신학적 결정이 되어야 한다는 것은 웨슬리의 신학 및 성
경에 대한 관점과 일치한다. 근본주의는 성경적 권위에 대한 관점이 언어
의 무오류(verbal inerrancy)의 특정한 개념에 달려 있기 때문에, 그 입장에 대
한 증명된 텍스트를 필요로 하는 경향이 있다. 근본주의 신학에서 말하
는 무오류는 "인식론상의 무오류(epistemological inerrancy)"라고 불릴 수 있
다. 즉 그들은 신학에서 기본적인 질문은 '진리란 무엇인가?(What is truth)'

---

38) 요아킴 예레미아스(Joachim Jeremias)의 기념비적인 작품, 『최초 4세기의 유아세례』,
trans. David Cairuns(London: SCM Press, 1960)는 유아세례를 옹호했고, 처음 4
세기의 두 신학자(Tertullian과 Nazianzus의 Gregory)만이 세례를 유아의 유아기
가 지난 다음으로 연기하는 것을 옹호했다. 그러나 이는 신학적 근거에서 주장한 것
이 아니었다고 말했다. Jeremias의 작업은 Kurt Alland의 "Did The Early Church
Baptize Infant?"에서 도전을 받았다(이 책은 G. R. Beasley-Murray가 번역하였다.
Philadelphia: Westminster Press, 1963), 그리고 Jeremias는 그의 책 *The Origin
of Infant Baptism*(이 책은 Dorothea M. Barton이 번역함. 일리노이주 네이퍼빌;
Alec R. Allenson, 1963)에서 알란드에게 대답했다. 거기에서 그는 바울과 누가는
어떤 상황에서도 그들이 오로지 성인만 세례를 받았다고 말하기를 원했다면, 그들
은 "온 가족(household)"이 세례를 받았다고 말할 수 없었을 것이라고 하면서 그
들의 초기 결론을 변호하였다. 논쟁에서의 알란드의 편에는 *Baptism in the New
Testament*(1962)라는 제목의 G. R. Beasley-Murray의 책이 이미 있다. 같은 문제
를 다룸에 있어서 이 책들과 글들은 어느 쪽이든 그 근거가 충분하지 못한 것 같다.
물론 그들의 신학적 입장이 전체 복음과 조화되어야 있어야 한다.

라고 믿는다. [39] 진리의 근원이 신뢰할 수 있는 것으로 확립된 후에야 구
원과 같은 다른 문제에 대해서도 논의할 수 있다. 성경은 인식론적으로
오류가 없기 때문에 (즉 성경이 말하는 것은 모두가 참이기 때문에) 우리는 구원의 메
시지를 믿을 수 있다. 그렇지 않고는 신뢰할 수 없다.

그러나 웨슬리안 신학은 그것을 다르게 다룬다. [40] 웨슬리안주의에서
의 기본적인 신학적 질문은 '구원받기 위해 나는 무엇을 해야 하는가?'이
다. 웨슬리는 "나는 한 가지, 곧 천국으로 가는 길, 그 행복한 해안에 안
전하게 착륙하는 방법을 알고 싶다"[41]고 말했다. 성경의 무오성에 대한
웨슬리의 개념은 "구원론적 무오성"이다. 구원이 진리다. 진리는 구원이
무엇인지에 의해 결정되고 정의되는 것이지, 그 이외 다른 방법을 통해서
는 없다. 성경은 구원에 대하여 충분하다. [42] 우리가 성경의 교훈에 순종
한다면 성경은 우리를 하나님과 구원으로 인도하지 않을 수 없다. 그것

---

39) 이것은 1970년대 Harold Lindsell의 저술에서 충분히 분명하게 나타났으며, 이는 전
형적인 근본주의 주장을 실증한다. 그의 책, *The Battle for the Bible*(Grand Rapid:
Zondervan Publishing House, 1976)에서 그는 다음과 같이 말한다. "기독교 신앙
과 관계된 모든 교리에 있어서 우리의 종교 지식의 기초를 다루는 것보다 더 중요한
것은 없다. 기독교 신앙을 고백하는 누구에게나 근본적인 질문은 믿음의 근거가 될
지식을 어디서 얻는가 하는 것이다." 나중에 그는 그에게 근본적인 질문을 제기한다.
"성경은 종교 지식에 대한 신뢰할 수 있는 지침인가?" 3년 후에 출판된 이 책의 속편에
서 Lindsell은 그의 첫 번째 책에 대한 비평가들에게 답하기 위해 다음의 두 가지 신학
에 관한 근본적인 질문을 나열한다. 즉 "(1) 우리의 종교적 지식의 근원은 무엇인가?
… (2) 거기에서 기본 질문에 대한 답변을 얻을 수 있는지—즉, 그 자료(source)가
나에게 진리를 말해 주는지?" *The Bible in the Balance* (Grand Rapid: Zondervan
Publishing House, 1979), 11.
40) 웨슬리안/성결교회의 일부 교인들은 스스로를 근본주의자로 여기지만 그러한
입장은 웨슬리 신학의 기본 원리와 양립할 수 없다. Cf. Paul M. Basset, "The
Fundamentalist Leavening of the Holiness Movement: 1914-1940", Wesleyan
Theological Journal, Spring 1978, 65-91; 및 R. Larry Shelton, "John Wesely's
Approach to Scripture in Historical Perspective", Wesleyan Theological
Journal, Spring 1981, 23-50.
41) Works 5:3.
42) 웨슬리는 성경의 "무오성"이나 "무과실(infallibility)" 또는 심지어 "권위"에 대해서보
다 성경의 "충족성(sufficiency)"에 대해 더 많이 말했다.

은 성경이 무오하다고 말하는 것을 의미한다. 근본주의에서는 진리가 기초이고 구원은 상부구조(superstructure)이다. 웨슬리주의에서는 그 반대다. 즉 구원이 기초이고 진리가 상부구조이다. 우리가 구원의 근원과 방법을 알 때 비로소 진리가 무엇인지 알게 된다. 이것은 진리가 그리스도론적이라는 것을 의미한다. 예수님이 "나는 진리다"(참조, 요 14:6)고 말씀하셨기 때문이다.

존 웨슬리는 자신의 요점을 설명하기 위해 계속해서 성경을 인용하고 있었지만, 성경의 권위에 대한 그의 견해는 단순한 본문 증명(proof-text) 접근 방식보다 더 광범위했다. 많은 웨슬리 학자들은 아우틀러(Outler)의 용어를 인용하여, 웨슬리에 있어서 권위 있는 신학적 근거였던 '성경, 전통, 이성, 경험'의 "웨슬리안 사변형(quadrilateral)"에 대해 논의했다, 그러나 그 사변형에 있어서 그 네 가지가 동등한 파트너가 아니라 성경이 보다 중요했다(priority). 실제로 웨슬리의 최종 종교 권위는 복음이었다. 그러나 그 것은 성경에서 우리에게 계시 된 복음이었고, 역사적인 기독교 전통을 통해 우리에게 중재되었으며, 이성을 통해 설명되고 이해할 수 있게 되었으며, 경험으로 증명되었다. 그렇다면 결국 복음은 예수 그리스도이시다. 그는 성육신하신 하나님의 말씀이시다. 그러한 종교적 권위 개념은, 성경 주석만으로는 해결할 수 없는, 유아세례와 같은 질문에 대한 절대적인 본문 증거의 부족으로 인해 생길 수 있는 모든 불안을 초월하는 강력한 확신을 웨슬리주의에게 준다. 웨슬리안주의는 그 문제는 궁극적으로 신학적 결정에 달려 있다는 것을 아는 데에서 편안하다.

물론 그러한 신학적 결정은 원칙적으로 성경에 충실해야 한다. 신약성경은 유아세례에 대한 초대교회의 관행에 대해서만 우리에게 말하지는 않지만, 유아세례는 복음의 원리 안에 있다. 포사이스(P. T. Forsyth)가 다음과 같이 우리에게 상기시켜 주는 대로 기독교는 선교로 시작되었다.

신약성경 교회의 관행(practice)은 … 선교교회의 관행이다. 그러나 그의 원칙(principles)은 보편적이고 정착되고 승리하는 교회의 원칙이다. 그리고 교회의 초기에 관행이 유아세례로 바뀌었을 때, 그것은 신약의 원칙에서 벗어나는 것이 아니었다. 그것은 변화된 조건들에—특히 구원받은 자의 자녀들의 거룩함과 같은 원칙에 변화된 방법으로 그것들을 적용하는 것이었다(고전 7:14).[43]

결정적인 신학적 원리는 복음의 본질에 관한 것이다. 특히 유아세례와 관련된 질문은 다음과 같다. 세례에서 누가 무엇을 하는가? 세례는 단순히 인간의 행동, 즉 세례를 받은 사람이 자신의 믿음과 은혜 언약의 혜택과 의무를 받아들이는 것을 증거하는 가시적인 인간의 말인가? 아니면 세례는 그 이상의 무엇이 있는가? 세례는 어떤 면에서 하나님의 가시적 행위(그리고 말씀)인가? 이런 질문들은 성인세례와 유아세례에 동일하게 적용되지만 그들에게 주어진 대답은 후자(유아세례)의 타당성을 결정할 것이다.

어린아이가 "새 언약의 표징(sign)과 표(seal)"로 세례를 받을 때 그것이 그 아이에게 어떤 변화가 있게 하는가? 어떤 사람들은 그것이 부모와 교회 측에서의 봉헌(dedication)의 행위 이상 아무것도 아니라고 주장한다. 따라서 이러한 입장을 취하는 교회들은 봉헌의 의식을 공식화하여 어린아이가 개인적으로 선택할 수 있을 때까지 세례를 연기하고자 한다. 헌아식은 유아세례를 믿지 않지만, 그럼에도 어린이들과 관련하여 "종교적인" 어떤 것을 하고자 하는 사람들을 위한 현대적인 발명품이다. 웨슬리안/성결파에서는 헌아식이 널리 수용되었는데, 이는 앞서 언급한 성결 운동의 "침례교회화(baptistification)"의 결과이다. 물론 그것은 재세례파나 침례교의 원칙과 일치한다. 왜냐하면 봉헌은 주로 인간의 행동이자 부모와

---

43) P. T. Forsyth, *The Church and Sacraments* (London: Independent Press, 1917), 180.

교회 측의 간증이며 하나님 측의 어떤 행동이나 거래를 의미하지 않기 때문이다. 이것을 믿는 사람들은 유아세례를 행해서는 안 된다. 그러나 고전적인 웨슬리안 신학은 유아세례의 타당성을 믿으며 세례는(유아와 성인의 경우 모두에서) 본질적으로 하나님의 행위라고 주장한다.

그러면 세례가 어린아이에게 구원이 자동적으로 있게 하는가? 확실히 아니다. 어린아이는 우리 모두와 함께 언젠가는 자신의 개인적인 믿음의 결정에 이르러야 한다. 부모도, 목사도, 교회도 그 어린아이를 위해 그런 선택을 할 수 없다. 세례는 마술 같은 의식이 아니다. 그렇다면 세례는 단지 좋은 부모의 희망을 나타내는 것인가? 분명히 아니다! 세례는 부모나 교인의 뜻이 아니라 하나님의 뜻을 표현하는 것이다. 어떻게 그리될 수 있는가? 세례가 마술적이지도 않고 무의미하지도 않다면 우리가 그것을 어떻게 이해할 것인가? 그것은 정당한 질문이다. 그러나 하나님이 하시는 일을 하나님이 어떻게 하실 수 있는지를 이해하지 못한다고 해서 그의 일을 반대하는 것은 타당하지 않다. 유아세례는 하나님께서 하시는 일이라고 옹호하면서 웨슬리는 다음과 같이 말한다. "세례가 어떻게 어린아이에게 역사할 수 있는지를 우리가 이해하지 못한다는 것이 유아세례를 반대하는 중요한 이유가 될 수 없다. 우리는 또한 성인의 경우에도 세례가 어떻게 역사하는지를 이해하지 못한다."[44]

우리가 어떻게 세례는 하나님의 행위라고 말할 수 있는가? 세례에는 성인이든 어린아이의 경우이든, 거기에는 인간의 행위와 행동이 상당히 중심적으로 관여하는 것이 분명하다. 성인은 세례를 받으러 온다. 어린아이의 경우는 부모나 보호자가 세례받게 하기 위하여 데리고 온다. 그러면 목사는 대상자에게 물을 뿌리거나 붓거나 물에 잠기게 한다. 이것들은 모두 인간의 행동이다.

그러나 지켜보자! 예수 그리스도는 하나님께서 성육신(incarnation)하신

---

44) Works 6:74.

자가 아닌가? 그리스도는 교회의 머리(Head)가 아닌가? 교회는 그리스도의 몸이 아닌가? 머리(Head)가 몸에게 세례를 주라고 명령하지 않았는가? 만약 이 모든 것이 사실이라면(누가 그렇지 않다고 하겠는가?), 교회가 그 머리에 순종하여 어떤 사람에게 세례를 주었을 때, 하나님이 그때 거기에서 그의 세상에서 한 행동을 하고 계신 것이다.

> 오늘 그의 일을 하기 위한
> 그리스도는 손은 없고 우리의 손이 있을 뿐이다.
> ―애니 존슨 플린트

유아세례에 관한 설교에서 웅변적인 설교자인 아서 존 고십프(Arthur John Gossip)는 다음과 같이 말했다.

> 언제나, 모든 성례전에서는 하나님이 중심이다. 그리고 그것의 최고의 순간은 그분이 하시는 일이다. 그러므로 여기에서 우리가 지켜봐야 할 대상은 어린아이나 부모가 아니라 가장 확실하게 우리 가운데 계시는 주 하나님이시다―우리 가운데 있는 하나님은, 이 작은 사람을 그의 품에 안으시고, 그에게 곧 그가 말한 모든 은혜의 말씀에 서 있겠다고 맹세하시며, 약속에서 일반적인 용어를 지우고, 대신 그의 이름을 써서 더 이상 변하지 않게 하셨다. 하나님은 세상을 사랑하셨다. 그렇지만 하나님은 이 작은 영혼을 너무나 사랑하셨고, 그는 바로 그를 위해 그의 독생자를 주셨다. 만약 그가 갖기를 원하면, 갖고 그리고 그 멋진 선물을 사용하라. 동시에, 여기에는 하나님께서 그것을 의도하셨고 그를 위해 모든 것을 계획하신 바로 그 사람에 대한 개인적인 서약(pledge)이 있다.[45]

---

45) Arthur John Gossip, *Experience worketh Hope* (New York: Charles Scribner's Sons, 1945), 169.

웨슬리가 세례를 "외적 표증(outward sign)"이라고 불렀을 때, 그는 그것이 단지 인간의 표증이 아니라 하나님께서 만드신 표증임을 의미했다. 그것은 하나님 은혜의 언약의 표징이다. 세례는 성인의 세례이건 유아의 세례이건 하나님의 행위이다. 물론 인간의 행위이기도 하다. 대상자와 목사는 뭔가를 한다. 그리고 유아세례의 경우에는 부모나 보호자도 하는 일이 있다. 문제는 누가 하는 것이 먼저인가? 누가 주도(initiative)하는가? "선행함(prevenience)이 누구에게 있는가?"일 것이다.

D, 유아세례와 선행적 은총

선행적 은총의 교리는 웨슬리 신학에서 매우 중요하다. 이는 존 웨슬리의 사상에서 매우 중요한 역할을 했다. 웨슬리는 이 교리에 의하여 한편으로는 칼빈주의의 무조건적 선택의 교리를 피하고, 다른 한편으로는 로마 가톨릭(그리고 펠라기우스주의자)의 행위로 인한 구원(works-righteousness)의 개념을 피할 수 있었다. [46]

"prevenient" 또는 "preventing"이라는 단어는 "앞서가는 것(going before)" 또는 더 정확한 의미로 [라틴어의 prae(앞서)와 venire(온다)에서] "앞서오는 것(coming before)"을 의미한다. 따라서 prevenient라는 말은 "선행하는 것(preceding)"을 의미한다. 그러므로 선행적 은총은 인간 행위에 "앞서가는"(또는 "앞서오는") 하나님의 은혜이다. 이는 사람의 믿음의 반응에 앞서서 선행하는 은혜이다. 웨슬리는 모든 사람이 구원을 받는다는 보편구원설(universalism, 만인은 결국 구원받는다는 설-역주)을 거부했다. 또한 그는 칼빈주의자들이 가르치는 무조건적인 선택, 즉 하나님이 구원받기로 선택한

---

46) 이에 대한 훌륭한 설명은 Cushmen, 103-15을 보라. Cf. Robert Chiles, *Theological Transition in American Methodism: 1790-1935* (Nashville: Abingdon Press, 1965), 144-83.

사람들은 구원을 받을 것이고, 다른 사람들은 저주를 받을 것이라는 교리를 거부했다. 그 둘과는 대조적으로, 그는 모든 사람에게 어느 정도의 은혜가 주어졌으며, 그들이 그 받은 은혜에 응답하면 구원을 받을 것이라고 가르쳤다.[47]

웨슬리는 "값없이 주시는 은혜(Free grace)"라는 그의 설교에서 다음과 같이 말한다. 우리를 구원으로 인도하는 "하나님의 은혜 또는 사랑은 모든 사람에게 그리고 모든 사람을 위하여 값없이 주신 것이다(Free in all and Free for all)."[48] 그것은 누구에게나 값없이 주어지는 것이다(It is free in all to whom it is given). 그것은 어떤 인간의 장점이나 좋은 작품, 좋은 목적이나 의도에 의존하여 주어지지 않는다. 그리고 그것은 모두에게 거저 주시는 것이다. 모든 사람은 어느 정도의 선행적 은혜를 받고 있다. '영혼을 잠재우고' 선행적 은혜의 선동에 저항하고 억누른 사람은 은혜가 없다고 말할 수 있다. "누구도 은혜가 없기 때문에 죄를 짓는 것이 아니고, 그가 가진 은혜를 사용하지 않기 때문에 죄를 짓는 것이다."[49] 선행적 은혜는 원죄의 속박에서 결여된 자유를 어느 정도 회복시킨다.[50] 선행적 은혜는 우리가 의롭다함(justification)을 받도록 우리를 그리스도께로 데려갈 때 그의 궁극적인 기능을 다한 것이다.[51]

이제 웨슬리에게는 유아세례를 유아에게 선행적 은혜를 주는(bestow) 성례전으로 주장하는 것이 아주 자연스러운 일처럼 보일 수 있다. 그의 "은혜의 수단"에 대한 정의에서, 그가 성례전은 하나님이 사람들에게 선행적 은혜, 의롭게 하는 은혜 또는 거룩하게 하는 은혜를 주시는 본래의 통로"[52]라고 주장하기 때문에, 유아세례에서 선행적 은혜가 주어져야 한다

---

47) Works 10:229-30.

48) Ibid., 7:373.

49) Ibid., 6:512

50) Ibid., 10:229-30; 9:273, 275, 294; 8:52.

51) Ibid., 8:373.

52) Ibid., 5:187.

는 것이 논리적으로 보일 것이다. 그러나 웨슬리는 이 접근법을 취하지 않는다. 그는 모든 인간이 아담의 죄책이 제거된 은혜의 예비 상태에 있게 된 것은 세례 때문이 아니라, 그리스도의 보편적인 속죄 때문이라고 믿었다. 어린아이가 (세례를 받았든 안 받았든 관계없이) "아담의 죄로 인해 지옥에 보내진 적'이 없었고 또한 없을 것이다. 이는 그들이 세상에 보내지자마자 그리스도의 의에 의해 그 죄가 취소되었기 때문이다."53)

분명히 웨슬리는 펠라기우스주의자(Pelagian)가 아니다. 그는 아이들이 죄 없이 태어났다고 믿지 않는다. 아담이 죄를 지었을 때 그들은 죄를 지었다.54) 그러나 그들의 죄책은 선행적 은혜에 의해 전체적으로 완화되거나 상쇄되었다. 그러므로 구원에 대한 웨슬리의 이해에서는 세례에서 전달되는 은혜에 선행적 은혜를 포함시킬 이유가 거의 없다. 웨슬리의 학도들은 때때로 그가 유아세례에 대한 자신의 견해를 설명할 때 왜 선행적 은혜 교리를 활용하지 않은 것을 의아해했다. 그러나 복음에 대한 그의 이해에서 세례는 갓난아이에게 구원을 전달하는 데 필요하지 않았다; 이것은 이미 속죄를 통해 전달되었던 것이다.

그렇다면 선행적 은총과 유아세례 사이에는 어떤 관련이 있는가? 직접적인 연관성에 대해서 웨슬리 자신은 거의 언급하지 않았다. 그러나 웨슬리의 신학 전체, 특히 선행적 은총에 대한 그의 견해에 기초하여 적어도 이 것만큼은 말할 수 있다: 선행적 은총은 유아세례에 의해 전달되는 것이 아니고, 그것에 의해 선행적 은총이 선포된다. 웨일(J. S. Whale)의 말을 빌리면, 유아세례는 "그리스도께서 나를 위해 무엇인가를 하셨다는 것을 선언한다. 즉 나와 상의하지 않고 또는 내 승인을 기다리지도 않고, 또 내가 태어나기도 전에, 또는 그가 나를 구속하기 위해 돌아가셨다고 생각

---

53) Letters 6:239-40.
54) Wesley는 로마서 5:12에 대한 그의 NT Note에서 다음과 같이 말한다. 모두가 아담 안에서 죽었다. 이 말은 죽음이 모든 사람에게 임한 이유를 알려준다. 모든 사람이 죄를 지었다는 점에서 유아도 예외가 아니다.

하기도 전에"55) 그리스도께서 나를 위해 무엇인가를 하셨다는 것을 선언하는 것이다.

때때로 그의 또는 그녀의 동의 없이 사람이 삶의 한 방식에 전념해야 하는지 아닌지의 문제로 인해 논점이 흐려진다. 기독교는 단지 지적인 의견으로, 명백한 대안들 사이에서 분명한 선택을 필요로 하는 것이라면, 아이들이 스스로 결정하도록 허용되도록 해야 한다고 말할 수 있다. 그러나 기독교는 하나의 견해가 아니다. 기독교는 하나의 삶(life)이다. 사람은 그것을 삶으로써만 안다. 가정에서의 다른 중요한 것들, 즉 식사, 식탁 예절, 옷 입기, 조기 교육 등은 어린아이의 선택에만 맡겨져 있지 않다. 이것들은 자녀를 사랑하는 부모들이 한다. 특히 가장 중요한 문제인 "주님의 교육과 훈계로"(엡 5:4) 아이를 양육하는 일을 아이의 선택에 맡겨서는 안 된다.

하나의 성례전으로서의 세례는 한 개인과 하나님 사이의 순전히 개인적인 문제가 아니다. 이는 교회의 하나의 성례전이다. 이것은 세례받은 사람이 한 교제의 일원이라는 것을 의미한다. 그리스도는 인간의 고립을 극복하기 위하여 오셨다(요일 1:3), 그리고 그리스도인의 삶은 오직 다른 사람들과의 교제 안에서만 의미가 있을 수 있다. 유아에게 세례를 줄 때 교회는 그 어린아이가 친교에 포함되었고 몸의 일부이며 언약 아래 있다고 말하는 것이다.

세례를 받은 순간부터, 세례받은 어린아이가 자라나며 성숙해짐에 따라, 부모와 교회는 이 기쁜 소식을 젊은이에게 전하는 데 사용할 수 있는 모든 수단을 사용해야 하는 엄숙한 의무가 있다. "네가 너무 어려서 걸을 수 없었을 때, 우리가 너를 팔로 안고 있었다. 마찬가지로 네가 너무 어려서 그리스도의 몸의 일부가 되기를 선택하지 못했을 때, 우리가 너를 위

---

55) J. S. Whale, *Christian Doctrine* (Cambridge: Cambridge University Press, 1942), 164.

해 선택했다. 우리는 너를 교제 안으로 데려왔다. 그래서 너는 몸에 합체되었다. 이제 너를 위해 선택된 것을 스스로 선택할지 여부를 네가 결정해야 할 것이다. 우리는 네가 그것을 선택하고 거부하지 않기를 바란다." 이것이 재세례파의 입장이 말하는 것처럼 실제로 젊은이에게 "너는 스스로 들어갈지 여부를 결정할 수 있을 때까지 몸에 포함되지 않았다. 그러나 우리는 네가 들어오기를 바란다."라고 말하는 것보다 심리학적으로나 신학적으로 더 그럴듯해 보일 것이다.

우리를 구원하는 것은 주로 우리의 믿음이 아니라 하나님의 은혜이다. 우리의 믿음은 우리를 향한 하나님의 우선하는 은혜에 대한 응답일 뿐이다. 무엇보다 첫째로 세례는 우리를 향하신 하나님의 주도권(initiative)을 드러내는 것이다. 세례에서의 하나님께 대한 우리의 적극적인 반응은 단지 부차적이며 결과적일 뿐이다. 세례는 복음의 약속의 표징(상징)이기도 하지만, 마치 구약에서의 계약서나 할례와 같이 그 표를 확증하는 표(seal)이기도 하다. 성경에는 하나님의 언약과 관련하여 어린아이들이 별도의 지위를 가진다는 말씀이 없다. 그들은 그것의 외부에 있지 않다. 언약에 대한 구약의 이해는 나이에 따른 구별을 인정하지 않고 있다. 어린아이들은 하나님의 약속이 노아의 가족과 그들의 후손, 아브라함과 사라와 그들의 후손, 애굽에서 구출된 히브리 종들과 그들의 후손에게 대대로 주어졌다는 사실로 언약 안으로 들어와 있는 것이다. 또한 신약성경은 인간을 세 그룹, 즉 신자, 불신자, 어린아이로 나누지 않고 있다! 단지 믿는 사람과 믿지 않는 사람, 두 그룹으로 나눈다. 그리고 어린아이들이 신약성경 어디에도 불신자로 분류되지 않았다! 오순절에서 베드로가 선포한 것은 믿는 자의 자녀들이 성령의 부으심으로 말미암아 시작된 새 언약에 포함되었다고 가르친 것으로 이해할 수 있다. "이 약속은 당신과 당신의 자녀를 위한 것이다"(행 2:39). 만약에 여기서 말한 "당신의 자녀"란 말이 아직 태어나지 않은 미래 세대를 언급한 것이라면, 그 단어가 자주 해석되는 것처럼, 그의 진술이 특정 나이에 도달한 자녀들만을 포함하도록 자격을 부여하지 않은 것이다. 또한 그는 이 미래의 자녀들이 약속이 그들에게 적용되기 전에 특정 연령까지 성숙하여야 한다고 말한 것도 아니다.

그러나 교회가 성인만을 위한 것이라고 가정하는 것은 참으로 이상한 일이다. 다른 사람이 만든 언약에 어린아이가 참여하는 것은, 예를 들어서 생명 보험에서 유아도 수혜자이듯이 삶의 다른 영역에서도 당연히 그래야 한다. 초기 기독교 사상은 일가화합(family unity)에 관하여서는 유대 사상을 따랐다. 사도행전에서의 "가족"이 세례를 받았다는 말의 배후에는 공동일치(solidarity)의 개념이 있다. 언제 어린아이가 하나님의 가족의 일부가 되었는가? 유대교인과 초기 기독교인은 모두 어린아이가 책임 있는 성숙기에 접어들거나 개인적인 거부로 떠나거나 할 때까지는 하나님의 가족이 아니라고 한 때가 없다고 생각했다. 그러므로 우리를 구원하는 것은 하나님의 선행적 은혜임을 이해하는 것이 중요하다. 아이가 이해하거나 믿을 수 있기 훨씬 전에, 심지어 아이가 존재하기도 전에 하나님은 그 아이의 구원을 시작하셨다. 이것은 성인들의 경우도 마찬가지 아닌가? 확실히 그렇다. 어떤 의미에서 모든 세례는 실제로 "유아" 세례이다. "누구든지 어린아이와 같이 하나님의 나라를 영접하지 아니하는 자는 결단코 들어가지 못하리라"(막 10:15). 우리 중 누구도 구원의 신비를 완전히 이해할 만큼 충분히 늙거나 지식을 습득할 수는 없다. 저들이 세례를 받을 때 완전한 사람은 아무도 없다. 세례는 시작점에 불과하다. ─성인은 물론 어린아이의 경우도 마찬가지다. 그러므로 세례는 "앞서가는 은혜"를 경축하는 것이다.

세례는 우리의 회개와 믿음의 표시이지만 이것이 제일 중요한 것은 아니다. 일차적으로, 세례는 하나님 은혜의 표시이다. 우리가 하는 어떤 것의 표시도 아니다. 그것은 언약의 표징이며 따라서 그것은 우리 자신의 응답에 선행하고 가능하게 하는 우리를 위한 하나님의 사역의 표징이다. 유아세례를 받을 때, 저들이 장성한 때, 저들이 스스로 신앙고백을 하는 것이 옳고 필요하다. 그러나 그들은 그들의 고백만이 그들을 구원하는 것이 아니라 그들이 믿기 오래전에 그들을 위해 이미 행하신 하나님의 역사라는 분명한 증거로 그렇게 고백한다. 그들의 믿음의 고백은 하나님께서 이미 제공하신 것을 개인적으로 받아들인 것이다. 그들은 그러한 고백을 하지 않을 가능성이 있다. 그러나 이것은 그들이 세례를 부인한다고 해서 피할 수 없는 것은 아니다. 오히려 그들이 세례를 받고 나이가 들어감에 따라 그 의미와 중요성에 대해 주의 깊게 가르치고 양육된다면, 세례를 거부당했을 때보다 스스로 고백할 가능성이 더 커 보일 것이다. 그러므로 그들을 양육하고 가르치고 궁극적으로 개인적인 믿음의 고백을 하도록 인도하는 것이 교회와 부모의 책임이 된다.

E. 세례로의 중생의 교리란 무엇인가?

마지막으로 사람이 거듭나는 시기에 관한 질문을 제기한다. 유아세례를 받은 곳에서 중생이 세례를 받을 때 일어나는가, 아니면 중생이 그가 충분히 성숙하여서 개인의 고백을 할 때 일어나는가?

웨슬리안/성결교회의 회원들은 거의 만장일치로 후자의 입장을 선택한다. 이에는 타당한 이유가 있을 수 있다. 그러나 존 웨슬리는 세례를 받을 때 유아에게서 중생이 일어난다고 믿었다. 사실 그는 세례가 성인에게도 "거듭나게 하는 의식(converting ordinance)"이라고 믿었다.[56] 믿지 않는 성인이 회개와 믿음으로 세례를 받으면 그들은 거듭난다.

세례에 의해 "본질상 진노의 자녀"였던 우리가 하나님의 자녀가 된다. 그

---

56) 그는 또한 성찬례를 "개종 의식"으로 믿었다. 후에 이 문제를 다룰 것이다.

리고 우리 교회가 많은 곳에서 세례의 탓으로 삼는(ascribes) 이 중생은 일
반적으로 간신히 교회에 인도되는 것 이상이다. … 물로써 그때, 물세례
라는 수단으로 우리는 중생하거나 거듭난다.[57]

그는 계속해서 말하기를, "일반적인 방법으로는 교회나 천국에 들어갈
수 있는 다른 수단이 없다"[58]고 했다. 웨슬리의 이러한 진술은 성인뿐만
아니라 유아의 경우에도 적용된다.

기독교에서 세례와 중생 사이에는 어떤 같은 점(equation)이 있다는 것
은 불가피한 일이다. 신약성경은 이 둘 사이의 분명한 연결을 말하고 있
다. 요한복음 3장 5절에서는 사람이 하나님의 나라에 들어가기 위해서
는 물과 성령으로 거듭나야 한다고 했다.[59] 디도서 3장 5절에서는 우리
는 "중생의 씻음과 성령에 의한 새로워짐을 통하여" 구원을 받는다고 했
다. 신학에서는 이 같은 점(equation)을 세례에 의한 자동 중생설(baptismal
regeneration)이라는 말로 강력하게 표현하고 있다. 전체 복음의 맥락에서
볼 때, 이 말은 웨슬리가 규정에서, 세례와 중생은 같은 것이 아니지만, 때
로는 내적인 은총이 없는 그곳에 외적인 표징이 있을 수 있다고 말한 점을
염두에 두는 한, 완전히 반대할 수는 없다. 그러한 규정이 없을 때는 세례
에 의한 자동적 중생설은 불행한 용어가 된다. 중세기의 신학은, 일반 사
람들이 보기에 내적 은혜가 외적 표징에 자동적으로 수반하는 것으로 만
드는 경향이 있었다. 이를 웨슬리는 거절했다.

그럼에도 불구하고, 웨슬리의 학생들 사이에서는 세례와 중생 사이의
관계에 대한 그의 견해를 이해하려는 시도에서 많은 혼란이 만연해 있었
다. 어떤 사람들은 웨슬리가 세례에 의한 자동적 중생설을 강하게 믿었
다고 결론을 내렸다. 어떤 사람들은 웨슬리가 그것을 주장하는 영국교회

---

57) Works 10:191-92.
58) Ibid., 192.
59) 5장의 D 섹션에서의 이 구절에 대한 이전 논의를 보라.

의 전통을 묵인하지만, 그는 그것을 거부했다고 주장한다. 그리고 어떤 사람들은 주제에 대한 그의 가르침이 혼란스럽고 모순적이라고 주장했다.[60] 명확성을 찾기 위해 유아에게 적용되는 중생과 관련된 세례에 대한 웨슬리의 견해를 요약하면, 다음과 같다.[61]

먼저, 웨슬리가 세례와 중생을 구별했다는 것을 인식하는 것이 중요하다.

> 세례는 신생(new birth)이 아니다. 그것들은 하나가 아니며 동일한 것이 아니다. … 더 분명한 것은, 하나는 외부적인 것이고 다른 하나는 내적 일이다. 하나는 보이는 것이고 다른 하나는 보이지 않는 것이다. 그러므로 서로 완전히 다른 것이 아닌가? … 즉 하나는 사람의 행위로 몸을 정결케 하는 것이고, 다른 하나는 하나님에 의하여 영혼에 행해지는 변화이다. 그래서 영혼이 몸과 구별되고, 또한 물이 성령과 구별되듯이, 전자(세례)는

60) 첫 번째 입장의 예는 Borgen, 144ff에 있다. Harold Lindstrom, *Wesley and Sanctification* (London: Epworth Press, 1950), 107. David Ingersoll Naglee, *From Font to Faith; John Wesley on Infant baptism and the Nurture of Children* (New York: Peter Lang, 1987), 122ff. 두 번째 입장은 William Ragsdale Cannon, *The Theology of John Wesley* (New York: Abingdon-Cokesbury Press, 1946), 126ff에서 찾을 수 있다. 세 번째 입장은 Lycurgud M. Starky Jr., *The Holy Spirit: A Study in Wesleyan Theology* (New York: Abingdon Press, 1962), 91-92에 나와 있다. Starky는 Wesley를 Aldersgate 경험 이전에는 High Churchman이었고 이후에 복음주의자였다고 말하면서 모순을 설명하려고 시도한다.

61) 수년간 이 문제에 대한 웨슬리의 생각을 이해하기 위해 노력한 끝에, 이 저자는 앞서 언급한 그의 책 *John Wesley on Sacraments*에서 스칸디나비아 감리교 학자 Ole Borgen이 웨슬리의 견해를 정확하게 파악했다고 믿는다. 이 섹션의 논의는 Borgen에게 큰 빚을 지고 있다. 그는 웨슬리의 견해가 자기-일관성이 있고 일부 해석가들이 그런 견해를 표방한 것처럼 전혀 모순되지 않는다고 믿는다. 이 점에서 웨슬리를 오해한 학자로는 William Cannon, Robert E. Cushman, David Naglee, John R. Parris, Paul S. Sanders, Lycurgus Starky, jr.가 있다. 웨슬리가 중생에 대해 두 가지 다른 생각을 가졌다는 Alber Outler의 주장에 대해서는 1장 C절에 있는 이전 논의를 보라.

후자(신생)로부터 아주 구분되는 것이다.[62]

그는 성례전의 두 부분이 분리될 수 있다는 가능성을 인식하면서 논의를 계속한다.

신생은 … 항상 세례를 동반하지 않는다. 그들은 항상 함께 가지 않는다. 사람이 물로 거듭나도 성령으로 나지는 않을 수 있다. 내적 은혜가 없는 곳에 때때로 외적 표징이 있을 수 있다.[63]

그러나 그는 여기서 성인 세례에 대해서만 말하고 있음을 분명히 하기 위해 주의를 기울였다.

나는 지금 유아에 관하여 말하는 것이 아니다. … 유아기에 세례를 받는 사람은 모두 동시에 거듭난다. … 그러나 유아의 경우가 무엇이든 간에 세례를 받는 나이가 많은 사람은 같은 시간에 거듭나지 않음이 분명하다. "나무는 그 열매로 안다."[64]

웨슬리는 세례와 중생(표징과 표명된 것)을 구별했지만, 또한 그것들의 일치(unity)도 주장했다. 그들은 구별될 수 있지만 분리되어서는 안 된다. "하나님의 값없이 주시는 자비에 의한" 신생은 "일반적으로 세례를 동반하게 되어 있다."[65] 유아는 세례를 통해 거듭난다. 그들이 나이가 들어서 은혜에서 떨어질 수 있다. 그래서 저들은 한 번 세례를 받았다는 사실에 모든 희망을 걸 수 없게 된다. 그러나 회복은 가능하다: "세례로 하나님의 자

---

62) Works 6:73-74.
63) Ibid., 74.
64) Ibid.
65) Ibid., 5:212, Cf. ibid., 10:191-93, 198.

녀가 되었으나 지금은 마귀의 자녀가 된 자들은 다시 '하나님의 자녀가 되는 힘'을 받을 수 있다; 즉 잃어버린 것을 다시 얻을 수 있다."[66] 이것이 저들이 세례로 한 번(once) 거듭났다고 웨슬리가 믿었음을 증명한다.

성인도 또한 세례를 통해 거듭난다. 위에서 인용한 그의 주장—즉 중생이 항상 세례를 수반하는 것은 아니며, 그것들이 항상 함께 가는 것도 아니다. 그래서 때때로 내적 은혜가 없는 곳에 외적 표적이 있을 수도 있다는 주장은—전체는 아니지만 어떤 때, 또 많은 경우에는 저들이 함께 간다는 것을 암시한다. 그는 표시(sign)와 표명된 것(signum and res)이 분리되거나 융합되어서는 안 된다고 주장한다. 그것들을 융합(또는 혼동)하는 것은 그가 분명히 반대하는 ex operato 교리에 빠지는 것이다. 그것들을 분리하는 것은 하나님이 짝지어 주신 것을 분리하는 것이 될 것이다. 신생은 유아나 성인에 있어서 모두 동일하다. 그것은 비인격적이고 형식적이라는 의미에서만 단순히 "객관적"인 것이 아니다. 세례를 받는다는 것은 그리스도를 옷 입는 것, "그리스도와 신비롭게 연합하여 그와 하나 되는 것"이다. 그것은 "그리스도와의 영적이고 생동적인 연합이며 그와 하나 된 것"이다. 그것은 "그와 영적이고 활력 있는 연합"이다.[67] 동일한 일이 성인과 유아에게서 이루어진다. 대상자의 나이, 능력, 상황을 제외하고는 모든 경우에서 동일하다. 보르겐은 다음과 같이 말한다.

> 성인의 신생에 대한 논의에서 웨슬리가 성인이 세례를 통해 "거듭난다"고 굳게 믿는다는 사실을 우리는 너무 자주(그리고 매우 편리하게) 잊는다. 그는 영국 영국교회에 두 가지 조건을 덧붙였다: "… 즉 그들이 회개하고 복음을 믿으면" 그리고 "세례를 받아 네 죄를 씻으라는 말을 덧붙였다. 진정으로 회개한 자에게 베풀어진 세례는 용서의 수단과 표(seal)이다. 하나

---

66) Ibid., 5:222-23.
67) Ibid., 10:191.

님은 이 수단을 통하는 것이 아니면 일반적으로 초대교회에서 이것을 아무에게도 수여하지 않으셨다."[68]

마지막으로 웨슬리는 신생이 세례를 통해서만 주어지는 것이 아니라고 주장했다. 이는 다른 수단을 통해서도 주어질 수 있다. "그러므로 너희가 거듭날 수 없다. 곧 세례 외에는 신생이 없다고 말하는 것은 너희 모두를 저주 아래 봉하는 것이다."[69] 세례가 중생의 유일한 수단이 아니라는 웨슬리의 인정은 그가 세례를 낮게 평가하는 것을 말하는 것이 아니라, 한편으로는 수행된 작업(ex opere operato) 견해에 반대하고 다른 한편으로는 칼빈주의의 성도의 견인설에 대한 그의 저항에서 비롯된 것이다.

매우 중요한 점, 그리고 널리 간과되거나 심지어 무시되고 있는 점은 웨슬리가 세례를 논의할 때 보통(ordinary 즉 일반적인-역주)이라는 단어를 사용한 일에 관한 것이다(예를 들어서 그는 다음과 같이 그 말을 사용하였다-역주). 그것은 "우리를 의롭게 하는 일반적인 도구"이다. 또는 "보통 방법으로는 교회나 천국에 들어갈 수 있는 다른 길이 없다." 그것은 우리가 죄에 대한 치료를 받기 위해 그가 정하신 일반적인 수단이다. 세례는 "일반적으로 일반적인 방식으로 구원에 필요한 것이다." 하나님의 자녀가 되는 특권은 "일반적으로 세례에 추가된다."[70] 다시 말해서, 일반적으로 세례는 구원에 필요하지만 절대적으로 필요한 것은 아니다. 동일한 혜택을 받을 수 있는 비범하거나 특이한 수단이 있을 수 있다. 그러나 많은 웨슬리 추종자들이 범한 실수는 웨슬리의 세례 허용을 기준(the norm)으로 만든 것이었다.[71]

---

68) Borgen, 159.

69) Works 5:222.

70) Works 10:191, 192, 193, 198; 5:212.

71) 나는 웨슬리가 그러한 특별한 경우를 어디에서 설명하는지 찾을 수 없다. 아마도 그는 질병이나 신체의 결함 때문에 세례를 받을 수 없는 상황, 성례를 집행할 자격 있는 사람이 없거나 물이 없는 상황을 포함할 것이다. 후자는 세례 방식인 경우에만 중요한 요소가 될 것이다.

이것은 구원에 대한 웨슬리의 이해에 있어서의 은혜의 수단이 차지하는 위치를 왜곡한 것이다: 그것들은 하나님께서 은혜를 베푸시는 데 사용하는 일반적인 통로인 것이다.

이제 우리는 중생과 관련된 웨슬리의 유아세례의 교리를 요약하고, 이것을 앞 절에서 논의된 선행적 은혜 교리와 연관시키는 것이 남아 있다. 그의 입장을 간략히 요약하면. 다음과 같다.

1. 모든 유아에게는 아담의 죄로 인하여 죄책이 있지만, 이 죄책은 태어남과 동시에 선행적 은총에 의해 소멸되었다. 다시 한번 웨슬리가 펠라기우스주의자(Pelegian)가 아니었음을 기억하는 것이 중요하다. 기독교인은 태어날 때부터 "순결(innocent)"하지 않다. 그들은 아담의 허리에 있었고, 아담이 동산에서 죄를 지었을 때 아담과 함께 죄를 지었기 때문에 죄인이다.[72] 선행적 은혜는 갓 태어난 아이들에게 그리스도의 속죄를 적용하여 잠정적인 구원(provisional salvation)을 준다. 그렇다면 유아세례가 필요한 이유는 무엇인가? 그것은 이미 있는 것에(즉 이미 구원받고 있는데-역주) 무엇을 추가할 수 있는가? 웨슬리는 있다고 말한다.

2. 유아세례로 유아는 거듭난다. 신생의 은혜(gift)는 성인이 거듭났을 때 받는 것과 동일한 혜택을 포함한다. 유일한 차이점은 나이(age)와 능력 그리고 성인의 경우에는 의도적인 회개와 의식적인 믿음을 필요로 하는 상황에 있다. 또한 상황에 따라서는 성인 세례는 두 가지로 작용한다. 이미 거듭난 성인(즉 "성령으로 난 사람")[73]은 그의 또는 그녀의 개종을 단정하기 위하여 세례(즉 "물로 거듭남")를 받아야 한다. 거듭나지 않은 사람은 회개하

---

72) Works 10:190, 193; cf. 6:240; 8:277-78.
73) 그러한 사람은 웨슬리에게 있어서는 위에서, 그리고 각주 71에서 언급한 "특별한" 경우 중 하나일 수 있다.

고 신생을 받기 위해 세례를 받아야 한다.[74]

3. 세례를 받은 유아는 계속해서 세례의 의미에 대해 가르침을 받고 양육되어야 한다. 이것이 교회와 부모에 의하여 세심하고 부지런히 행해지면 그 아이는 하나님 아버지께 순종하는 생활을 하게 되며, 또한 다른 자녀의 본을 따라 지혜와 키가 자라며 하나님과 사람의 사랑을 받게 된다. 물론 이 발전 과정에서는 내내 회개가 필요하다. 웨슬리는 회개가 "우리가 왕국으로 가는 길을 출발할 때" 뿐만 아니라 그 후의 "그리스도인 행로의 모든 단계"에서도 필요하다고 설교했다.[75]

> 그러므로 세례에서 시작된 사역은 후에 회개와 믿음과 순종으로 나타나야 하며, 이것은 하나님의 은혜를 받은 모든 사람에게 어떤 수단을 써서라도 그들의 상태와 능력과 상황에 따라 구속력이 있는 요구이다. 그 아이가 가르침을 받고 이성적으로 이해하게 되고, 그가 받은 은혜를 사용함으로, 그 아이는 은혜와 성결에서 꾸준히 성장하고, 그리고 의식적으로 기꺼이 거룩한 삶을 갖게 될 것이다.[76]

보르겐(Borgen)에 따르면, "성령의 내적 증거('확신')를 가지고 믿음의 삶을 의식적으로 수용하는 것은 분명히 웨슬리에게 있어서는 견인례(confirmation)의 자리를 차지한다"[77]고 말한다. 웨슬리는 메소디스트를 위해 견인례의 교리를 전개하지 않았다. 웨슬리는 견인례가 성경에 의해 합당한 성례전임을 증명할 수 없다고 말하며, 그것을 성례전의 의식처럼 부르는 것은 의식의 악용이라고 말했다.[78] 유아세례를 받은 아이가 성령의

---

74) NT Notes, 사도행전 10:47; 히 6:1-2.
75) Works 5:156, 157.
76) Borgen, 170.
77) Ibid., n.204.
78) Works 10:117, cf. 135-36, 150-51.

내적 증거(확신)가 수반되어, 믿음(곧 복음주의적 회심)을 개인적으로 갖게 되는 것(personal appropriation)이, 웨슬리에게 있어서는 단지 형식적인 것이 아니라 실제적인 견인례인 것이다.[79]

4. 선행적 은혜에 의하여 아이에게 있게 된 잠정적 구원과 세례 때 아이에게 주어진 신생은 상실될 수 있다. 은혜로 가능케 된 하나님과의 관계도, 결코 불가피한 것은 아니지만, 항상 잃어버릴 가능성이 있다.[80] 그러면 선행적 은혜가 모두에게 주어졌는데, 세례받은 유아가 세례받지 않은 유아보다 어떤 이점을 더 가지고 있다는 것인가? 웨슬리의 유아세례와 신생에 대한 신중한 가르침을 고려해 볼 때, 다음과 같은 결론이 불가피한 것 같다. 그는 세례받은 유아가 평생 구원의 우리(테두리) 외에 있는 시간에는 중대한 시간(time-gap)을 알지 못할 수 있다고 믿었다. 물론 이것은 아이가 제대로 가르침을 받고 양육되어 성령에 순종하여 반응하는 경우에만 해당된다. 만약에 성령님에 대한 아이의 반응이 불순종과 반항으로 바뀌면 그는 타락한 상태로 있게 된다. 그런 경우에는 깨달은 청년 또는 성인으로서, 그는 또는 그녀는 "너는 거듭나야 한다"라는 주님의 명령에 주의를 기울여야 한다.[81] 웨슬리는 이처럼 모든 타락한 자들에게 개선의 조치를 취할 수 있는 길, 곧 두 번째의 기회를 제공하는 것이다. 이것이 로마 가톨릭의 고해성서의 성례전을 대신한다.[82] 그러나 거기에는 몇 가지 차이점이 있다.

---

79) Cf. Borgen, 170 n. 204.

80) 웨슬리의 알미니안주의는 가톨릭의 수행된 작업(ex opere operato) 교리와 칼빈주의의 견인의 교리에 반대하는 필연성을 요구받는다. Borgen은 다음과 같이 말한다. "세례 은총이 있을 수 있고 상실될 수 있다는 웨슬리의 허용은 세례와 세례 은총의 강등에서 나온 것이 아니라 그의 기본적인 알미니안 입장에서 나온 것입니다." 171.

81) 그러나 그런 경우에는 다음 장에서 살펴보겠지만 재세례가 필요하지 않다.

82) Cf. John M. Todd, *John Wesley and the Catholic Church* (London: Catholic Book Club, 1958), 110-11.

일반적으로 로마 가톨릭의 입장은 세례에서 불가피하게 수행된 작업(ex opere operato)으로 부여받은 세례의 은혜가 개인의 전 생활 동안 계속하여 유효하다는 것이다. 웨슬리의 입장에서는 … 계속적인 세례(continued Baptism) 같은 것은 없다는 것이다. … 세례의 임무(task)는 새로운 믿음의 생활이 시작되었을 때 완료되었다는 것이다. 이 삶의 성장과 미래의 발전은 다른 은혜의 수단을 통해서 유지되는 것이다. 그는 적절하게 베풀어진 세례의 유효성에 대해 결코 의문을 제기하지 않았다. 그러나 그는 세례의 효능(efficacy)은 그 사람이 실제로 내적으로 그리고 외적으로 하나님의 자녀(child)라는 것에만 있다고 인정한다. … 웨슬리의 방법에 있어서의 강조점은 개인의 삶에서의 산 믿음과 거룩함의 실현에 있고, 형식적인 측면은 부수적이다.[83]

그러나 세례에서 주입된 은혜의 원동력(principle), 곧 그 안에 거하시는 성령의 임재는 우리가 "오랫동안 지속해서 사악함으로 하나님의 성령을 소멸하지 아니하는 한 완전히 떠나지는 아니할 것이다.[84] 그가 단지 성령을 근심케 함으로(엡 4:30) 은혜에서 떨어져 나가지 않는다. 그러나 계속해서 고의적인 죄 가운데 거하면(살전 5:19), 성령이 떠나가는 일 곧 소멸되는 지경에 이를 것이다. 다른 사람들보다 자신에게 더 엄격했던 웨슬리는 자신의 경험에 대해 이렇게 말한다. "나는, 열 살 될 때까지는 내가 세례받을 때 나에게 주어진 성령의 씻으심(washing of the Holy Ghost)을 나의 죄를 범함으로 없애지 않았다고 믿는다."[85] 경험적 관점에서 볼 때 유아기에 세례를 받은 모든 사람은 세례를 받을 때 받은 것을 "죄를 지어 없애지" 않는다는 것이 증명될 수 있다면, 웨슬리의 신학적 관점에서 볼 때, 이는 그

---

83) Borgen, 176-77.
84) Works 10:192.
85) Ibid., 1:98.

렇게 하지 않을(죄를 짓지 않을) 가능성이 없다고는 못할 것이다. 죄는 결코 있어야만 하는 것은 아니다. 86)

이에 반해, 세례받지 않은 아이들이 선행적 은혜로 주어진 잠정적 구원에 있어서는 그런 잠정적인 것(provisionality)이 없어질 때가 온다. 이것은 사람이 충분히 성숙하여 졌는데, 선행적 은혜의 속삭임에 긍정적으로 반응하지 않을 때 발생한다. 87) 이러한 경우 회개하는 믿음과 (지금은 청년 또는 성인으로서의) 세례가 절대 필요하게 된다. 따라서 유아기에 세례를 받은 사람이 아마도(분명히 자동적으로는 아닌 방법으로) 피할 수 있는, 위에서 언급한 시간(time-gap)은 세례받지 않은 사람의 경우에는 사실상 피할 수 없다.

그러나 사람은 "세례를 받은 사람도 충분히 장성한 후에 세례를 받을 때 주어진 은혜를 죄를 범해 잃을 가능성이 없는 것인가, 아니면 최소한 가능한 것인가요?"라고 질문할 수 있다. 대답은 물론 예이다. 두 경우의 차이는 미미한 것처럼 보일 수 있다. 표면적으로는 작아 보일 수 있다. 그러나 그것을 그렇게 생각하고 그대로 두는 것은(곧 둘 다를 인정하면-역주) 신약성경과 역사적 교회가 세례에 대해 강조한 엄청난 강조점을 간과하는 것이다! 그렇다면 문제는 성경을 근거로 하여 우리의 믿음을 주장하는 웨슬리안이 성례전 신학, 전례, 그리고 실천이 그 복음이 성경에 계시되고 역사에 의해 매개 된 것처럼 그 복음에 의해 형성되도록 허용할 것인지 여부에 달려 있게 된다. (그런 복음에는-역주) 웨슬리안이라고 불릴 만한 것은 없다.

위에서 열거하고 자세히 설명한 네 가지 요점이 유아세례에 대한 웨슬

---

86) 이 점은 너무 강하게 강조할 수 없다. 죄가 불가피한 것(necessity)이라면 그것은 도덕적 현실이 아니라 우리의 눈 색깔이나 발 크기와 같은 피조물의 자연스러운 측면일 것이다. 그런 경우에 하나님은 죄의 저자(author)가 될 것이다. 이것은 James Arminius가 칼빈주의에 반대하여 주장한 것 중 하나이다. 죄는 불가피한 것(necessity)을 말하는 것은 궁극적으로 하나님을 죄의 저자로 만드는 것이다.

87) 이것은 성경적인 용어는 아니지만 때때로 "책임질 수 있는 나이(age of accountability)"라고 부른다.

리의 견해를 유효하게 요약한 것이라면, 이는 그가 중생과 관련된 세례에 대한 그의 이해에서 일부 학자들이 생각한 것보다 더 일관성이 있음을 보여준다. "웨슬리가 세례에 의한 중생설을 가르쳤는가?"라는 질문에 대한 대답은 예 또는 아니오로 나온다. '예'라고 말하는 사람은, 유아의 경우 세례를 통해 신생이 주어졌다는 것처럼 말한다. 이것은 웨슬리에게 있어서 교회와 믿는 부모가 세례를 주라는 주님의 명령에 믿음과 순종으로 와서 자녀에게 합당한 기독교 정신과 인도를 주겠다고 약속한다는 것을 가정한다. 그렇다. 또한 성인이 진실한 회개와 믿음으로 세례를 받는 경우에도 마찬가지이다. 비록 중생(또는 신생)은, 웨슬리에게 있어서는 세례와 구별되지만, 그 둘을 따로 떼어 두지 말라는 것이다. 신약에서는 둘이 연합하여 하나(unity)를 이루며, 그것들은 회개하고 믿는 사람의 경우에는 함께 간다. 그러므로 웨슬리가 세례에 의한 중생설을 가르쳤다는 것인가? 그 말이 세례가 어떤 마술적이거나 자동적인 효력을 가진다는 것을 의미한다면, 아니요(no)다. 중생은 예식이 거행된다고 해서 자동적으로(ex operato) 일어나는 것이 아니다. 또한 외적인 증표(세례)와 내적인 은혜(신생)가 서로 융합되어 그들 사이의 구분이 없어지고, 둘이 항상 함께 간다는 것을 주장하는 것을 의미한다면, 이는 또한 아니요(no)다. 웨슬리에게 있어서는, 후자 없이 전자를 받아들일 수 있다. "물로 태어남"이 "성령으로 태어남"으로 자동적으로 옮겨지지(translate) 않는다. 예수님은 니고데모에게 둘 다를 명령하셨다. 웨슬리에게 있어서 세례에 의한 자동적 중생(교리)의 문제는 대체로 의미에 관한 것(semantics)과 정의(definition)의 문제이다.

내가 보기에는, 웨슬리가 유아세례를 다루는 데 있어서 명확성이 심각하게 부족한 것은 세례와 중생 사이의 관계에 대한 소위 불일치가 아니라, 오히려 그가 아담의 죄에 대한 어린아이의 참여를 다룸에 있어 언어의 약간의 혼란이 스며들도록 허용한 것 같다고 생각한다. 그는 유아가 "원죄의 죄를 범한 자(guilty)"이므로 "세례의 합당한 대상"이라고 말한다.[88) 그는 세례에 대해 말할 때 죄책을 의미하는 원죄(original sin as guilt)와 부패성을 의미하는 원죄(original sin as defilement)를 예리하게 구별하지 않았다. 또한 그가 선행적 은혜에 대해 논의할 때, 우리가 이 장의 섹션 D에서 언급했듯이, 모든 아이가 태어나면서 지니고 있는 아담의 죄의 "죄책(guilt)"은 그 아이가 세상에 들어오자마자 그리스도의 속죄의 공급(provisions)에 의해 취소된다고 말한다. 웨슬리는 언제 유아가 아담의 범죄에 가담한 것(곧 원죄의 죄책)에서 해방되느냐에 대한 질문에 상반된 대답을 하는 것처럼 보일 수 있다. 즉 유아가 태어날 때인가, 아니면 신생(new birth)의 때인가?

웨슬리의 언어에 대한 주의 깊은 연구가 단서(clue)를 제공한다. 태어날 때 선행적 은혜에 의해 취소된 원죄의 측면(aspect)을 말할 때 그의 언어는 주로 법의학적이다. 아담의 죄책은 그의 후손에게 전가되지만, 선행적 은혜로 취소된다. 그러나 웨슬리는 신생에서 시작되는 성화의 역사에서 고쳐지는(corrected) 원죄의 측면을 말할 때 "세례로 씻어야 할 원죄"를 말한다. 웨슬리는 이것(그런 원죄)을 두 번째 아담에 의하여 "치료될" 질병(disease)이라고 부른다.[89) 그는 죄책감에 적용되는 언어로—취소, 용서 또는 전가에 대해 말하지 않는다. 그는 예외가 있지만, 일반적으로 다른 은유를 사용한다. 그는 세례를 다룰 때 이 두 가지 종류의 언어를 분리할 수 있을 만큼 주의를 기울이지 않았다. 그러나 그는 아담으로부터 우리가 죄책(guilt)과 오점(stain)을 모두 받는다는 것을 이해한다. 죄책(guilt)은 용서를 받아야 한다. 그런데 아담의 죄의 죄책에 대한 용서는 그리스도의 속죄로 가능케 되었고, 유아가 태어날 때 선행적 은혜에 의하여 주어졌다. 오점(stain, 부패)은 씻음 또는 치유가 필요하다. 그리고 이것은 중생에서 시작된다. 웨슬리는, 이것은 항상 순간적이고 성화의 과정의 시작

---

88) Works 10:193.
89) Ibid.

이라고 말한다.[90] 물론 용서와 정결함은 고의적인 불순종으로 탕진될 (squandered) 수 있다.

웨슬리안/성결 전통은 웨슬리가 세례와 중생을 관련시키는 방식에서 웨슬리를 거의 따르지 않는다는 것이 사실이다. 이 관계는 위에서 언급한 바와 같이, 심지어 그가 관계에 부여한 수정이 있음에도 불구하고 말이다. 예를 들어서 나사렛 교회에서는 "유아세례" 의식은 세례에 의한 중생 (교리)의 어떤 유사점도 신랄하게 거부하는 서문으로 시작한다.

> 우리는 세례가 하나님의 거듭나게 하는 은혜를 준다는 것을 믿지 않고, 그리스도께서 이 거룩한 성례전을 새 언약의 표징과 표(seal)로 주셨다고 믿는다. 기독교의 세례는 이 어린아이가 하나님의 선행적 은혜를 근거로 하나님께서 은혜롭게 받아들이신 것을 의미하며, 아이가 도덕적 책임을 질 수 있는 나이에 도달하고 예수 그리스도에 대한 구원하는 믿음을 의식적으로 행사할 때, 속죄의 혜택을 아이가 개인적으로 유용할 것을 가리킨다.[91]

위의 진술에 담긴 것과 같은 설명은 유아세례에 대한 당연히 어떤 수행된 작업(ex opere operato)의 견해의 표현이 나타나지 않도록 하기 위해 포함된 것이다. 웨슬리안/성결 전통은 유아가 세례 자체의 어떤 자동적 또는 마법적 효과에 의해 구원받는다고 믿지 않는다. 세례에 의한 자동적 중생이라는 용어는 많은 사람에게 그런 암시를 주기 때문에, 웨슬리가 그 개

---

90) 웨슬리는 다음과 같이 말한다. "우리가 의롭게 되는 동시에, 참으로 바로 그 순간에 성화가 시작된다. 그 순간에 우리는 거듭나고, 위로부터, 성령으로 거듭난다." Works 6:45. 웨슬리의 추종자들은 이것이 웨슬리의 용어는 아니었지만, "초기 성화"라고 부르게 되었다. 또한 그는 일반적으로 그의 추종자들이 만든 중생과 최초의 성화 사이에 일종의 학문적 구별을 두지 않았다.

91) *Manual of the Church of the Nazaren* (Kansas City: Nazarene Publishing House, 1989), 242.

넘에 엄격한 제한을 두더라도 그 용어는 피하는 것이 최선일 것이다.

그러나 유아세례의 타당성에 대해 웨슬리가 가지고 있던 배려에 더 가깝게 접근했다면, 웨슬리안/성결 전통이 스스로 만들어낸 문제 중 일부를 피할 수 있었을지 의문이 들 수도 있다. 예를 들어, 지방 교회의 상황에서 그 전통은 종교 교육의 실천과 전도에 대한 견해를 조화시키는 일을 잘 해내지 못했다. 한편으로 그것은 어린아이들에게 하나님께서 그들을 사랑하시고 밤낮으로 그들을 돌보시며 친절하고 용서하시는 하나님이시며 그들의 잘못과 나쁜 태도가 일어나는 대로 자백하면 용서해 주실 것임을 가르친다. 그러면서 어딘가에서 전도를 위한 충동은 어린아이나 청소년에게 자신이 회개하고 확실한 회심의 경험을 통해 그리스도께 나아와야 하는 책임 있는 죄인이라는 말을 듣도록 요구한다. 웨슬리의 의도에서는 그런 교육학적 장치의 갑작스러운 이동을 피했다.

또한 그 전통에 잘못된 유형의 전도를 위한 설교로 인해 발생하는 문제가 종종 있다. 거기에서 잘못된 죄책감이 만들어지고 실제 죄책감으로 여겨질 수 있다. 그리고 다음에는 진정한 회개로 착각될 수 있는 빠른 감정적 해방을 가져오게 하는 초청(alter call)에 대한 응답으로 평안해질 수 있다. 젊은이들에게 미치는 영향은 불건전한(unhealthy) 것이며, 표면적으로 많은 "타락(backsliding)"을 초래하고 "다시" 그리고 또다시 종교적 경험을 하게 한다. 확실히 웨슬리안들은 성령을 소멸하고 은혜에서 떨어질 수 있다는 것을 알기 때문에 마틴 루터가 나는 '세례를 받았다'(baptizatus sum)라고 선언했던 것과 같은 식으로 세례에 최종적으로 의지할 수는 없다. 그러나 이러한 생각(idea)이 더 좋은 조화를 위하여 필요한 다른 중요한 생각, 즉 세례에 대한 분명한 생각보다 훨씬 더 크게 전통에서 선언되었다. 우리는 성령을 소멸하는 것은 실제로 가능하다고 인정한다. 그러나 이것은 때때로 영적인 삶에 실패하여 그리스도를 닮는 선택된 이상에 따라 살지 않음으로써 성령을 슬프게 하는 사람의 생활 방식과는 매우 다르다.

그런 사람은 안전하게 세례에 의지할 수 있다. 달리 말해서, 세례(하나님의 주도-initiative)에 있어서 인간의 응답보다 하나님의 활동을 강조한 것이 사람의 구원의 경험을 훨씬 더 안전하게 만든다는 것이다. 그러므로 구원은 사람이 과감히 거부해서 타락자가 될 때 잃을 수 있는 것이지, 알고 있는 최선에 미치지 못하였다고 해서 잃을 수 있는 것이 아니다.

거의 30년 동안 대학 및 신학교 학생들을 가르친 후에, 내가 관찰한 바로는, 현명하게 양육되었고 종교적 양육에 대해 진지하게 또는 고의적으로 반항한 적이 없는 웨슬리안/성결교회의 많은 사람이 형식적인 것 이상의 극적인 회심의 경험을 정확히 설명하는 데 어려운 시간을 겪고 있다. 그러나 그들의 삶은 성령의 열매를 겉으로 나타내고 있다. 그들의 신학이 이러한 사건의 필요성을 강조하기 때문에 때때로 당황한다. 그런 사람들에게 웨슬리는 유아세례의 의미심장한 것(meaningfulness)을 강조한다. 그랬으면 유아세례가 확신의 근거가 되었을 것이다. 오히려 시기를 추정할 수 있는 경험을 고안하기보다는, 세례에서 선포된 하나님의 은혜의 선행적 행위에 의지하고 그다음에 하나님의 보호하시는 능력을 증거할 수 있을 것이다. 물론 어린 시절에 세례를 받은 사람에게는 그리스도를 닮는 완전한 이상에 부응하지 못하는 경우가 많이 있을 것이다. 그러나 이것은 소위 신자의 세례를 기다리던 성인의 경우도 마찬가지이다. 그럼에도 불구하고 사망을 낳는(약 1:15) 장성한 죄의 한계(parameter) 밖에서 사는 것이 가능하다. 우리가 회개하기를 멈출 때 죄는 장성한다. 비록 "모든 사람이 죄를 범하였으나"(롬 3:23), 우리는 회개하는 일을 포기함으로써 죄가 장성하도록 내버려 둘 필요는 없다. 세례받은 자녀들이 나중에 그들이 참 그리스도인이 되기 위해서는 즉각적이고 극적인 회심의 경험이 필요하다고 가르침을 받았을 때, 그들은 그들이 하나님의 가족으로 받아들여졌고 그에서 떠나게 되지 않는다는 사실을 결코 이해하지 못할 수도 있다. 물론 이것은 개인적인 신앙고백의 필요와 충분한 성숙에 도달했을 때는 자진의 세례를 불필요하게 하는 것은 아니다. 그러나 무언가를 소유하기 위해 먼저 그것을 버릴 필요는 없다.

웨슬리안/성결 전통에서의 일부 피해자들은 유아세례에 대한 더 큰 강조에 이어 부모, 목사, 교회가 세례받은 사람에게 그들이 받은 세례의 의미를 가르치는 엄격한 노력으로 인하여 피할 수 있었을 것이다. 달리 말해서, 그 사람의 면전에 하나님께서 그 사람에게 주신 외적 표징의 사실과 의미를 계속해서 제시하는 것이 그저 외적 표징을 무시하고 내적 은혜를 강조하는 것보다 내적 은혜를 실제적으로 만드는 더 효과적인 방법으로 보일 것이다. 종교적 체험은 주관적이지만 객관적인 실재에 대한 체험이라야 한다. 세례는 객관적인 증표이면서 객관적인 실재를 증거한다.

아이들을 가르치고, 양육하고, 지원하여 책임감 있는 사람으로 성장하도록 돕기 위해 끈질기게 힘썼다면, 웨슬리안/성결 교회에서 유아세례의 실행에 대한 총체적 헌신이 어떤 변화를 가져왔을지 짐작할 수 있다. 하지만 유아세례는 실행되지 않음으로 크게 환영을 못 받아 왔다. 진지하게 받아들이지 않고 부지런히 따르지 않을 때마다 수반되는 단순함 때문에 많은 사람이 실행을 경멸했다. 그런 경우에는 의미 없는 형식이 된다. 웨슬리안/성결 전통에서 유아세례의 교리와 실천이 많은 사람에 의해 유지되는 것을 무시하고 심지어 경멸하는 것은 대체로 이 성례전에 대한 웨슬리의 주의 깊은 이해를 이해하고 인식하지 못한 전통의 결과일 수 있다. 이런 무시는 앞서 언급한 성결 실천의 "침례교화(baptistification)"에서 온 결과일 것이다. 그러나 성례전의 남용이 그 합법적인 사용을 무효로 하지는 않는다.

F. 재세례의 문제

유아기에 세례를 받고 그 후에 "성령의 씻음 받은 것을 죄를 범하여 버린" 사람이 성인이 되어 개인적으로 신앙을 고백하면 그 사람은 어떻게 해야 하는가? 그들은 성인이 되어서 재세례를 받아야 하는가? 영국교회의 복음주의자인 그린(Michael Green)은 이 질문에 대해 재미있으면서도 매우 진지하게 대답했다. [92] 그의 대답에 동료 영국교회의 복음주의자인 존 웨슬리는 분명히 박수를 쳤을 것이다. 나 또한 그의 대답에 박수를 보낸다. 그린 박사는 사람들이 네 가지 다른 이유로 "재세례"를 원한다는 것을 말했다. 여기에 그가 말한 이유를 (내 의견이 추가해서) 설명하고자 한다.

1. 어떤 사람들은, 그때(유아세례 받을 때-역주) 충분한 믿음이 없었기 때문에 재세례를 받고자 한다고 말한다. 그들은 그때 너무 어려서 무슨 일이 일어나고 있는지 알 수 없었고, 믿을 수 없었기 때문에 이제 합당한 신자의 세례를 받기를 원한다. 그러나 그러한 추론에서 유대인은 그의 할례의 언약적 의미를 의심할 수 있었다. 또는 남자가 다른 사람과 사랑에 빠지면 결혼 서약의 유효성을 의심할 수 있다!(이것이 오늘날 많은 사람에게 편리한 회피이다). 또는 심지어 행복한 부부라도 세월이 흐름에 따라 그 초기에 있었던 흥분이 가라앉음으로 젊었을 때는 결혼의 모든 책임을 완전히 이해하지 못했기 때문에 서로 재혼해야 한다고 결정할 수 있다! 그러므로 기억할 것은 신약에서 세례는 믿음의 증거가 아니라 하나님의 은혜에 대한 증거라는 것이다. 믿음은 은혜(gift)가 아니라 은혜를 잡는 손이다.

2. 어떤 이들은 그때 고백이 충분하지 않았기 때문이라고 말한다. 그들의 세례 당시에는 그들이 지금 원하는 대로 그리스도를 고백할 기회가 없었다. 그러나 이것은 혼란한 생각이다. 가장 확실한 것은 그들이 아기로 세례를 받는 데 고백적인 요소가 있었다는 것이다. 교회와 목사는 성례전을 집전함으로써 증거했고, 부모는 아이를 데려오고, 세례를 받도록

---

92) Green, 113-26.

데려온 데서 신앙을 공개적으로 고백함으로써 증거했다. 다시 한번, 세례
는 믿음에 대한 일차적 증거가 아니라 하나님의 앞선 은혜에 대한 증거임
을 기억해야 한다.

3. 어떤 이들은 그때 그곳에 물이 부족했기 때문이라고 말한다. 아마
그들은 세례가 침례(immersion)에 의한 것이 아니면 세례가 유효하지 않다
고 침례교 친구들에 의해 설득되어 있었던 것 같다. 또는 침례는 로마서 6
장 4절과 골로새서 2장 12절에 있는 매장(burial)과 부활의 상징과 가장 잘
일치한다고 믿을지 모른다. 그러나 본문은 세례의 방식에 대해서는 언급
하지 않고 그 효력만 언급하고 있다. "매장"과 "부활(being raised)"이라는
개념은 물에 대한 생각이 아니라 죽음과 빈 무덤에 대한 생각을 상기시킨
다. 세례 방식은 9장에서 더 자세히 논의될 것이다.

4. 어떤 사람들은 그때 느낌이 별로 없었기 때문이라고 말한다. 오늘
은 실존주의적 시대다. 주관주의가 지배하고 있다. 그때 물이 그들의 머
리 위로 닿는 놀라운 느낌과 그리고 이것이 상징하는 것을 몰랐던 고로,
그들은 실제로 세례를 받은 것을 "느끼기" 위해 두 번째 세례를 받고자
한다.[93] 종종 웨슬리안/성결 전통에 속한 사람들도 이 유혹에 매우 취약
하다. 인간의 감정을 추구하는 그러한 추구는 복음의 객관성을 무시하
고 그것을 우리 자신의 만족을 위한 수단으로 만든다. 재세례에 대한 모
든 요청 중에서 이것을 대부분의 복음주의 개신교 목사들이 가장 쉽게 수
락하는 것 같다. 그러나 그것은 복음주의자들에게도 위험이 따르는 것이
다. 가장 깊은 기독교 경험을 가진 사람들이 변화하는 기분(moods) 속에
서 하나님의 확고함보다 감정에 의존하는 것을 가장 경계하는 사람들인

---

93) "경험이 위험"에 관하여, 제1장, D에서 논의된 것을 참고하라.

것 같다.[94] 존 웨슬리는 올더스게이트(Aldersgate)에서의 경험 직후에 다음과 같이 말했다.

> 얼마 지나지 않아 원수가 제안했다. "이는 믿음일 수 없지: 기쁨이 어디 있느냐"고. 그때 나는 죄에 대한 승리와 평화가 우리 구원의 대장에 대한 믿음에 극히 중요하다는 것을 배웠다. 그러나 그 시작에 일반적으로 수반되는 기쁨을 주시는 것에 관해서는, 특히 깊이 슬퍼하는 사람들에게 하나님께서는 자신의 뜻에 따라 어떤 때는 주시고 어떤 때는 그것을 보류하신다는 것을 배웠다.[95]

종교적인 느낌의 근원으로 재세례를 구하는 것은 잘못된 것이다. 그러한 요청이 있을 때, 목사는 성례전과 복음의 진정한 의미에 관해 그 사람에게 조언할 기회를 갖는다.

이것이 그린(Green)이 말하는 사람들이 재세례를 찾는 네 가지 이유이다. 그는 계속해서 재세례는 행해질 수 없기 때문에 근본적으로 잘못된 것이라고 말한다! 세례는 일반적으로 입회(initiation)의 성례전으로 이해되고 있다. 이 정의에 따르면 사람은 같은 것에 한 번 이상 입회시킬 수 없다. 와일리(H. Orton Wiley)는 다음과 같이 말한다.

> 입회 의식인 세례는 한 번만 집행되어야 한다. 세례는 영원한 언약을 제정한다. 그리고 반복해서는 안 된다. 세례받은 사람이 버릴지 모르지만 하나님의 은혜로운 약속은 여전히 계속해서 있다. 그것을 아무 효과 없는 것으로 만들 수 없다. 그가 타락했으면 회개하고 믿어야 한다. 그리고 아버지는 그를 회복할 준비를 하고 계시지만 그는 재세례를 받을 필요는 없

---

94) Cf. Laurence Hull Stookey, *Baptism: Christ's Act in the Church* (Nashville: Abingdon Press, 1982), 55-56.
95) Works 1:103.

다.[96]

경주에는 출발선이 하나만 있다. 경주자는 중간에서 더듬거리고 비틀거리더라도 출발점으로 돌아갈 필요가 없다. 필요한 것은 단순히 일어나서 다시 달리기 시작하는 것이다! 시민권자는 시민권을 다시 신청하지 않는다. 입양된 사람은 같은 가족으로 다시 입양되기를 원하지 않는다. 세례는 효과가 있지만 무조건적인 것은 아니다. 조건은 회개와 믿음이다. 이런 것들이 없다고 해서, 그 사람은 다시 세례를 받을 필요가 없다. 그런 사람들은 회개하고 믿어야 한다! 이런 일이 일어날 때, 그들은 단지 그들 자신을 위해 자신들의 세례에 따라 붙는 것이다. 사마리아에서(행 8장) 빌립은 그리스도를 전파했고 사람들은 "주 예수의 이름으로 세례를 받았다"(16절). 그러나 어떤 이유에서인지 그것은 효과가 없었다. 그들은 성령을 받지 않았다. 베드로와 요한이 와서 이를 보고 그들은 저들에게 다시 세례를 베풀지 아니하고 그들을 위하여 기도하였다. 그리고 그들이 성령을 받았다. 에베소에서(행 19장) 사람들이 두 번 세례를 받았다. 그러나 이는 그들의 첫 번째 세례가 전혀 기독교 세례가 아니라 단순히 요한의 세례였기 때문이었다. 기독교에 재세례는 없었다.

재세례는 세례의 입회라는 성격에 의해 금지될 뿐만 아니라 위에서 살펴본바 훨씬 더 중요한 진리, 즉 세례는 하나님의 행위라는 사실에 의해 금지된다. 이것은 하나님의 확고한 언약의 약속이다. 스투키(Lurence Hull Stookey)는 재세례에 반대하는 입장을 다음과 같이 날카롭게 기술한다.

재세례를 한다는 것은 마치, "하나님, 당신은 한때 이 사람에게 당신의 변함없는 사랑과 창조적 능력을 약속하셨습니다. 하지만 진심이 아니었나 보네요. 그것을 다시 약속하십시오. 당신은 아마도 이 사람을 언약의 공

---

96) Wiley, 3:174.

동체에 통합시켰을 것입니다: 그러나 효력이 없었나 봅니다. 다시 하십시오."라고 말하는 것과 같다. 따라서 재세례는 하나님의 성실하심(integrity)을 배격하는 것이다. 퉁명스럽게 말해, 재세례는 신성 모독의 한 형태이다. 그렇지 않으면 세례가 하나님의 활동으로서 아무 의미가 없다고 말하는 것이다.[97]

그것을 신성 모독이라고 말하는 것은 과장하는 것 같지만 스투키(Stookey)의 마지막 말은 적절하다. 재세례는 하나님의 행위로서의 세례의 중요성을 강조하지 않는 것이다.

세례는 웨슬리의 말에 따르면 그를 통하여 "우리가 하나님과의 언약으로; 즉 하나님이 영원히 명하신 영원한 언약(시 111:9); 하나님이 그것으로 영적인 이스라엘을 만들겠다고 약속하신 그 새 언약으로"[98] 들어가는 성례전이다. 따라서 재세례를 금지한다. 인간이 서로 맺는 다른 언약에서도 다시 언약을 맺을 필요가 없다. 결혼에서도 한편이 불성실하다고 해서, 결혼식을 다시 할 필요가 없다. 그리고 결혼증명서가 다시 작성될 필요가 없다. 결혼생활을 재건하기 위해서 요구되는 것은 불성실한 배우자의 고백과 회개이고, 다른 편에서의 용서이다. 하나님은 거짓말을 하지 않으셨다. 하나님은 성약에서 자신의 몫을 어기지 않으셨다. 유아나 성인이 제 역할을 하지 못했다면 세례 서약(고백과 회개 포함)을 새롭게 하는 것이 적절하고 필요하지만 재세례는 필요하지 않다.

유아세례를 받은 후 성인이 되어서 다시 세례를 받기를 원하는 사람들을 위해서는, 유아세례의 중요성을 감소시키지 않으면서 교회가 느끼는 필요를 충족시킬 수 있는 창의적인 교육적, 문화적 방법이 있다. 또한 자신이 세례를 받았는지 여부를 모르는 경우가 있을 수 있다. 이러한 상황

---

97) Stookey, 51.
98) Works 10:191.

에 대한 제안은 9장에서 할 것이다.

G. 유아의 헌아식은 어떻게 봐야 할까?

이미 언급한 바와 같이, 헌아식이 유아세례보다 웨슬리안/성결 교회에서 더 많이 하는 것으로 보인다. 이 그룹의 대부분 교회는 두 의식에 대해 별도의 의식을 마련하고 있다. 헌아식에서는 물을 생략한다는 것 외에, 주로 인간적인 행동이나 자녀에 대한 부모의 의도적 증언이 있다는 점에서 세례와는 다르다. 이것은 그 자체로서 참신하고 좋은 것이다. 그러나 헌아식은 세례가 가지고 있는 신약성경의 지지와 역사적 선례를 가지고 있지 않다.

웨슬리안/성결 교회에서는 보통 부모에게 선택권을 주지만 유아세례를 꺼리는 목회자들이 많다. 그리하여 마지못해 이를 거행한다. 어떤 사람은 유아에게 세례를 주기조차 거부한다. 사람들은 자신들의 교단의 신앙과 규정(faith and order)에 있는 성례전을 집전하기를 거부하는 목사의 윤리에 대해 의아해할 수 있다!99) 그러나 그 동기는 대개 악의에서가 아니라 성례전을 뒷받침하는 신학에 대한 이해 부족에서 온 것이다.

이 책의 관점은 유아세례가 헌아식보다 우선되어야 한다는 것이다. 신약성경에는 헌아식에 대한 근거나 언급이 없다. 그러나 유아세례는 그것이 신약성경에서 행해졌든 그렇지 않든 간에 적어도 초기 기독교에서의 가장 오랜 전통 중의 하나이다. 헌아식은 긴 기독교 역사에서 생긴 비교적 새로운 개념이다. 헌아식에서의 강조점은 부모가 하는 일이다(유아세례를 반대하는 재세례파의 주장은 유아가 알면서 참여할 수 없다는 것임을 기억하라!).

---

99) 예를 들어 나사렛교회는 "장로"를 다른 의무들 중에서 "세례와 주의 성만찬의 성례전을 집행하는" 성직자로 인정하고 있다. 그리고 교단의 신앙규칙(Articles of Faith)에서 유아세례를 하나의 성례전으로 인정하고 있다. Manual, 1989의 36, 179.

그러므로 헌아식이 세례를 대신할 때 다음과 같은 약점이 드러난다. (1) 그것은 하나님의 주도하는 행위의 초점을 인간의 활동으로 옮겨 놓는다. 따라서 성례전 신학이 극복하고자 하는 일종의 주관주의를 조장하게 된다. (2) 헌아식은 생명, 신앙, 성례전에 대한 초자연적 견해라기보다는 합리주의적 견해이다. 그래서 은혜의 가능성을 강조하는 일을 하지 못한다. (3) 이는 신앙을 지적 동의 또는 이해로 간주한다. 그래서 사람은 그것이 의미하는 바를 알 수 있을 만큼 나이가 들 때까지는 세례를 받아서는 안 된다고 한다. (4) 이는 무력한 어린아이에 대한 하나님의 약속과 능력에 대한 신뢰가 부족함을 나타낸다.—그런 경우에 아이에게는 도움이 안 된다. (5) 한 아이를 하나님께 드리는 것은 그 자체로 존경할 만한 일이지만, 이는 하나님이 이 아이를 사랑하셔서 당신의 아들을 보내시어 그들과 그녀들이 구속받은 큰 무리에 포함될 수 있도록, 그리고 그리스도의 몸의 지체가 될 수 있도록 하신 복음 실체에 부차적인(secondary) 것이라는 것을 이해하지 못하고 있다. 이 후자의 진리가 세례의 메시지이다. 옛 언약 아래서 사람들은 하나님께 자녀를 바쳤다. 이는 여전히 가치 있는 일이다. 그러나 세례에서 선포된 복음의 진리가 훨씬 더 크다. 즉 하나님께서 당신의 아들을 죽게 하셔서 우리 자녀들이 새 생명을 얻게 하셨다는 것이 더 중요하다.

7장
성찬례: 성화의 성례전
Eucharist: Sacrament of Sanctification

입회(initiation)의 성례전인 세례는 그리스도인 생활의 시작이며 반복해서는 안 되는 것이다. 이 장에서 우리는 웨슬리안/성결 전통에서 관찰되는 다른 성례전, 즉 주의 성만찬에 관해 설명하고자 한다. 우리는 그것을 "성화의 성례전"이라고 부른다. 이것은 웨슬리안 영성에서의 성례전의 위치에 관한 책에서 적절해 보인다. 왜냐하면 존 웨슬리가 영성에 대한 기독교적 이해뿐만 아니라 신학적 논의에 독특한 기여를 한 것은 성화 교리에 있었기 때문이다. 결과적으로 그것은 또한 웨슬리안/성결 전통의 중심 교리였으며 종종 전통의 독특한 교리로 간주되어 왔다.

물론 웨슬리와 웨슬리안들은 성화가 칭의와 신생의 순간에 시작된다고 믿는다. "성화는 우리가 의롭다 하심을 받는 그 시간에, 바로 그 순간에 성화가 시작된다. 그 순간에 우리는 거듭나고, 위로부터 성령으로 거듭난다."[1] 이 성령의 거룩하게 하는 역사의 시작이 세례 곧 입회의 성례전에 의해 성례전적으로 표현된다. 웨슬리의 추종자들은 종종 이 시작을 "초기 성화"라고 불렀다.[2] 이것은 웨슬리가 믿었던 성화 과정의 시작에 불과

---

1) Works 6:45.
2) 이것이 웨슬리의 견해를 정확하게 묘사하고 있지만, 이것은 웨슬리 자신이 사용한 용어는 아니다.

하며 "온전한 성화"(살전 5:23), 또는 기독자의 완전이라고 불리는 하나님의 두 번째 은혜의 역사로 이어져야 한다고 믿었다. 그가 정의하는 그리스도인의 완전은 "죄를 배제하는 사랑(love excluding sin): 마음을 채우는 사랑, 곧 영혼의 온전한 능력을 차지하는 사랑"[3]이다.

그러나 웨슬리는 "지속적인 증가를 인정하지 않는"[4] 완전의 정적인 상태는 믿지 않았다. 그는 구원을 그리스도인의 완전함을 목표로 하는 일련의 단계로 구성된 과정으로 보았다.[5] 그는 다음과 같이 말한다.

> 성경뿐만 아니라 모든 경험은 이 구원이 즉각적이고 점진적인 것임을 보여준다. 이는 하나님과 사람에 대한 거룩하고 겸손하며 온유하고 오래 참는 사랑으로 우리가 의롭다 하심을 받는 그 순간 시작한다. 그 순간부터 … 다른 순간에, 곧 마음이 모든 죄에서 깨끗해지고 하나님과 사람에 대한 순수한 사랑으로 채워질 때까지 점진적으로 증가한다. 그러나 그 사랑은 우리가 "범사에 우리의 머리이신 그에게 자랄 때까지; 우리가 "그리스도의 장성한 분량이 충만한 만큼"에 이를 때까지 점점 더 자란다.[6]

성찬례를 "성화의 성례전"으로 부르는 것은 성찬례에 의해서 상징되는 것이 [위의 웨슬리의 인용에서 은총의 두 번째 역사(다른 순간)로 말한] 온전한 성화라는 것을 의미하지 않는다. 오히려 우리는 성화의 과정의 많은 "순간들(instants)"을 포함한 성화의 전체 진행 과정을 염두에 두고 말하는 것이다. 성찬례는 예수 그리스도께서 제정하신 은총의 수단으로 이해될

---

3) Works 6:46. "온전한 성화"와 "기독자의 완전"은 기독교 사상의 역사에서 완전히 동의어가 아니지만, 이 구절에서처럼 웨슬리에 의해 종종 그렇게 사용되었다.

4) Ibid., 5. 웨슬리는 다음과 같이 계속한다: "어떤 인간이 얼마나 많은 것을 얻었든지, 또는 그가 얼마나 높은 지위에 도달하였든지, 그는 여전히 은총 안에서 성장할 필요가 있고, 매일 그의 구원자이신 하나님의 지식과 사랑을 발전시켜야 한다." 5-6.

5) Cf. Lindstrom, 113-25. Lindstrom의 책이 구원의 단계에 대한 웨슬리의 견해를 잘 설명하고 있다.

6) Works 6:509.

수 있다. 이 성찬례에 우리는 회개, 자기 성찰, 갱신, 영적인 자양, 감사, 교제, 하늘나라에 대한 기대, 그리스도의 형상을 따라 완전을 향한 우리의 순례에서의 축하 행사를 위하여 초대되었다. 이 모든 것이 우리의 성화와 관련되어 있다. 그리고 이 모든 것이 주님의 식탁(Lord's table)에서 우리가 누릴 수 있는 혜택이다.

성찬례를 성화와 연관하는 것이 정당한가? 웨슬리는 그렇게 생각했다. 그는 말하기를 "주의 만찬은 하나님께서, 사람에게 여러 가지 필요에 따라서 선행적 은총, 또는 의롭게 하는 은혜, 거룩하게 하는 은총을 전달하는 수단이 되도록 정하신 것이다."[7]라고 하였다. 그의 "일정한 성찬식에 참여할 의무"라는 설교에서, 그는 다음과 같이 말했다.

> 우리 몸이 떡과 포도주에 의하여 강건해짐과 같이 우리 영혼도 이 그리스도의 몸과 피의 상징들(tokens)에 의해 강건해진다. 이것은 우리 영혼의 양식이다: 이것은 우리의 의무를 수행할 수 있는 힘을 주고 우리를 완전으로 나가도록 인도한다.[8]

윌리몬(William H. Willimon)은 그 말에 대해 다음과 같이 말한다. "웨슬리는 여기에서 성찬례를 하나의 거룩하게 하는 활동으로 말하고 있다. 이것은 우리의 생활양식이다."[9]

넓은 의미에서의 성화는 그리스도인들이 "하나님을 경외함으로 거룩함을 온전히 이루어"(고후 7:1) '성자(saints)'가 되는 일생의 과정이다(고전 1:2; 엡 1:1). 그것은 은혜로 우리의 운명을 향해 나아가는 과정이다. 그리고 우

---

7) Ibid., 1:280.

8) Ibid., 7:148.

9) *The Service of God*, 124. Willimon은 과정으로서의 성화에 대한 웨슬리의 개념에 대해 잘 알고 있다. 그러나 그는 은혜의 순간적인 역사로서의 성화에 대한 웨슬리의 저술에 있는 많은 언급은 인정하고 있지 않다.

리의 운명은 무엇인가? 그것은 인간이 창조된(창 1:27) 하나님의 형상(Imago Dei)에 의해 정의된다. 우리는 죄로 인하여 이 운명으로부터 돌아섰다. 우리의 운명인 "형상(image)"은 이제 "보이지 않는 하나님의 형상"(골 1:15)이며 "하나님의 영광의 광채요, 그 존재의 정확한 표현"(히 1:3)이신 예수 그리스도에 의해 정의된다. 그 동일한 형상으로 우리가 변화되고 있다(고후 3:18). 간단히 말해서 우리의 운명은 "그 아들의 형상을 본받아 가는 것"(롬 8:29)이다. 한편, 웨슬리안/성결 전통에서는 인간적인 면에서의 성화의 삶은 기본적으로 그리스도를 닮아가는 헌신을 의미한다.[10] 이것은 "그리스도를 본받음"에서 인간의 힘을 발휘하여 얻을 수 있는 것이 아니라, 은혜로 받는 것이다. 그리고 그것을 받기 위해서 우리는 항상 열려 있어야 한다.[11] "지금은 우리가 하나님의 자녀라 장래에 어떻게 될지는 아직 나타나지 아니하였으나 그가 나타나시면 우리가 그와 같을 줄을 아는 것은 그의 참모습 그대로 볼 것임이라"(요일 3:2)!

웨슬리에게 있어서 성화는 순간적인 측면이 있고 또한 "우리가 처음으로 하나님께로 돌이킨 때부터 영혼 안에서 서서히 진행되는 점진적인 면"[12]이 있다. 거룩해지는 일을 발전시키는 한 가지 중요한 수단은 주의 성만찬에 참여하는 일이다. 다음 윌리몬(Willimon)의 말은 정확하다.

주의 만찬은 "거룩하게 하는 의식"으로서 하나님의 가능하게 하고, 공동으로 확인하고, 양육하는 은혜의 연속성, 필요성, 가용성의 표시(sign)이다.

---

10) 전통적으로 이 헌신을 "성별(consecration)"이라고 불렀다.

11) Free Methodist Church 신자들은 다음과 같은 약속을 한다: "나는 하나님의 거룩하게 하는 은혜에서 하나님을 알기를 노력하겠습니다"라고 서약해야 한다. 나사렛교회에서는 교인들을 영접하는 의식을 치를 때, "주님의 두려움 속에서 마음과 생활의 거룩함을 충실히 추구할 것인가"라는 질문을 받는다. Wesleyan Church에서는 위와 마찬가지로 "당신은 성결함을 받은 성령의 증거가 있나요? 그렇지 않다면, 당신은 그 은혜를 간절히 구할 것인가?"라는 질문을 한다. 이러한 서약(commitment)은 "그러므로 매 순간 그것을 구하라"는 존 웨슬리의 훈계와 일치한다. Works 6:53.

12) Works 6:74.

우리의 성품은 우리 삶에서 계속되는 하나님의 역사의 도구에 의해 형성
되고 거룩해진다.[13]

웨슬리안/성결 교회에서 자란 사람들은 일반적으로 성결 증진을 위한
수단으로서의 성찬례의 잠재력에 대해 잘 교육받지 못했다. 그들에게 있
어 성례전의 정상성, 규칙성, 의례적 성격은 이러한 이해를 하지 못하게 한
다.[14] 주의 만찬으로의 초대가 성결로의 부름으로 특별히 들리지 않는
다. 그러한 사람들이 종종 부흥회의 분위기에서 성결에 대하여 들었던 설
교는 단지 그것을 듣는 사람들이 그때그때 온전한 성화를 구하도록 초
대를 받아 즉각적인 은혜 경험을 하도록 강조하는 경향이 있다. 이 초대
는 일반적으로 더 조용하고 형식적인 행사로 인식되는 주의 만찬으로의
초대보다는 감정으로 감격할 수 있는 제단으로의 초대(altar call)의 형태를
취했다. 성화와 성찬에 대한 이러한 이해를 지닌 자들은 이 둘을 연결함
에 있어서 잦은 실수를 범한다. 그러나 윌리몬(Willmon)은 이 둘의 연결의
경우를 매우 명확하게 설명했다.

> 성화는 그리스도인의 삶이 모호한 방식으로 형성되어서는 안 된다고 주
> 장한다. 이는 이 특성을 구현하기 위해서 평생에 걸친 끊임없는 관심, 습
> 관, 보살핌이 필요하다. 성찬례의 정상성과 불변성은 그 능력의 일부이다.
> 이 음식물(meal)은 특별한 것일 필요도 없고 의미심장할 필요도 없다(때로
> 는 둘 다일 때도 있지만). 이것은 그리스도인의 정상적인 음식이며 우리 삶을
> 유지하며 영양을 공급하는 것이다. 우리는 아침 식탁에 모이는 것처럼 습
> 관적으로 그리고 정상적으로 우리 생명의 근원인 주님의 식탁으로 함께
> 나아간다.[15]

---

13) *The Service of God*, 125.
14) 독자는 1장의 처음 두 섹션에 있는 논의를 다시 주의해보라.
15) *The Service of God*, 127.

이제 우리는 이 성례전을 더 구체적으로 살펴보아야 한다. 세례가 입문의 성례전이므로 결과적으로 반복해서는 안 되지만, 성화의 성례전은 세례부터 죽을 때까지 계속해서 시행되어야 한다.[16] 성찬례는 서로 번갈아 사용되는 다른 이름들로 불리기도 한다. 각 이름은 그 성례전의 다른 측면을 들어내고 있다. 그 이름 중 가장 많이 알려진 것이 "주의 만찬"(고전 11:20), 또는 단순히 "만찬(the Supper)" 또는는 "식사(the Meal)"이다(이는 요 13:4에 그리고 예수님이 제자들과 함께 식사하신 일, 또한 그의 왕국에 대한 비유와 하나님의 왕국에서 먹는 것 등이 언급된 여러 가지에 근거하여 그렇게 부른다). 또한 그 외 다른 이름들 즉 "성찬식(Communion)" 또는 "거룩한 성찬식"(고전 10:16), "성찬례(Eucharist)"('감사'의 헬라어 단어에서 파생된 말-고전 11:24 및 10:16), "주님의 식탁(the Table of the Lord)"(cf. 10:21), "떡을 뗌(the Breaking of Bread)"(눅 24:35; 행 2:42) 등 다양하게 언급되고 있다. 이 성례전이 예배의 지배적인 특징을 드러내는 교회에서는 때때로 그것을 단순히 "전례(the Liturge)"라고 말한다. 로마 가톨릭 교도들 사이에서는 "미사(the Mass)"라고 부른다. 이 말은 라틴어 '미시오(missio)'에서 파생된 비성경적 단어로서, 주의 만찬이 거행되기 전에 아직 교회의 정회원이 아니었던 사람들을 추방하는 것을 의미한다.

"성찬례(Eucharist)"라는 용어는 1세기 말부터 사용되어 왔으며 특히 사도 이후의 교부들의 저술에서 볼 수 있다. 오늘날에는 개신교와 로마 가톨릭에서 널리 사용되고 있으며, 전례에 관한 일부 권위자들은 그것을 가장 기술적인 용어로 생각한다.[17] 이 용어가 최근의 신학 저작에서 자주 사용되고 있는데, 아마도 다른 용어보다 이 용어가 더 강하게 주의 만찬에 참여하는 것을 나타내는 의식의 특징을 강조하고 있으며, 최근 신학에서 두드러진 주제가 되고 있기 때문이다. 이러한 이유로 이 용어가 이 장

---

16) "세례에서(from baptism)"라는 구절은 이 책의 다른 곳에서 표현된 두 가지 전제를 표현하고 있다. 즉 (1) 유아세례는 유효하며 (2) 유아세례를 받지 않은 사람은 개인 신앙을 고백함으로 지체 없이 세례를 받아야 한다는 전제를 표현하고 있다.

17) E.g, James F. White, *Christian Worship*, 203.

의 제목에서 사용되었다. 그러나 다른 용어들도 우리의 논의에서 사용될 것이다. 특히 "주의 만찬(the Lord's Supper)"이라는 용어는 웨슬리안/성결 전통에 있는 교회의 교리적 진술에서 가장 널리 사용되고 있다.

성찬례 신학에 대한 탐구를 시작하는 것은 주해적, 신학적 논쟁의 치열한 덤불 속으로 곤두박질치는 것과 같다. 오랜 의견 차이들(misunderstandings)이 많다. 아이러니하면서도 슬프게도 교회의 역사에서 일치와 친교를 상징하는 예식이 분열과 분쟁의 원인이 되었다. 신약성경 본문에서 제기된 수많은 질문에 대해 논쟁이 벌어졌다. 예를 들어, "이것을 하라는 예수님의 말은 무엇을 의미하는 것인가? 제자들이 해야 할 "이것"은 무엇인가? 그리고 예수님의 "이는 내 몸 … 이것은 내 피"라고 하신 말씀에서 "~이다(is)"가 의미하는 것은 무엇인가? 그러한 질문에 대한 대부분의 논쟁에서 명확한 승자는 나오지 않았으며, 논쟁은 대개 불안한 휴전과 같은 것으로 끝났다. 다행스럽게도 오늘날에는 여러 세기 동안 그어느 때보다도 지금은 서로 다른 전통 간에 상호 존중과 이해가 더 많이 이루어지고 있다.

이 책의 의도는 성찬례 연구와 관련된 모든 비판적이거나 주석적인 문제를 깊이 탐구하는 것이 아니다. 이 주제에 관한 많은 문헌이 이미 존재한다.[18] 여기에서 우리의 목적은 좀 더 실용적이다.

다음 섹션에서 우리는 예수께서 배반당하신 날 밤에 만찬의 "제도"와 관련된 주요한 문제에 대해서만 간략히 언급할 것이다.[19] 우리의 주요

---

18) 네 가지 좋은 예가 다음 책에 있다. Joachim Jeremias, *The Eucharistic Words of Jesus*, trans. Norman Perrin (London, SCM Press, 1966), 1. Howard Marshall, *Last Supper and Lord's Supper* (Grand Rapids: Wm. B. Eerdmans Publishing Co., 1980); A. J. B. Higgins, *The Lord's Supper in the New Testament* (Philadelphia: Westminster Press, 1983.

19) "시작(inception)"은 "제도(institution)"보다 더 나은 단어일 수 있다. 왜냐하면 그것이 성례전의 기원에 대한 더 넓은 신약성서의 근거를 허용할 것이기 때문이다. 그러나 우리는 전통적 용어를 고수할 것이다.

관심은 행동과 명령에 대한 느낌을 이해하는 데 있다. 초대교회와 우리 모두를 위한 성찬례의 의미는 이 장의 세 번째 섹션 "성찬례의 이미지"라는 제목으로 살펴볼 것이다.

A. 성찬례의 제정

초대교회의 기독교인들은 그리스도 안에서 하나님의 구원 행위를 축하하기 위해 함께 모여 식사를 하였다. 오순절 직후에 "그들은 집에서 떡을 떼며 기쁨과 순전한 마음으로 먹고 하나님을 찬미하였다"(행 2:46-47). 그렇게 함으로써 제자들은 예수께서 최후의 만찬 이전에도 여러 차례 제자들과 함께 식사하신 본을 따르고 있는 것이다. 그러나 그들이 함께 식사할 때 마지막 식사를 염두에 두었고, 그들이 "이것을 하라"는 명령에 순종하고 있음을 알고 있었을 것이다. 그들은 또한 다음 세대에 그 명령을 전달했다.

예수님께서 제자들과 함께 하신 최후의 만찬은 신약성경에서 다섯 번이나 언급되고 있다. 즉 사복음서 전체와 고린도전서 11장에서 바울에 의해 언급되고 있다. 그러나 넷째 복음서의 기록은 "저녁 식사를 하고 있었다"(13:2)는 사실만을 기록하고 있다. 그리고는 빨리 발을 씻는 사건으로 넘어간다. 그러므로 요한은 성찬례의 제정에 관하여는 아무 말도 하지 않고 있다. [20]

이와 같은 최후의 만찬에 대한 설명에 대하여, 신약 시대의 먹고 마시는 것에 관한 귀중한 정보를 제공하는 세 개의 구절이 더 추가될 수 있다. 따라서 우리에게 주어진 주의 만찬의 이미지에 간접적으로 색채를 더할 수 있게 되는 것이다: 곧 사도행전 2:42; 고전 10:16-17; 그리고 요한복음

---

20) 그러나 우리가 4장에서 언급했듯이 어떤 사람들은 요한복음에서 제정되고 명령된 것이 바로 발 씻김이라고 생각한다.

6:23-58(특히 51-56절)에 있는 구절이다. 신약성경의 성찬례에 대한 가르침을 온전히 이해하기 위해서는 위의 본문들 외에 예수님께서 제자들과 함께 먹고 마신 많은 사례와 하나님 나라에서 먹고 마시는 것에 관한 비유들을 살펴보아야 한다.

주의 만찬 제정에 대한 설명은 공관 복음서와 바울서신에서 볼 수 있다. 나는 이 네 가지 기록(마 2:26-30; 막 14:12-26; 눅 22:14-20; 그리고 고전 11:23-26)에서, 모든 식사의 주요한 모습을 볼 수 있다. 마태복음과 마가복음의 기록은, 마태복음이 제자들의 참여와 먹고 마시라는 명백한 명령에 약간 더 비중을 두고 있지만, 언약이 죄의 용서를 위한 것임을 강조한다는 점을 제외하면 비슷하다.

바울의 설명은 상당히 다르다. 그의 기록은 마태와 마가가 생략하고 있는 "이를 행하여 나를 기념하라"는 명령도 포함하고 있다. 그 대신에 마태와 마가는 "언약의 피"에 대한 언급 뒤에 "많은 사람을 위하여 부으심"이라는 구절을 포함하고 있다. 공관복음에서 예수님이 하나님의 나라에서 마시기 전에는 그 잔을 다시 마시지 않겠다고 선언하신 그 자리에 바울은 주의 죽으심을 "그가 오실 때까지" 선포한 것을 언급하고 있다.

누가의 기록은 어떤 면에서 다른 기록과 다르다. 주된 차이점은 고대 사본에서 더 긴 버전과 짧은 버전에서 발견된다는 사실인데, 더 짧은 버전은 누가복음 11장 19절의 중간에 "이것은 내 몸이다"라는 말로 끝나고 있다. 그런데 더 긴 버전은 "너희를 위하여 주신 것이니 이것을 행하여 나를 기억하라"로 이어지며 20절의 끝으로 가고 있다. 짧은 형식은 소위 서방 텍스트에서만 발견되지만, 긴 텍스트가 원본이라고 대다수 주석자는 믿고 있다.

혼동을 줄 수 있는 텍스트 간의 차이로 인해 신약성서의 증거들이 공통적으로 갖고 있는 중요한 사실을 간과해서는 안 된다. 예수님은 제자들과 함께 마지막 식사하실 때 떡과 포도주를 나누어 주시고, 이것들을 당신의 몸과 피(죽음을 부르는 인간의 두 가지 요소)와 연관시켰다. 예수님은 자신의 피 흘림(생명의 포기)을 바로 그 행위에 의해 구성되는 새 언약과 관련시키시는데, 아마도 출애굽기 24:8(언약이 피 뿌림으로 맺어진 곳)과 그 후에 시내 산에서 언약의 만찬이 거행된 것(11절)에 대한 암시일 것이다.

이러한 신약성경 기록의 공통점을 배경으로 하여 각 저자가 각기 다른 강조점을 제시했음을 알 수 있다. 마태와 마가에 있어서는, 하나님 나라에서 있을 만찬에 더 초점이 맞춰져 있다. 바울에게서는 예수님의 죽음이 핵심이다. 누가복음에는 두 가지 측면이 모두 있다. 바울과 누가복음에서는 예수님의 죽음에 대한 강조가 "이를 행하여 기념하라"는 그의 지시와 관련되어 있다. [21]

서로 다른 설명을 조화시키고 해석하는 방법의 문제 외에도 다른 질문이 나온다. 하나는 날짜(date)의 문제다. 이것은 최후의 만찬이 유월절 식사였는가 아닌가의 문제와 연결된다. "복음서 자체는 그 점에 대해 의견이 일치하지 않는 것 같다. 공관복음은 예수께서 제자들과 함께 먹기를 원하셨던 유월절 준비를 기술함으로써 최후의 만찬 이야기로 이어진다"(막 14:14 참조). 그러나 요한복음 18:28에는 예수님이 체포된 후 유월절이 있었다고 명시되어 있다. 요한에 따르면 마지막 극적인 사건은 유월절 전날인 니산월 14일에 일어났다.

증거는 혼란스럽다. 다른 학자들에 의하여 서로 다른 결론이 그럴듯하게 나왔다. 공관복음의 가장 자연스러운 해석은 최후의 만찬이 유월절 식사임을 보여주고 있다. 반면에 요한의 가장 자연스러운 기록은 성전에서 유월절 양이 죽임을 당하던 바로 그때 십자가에 못 박히신 예수님을 말하고 있다.

이 논쟁에 대해 여러 해명이 제의되었는데, 한 가지 가능성은 최후의 만찬이 유월절 식사가 아니라 예수님과 제자들이 함께 나누는 일종의 엄숙

---

21) "기억(remembrance)"의 의미는 이 장의 섹션 C에서 논의될 것이다.

한 교제 식사였을 것이라는 견해이다. 또 다른 견해는 예수께서 제자들과 함께 하신 식사가 유월절 식사였지만 아마도 유대인 집단마다 다른 달력을 사용했기 때문에[22] 공식적인 식사보다 먼저 1일을 지켰다고 주장함으로써 기록을 조화시키려 하는 견해이다. 또 다른 해결책은 공관 복음서의 설명이 정확하다는 것이다. 그런데, 넷째 복음이 십자가에 못 박히심과 유월절을 연결하고 새로운 유월절 어린 양이신 예수님의 의미를 강조하기 위해 시간표를 변경했다는 것이다. 이 견해들 각각에는 문제를 해결하려고 시도하는 서로 다른 보충적인 제안(sub proposal)이 있다.[23] 세부 사항에 관해 독단적이지 않고 우리는 주의 만찬이 일종의 유월절 식사였다고 확신한다.

또 다른 문제는 초기에 성찬례를 거행하는 것과 일반 식사 사이의 관계에 관한 것이다. 초대교회에서는 식사가 예배 시간에 있었다. 이것이 소위 아가페 식사 또는 "사랑의 잔치"이다(유 12). 이런 것들이 분명히 그리스도인의 교제와 예배의 행사로 회중에서 규칙적으로 개최되었다. "이그나티우스가 스미르나 사람들(Smyrnaeans)에게 보낸 서신"[24]에서 성찬례와 아가페 식사는 실질적으로 같은 것이거나 아니면 최소한 서로 연결되어 있는 것으로 보인다. 이 행사는 가난한 회원들에게 무료로 식사를 제공하기 위한 것이었다. 여러 증거에 따르면, 성찬식과 교제를 위한 식사(social meal)는 원래 하나였다. 여러 세대가 지나기 전에 성찬례와 아가페 식사는 완전히 분리되었다. 그리고 후자는 바울이 교회에서 이미 발견한 것과 같

---

22) 이 견해는 P. Billerbeck에 의해 제시되었으며 Marchal은 그의 훌륭한 연구, 75에서 채택했다.

23) 다양한 솔루션에 대한 간결하지만 상당히 완전한 요약은 Leon Morris, *The Gospel of John*, in the New Testament Commentary on the New Testament, ed F. F. Bruce (Grand Rapid: Wm B. Eerdmans Publishing Co., 1971), 774-78에서 찾을 수 있다.

24) Cyril Richardson의 8:1-2, 115.

은 남용으로 인해 완전히 사라졌다(고전 11:20 이하). 디다케(Didache)[25]에서는 그것들이 여전히 함께 있지만 회중이 커짐에 따라 사교적 식사가 사라지기 시작했다. 따라서 성찬례는 진정한 식사와 점점 멀어지게 되었다.

중세 로마 가톨릭의 미사는 성찬례를 아가페 식사에서, 성례전을 사회적인 것에서, 수직적인 것을 수평적인 것에서 아주 멀리 분리하는 하나의 대표적인 예였다. 개신교는 그 격차를 절반 이상 좁히지 못했다. 그럼에도 최근에 그 격차를 더욱 좁히려는 성례전 신학의 움직임은 칭찬할 만하다.

다시 우리는 신약성경 자체에서 발견되는 주의 만찬에 대한 두 가지 넓은 관점을 언급해야 한다. 공관 복음서에서는 성찬례가 두 가지 방향으로 연결되어 있다. 한편으로는 예수님과 그의 제자들이 이전에 나누었던 식사와의 연결이고, 다른 한편으로는 예수께서 비유로 가르치신 마지막 왕국에서 있을 미래의 잔치와의 연결이다. 바울에게 있어서는 그 연결 고리가 거의 전적으로 예수님의 십자가에서의 죽음과 관련되어 있다. 이러한 관점의 차이는 각 관점이 전개된 다른 문화적 환경 때문이라고 말해왔다. 언약과 언약의 만찬, 그리고 행위적 비유에 대한 개념은 공관복음의 팔레스타인 환경에서 친숙한 반면, 바울의 헬레니즘적 환경은 신비 종교와 친숙하여 희생에 대한 개념을 충분히 이해할 수 있게 했다. 벌코프(Berkhof)는 "바울이 성찬례와 이러한 헬레니즘 사상 사이의 대조 또는 대립(고전 10:14-22)으로 의미했던 것이 결국 평행론으로 바뀌었다. 그래서 애초에는 그리스도의 희생을 기억하는 것을 의미했던 식사에서 그분의 희생의 반복으로 바뀌게 되었다"고 말한다.[26] 우리는 중세 로마 가톨릭 미사에서 이러한 발전의 끝을 본다. 그러나 개신교조차도 "식사와 종말을 잃어

---

25) Cyril Richardson의 9장과 10장. 175-76.
26) Hendrikus Berkhof, *Christian faith*, trans. Sierd Woudstra (Grand Rapid: Wm B. Eerdmans Publishing Co., 1979), 367.

가며, 십자가의 희생을 일방적으로 바라보고 있다." [27]

그러므로 공관복음과 바울의 전통은 다시 한번 결합되어 서로를 보완할 수 있도록 하여야 한다. 위에서 논의한 모든 문제에 대한 다양한 해석에 대해서도 마찬가지다. 무책임하게 절충주의적이지 않으면서 우리는 성경 학문에 의해 만들어진 각각의 접근 방식을 통해 성찬례에 빛이 비친 것들을 적용할 수 있다. 결국, 주의 만찬을 통해 우리에게 주어진 은총에 대한 우리의 수용은 성경 비평이 제시하는 다양한 선택 중에서 택해야 하는 것이 아니라, 신약성경이 우리에게 보여준 성찬례에 마음을 고양되게 하는 것이 최선일 것이다. 이것은 다음 섹션 C에서 탐구하게 될 것이다. 그러나 먼저 우리는 다양한 전통을 비교하고 각각의 전통에서 성찬례의 신성한 은혜의 수단에 대한 더 깊은 이해를 제공하는 데 도움을 줄 수 있도록 성찬례에 대한 네 가지 주요 역사적 해석을 살펴야 한다.

B. 성찬례에 대한 해석

최후의 만찬에서 예수께서 "이것은 내 몸이다" 그리고 "이것은 내 피다" 라고 하신 말씀의 의미를 둘러싼 논쟁은 수 세기 동안 가장 격렬하게 토론된 문제 중 하나다. 주님의 이 말씀은 무엇을 의미하는가? 철학적으로 문제는 "표징(signum)"과 "표명된 것(res)" 사이의 관계에 관한 것이다. 더 간단하게 말해: 질문은 다음과 같다. "이것은 내 몸이다"라는 예수의 말씀에서 "이다(is)"를 어떻게 이해해야 하는가? 어떻게 떡은 그리스도의 몸이고 잔은 그의 피라고 말할 수 있는가? 이러한 질문과 떼놓을 수 없는 것은 다음과 같다. 예수의 말씀에서 "이것(this)"이라는 단어는 무엇을 의미하는가? 예수님은 떡과 포도주만을 언급하셨는가? 아니면 다락방에서 함께 하는 식탁 교제의 일부로서 식사를 둘러싼 전체 행위에서 떡과 포도

---

27) Ibid.

주를 사용하는 것에 대해 말씀하신 것인가?

프로테스탄트 종교 개혁 당시 유럽 대륙에서는 네 개의 다른 해석, 곧 (로마 가톨릭의 입장인) 화체설(transubstantiation), (루터교의 입장인) 공재설(consubstantiation), (칼빈주의의 입장인) 영적 임재설(spiritual presence), (츠빙글리의 입장인) 기념설(memorialistic view)의 네 주장이 대립되었다. 위의 순서는 "이것이 내 몸이다"라는 예수의 말씀을 문자 그대로 해석함(literalness)에 있어서의 그 정도(degree)의 차이를 반영한다. 여기서 로마 가톨릭의 견해는 "이다(is)"를 가장 문자적으로 받아들이고, 츠빙글리의 입장은 가장 적게 받아들이고 있다. 또는, 이를 달리 말하면, 이 순서는 각 견해에서 말하는 '진정한 임재(Real Presence, 성찬례에 나타나는 예수의 임재-역주)'가 선포되는 정도의 차이를 반영한다.

우리의 논의에서, 우리는 마지막 두 입장의 순서를 바꾸어 츠빙글리(Zwingli)의 입장을 칼빈(Calvin)의 입장보다 먼저 다룰 것이다. 이것이 더 정확한 연대순이다. (츠빙글리의 작업이 칼빈의 작업보다 루터의 작업만큼이나 오래되었다). 또한 이 책의 성례전적 관점이 웨슬리안이기 때문에[28] 또한 웨슬리가 다른 것보다 칼빈의 관점에 더 가까웠기 때문에, 그러한 순서가 가장 잘 어울린다. 그러면 우리의 다루는 순서는 웨슬리가 다양한 입장에 동의한다고 말할 수 있는 정도를 따라 오름차순으로 생각할 것이다.

이 웨슬리안적 연결이 여기서 서로 다른 입장을 검토하게 되는 주된 이유다. 어떤 의미에서는 이러한 16세기의 논쟁은 과거 시대에 뒤떨어진 유물처럼 보일 수 있다. 오늘날의 성례전 신학은 토론이 진행되었던 철학적 토대가 그 사이에 있는 세기 동안 바뀌었다는 것을 인식하면서 이 문제를 넘어섰다. 그러나 그럼에도 불구하고 중요한 질문이 여전히 남아 있다. "우리가 성찬례를 거행할 때, 요소들, 참가자들, 그리스도, 교회에 정확히 무슨 일이 일어나고 있는가?" 이 질문에 대해 16세기 토론은 여전히 밝힐

---

28) 서문에서 언급했듯이 이 책은 순전히 존 웨슬리의 성례전 신학에 관한 책은 아니다.

부분이 있다. 신학은 과거를 넘어서야 하지만 감히 그것을 무시할 수는 없다.

1. 화체설(transubstantiation)

이 학설은 네 가지 관점 중 하나로서, 로마 가톨릭의 입장이다. 이 학설은 9세기에 나타나기 시작했고 11세기에 처음으로 명확하게 언급되었다.[29] 이 학설은 "이다(is)"를 가장 문자적으로 받아들인다. '화체화(transubstantiation)'라는 단어는 한 물질이 다른 물질로 변화하는 것을 의미한다. 헤일즈의 알렉산더(Alexander of Hales)는 그것을 "실제 존재가 파괴되거나 소멸되지 않고 그 전체 실체에 따라 다른 실제 존재로 변화되는"[30] 행위로 정의했다.

많은 프로테스탄트 평신도들에게 화체설은 일종의 미신에 불과한 것처럼 보였다.[31] 그러나 이 이론은 그보다 훨씬 더 정교하다. 이것은 아리스토텔레스의 실체(substance)와 우유성 (accidents)의 구분으로 거슬러 올라가는 철학적 이해에 기초하고 있다.[32] 이러한 구분은 토마스 아퀴나스가 정교화한 성찬례의 스콜라 철학적 교리의 핵심이다. 사물의 우유성(accidents, 즉 비본질적 속성-역주)은 경험적으로 관찰할 수 있는 특성이고, 실

---

29) 이 학설은 1079년 제2차 로마 공의회에 의하여 "베렝가르 신앙고백(Confession for Berengar)"에서 발생하기 시작했다. 그리고 이 교리는 1215년 제4차 라테란 공의회(The Fourth Lateran Council)에 의해 공식 교리의 지위로 승격되었고, 트렌트 공의회(the council of Trent, 1545-63)에 의해 확인되었으며(교황이 모든 성직자에게 보내는-역주), 회칙 "믿음의 신비(encyclical) Mysterium fidei)"에 의해 1965년이 되어서 재확인되었다.

30) 이 말은 *Encyclopedia of Theology*에 있는 "Transubstantiation"에 관한 Engleberi Cutwenger의 말 곧 The Concise Sacramentum Mundi, ed. Karl Rahner (New York: Seabury Press, 1975), 1752에 있는 말을 인용한 것이다.

31) 이러한 인식의 정도는 hocus-pocus라는 용어가 "This is my body"라는 라틴어 단어의 변형이라는 사실에서 알 수 있다.

32) 비본질적인 것(accidents)은 "속성(attributes)" 또는 "특성들(properties)"이라고도 부를 수 있다.

체(the substance)는 기본적인 본질이다. 예를 들어, 의자를 생각해보자. 의자의 우유성은 그것의 다리, 모양, 크기, 심지어 나무, 강철 또는 플라스틱과 같이 의자를 만드는 재료들이다. 그러나 이들 중 어느 하나도 그것의 "실체(substance)"를 정의하지 못한다. 그 실체가 의자의 우유성("의자인 것-chairness")의 기초가 되는 것이다. 아리스토텔레스(따라서 스콜라주의) 사상에서는 의자의 실체는 우유성(비본질적 속성) "아래에 있는" 존재이며 그것들과 분리할 수 있으며 실제로 경험적으로 관찰할 수는 없지만 실제로 우유성(accidents)보다 더 현실적이다.[33] 다른 의자는 다른 우유성을 가질 수 있다(예로, 다리의 수, 색상, 모양 및 크기가 다르고 재료가 다를 수 있다). 그러나 이는 동일한 "실체"(예로: 의자임)를 공유할 것이다.

현대 사상은 실체에 대한 관념이 경험의 대상이 아니라는 단순한 이유 때문에 그를 대체로 일축한다. 손에 잡히지 않는다고 한다. 그 대신에 의자는 우유성(accidents, 비본질적 속성) 또는 특성들(properties)의 정확한 합계로 이해된다. 내가 글을 쓰면서 앉아 있는 이 의자는 그 밑에 깔려 있고 분리될 수 있는 의자라는 다른 본질이나 실체가 없다. 내가 앉아 있는 이 의자(모든 우유성의 합)는 거실에 있는 유일한 의자이다. 그럼에도 불구하고 실체화의 교리는 실체와 우연 사이의 이러한 아리스토텔레스적 분리에 기초하고 있다.

화체설의 교리에서는 빵에는 맛, 색깔, 질감, 냄새 등과 같은 특정한 "우유성(비본질적인 속성)"이 있다. 그러나 성찬례에서 빵이 성별됨에 따라 우유성들은 그대로 유지되나, 그 실체는 더 이상 빵의 실체가 아니라 그리스도의 몸의 실체가 되었다. 포도주도 마찬가지다. 그 색, 맛, 냄새 등은

---

33) 이것과 유사하고 아마도 더 이해하기 쉽게 만드는 것은 영혼의 불멸의 교리이다(이는 성경적인 것보다 더 그리스어에 가깝다). 이 교리에서 중요하고 분리할 수 있는 영혼이 인간의 진정한 본질(real essence)이라고 이해하고, 몸은 단순히 불필요한 "우연한" 부속물로 이해하고 있다. 신약의 기독교는 몸의 부활 교리에서 그러한 개념을 멀리한다. 그러므로 신약에서는 어떤 근본적인 "영적" 부분만이 아니라 전체 인간(whole person)이 영원한 운명을 가지고 있다고 말하고 있다.

그대로 남아 있지만, 그 실체는 주님의 피가 되었다. 그러므로 우리가 물질을 취할 때 빵과 포도주를 취하는 것이 아니라, 그리스도의 몸과 피를 취하는 것이다. 헤일즈의 알렉산더(Alexander of Hales)가 그 행위를 묘사한 것처럼, 이 교리는 하나의 실체(빵)는 파괴되거나 소멸되지 않고(즉 사라지지 않고), 그 전체 실체에 따라(곧 빵의 실체는 하나도 남지 않고 단지 그 우유성들만 남고) 다른 실제 존재로(곧 그리스도의 몸으로) 변화되었다고 주장 한다.

토마스 아퀴나스(Aquinas)에 따르면, 이것은 오직 기적, 즉 미사(Mass)에 있는 새로운 기적에 의해서만 일어날 수 있는 것이다.[34] 그러나 이러한 기적은 마음대로 부는 바람과 같은 성령의 통제를 받아 무작정 일어나게 해서는 안 된다(요 3:8).

> 그것은 예측 가능한 기적이어야 한다. 우리는 그것을 어디서 찾아야 하는지 알아야 한다. 이것은 교회의 존재에 의해 보장된 것이다. … 하나님은 교회 자체의 성례전 구조를 통해 "이것은 내 몸이다"라고 말하고, 그것이 사실이 되도록 하는 기적을 행하는 이 권세를 교회에게 부여하셨다.[35]

화체설은 음식의 친교와 대인 관계의 만남에서 분리되어 요소 자체에 그리스도의 임재를 고정시켜 그들에서 수행된 작업(ex opere operato)으로써, 자동적으로 효과가 있는 것으로 이해한다. 아리스토텔레스-스콜라주의 이론으로 성만찬이 수 세기 동안 화체설의 견해에서 일방적으로 이해되었다.

토마스 아퀴나스가 이해하는 로마 가톨릭 미사의 또 다른 면[36]은 회

---

34) Suuma Theologica 3:75, 4.
35) Carl E. Braaten and Robert W. Jenson, eds. *Christian Dogmatics*, 2 vols. (Philadelphia: Fortress Press, 1984), 2:356.
36) 즉, 교회 역사에서도 알려진 Thomas Aquinas 또는 St. Thomas의 가르침을 따르는 사람들이다.

생 개념이었다. 미사를 거행할 때마다 그리스도의 몸과 피가 십자가의 대속 희생의 반복으로서 새롭게 봉헌되었다는 것이다. 개신교의 관점에서 보면 이것은 행위로 인한 의(works-righteousness)에 해당한다. 우리는 하나님을 위해 선한 일을 하고 우리가 선물로 받는 바로 그것을 선한 일로 드리고자 하는 자들로서 하나님께 나아온다.

존 웨슬리는 이 화체설을 거부한다. 그는 그것을 "무의미한 의견"[37]이라고 부른다. 그것은 성경, 고대, 이성, 감각에 반대된다.[38] 이 화체설은 "경건에 해로운 결과를 초래한다."[39] 메소디스트를 위한 신앙신조에서 웨슬리는 다음과 같이 말하는 영국교회의 신앙기조 제28조를 그대로 인용하였다. "화체설 또는 주님의 성만찬에서 빵과 포도주의 실체의 변화를 말하는 것은 성경에서 입증될 수 없다: 이는 단지 성경의 평범한 말씀에 반하고, 성만찬의 본성을 전복하며, 많은 미신에 기회를 주었다."[40] "이것은 내 몸이다"라는 그리스도의 말씀이 화체설을 필요로 한다는 주장에 대하여 웨슬리는 이렇게 답변하였다.

우리는 이렇게 대답한다. 빵이 그리스도의 몸으로 바뀐다는 변화는 "이것이 내 몸이다"라는 그의 말씀에서 추론할 수 없다. 왜냐하면, 주님의 말씀은 "이것이 내 몸으로 바뀌었다"는 말이 아니라 "이것이 내 몸이다"라고 하셨기 때문이다. 만약 우리가 그 말을 문자 그대로 받아들인다면 빵의 실체가 그의 몸임을 증명해야 할 것이다. 그러나 그것들을 문자적으로 취해서는 안 된다는 것은 사도 바울의 말에서 분명하다. 바울은 그것을 성별하기 전과 그 후에도 그것을 빵이라고 불렀다(고전 10:17, 11:26-28). 여기서 우리가 보니 그의 몸이라 하는 것은 동시에 빵이다. 따라서 이러한 요

---

37) Works 7:64.
38) Ibid., 10:151-52. 여기에서 웨슬리가 화체설에 반대하는 "사변형(Quadrilateral; 성경, 전통, 이성, 경험)"을 가져온 것에 주목하라.
39) Ibid., 9:278.
40) *John Wesley's Sunday Service*, 312.

소들을 교부들은 "그리스도의 몸과 피의 이미지, 상징, 형상"이라고 부른
다.[41)

다행히도 중세 스콜라의 화체설 교리는 오늘날 로마 가톨릭 학자들에
의해 창조적으로 재해석되고 있다. 이는 아직 완전히 받아들여지지는 않
더라도 웨슬리 신학에 더 바람직한 것이다. 이러한 재해석은 관계적이고
개인관계(personalistic)의 선에서 이루어지고 있다. 네덜란드의 로마 가톨
릭 신학자들이 이러한 노력의 최전선에 있다. 예를 들어 스힐레베이크스
(Edward Schillebeeckx)는 성례전을 그리스도 안에서 하나님과의 개인적인 만
남의 역사적, 구체화된 측면(aspect)으로 본다. 따라서 그의 이해는 그리스
도론 적이다. 성례전은 승천하신 그리스도께서 우리와 개인적인 친교를
유지하는 수단이다.[42) 그것은 또한 종말론적이다. 성례전에서 "표명된
것(thing signified) 곧 res는 종말이며, 그리고 성례전은, 그리스도께서 이미
영광을 받으셨지만 영광은 아직 올 것이기 때문에 필요하다."[43)

화체설에 대한 이러한 새로운 접근 방식은 중세 교리의 의도를 보존하
지만 현대적 사고방식에 더 부합하는 관점에서 이를 이해하려고 시도하
는 것이다. 형이상학이 실존적, 개인주의적, 관계적, 현상학적 방식으로
이해되고 새로운 물리학도 관계적으로 이해되는 세상에서 오래된 실질주
의 모델(substantialist model)은 지지할 수 없게 되었다. 화체설에 대한 이러한
새로운 사고방식에서 실체의 변화는 여전히 발생하지만(빵과 포도주는 여전히
그리스도의 몸과 피로 변화되는) 변화는 다르게 이해된다. 사물의 실체는 더 이상
우유성(accidents)의 밑에 깔린 어떤 실제적 실체로 보이지 않고, 오히려 사

---

41) Works 10:151.

42) Edward Schillebeeckx, *O. P. Christ is the Sacrament of the Encounter with God* (New York: Sheed and Want, 1963), 54-65.

43) Edward Schillebeeckx, "The sacraments: An Encounter with God," in Edward Schillebeeckx, OP, ed. M. Redefern (New York and London: Sheed and Ward, 1972), 22-25.

물의 의미와 목적이 동일하게 이해된다. 구트벵거(Englebert Gutwenger)의 다음 진술은 이것이 성찬례에 어떻게 적용되는지 보여준다.

> 사물의 의미는 문제에 해를 끼치지 않고 변경될 수 있다. 예를 들어, 집은 재료의 특정 배열로 구성되며 명확하게 확립된 성격과 목적을 가지고 있다. 집이 철거되고 다리를 건설하는 데 사용되는 자재인 경우, 그것은 자연이나 본질의 변화가 개입한 것이다. 거기에는 완전히 다른 것이 있다. 집에 사용된 자재는 살기 위해 필요한 것이었지만, 다리에 사용된 것은 움푹 패인 곳을 건너기 위해 사용된 것이기 때문에 그 의미가 바뀐 것이다. 그러나 물질적 손실은 없었다. 이와 유사하게 빵의 의미는 봉헌을 통해 변경되었다. 이전에는 세속적인 용도로 사용되었던 것이 이제는 거처가 되고 임재하며, 자신을 온전히 드리신 그리스도의 상징이 된다. 이것은 빵에서 존재론적 변화가 일어났다는 것을 의미한다.[44]

만약에 웨슬리 당시에 화체설에 대한 위와 같은 관계적 재해석이 있었다면, 웨슬리가 이 견해를 강하게 비판하지는 않았을 수도 있을 것이다. 그러나 그것은 불필요한 추측이 될 것이다. 의심할 여지 없이 그는 성찬례를 이해하는 더 좋은 방법이 있다고 믿었을 것이다.

2. 공재설(Consubstantiation)

이 학설은 로마 가톨릭의 이론에 반대하여, 마틴 루터가 화체설의 문자주의에서 한 단계 떨어진 입장을 공식화한 것이다. 그는 로마 가톨릭에서 말하는 "실재적 임재(Real Presence)"의 개념을 보존하고 제정(institution)이라는 말을 동등하며 진지하게 받아들이기 위해 공재설(consubstantiation)로 알려진 이론을 발전시켰다. 이 이론에서는 빵과 포도주가 기적적으로 그리

---

44) *Encyclopedia of Theology*, 1754.

스도의 몸과 피가 되지 않는다. 빵과 포도주는 그대로 남아 있다. 그러나 주의 만찬에서 그리스도의 임재(presence of Christ)는 요소 안에, 요소와 함께, 요소 아래에 있다. 우리가 요소들을 받을 때, 우리는 또한 그것들과 "함께" 오는 그리스도의 피와 몸을 받는 것이다(따라서 "공재설" 즉 "실체와 함께 하는 것"이다).[45]

루터는 그리스도가 단지 어떤 "영적" 의미에서가 아니라 육체적으로(bodily) 요소들에 현존하신다는 것을 의미했다. "어떻게 이것이 그럴 수 있는가? 높임을 받으신 그리스도는 하늘에서 육체적으로(bodily) 하나님 우편에 계시지 않는가? 그리고 또한 친교 식탁에 계시지 아니하는가?" 로마 가톨릭이 자신들의 견해를 아리스토텔레스의 사상에 근거했던 것에 반하여, 루터는 자신의 견해에 대한 적절한 철학적 기초를 직접 가지고 있지 않았다. 그러나 그는 그의 강력한 논문인 "교회의 바빌론의 유수(The Babylonian Captivity of the Church)"[46]에서 아리스토텔레스-토마스주의적 입장을 강력하게 거부했다. 대신에 그는 자신의 입장을 그리스도의 몸의 편재(ubiquity)의 개념(즉 그리스도의 육체가 어디에나 존재한다는 생각)에 근거를 두었다. 그러나 어떻게 그리스도가 육신의 형태로 언제 어디서나 존재할 수 있는가? 터무니없는 발상이 아닌가? 루터는 그것이 이성을 초월한다는 것을 알고 있다. 우리는 그리스도께서 어떻게 하늘과 식탁에 육체적으로 함께 계실 수 있는지 이해할 수 없다. 그러나 루터는 그리스도께서 최후의 만찬 때 다락방에서 제자들과 함께 계셨던 것처럼, 우리가 빵과 포도주를 받을 때도 우리와 함께 계신다는 것을 보여주기를 원했다. 거기에 확실히 그리스도께서 육체로 임재하셨다. 그리고 그분은 빵과 포도주 안과 함께, 그 아래에도 우리와 함께 육체적으로 함께 계시므로 우리가 이러한

---

45) Com은 "함께(with)"를 의미하는 일반적인 접두사(prefix)이다. 그러나 사전은 con
   을 com의 변형으로 말한다. 둘 다 라틴어에서 왔다.
46) Luther's Works 36:27ff.

요소에 참여할 때 우리는 그분에게도 참여하게 된다. 루터는 단순히 그리스도의 부활하신 몸이 어떤 실재와도 분리되어 있지 않다고 주장한다. 그리스도는 참으로 하나님이 계신 곳에 육체적으로 부활하셨고, 하나님은 어디에나 계신다!

루터는 미사에서 요소들이 성별된 후에도 빵과 포도주로 남아 있다고 확신했다. 제단에 있었던 것은 그들의 우유성들(accidents)만이 아니었다. 그러나 그는 그리스도의 "실제적 임재(real presence)"가 성찬에 참여한 사람들이 받아들일 빵과 포도주와 함께 한다고 믿었다. 그는 말한다.

> 의심의 바다를 헤매다가 마침내 나는 그리스도의 진정한 살과 피는 진정한 빵과 포도주에 존재한다는 생각에 내 양심의 안식을 찾았다. 어떤 다른 방법으로는 그리스도의 참 살과 피가 존재하지 않는다. 그리고 다른 사람들보다 못지않게 그것들이 우유성(accidents) 아래 있다고 주장한다.[47]

루터는 이런 입장이 합리적으로 쉽게 증명되지 않는다는 것을 알고 있다. 그러나 그는 토마스주의자들의 견해는 이성이나 성경이 지지하는 바가 없다고 그 견해를 혹평한다. 그는 그들이 사물의 우연성(accident)은 사물 자체(thing itself)와 분리될 수 없다고 주장한 아리스토텔레스를 잘못 오용했다고 비난한다.[48]

> 철학에 너무 손대지 말자 … 내가 만일 빵이 그리스도의 몸인 것을 내가 측량할 수 없거든 내 이성을 사로잡아 그리스도에게 복종하게 하고(고후 10:5), 그리고 그의 말씀에 매달리어 그리스도의 몸이 빵 안에 있지만 빵은 그리스도의 몸이라고 굳게 믿을 것이다. … 철학이 이것을 이해할

---

47) Ibid., 29.
48) Ibid.

수 없다면 그것이 무슨 상관인가? 성령은 아리스토텔레스보다 위대하시다.[49]

루터는 그의 공재설의 교리에는 기독론과의 유사점이 있음을 찾았다. '속성의 전달(communicatio idiomatum)' 교리는 그리스도의 신성이 인성의 속성을 공유하고 또한 인성이 신성의 속성을 공유한다고 주장한다. 그는 인간의 본성이 하나님의 은밀한 처소가 될 수 있기 전에는 인간의 본성이 그 본질에서 변할 필요가 없다고 주장한다. 또한 하나님의 본성이 "인간 본성의 우유성(accidents) 아래 포함"될 필요도 없다. 거기에는 두 본성이 완전히 존재하며, 진정으로 "이 사람은 하나님이다. 이 하나님은 사람이다"라고 말할 수 있다.[50]

> 마찬가지로 성례전에서 빵과 포도주가 실체화되고, 그리스도께서 실제 몸과 실제 피가 현존하게 하기 위하여 그들의 우유성 아래 있어야 할 필요는 없다. 둘 다 동시에 그곳에 남아 있다. 그렇게 되면 진실로 "이 빵은 내 몸이다; 이 포도주는 내 피이다"라고 말할 수 있다.[51]

루터에게 있어서는, 그리스도의 부활하신 몸이 성만찬 상 위에 있는 것이나 하늘에 계신 것 사이에 차이가 없다. 그러므로 루터에 있어서는 하늘에 있는 그리스도의 몸과 식탁 위의 빵과 포도주 사이의 공간적 분리를 극복할 필요가 없다. 그가 1528년에 쓴 "그리스도의 만찬에 관한 고백(Confession Concerning Christ's Supper)"[52]에서, 그는 무언가가 어딘가에 존재할 수 있는 세 가지 방식을 구별했다.

---

49) Ibid., 34.
50) Ibid., 35.
51) Ibid.
52) Ibid., 37:161ff.

첫째, 병 속의 물과 같은 물질적 요소는 병 안의 모든 공간을 점유함으로써 존재할 수 있다. 그럴 때 하나님과 그리스도는 어디에도 계시지 않는다. 둘째, 사람은 주체로서(as a subject) 한 장소에 있을 수 있다. 장소는 그 사람이 파악하고 연설하는 장소, 즉 교회 안에 있는 강단에 서 있는 사제나 목사와 같은 사람 앞에 있는 장소일 수 있다. 이와 같이 루터는 말하기를, 모든 우주는 하나님을 위한 한 장소이며 또한 정확히는 하나님의 오른손에 계시는 부활하신 그리스도를 위한 장소라고 하였다.

또한 세 번째로, 우리가 누군가에게 "당신이 나를 필요로 한다면 내가 여기 있다."라고 말할 수 있듯이, 사람이 필요로 하는 어떤 곳에 있는 것이다. 이와 같이 그리스도의 몸은 빵과 잔이 있는 곳에 있다. 간단히 말해서, 루터에게 있어서 육체적으로 부활하신 그리스도는 실제로 복음의 화신 외에 다른 몸을 가지고 있지 않다.[53] 루터에게 있어서 부활과 승천의 기적이 단정된다면(posited) 그리스도께서 빵 안에 임재하시는 데 대해 더 이상의 기적은 필요하지 않다. 젠슨(Robert W. Jenson)은 루터의 견해는 현대 성서 연구, 실존 사상, 현상학에서 이해되는 인격적 존재의 개념을 예상하고 있다고 통찰력 있게 제안한다. 그는 말한다.

> 이 과감한 솔루션은 "몸"의 개념을 재 작업하여, 그것을 "물질성"에 의한 정의에서 분리하고 대신 현상학적으로 그것을 정의한다. 사람을 다른 사람들이 이용할 수 있고 의도할 수 있게 만드는 것은 그 사람의 몸이다. … 사람을 다른 사람이 이용할 수 있게 하는 것이, 만약에 그것이 그와 그녀를 위하여 같은 것을 할 수 있다면, 그것은 그 사람의 몸이다. 달리 말해, 그것이 또한 그 사람이 누구이고 무엇인지 알 수 있게 해준다면, 그것은 그 사람의 몸이다.[54]

---

53) Cf. Braaten and Jenson 2:359.
54) Ibid., 또한 *Jenson's Visible Words*, 111을 보라.

화체설의 경우와 마찬가지로, 루터의 견해에 대한 현상학적 이해가 웨슬리의 시대에 가능했다면, 공재설이 웨슬리에게 더 받아들여질 수 있었을지 모른다는 생각이 들 수도 있다. 그러나 이 역시 추측일 것이다. 사실 우리는 그가 루터의 입장에 동의하지 않았다는 사실을 알고 있다. 거의 화체설을 거부한 것만큼이나 공재설을 강력하게 반대했다.[55] 두 입장을 모두 논박하는 것으로 보일 수 있는 한 구절에서 웨슬리는 "그리스도께서 그 당시 손에 쥐고 있던 것을 자신의 실제적이고 자연적인 몸으로 말씀하셨다고 가정하는 것은 대단히 터무니없는 일이다. … '이것은 내 몸이다'라고 말씀하신 뜻은 유사한 형태의 말들이 사용되는 성경에서 잘 설명되고 있다"[56]고 주장한다. 웨슬리는 다른 성경 말씀들(창 40:12; 갈 4:24; 출 12:11)에서 발견된 "말하는 형태"에 대해서 설명하길, "이 빵은, 더 분명히 말하면, 신성한 저자의 스타일에 따라, 나의 몸(my body)을 의미하거나 나타내는 것"[57]으로 보았다.

웨슬리는 그리스도는 오직 하늘에만 육체로 임재하신다고 주장한다. 성만찬에서의 요소들에는 그리스도의 임재(local presence)가 없다고 주장한다. 루터에 대한 웨슬리의 입장은 보르겐의 다음 말로 정확하게 요약된다.

웨슬리는 루터의 신적 본성의 속성을 인간에게 전달할 것을 요구하는 공재설과 편재설의 견해를 거부한다. 그리스도는 그의 신성한 본성에 따라서만 편재하신다. 그러므로 그의 인간적 삶과 죽음의 유익을 우리에게 전달하기 위해서는 전능하신 하나님이신 그리스도의 섭리에 따라야만 한

---

55) Franz Hildebrandt, *From Luther to Wesley* (London: Lutherworth Press, 1951)는 Wesley에서 Luther의 성찬 신학과 많은 유사점을 보았다. 그러나 그러한 주장은 Borgen, 61-69에 의해 적절하게 반박되고 있다.
56) Works 9:278.
57) NT Notes, 마태 26:26, 그리고 28 참조.

다. 웨슬리에 따르면, 성례전에서의 그리스도의 육체적, 육적, 물질적, 실질적 또는 국지적 임재(presence)는 받아들일 수 없다.[58]

3. 기념설(The Memorialist View)

종교 개혁자들 중에서 루터의 주된 반대자는 울리히 츠빙글리(Urich Zwingli, 1484-1531)였다. 그의 개혁 활동은 독일의 루터만큼이나 스위스(Switzerland)의 독일어권 지역에서 이루어졌다. 프로테스탄트 종교 개혁자들 사이에서 루터는 "특성의 전달(communication of properties)"이라는 스콜라적 개념에 의해 뒷받침되는 공재설의 견해와 함께 중세의 정신에 가장 가까이 머물러 있었다. 그러나 그 모든 것 뒤에는 우리의 주관적인 기분과 내적 투쟁에 종속되지 않고 은혜가 침해되지 않게 하려는 그의 열정이 있었다. 이와 대조적으로, 츠빙글리는 주님의 성찬례를 성례전에서 그리스도의 죽음과 그 은혜를 기념하고 개인의 믿음을 공개적으로 표현하는 예배하는 신자의 관점에서 이해했다.[59]

츠빙글리는 루터처럼 로마 가톨릭에 반대했지만 에라스무스의 영향을 받아 기독교 인본주의의 관점에서 신학에 접근했다. 그는 루터처럼 자신의 영혼을 아프게 하는 종교적 경험의 결과로 개혁자가 되지 않았다. 그에게 가장 큰 영향을 미친 것은 그의 고전적, 성서적 연구였다.

예정론자로서 츠빙글리는 성례전이 신자에게 확신을 줄 수 없다고 믿었다. 선택받은 자는 이미 구원을 확신하고 있기 때문이다. 따라서 성례전은 구원을 위한 은총을 전달하는 것이 아니라, 이미 개인이 믿음으로 받은 은총의 표징이었다. 그것들은 교회에 대한 충성과 믿음을 공개적으로 고백하는 것이다. 그것들은 초자연적인 내용을 가지고 있지 않으며 단지 이미 내적으로 성취된 어떤 것의 외적 표시이다.

---

58) Borgen, 63.
59) Cf. Berkhof, 367-68.

츠빙글리에게 있어서, 성찬례는 그리스도와 동료 신자들과의 교제 식 사였다. 그의 이론은 간단하다. 빵과 포도주는 그리스도의 몸과 피의 표징으로서 그의 구속 행위를 우리에게 생각나게 하는 것이다. 그러므로 "이것이 내 몸이다"라는 예수님의 말씀은 "이것이 내 몸을 나타낸다 (signify)"는 말과 같다. 오직 믿음만이 구원을 받을 수 있다. 그러나 믿음은 영적 실체들과 관련 있어야 한다. 그러므로 그리스도의 몸을 먹는다는 것은 오직 그 몸의 희생으로 우리를 위해 확보된 구원을 믿음으로 얻었다 함을 의미할 수 있다. 그리스도가 성만찬에 임재하시되, 이는 실제 또는 본질에서가 아니라 오로지 믿음의 명상을 통해서 임재하신다. 우리는 믿는 경우에 그리스도의 몸을 "먹는다." 만일 우리가 그리스도의 몸을 "먹는 것"을 더 문자적으로 받아들인다면, "육(flesh)은 무익하다"(요 6:63)라는 요한복음의 주장과 충돌하게 될 것이다.

루터가 성찬례에 대한 자신의 견해를 지지하기 위해 기독론을 사용했던 것처럼 츠빙글리도 그렇게 했다. 그러나 루터는 '속성의 전달 (commnicatio idiomatum)'로 주장한 반면, 츠빙글리는 그리스도의 두 본성에 대한 그의 교리로 되돌아가 네스토리우스적(Nestorian) 경향을 드러냈다.[60] 그는 또한 루터의 편재(ubiquity)의 관념을 거부했다. 그리스도의 인성은 하늘의 정해진 장소에 한정되어 있다. 그분은 인성으로 성찬에 임하실 수 없다. 왜냐하면 그분은 하나님 우편에 계시기 때문이다. 루터의 기독론이 초기 알렉산드리아에서 발견된 단일화 유형(unification type)과 유사하다면, 츠빙글리의 견해는 안디옥에서 발견된 분리 유형(separation type)에 더 가깝다. 서로 다른 관점을 제시하자면, 루터와 츠빙글리가 교회 개혁에 대한 열심을 공유하였음에도 불구하고, 1529년 마르부르크 공의회에

---

60) Zwinglis의 사상에서, 이원론은 하나님의 말씀은 내부와 외부로서의 말씀이 있듯이, 교회는 보이는 것과 보이지 않는 것으로, 또한 은혜의 수단은 외부 형태와 내부 은혜 모두를 가지고 있다는 그의 개념에서 볼 수 있는데, 이처럼 이런 이원론이 츠빙글리의 사상을 관통하고 있다.

서 성찬례에 관해 합의에 이르지 못한 것은 놀라운 일이 아니다.

츠빙글리에 따르면 주님의 만찬은 (1) 회중 앞에서 그리스도께 충실한다는 고백, 따라서 그리스도인의 삶을 영위할 의무를 지는 것이다. (2) 그리스도의 죽으심으로 이루어진 구속을 우리에게 상기시키기 위해 지정된 기념식이다. 그러나 우리가 그를 "기념의 견해"라고 말할 때, 우리는 그것을 머리로 하는 정신적 기억에 불과하다고 생각해서는 안 된다. 그러기 위해서는 성찬례가 필요하지 않을 것이다. 그는 기억하는 데 있어서 주요한 것은 성찬에 담긴 행위, 의식, 약속의 말씀이 중요하다고 이해한다. 이는 재연에 의한 회상이다. 우리는 제자들이 다락방에서 했던 것처럼 식탁에 모여서 그날 밤에 그들이 했던 것처럼 먹고 마시며 있었던 일을 기억한다. 츠빙글리는 재연하는 것(reenacting)이 기억에 중요하다는 것을 알고 있다.

그러나 그에게는 재연이 "진정한 임재(Real Presence)"를 의미하지 않았다. 츠빙글리가 그리스도의 "실제 부재"를 가르친다는 일반적인 희화화는 그에게 불공평하지만, 그는 만찬을 진정한 은혜의 수단으로서 그리스도를 실제로 먹이는 것으로 보지 못했다. 부족했던 것은 식탁에서 살아 계신 그리스도와 진정한 친교가 있고, 비록 육체적이지 않고 영적인 방법이기는 하지만 그리스도의 몸과 피를 실제로 받아들임이 있다는 이해였다. 그러한 견해는 칼빈에 의해 제공되어야 했다.

존 웨슬리의 성찬에 관한 가르침에는 "기념한다, 기억한다"는 언어가 많이 있음에도 불구하고 그는 츠빙글리의 유형에는 맞지 않는다. 주의 만찬에서의 그리스도의 임재는 주님의 인성(humanity)으로가 아니라 그의 신성(His divinity)이라고 강조하는 면에서 츠빙글리처럼 보일 수 있지만, 성례전이 은혜의 진정한 수단이라는 그의 강한 주장에 의해 이것은 반박된다. 웨슬리의 성찬에 대한 가르침의 대부분은 1745년에 (보르겐이 우리에게 상기시켜 주듯이 웨슬리의 올더스게이트 경험으로부터 7년 후에[61]) 처음 출판된 "주의 성찬에 관한 찬미(Hymns on the Lord's Supper)"[62]에서 찾을 수 있다. 그 출판물의 서문에 웨슬리는 다니엘 브레빈트(Daniel Brevint)의 "기독교 성례전과 희생(Christian Sacrament and Sacrifice)"의 요약본을 인용했다.[63] 이 논문의 구조는 찬송가를 그룹화하기 위한 개요를 배열한 것이었다. 웨슬리는 브레빈트의 것을 사용함으로 후자의 아이디어가 웨슬리의 것으로 간주될 수 있었다. 브레빈트는 주의 만찬을 "공허한 의식"으로 만들려는 사람들의 시도를 악마의 소행이라고 비난했다.[64] 브레빈트(따라서 웨슬리)는 성찬례를 세 가지 범주로 설명한다: 즉 그리스도의 과거의 고난 겪음의 기억, 현재의 은총의 수단, 그리고 미래의 영광에 대한 보증의 범주로 설명한다. 전자가 츠빙글리의 것으로 보인다면, 후자의 두 가지는 그 인상(that impression)을 반대한다. 웨슬리는 그의 어머니가 "성별된 빵"은 "그리스도의 몸의 표지(sign) 이상이며" 성례전에서 "우리는 표징뿐만 아니라 그와 함께 표명된 그것, 그의 성육신과 고통당하신 것의 모든 혜택을 받는다"[65]고 말한 의견에 동의한다. 웨슬리에게, 성례전에 대한 순전히 기념주의적 개념은 부적절했다.

그렇다면 웨슬리가 한편으로는 화체설과 공재설에 동의하지 않고 다른 한편으로는 기념설에도 동의하지 않는다면, 우리는 그의 성찬 교리를 어디에 배치하여야 하는가? 차이가 있기는 하지만 웨슬리의 견해는 칼빈의 견해에 가장 가깝다.

---

61) Borgen, 16.

62) G. Osborn, ed., *The Poetical Works of John and Charles Wesley* (London: Wesleyan-Methodist Conference Office, 1869), 3:181-342.

63) Brevint는 후에 웨슬리처럼 옥스퍼드의 동료가 되어, 한동안 프랑스에서 목사로 있었다. 1661년에 영국으로 돌아온 그는 링컨(Lincoln)대학의 학장으로 임명되었다. 그는 1695년 사망했다.

64) Osborn, 3:185-86l.

65) Methodist Magazine, 1844, 818, Quoted by Borgen, 68.

4. 영적 임재설(Spiritual Presence)

종교 개혁자들 중에서 칼빈(1509-64)은 한편으로는 로마 가톨릭과 루터교의 입장을 피하고, 다른 한편으로는 츠빙글리의 입장을 피하려고 한다. 그러므로 그의 입장은 그 둘 사이를 중재하는 입장인 것처럼 보이지만 실제로는 독립적인 입장이다.[66] 츠빙글리에 반대하여(또한 재세례파에 반대하여), 칼빈은 성례전이 수행된 작업(ex opere operato) 방식은 아니지만 그것이 효과적이라고 주장한다. 성령이 말씀을 효력 있게 하시듯 성례전을 효력 있게 하시는 분도 성령이시다.[67] 성례전의 기능 중 하나는 세상 앞에서 증언하는 것이지만 이것은 부차적인 기능일 뿐이다. 주된 목적은 참여하는 자의 믿음을 돕고 강화하는 것이다.

반면에 성례전 자체가 은총을 주는 힘이 있다고 주장하는 사람들은 잘못 생각하고 있는 것이다. 그들의 실수는 성찬의 이미지를 그 안에 있는 진리와 혼동하고 있는 것이다.

> 그 특징(distinction)은 형상과 진리가 성례전에 포함되어 있다는 것을 의미할 뿐만 아니라 그것들이 연결되어 있지 않아서 저들이 분리될 수 없다는 것을 의미한다. 그리고 결합 자체에서조차도 그 실재물(the matter)은 항상 표징과 구별되어야 한다. 그것은 우리가 다른 데에 속한 것을 한 곳에 이전하지 못하도록 하기 위함이다.[68]

칼빈은 츠빙글리의 "기념설"을 거부했을 뿐만 아니라 루터의 편재성(ubiquity)의 교리를 "괴상한 개념"이라고 하면서 비난했다.[69] 그러나 츠빙

---

66) M. E. Osterhaven, "Lord's Supper Views of" in *Evangelical Dictionary of Theology*, ed. Walter A. Elwell (Grand Rapis: Baker Book House, 1984), 655.
67) Institutes, 4.14, 7, 9-10.
68) Ibid., 4.14, 15 (LCC 21:1290).
69) Institutes 4.17, 30 (LCC 21:1401).

글리와 함께 그는 승천 후에 그리스도께서 하늘에 있는 실제 몸을 유지하셨다고 주장했다.[70] 그럼에도 불구하고 주의 만찬에서 그리스도의 몸과 피를 실제로 영접하지만 이는 영적인 방법으로 영접한 것이라고 주장한다. 그는 "영적, 그러므로 그리스도의 실제적인 참여"에 대해 논의한다. 그리스도를 빵으로 묶고, 그리고 영적인 식사에 대한 이야기는 먹는 것이 전혀 아니라고 주장하는 루터교인들에게 칼빈은 다음과 같이 대답한다. "성령의 은밀한 능력은 우리가 그리스도와 연합하는 띠(bond)이기 때문에 우리의 방법은 신령한 것이다." [71] 그는 루터와 함께 성만찬의 요소들이 그리스도께서 참으로 임재하신다는 사실을 나타내는 표징이라고 믿었고, 이것들은 하늘에 계신 그리스도를 단지 상징하는(represent) 표징이라는 츠빙글리의 믿음을 거부했다.

칼빈은 그리스도의 육신이 "그 근원이 땅에서 났고 죽음을 겪었기"[72] 때문에 그리스도의 육체적 몸은 거의 가치가 없다고 주장했다. 그리스도의 몸의 본질은 그 능력이다. 그리스도에게 몸을 주신 성령은 그 능력을 우리에게 전하시여 우리가 만찬에서 그리스도 전체를 영접하게 하신다. "우리는 그리스도께서 외적 상징과 성령으로 우리에게 내려오셔서, 그분이 그의 살과 피의 실체로 우리 영혼을 참으로 소생시키려 하신다"[73]고 말한다.

성찬례에서의 그리스도의 "실제 임재" 교리가 성찬례에 관한 논쟁의 핵심 쟁점이었던 때부터 칼빈은 츠빙글리보다 루터에 더 동의한 것이 분명하다. 우리가 보았듯이 츠빙글리는 그리스도의 임재가 본질이나 실재가 아니라 믿음의 묵상으로 임재하셨다는 것으로 이해했다. 루터와 칼빈에게 있어서는 성찬례를 성례전으로 만드는 것은 실제로 믿는 이들에게 당

---

70) Institutes 4. 17, 19 (LCC 21:1381).
71) Institutes 4. 17, 33 (LCC 21:1405).
72) Institutes 4. 17, 24 (LCC 21:1390).
73) Ibid.

신의 몸과 피를 공급하는 현존하시는 그리스도와의 친교이다. 문제는 그리스도의 몸이 어떻게 존재하고, 만찬에 임재하며, 믿는 자에게 주어지는 방식에 관한 것이었다. 칼빈은 루터와 달리 그리스도는 육신으로 하늘에 계시지만 성령이 거리를 극복하여 성만찬은 그의 몸과 피로 우리를 먹이시는 그리스도와의 참된 교제라고 믿었다. 그러나 루터가 그의 편재성 이론에 신비가 관련되어 있다고 주장한 것처럼 칼빈도 신비에 호소한다. "이제 누가 나에게 어떻게 이런 일이 일어나는지 묻는다면, 그것은 내 마음이 이해하거나 내 말로 선언할 수 없는 너무 고상한 비밀임을 고백하는 것을 부끄러워하지 않을 것이다. 그리고 좀 더 알기 쉽게 말하자면, 나는 그것을 이해하기보다는 오히려 경험한다."[74]

5. 웨슬리의 이해

앞에서 우리는 존 웨슬리가 주의 만찬에 대하여 논의한 다른 역사적 견해보다 그의 견해는 칼빈에 더 가깝다고 말했다.[75] 그러나 이것이 그가 칼빈의 견해에 완전히 동의했다는 것을 의미하지는 않는다. 사실 몇 가지 중요한 차이점이 있다. 그는 루터보다 칼빈의 교리에 더 가까운 "실제 임재"의 교리를 가지고 있다. 그는 그리스도의 몸이 하늘에만 존재한다고 주장하는 칼빈을 따른다.[76] 그리고 루터와 달리 그는 자료들(곧 빵과 잔-역주)에 그리스도가 실제로 임재한다는 것(local presence)을 받아들이지 않는다. 그는 칼빈처럼 주의 만찬에서 그리스도의 영적인 임재를 고수한다. 그러나 이에 대한 그의 개념은 칼빈의 것과 다르다. 칼빈이 성령에 의해 매개되는 "능력"의 견지에서 그리스도의 몸의 임재를 말하는 반면에, 웨슬

---

74) Institutes 4. 17, 32 (LCC 21:1403).

75) 많은 웨슬리 학자들이 그렇게 생각했다. 예를 들어 J. Ernest Rattenbury, John Deshner, A. W. Harrison, Paul S. Sanders. Borgen 67 n. 64을 보라.

76) Borgen은 웨슬리가 그리스도의 몸 또는 인간의 본성이 하늘에 존재한다는 교리를 가졌다는 증거가 "거의 압도적"이라고 주장한다. 그러한 증거의 목록은 Borgen, 59 n. 35를 보라.

리는 그의 신성(His divinity)의 견지에서의 그리스도의 임재를 강조한다. 사실, 삼위일체 전체가 현존하여 그리스도의 구속 행위의 은혜(benefits)를 베푸신다는 것이다.[77]

요약하면, 웨슬리는 성찬례에서의 그리스도의 "실제 임재"를 믿었다. 그러나 그의 견해는 "기념설"의 견해 이상이었다. 그러나 그는 실제 임재에 대한 자신의 개념은 빵과 포도주의 요소 아래 포함된 성찬 식탁에 그리스도가 한 개인처럼, 육체적으로, 또는 국지에 임재하신다는 개념과 연결하지 않는다. 진정한 임재는 영적인 임재이지 육체적인 임재가 아니다. 표징과 표명된 것(signum 및 res)은 밀접하게 관련되어 있지만, 성례전에서의 그리스도의 임재는 고정된 것(static)이거나 유기적인 어떤 것이 아니다. 실제 현존에 대한 웨슬리의 견해는 그것이 하나님의 활동과 관련되어 있다는 점에서, 보르겐이 말하는 동적(dynamic)인 것이다. "하나님이 역사하시는 곳에 그분이 계신다." 그것은 "살아 있는 임재"이기 때문에 "실제 임재"이다.[78] 따라서 성만찬에서의 그리스도의 객관적인 임재는 "물체의 정적인 임재로 생각할 수 없다. 이는 오히려 수단을 통해 일하는 살아 있고 행동하는 분의 임재이다."[79]

그렇다면 이러한 개념은 성만찬 후에 사용하지 않은 요소들을 어떻게 처리해야 하는지에 대한 질문에 어떻게 답하는가? 에큐메니칼 입장에서는 다른 방식으로 보도록 강요할지 모르지만,[80] 그 남은 것들이 거룩한 물건들이기는 하지만, 그것들을 미래의 성찬식 거행을 위해 보존해야 할 절대적인 필요는 없는 것 같다. 보르겐이 올바르게 말했듯이 "그것은 하나의 필요한 형식이 하나님에게 부과되었다는 것"을 의미한다.[81]

---

77) Cf. Hymns on the Lord's Supper, no. 53 (Osborn 3:252), 그리고 no. 153(Osborn 3:333).

78) Cf. Borgen, 68-69.

79) Ibid., 69.

80) Cf. Braaten and Jenson 2:361.

81) Borgen, 68. Dunning은 2장에서 논의된 것과 같은 상징에 대한 "틸리히의

웨슬리는 원죄와 믿음으로 말미암는 칭의 교리[82]에 대해 칼빈과 동의한다고 말했지만, 성례전을 논할 때 칼빈을 언급한 적은 없다. 몇몇 학자들은 웨슬리가 루터와 칼빈에게 빚을 진 것을 보이려고 시도했다.[83] 그러나 아우틀러가 다음과 같이 말한 것이 더 정확할 것이다. "18세기의 웨슬리와 16세기의 루터와 칼빈 사이에는 몇 가지 유익한 유사점이 있지만, 그를 의식적인 채무자로 해석하는 것은 매우 오해의 소지가 있다."[84] 웨슬리에게 크게 영향을 준 것은 영국교회이다. 그럼에도 불구하고 개신교 초기에 대륙 종교 개혁의 소용돌이에 휘몰아쳤던 4가지 성찬론과 비교할 때 그의 견해는 다른 것보다 칼빈의 견해에 더 가깝다.

C. 성찬례의 이미지

초대교회에서 성찬례를 가리키는 이미지가 몇 개 있다. 그것들 중 어느 것도 만찬에서 정확히 무슨 일이 일어나고 있는지에 대하여 기술적이며 합리적 설명을 하지는 않는다. 그 대신 은유적이고 이미지로 나타내는 언어(pictorial language)가 사용된다. 우리가 2장에서 논의할 때 성찬례를 설명하는 데 사용된 단어는 이성(logos)보다 신화(mythos)의 범주에 더 많이 속

(Tillichian)" 개념이 성례전에 적용된다면 적어도 그러한 질문을 제기할 수 있다고 생각하는 것 같다. 상징은 그것이 가리키는 현실을 공유하고 따라서 그것이 성례전 적으로 의도된 한 그 자체로 신성한 성격을 갖기 때문이다. 543쪽. 참조. n. 14. 그 러나 이 작가는 Dunning이 "성례전적으로 의도된 한" 단계에서 자신의 질문에 답 한 것 같다. 상징이 되는 것은 단순히 빵과 포도주와 같은 요소 자체가 아니라 전체 성찬 활동에서 저들이 사용하는 것이다. 그들의 '신성한 성품'은 행위 전체와 별개로 elements에 집착하는 것이 아니라 '역동성' 또는 '살아 있는 실재(living presence)' 라는 개념에서 나온다.

82) Works 10:391; Letters 4:298.

83) e. g., George Cell, *The Recovery of John Wesley* (New York: Henry Holt and Co., 1935); 앞에서 언급한 Williams와 Hildebrandt.

84) Outler, 119-20. 그는 웨슬리를 대륙 개신교의 신학적 상속자로 만들려는 시도는 "웨 슬리를 놀라게 했을 개념"이라고 말한다. 120쪽. N. 2.

해 있다고 했다. 앞의 섹션에서 논의한 것처럼 기독교 사상의 역사에서 때때로 그렇게(즉 논리적으로-역주) 취급되었지만, 이러한 이미지는 논리적 추론의 결과가 아니다. 그것들은 오히려 초기 기독교인들이 함께 예배할 때 그들의 종교적 상상(religious imagination)에서 생겨난 이미지들이다. 신약성경은 기독교인들이 지중해 동부 주변의 다양한 지역에서 주의 만찬을 거행했던 방식을 살짝 보여주고 있다. 화이트(James F. White)는 다음과 같이 말한다.

> 신약성경은 주의 만찬의 의미에 대한 설명을 우리에게 주지 않는다. 그러나 그것은 우리가 매일 또는 매주 그것을 경험하는 사람들의 어깨 너머로 살펴보고 그들의 경험에서 우리가 할 수 있는 것을 배울 수 있게 해준다. 심지어 그들의 일상적인 논평이 그들이 경험하고 있는 것을 표현하기에 적합하다고 생각하는 이미지들로 표현된, 이러한 성례전의 거행(celebration)이 그들에게 무엇을 의미하는지 통찰력을 준다.[85]

그들에게 성만찬의 의미를 표현한 이미지는 무엇일까? 여러 가지가 있다. 우리는 5장에서 상호 관련되어 있지만 구별할 수 있는 세례의 다섯 가지 측면에 대해 논의했다. 마찬가지로, 우리는 또한 상호 관련되어 있지만 서로 구별되는 다섯 가지 이미지를 고려하며 성찬례를 논의할 것이다. 즉 (1) 아버지께 드리는 감사, (2) 그리스도를 기념함, (3) 우리 자신의 희생, (4) 신자들의 교제, (5) 왕국을 미리 맛봄이다.[86] 성찬례는 하

---

85) Sacraments, 53.

86) Cf. *Baptism, Eucharist, and Ministry, Faith and Order Paper No. 111* (Geneva: World Council of Churches, 1982). 10-15, 여기서 성찬례의 의미는 기념 이미지 내에서 설명되는 "희생"을 제외하고 이와 유사한 다섯 가지 제목으로 논의된다. 또 다른 이미지, 즉 "성령의 부르심(invocation of the Spirit)"이 포함되어 있다. 이것은 성경적 개념이 아니기 때문에 여기에서 논의되지 않는다[비록 초기 교부들에서 발견되고 성령강림을 구하는 기도(epiklesis)로 알려져 있음]. 성화의 성례전으로서의 성찬례에 대한 우리의 설명은 이것을 모든 이미지를 포함하는 모든 것을 포괄하는 범주로 볼

나의 전체 행위이지만, 이 다섯 가지 이미지는 의미의 다른 측면을 드러낸다. 이들 중 일부는 중복 및 교차가 있다. 그리고 하나를 다른 것과 분리하여 논의하기가 어렵다. 그러나 세례의 경우처럼, 각각에는 저들이 따로 취급되지 않으면 놓칠 수 있는 중요한 신학적 뉘앙스가 있다.

1. 아버지께 드리는 감사

이 이미지는 단순히 "감사합니다"를 의미하는 그리스어 동사 eucharistein에서 파생한 Eucharist라는 단어에서 유래되었다. 이 단어의 형태는 최후의 만찬에 대한 신약의 네 가지 기록에서 각각 발견된다(마 26:26-30; 막 14:22-26; 눅 22:14-20; 고전 11:23-26). 거기에 예수님께서 제자들에게 빵과 포도주를 주시기 전에 아버지께 감사드렸다고 기록하고 있다.

신약성경에서의 만찬의 기원에는 감사드리는 것이 기쁜 성례전의 거행(celebration)에서 하는 일이었다. 이것은 그리스도인들이 성찬례에서 뿐만 아니라 서로 교제하는 다른 시간에도 함께 식사할 때도 마찬가지였다. "그들이 집에서 떡을 떼며 기쁨과 순전한 마음으로 함께 먹으며 하나님을 찬미하며 온 백성에게 칭송을 받으니라"(행 2:46-47).[87]

성찬례는 엄숙하고 애통한 행사가 아니라 축제의 행사였다. 적어도 중세 후기에는 애도의 징후가 지배적인 것이 되었고 불행히도 이 징후는 가톨릭과 개신교를 포함한 많은 교회에서 너무 오래 지속되었지만, 오늘날 성찬례의 신학 안에서 수행되고 있는 것들에서 다행스럽게도 빠르게 사라지고 있다. 성찬례의 신학은 3장에서 언급했듯이 주의 만찬은 장례식이 아니라 축제를 나타낸다. 행복한 가족에게 식사 시간은 즐거운 시간이다. 주의 만찬을 위해 모인 하나님의 가족은 더욱 그리해야 한다.

것이다.

87) 모두는 아니지만 많은 학자가 사도행전에서의 이 진술이 주의 만찬에 대한 언급으로 이해한다.

신약성경의 교회는 빵과 포도주를 사용하여 감사를 드리는 예수님의 모범을 따랐으며, 아마도 유대교의 찬양, 감사, 간구 방식을 따랐을 것이다. 교회는 기독교 사상과 실천에 있어서의 유대교 예배의 영향을 종종 잊음으로 인해 손해를 보아왔다. 이런 일이 발생하면 기독교 예배는 약하고 감상적이 되어 견고함을 잃어버리는 경향이 있다.[88] 유대인들이 다양한 축제에서 하나님의 강력한 구속 행위를 축하했던 것처럼, 성찬례에서도 그리스도인들은 하나님의 행위에서 하나님의 일을 선포하고 축하한다. 이는 하나님께서 구원의 역사에서 이루신 모든 일에 감사하는 것이며, 하나님께서 지금 세상과 교회에서 이루시는 일에 대해 감사하는 것이다. 그리고 우리가 주님의 식탁에 모일 때마다 기대하는 것은 미래에 이루어질 하나님의 나라에 대한 감사이다.

우리는 사도 교부들의 저술에서 신약 시대에 감사에 대한 신약의 기록이 성찬례와 관련하여 계속해서 울려 퍼졌다는 것을 배운다. 이 기록들에서 우리는 우리에게 내려온 최초의 성찬식 기도를 발견한다. 감사의 기도이다. 1세기 후반이나 2세기 초반의 초기 기독교 문서인 디다케(Didache)에는 교회에 대한 이러한 지시가 있다.

이제 성찬례에 대해: 이것이 감사하는 방법이다.

먼저 잔(cup)과 관련하여:

"우리 아버지께, 당신의 자녀 예수를 통하여 나타내신 당신의 자녀 다윗의 거룩한 포도나무에 대하여 감사드립니다. 당신에게 영광이 세세에 있게 하소서."

그런 다음 조각과(덩어리에서 **분리된 빵**)과 관련하여,

"우리 아버지께, 당신의 아들 예수를 통해 계시하신 생명과 지식을 인하

---

88) James F. White, *Sacrament*, 54-55.

여 감사드립니다. 영광이 당신께 영원히 있게 하소서. 이 빵 조각이 여러 산에 흩어졌다가 합하여져서 하나가 된 것 같이 당신의 교회도 땅끝에서 당신의 나라에 들어가게 하시옵소서. 영광과 능력이 예수 그리스도로 말미암아 영원히 당신의 것입니다."[89]

디다케는 계속해서 다음과 같이 말한다.

당신이 식사를 마친 후에는 다음과 같이 기도하십시오.[90]
"거룩하신 아버지여, 우리 마음에 당신의 성호를 두시고 당신의 아들이신 예수를 통하여 알게 하신 지식과 믿음과 영원한 생명(immortality)을 인하여 감사하나이다. 영광이 당신에게 세세에 있게 하소서."[91]

"에베소인들에게 보내는 이그나티우스의 서신"에는 다음과 같은 권고가 있다.

하나님의 성찬례를 거행하고 그분을 찬양하기 위해 더 자주 모이도록 노력하십시오. 당신들이 자주 만나면 사탄의 힘은 무너지고 그의 파괴력은 당신의 믿음의 만장일치로 파멸될 것입니다.[92]

그리고 2세기의 순교자 유스티노(Justin Martyr)는 빵과 포도주를 나누어 주기 전에 주의 만찬을 주재하는 자가 "힘이 닿는 대로 기도와 감사를 드

---

89) Cyril C. Richardson, ed. "The Teaching of the Twelve Apostles, commonly called the Didache," 9:1-2, in Early Christian Fathers, vol. 1 of *Library of Christian Classics* (Philadelphia: Westminster Press, 1953), 175.
90) Cyril Richardson은 성찬례 또는 "감사"라는 용어가 동사 형태로 "은혜를 말하다"로 번역될 수 있다고 지적했다. "떡으로, 다른 데서 포도주 한 잔을 나눔으로 주의 만찬에 대한 그리스도인의 감사가 발전된 것이다라고 말한다." Ibid., n. 47.
91) Cyril Richardson, 177.
92) Ignatius. "To the Ephesians," 13:1, in Cyril Richardson, 91.

리고 그리고 회중이 아멘으로 찬성"93)한다고 기록했다.

그러므로 성찬례는 창조와 구속(redemption)에서 행하신 하나님의 일에 대해 축하하고 찬양하고 감사하는 시간이다. 성찬례에서 교회는 모든 피조물을 대신하여 말한다. 왜냐하면 하나님께서 창조하신 세상은 모든 만찬식에서 대표되었기 때문이다. 그것은 빵과 포도주, 땅의 열매와 인간 노동에서 나타난다. 그리고 온 인류를 위해 중보 기도하는 신자들에서 나타난다. 그러므로 성찬은 전 세계를 위한 하나님의 목적을 나타낸다. 즉 이것은 "창조주께 드리는 찬양의 찬미요, 그리스도의 몸 안에서의 보편적 친교, 성령 안에서의 정의와 사랑과 평화의 왕국에 대한 찬미이다."94)

2. 그리스도를 기념함

성찬례의 두 번째 이미지는 기념(commemoration), 추도(memorial) 또는 기억의 이미지이다. 바클레이(Barclay)는 성찬례를 "기억의 성례전(the sacrament of memory)"95)이라고 부른다. 누가와 바울이 최후의 만찬에 관해 언급한 내용에는 "이를 행하여 나를 기념하라"(눅 22:19; 고전 11:24, 25)라는 명령이 포함되어 있다. 이 말은 "나의 기념물로 이것을 행하라(Do this as a memorial of me)"로 번역될 수 있다. 일부 학자들은 이 말을 "나를 기념하기 위해 이것을 하시오(Do this for my remembrance)"라고 번역하는 것을 선호한다. 이것은 나중에 살펴보겠지만 의미가 있다.

이 명령에 있는 핵심 단어는 그리스어 'anamnesis(추억, 회상)'이다. 화이트(John F. White)는 이 용어가 "번역하기가 매우 어렵다"고 말하며, anamnesis를 그리스어 그대로 회중에게 그 의미를 가르치는 것이 더 쉬

---

93) Justin Martyr, "First Apology," 67, in Cyril C. Richardson, 287.
94) *Baptism, Eucharist, and Ministry*, 11.
95) William Barclay, *The Lord's Supper* (Nashville: Abingdon Press, 1967), 110.

울 수 있다"96)고 제안한다. 그러나 기본적으로 이 단어는 기억한다는 것과 관련이 있다. 우리는 건망증(amnesia)이 무엇인지 안다. 그러므로 이 합성어 anamnesis는 "잊지 않는 것", 따라서 "기억하는 것"을 의미한다.

기억하는 것은 구약에서 중요하다. 백성들은 속박에서 벗어나 약속의 땅으로 인도하신 하나님의 강력한 구원의 행위를 잊지 않도록 계속해서 권고를 받고 있다. 대부분의 유대인 축제는 기억을 돕기 위해 마련되었다.97) 한 가지 뛰어난 예는 주의 만찬이 제정된 유월절이다. 주의 만찬과 관련하여 예수님께서 우리에게 주신 유일한 명령은 "이를 행하여 나를 기념하라"는 것이다.

추모의 이미지를 성찬례의 주요 주제로 삼는다면 츠빙글리의 추모론적 견해가 맞는 것 같다. 그러나 츠빙글리에 있어서 기억한다는 것은 단순한 정신적 회상의 문제가 아니었다. 앞서 살펴본 바와 같이 의식과 약속의 말씀, 먹고 마시는 것을 포함하여 성찬례를 둘러싼 모든 행위는 모두 기억의 일부였다. 이는 재연함으로써 기억하는 것이었다.

아마도 재연된 기억을 설명하는 데 한 비유가 도움이 될 수 있을 것이다. 결혼한 지 12년이 된 젊은 부부가 이혼을 고려하고 있다. 그들은 두 명의 사랑스러운 자녀와 좋은 집이 있었다. 그래서 겉으로 보기에는 이상적인 부부처럼 보였다. 그는 성장하는 사업에서 꽤 성공적이었다. 그리고 점점 더 가족과 떨어져 지내기 시작했다. 그녀는 남편이 아이들을 태만히 하는 잘못을 발견하기 시작했고, 남편은 그녀가 자신의 성공에 관심이 없다고 아내를 비난하기 시작했다. 그들에게는 불륜이 개입되지 않았다: 문제는 두 사람 모두에게는 중요한 일에 우선순위를 두지 않았다는 것이었다. 그들은 점점 멀어져서 서로 이혼하기로 합의했다. 목사는 그 결

---

96) *Sacraments*, 55.

97) 유대인 기억의 더 암울한 측면은 2차 세계 대전의 홀로코스트라는 단어를 "잊지 말라"는 말에 대한 오늘날의 유대인들의 우려이며, 모든 기독교인도 공통적으로 우려하는 바이다.

혼생활을 보호하기 위해 그들에게 휴가가 필요하다고 제안했다. 목사는 그들에게 2주 동안 떠나, "제2의 신혼여행"이라고 부르는 것을 가지라고 조언했다. 그 말이 그들의 마음에 꽂혔고, 그들은 그것을 시도하기로 결정했다. 아이들을 할아버지와 할머니에게 맡겨두고 2주 동안 떠났다. 그들은 12년 전에 신혼여행을 보냈던 바로 그 작은 바닷가 마을로 떠났다. 그리고 그곳에서 처음에는 거의 그들의 의지에 반하는 일이 일어났다. 같은 호텔에 머물고, 신혼여행에서 먹었던 같은 식당에서 식사하고, 달밤에 손을 잡고 해변을 거닐며, 얼굴에 스치는 짠맛을 느끼며, 육체적으로, 영적으로 서로 가까워지며, 그들은 여러 달 동안 해보지 못한 사랑을 다시 느끼기 시작했다. 그리고 그들의 결혼생활을 회복하기로 결정했다.

자, 이 이야기에서 무슨 일이 일어났는가? 그들은 행복했던 날들을 기억했다. 그러나 그것은 정신적 기억 그 이상이었다. 물론 그들은 집에 머물면서 정신적으로 신혼여행을 회상할 수 있었다. 그러나 그것은 효과가 없었을 것이다. … 재연된 기억으로 결혼생활을 구한 것이다! 모든 감각이 기억하는 행위에 동원되었던 것이다. 예수님께서 다락방에 있는 제자들을 위해 생각하신 것이 바로 이런 것이다. 그는 그들과 우리가 첫사랑을 잊어버리기 쉽다는 것을 알고 있었다. 그분은 그들이 그분을 기억하기를 원하셨지만 단지 정신적 회상으로만이 아니었다. 그래서 그분은 그들과 우리에게 식탁 주위에서 마지막 장면을 연기하라고 명령하신 것이다. 그것은 예수께서 아직 그들과 함께 계실 때 하시던 것처럼 함께 먹고 마시며 행하게 하신 것이다. 흥미롭게도, 예수님은 다른 시대에 행해진 어떤 기이하고 기묘하고 은밀한 행동으로 자신을 기억하라고 제안하지 않으셨다. 그와는 반대로, 우리 일상의 장소 오히려 하루 세 번 먹고 마시는 행위 자체로 그분을 기억하라고 말씀하셨다! 이것으로 우리가 기억할 수 있게 해줄 것이다. 성찬 테이블에 계시던 그리스도는 또한 아침 식탁, 점심 식탁, 저녁 식탁에 있는 그리스도가 되기를 원하신 것이다.

그러나 이것만으로는 충분하지 않다. 츠빙글리는 "실제적 임재(Real Presence)"에 대한 적절한 교리를 갖고 있지 않았다. 성찬식에서 우리가 예수 그리스도를 기억할 때 이는 우리가 과거에 여기에 있었다가 지금은 사라진 누군가를 기억하는 것이 아니다. 오히려 우리가 "이를 행"할 때 우리는 살아 계신 구주의 "실제 임재"를 경험하는 것이다.

> 그리스도는 우리가 그의 과거의 일을 다시 경험함을 통하여 우리에게 자신을 알리기 위해 다시 임재하신다. 과거의 사건들이 현재의 것이 된 것이다: 우리는 시간을 극복한 것이다. 우리는 과거의 사건이 구원할 수 있는 모든 힘을 가지고 현재가 되는 시간의 신비에 참여한다. 따라서 우리가 성찬례를 할 때마다 그 원래의 사건(그리스도께서 우리에게 자신을 내어주심)의 역동성이 다시 한번 있게 된다.[98]

우리가 다락방의 만찬만을 기억하거나 또는 심지어 유월절의 사건만을 기억(그리고 재현)하는 것이라고 생각한다면 '회상(anamnesis)'에 대한 적절한 견해가 아직 부족한 것이다. 성찬례에서는 창조에서 종말에 이르기까지의 하나님의 모든 활동이 기억되는 것이다. 우리는 이전뿐만 아니라 이후에도 기억하는 것이다; 이것에는 재림의 약속을 기억하는 것도 포함된다. 바울이 우리에게 상기시켰듯이 우리는 이 성례전에서 "주의 죽으심을 그가 오실 때까지 전하는 것이다"(고전 11:26). 동방 교회에서는 성찬례의 거행은 이 넓은 견해를 포함하고 있다. 그리고 서방교회에서는 최근에 그들의 성찬식 신학과 전례에서 창조와 구원 그리고 새 언약과 옛 언약에서의 하나님의 역사를 강조하기 시작했다.

지금까지 우리의 회상(anamnesis)에 대한 논의는 예수께서 성찬례에서 그분을 기억하라고 우리에게 명령하셨다는 가정에서 진행해 왔다. 이것이

---

98) James F. White, *Sacraments*, 55.

그 명령에 대한 가장 자주 이해되어 온 방식이다. 그러나 예수의 말씀이 "이를 행하여 나를 기념하라"로 번역될 때 어느 정도 그럴듯해 보이는 다른 해석이 제시되었다. 요아킴 예레미아스(Joachim Jeremias)는 기억해야 할 사람은 하나님이라고 제안한다. 그러므로 우리는 예수님과 우리의 구원을 위해 그가 하신 일을 하나님께 상기시키기 위해 성찬례를 지켜야 한다는 것이다.[99] 제정하신 말씀("이를 행하여 나를 기억하시오")에 대한 이러한 해석에 따르면, 예수의 명령은 "하나님께서 나를 기억하시도록 그렇게 하시오"와 같은 것이 된다.

이것은 구약에 익숙한 사람에게는 그리 이상한 일이 아니다. 이스라엘의 구원에 있어서는 하나님의 기억하심이 하나의 중요한 신학적 요소이다. "하나님이 그들의 신음 소리를 들으시고 아브라함과 이삭과 야곱에게 세우신 그의 언약을 기억하사"(출 2:24). 하나님께서 백성을 위해 하기로 약속하신 것을 상기시키기 위해 "오 주여, 주의 크신 자비와 사랑을 기억하소서 이는 옛적에 있음이니이다"(시 25:6)라고 기도하였다. 예레미아스는 구약과 팔레스타인 유대교의 기억 구절이 인간의 기억보다 오히려 하나님의 기억의 대부분을 말하고 있다고 주장한다.[100]

이 해석에서 우리는 우리를 위해 몸이 찢기고 피를 흘리신 예수님에 대한 우리의 희망과 구원의 유일한 근거를 하나님께 상기시키기 위해 주의 만찬에 온다는 것이 된다. 철학적으로, 하나님은 전지전능하기 때문에 우리는 그에게 어떤 것도 "상기시킬(remind)" 수 없다고 주장할지 모른다. 그러나 그러한 견해는 성경적 종교에 대해 관계가 없는(foreign) 것이다. 주의 만찬에서 우리는 하나님이 예수님을 통해 하신 일과 그로 인해 자신이 하신 일을 거기 있는 모든 사람(하나님과 백성 모두)에게 상기시킨다. 어떤 형태로든 우리는 "오 하나님, 당신 아들의 희생을 기억하시고 그의 죽으

---

99) *Eucharistic Words*, 237-55.
100) Ibid., 247-48.

심으로 인한 구원을 모든 사람에게 서둘러 주옵소서."라고 기도해야 한다. 예레미아스는, 팔레스타인의 anamnesis의 사용에 있어서, "항상, 예외 없이, 하나님이 행동하시도록 유도하기 위해 하나님 앞에 제시하는 것(presentation)"을 의미한다고 했다.[101]

우리는 "기억"에 대한 어떤 이해를 받아들여야 할 것인가? 둘 다 기여해야 할 중요한 통찰력을 가지고 있다. 우리는 두 가지 해석이 우리에게 말하도록 허용할 수는 없을까? 의심할 여지 없이 젠슨(Jenson)은 정확하게 말했다. "놀라운 것은 그 주장이 위임의 의미에 대해 얼마나 작은 차이가 있는지 말이다."[102] 우리의 주요 관심사는 "이것을 행하라(do this)"에 있어야 한다.

3. 우리 자신의 희생

감사의 이미지와 기념의 이미지 둘 모두와 밀접한 관련이 있는 것은 '희생'의 이미지이다. 희생으로서의 성찬례의 개념은 교회 역사에서 말로 표현할 수 없는 논쟁을 불러일으켰다. 종교 개혁 당시에는 루터와 로마 가톨릭 사이에 첨예한 논쟁이 있었다. 그러나 최근 몇 년 동안 성례전 신학은 16세기의 논쟁을 둘러싼 많은 안개를 쓸어버리고 성경의 증거에 더욱 집중할 수 있게 되었다. 그 결과 종교개혁 때의 논쟁은 성찬례에서 일어나는 희생에 대한 매우 제한된 이해였다고 인식하게 되었다. 그들에게는 많은 성경적 근거가 없었다.

희생의 이미지는 이스라엘 종교에서 대단히 중요하다. 신약성경에도 희생의 이미지는 널리 퍼져 있다. 희생의 형상(sacrificial imagery)은 히브리서에서 많이 나온다. 그리스도는 희생 제물을 바치는 대제사장과 희생 제물에 비유되고 있다. "그가 자기를 드려 저들의 죄를 위하여 단번에 희생하

---

101) Ibid., 249.
102) Braaten and Jenson, 2:362, n.9

시다"(히 7:27). 제사장으로서 그리스도께서는 "속죄하는 한 영원한 제사를 드리셨고 … 그가 거룩하게 된 자들을 한 번의 제사로 영원히 온전하게 하셨느니라"(10:12, 14).

희생의 이미지는 예수께서 다락방에서 만찬을 제정하신 바로 그 언어에 스며들어 있다. "이는 죄 사함을 얻게 하려고 많은 사람을 위하여 흘리는바 나의 피 곧 언약의 피니라"(마 26:28; cf. 막 14:24). "이 잔은 내 피로 세우는 새 언약이니 곧 너희를 위하여 붓는 것이라"(눅 22:20; cf. 고전 11:25). 예수께서는 유대인의 유월절 축제의 맥락에서 희생이라는 말을 사용하심으로써, 시내산에서 피를 흘리심으로 언약을 비준한(출 24:8) 1세기 유대인을 위한 만찬의 의미를 분명히 하셨다. 103)

디다케에서 우리는 교회가 말라기 1:11-14에 있는 희생에 관한 말을 주의 만찬에 적용하기 시작했음을 알았다. 주일의 성찬례는 신자들의 "제사"였다. 104) 1세기가 끝나기 전에 로마의 클레멘트는 "고린도인들에게 보내는 첫째 편지"에서 그리스도께서 "제사와 예배를 정기적으로 단정하게 드려야 한다고 명하셨습니다"105)라고 했다.

따라서 초대교회에서 희생의 개념은 그리스도인들이 성찬례에서 경험하는 것을 설명하는 이미지들의 하나였다. 그러나 이것은 질문을 제기하는데, 즉 '무엇의 희생이며?' 그리고 '누구에 의한 희생인가?'라는 질문을 제기한다.

화체설에 대한 논의에서 우리는 중세 신학이 미사 거행 때마다 그리스도의 몸과 피가 십자가의 속죄 희생의 반복으로서 새롭게 바쳐졌다고 주장하는 것을 보았다. 종교 개혁은 이를 거부했다. 즉 그 견해는 "행위로 의롭게 된다(works-righteousness)"는 식으로 보인다고 그를 거부하였다. 루

---

103) Cf. James F. White, *Sacraments*, 57.
104) Didache, 14:1-3, in Cyril Richardson, 178.
105) Clement's "First Letter," 40:2, in Cyril Richardson, 62.

터는 그의 "신약성서, 즉 거룩한 미사에 관한 논문"에서 우리가 성찬에서, 우리에게 모든 것을 성찬례에서 주시는 하나님(Him)이신 그 하나님께 무엇을 드린다고 가정하지 않는다면, 성찬례를 "희생"이라고 부르는 것이 무방할 것이라고 말했다. 외적인 제사(external sacrifices)는 하지 않게 되었지만, 그 대신에 우리는 "영적 제사"를 가져와 "끊임없는 기도로 우리 자신과 우리의 모든 소유"106)를 바쳐야 한다. 그리스도께서는 히브리서와 로마서에서 가르치신 대로 그는 다음과 같이 말한다.

> 이 말씀에서 우리는 우리가 그리스도를 희생으로 드리는 것이 아니라 그리스도께서 우리를 드리는 것임을 배운다. 그리고 이런 식으로 미사에서 제자로 부르는 것은 허용된다. 또 유익이다. 그것 자체 때문이 아니라 오직 우리가 그리스도와 함께 우리 자신을 제물로 드림으로 그렇다. 달리 말해서, 우리는 그리스도께서 주신 증거에 대한 확고한 믿음으로 그리스도에게 우리 자신을 바친다. 그리고 그리스도와 그의 중재를 통해서가 아니면 우리의 기도와 찬양과 희생으로 하나님 앞에 나타나지 않는다.107)

루터와 같이 웨슬리는 그리스도를 계속해서 봉헌하는 것인 미사를 거부한다. 그리스도의 십자가에서의 희생(sacrifice)은 끝났다. 죄에 대한 속죄를 이루기 위해 다른 어떤 희생이 필요하지 않다. 그러나 더닝이 정확하게 지적한 것처럼, 웨슬리의 사상에는 하나님 우편에서 중보기도 하시는 그리스도의 사역에는 끝나지 않은 측면이 있다, 그 사역은 계속 진행 중에 있다. 108) "위대한 대제사장은 반복이 아니라 속죄의 계속되는 효능을 상징하는 것으로 계속해서 자신을 아버지께 제물로 바치고 계시는 것이

---

106) Luther's Works 35:98.
107) Ibid., 99.
108) Dunning, 562.

다."[109] 우리가 그리스도를 바치는 것이 아니다. 그가 자신을 바치고 있는 것이다.

anamnesis(기억하는 일)에 대한 앞에서의 논의에서 우리는 성찬례가 우리를 대신하여 예수께서 하신 일을 하나님께 간청하는 것으로 말한 예레미아스(Jermeias)의 개념에 주목했다. 그런 관점에서 볼 때 우리가 성찬례에서 드리는 희생은 우리가 예수 그리스도가 우리를 위하신다는 것을 하나님께 상기시켜 드림으로 그리스도를 기념하는 것이다.

> 다른 주장은 필요 없고,
> 다른 변명도 필요 없다.
> 예수님은 죽으셨고, 그리고 그는 나를 위해
> 죽으셨다는 것으로 충분하다.
> —Lidie H. Edmunds

우리가 하나님께 드릴 수 있는 것은 그리스도의 속죄 사역뿐이다. 그것이 우리에게 필요한 전부이다.

> 내 손으로 내가 가져올 값은 없고,
> 나는 단순히 당신의 십자가에 매달립니다.
> —Augustus M. Toplady

이러한 관점에서 우리가 성찬례에서 하는 희생은 우리의 일이 아니라 그리스도의 일일 뿐이다. 이 진리는 복음의 중심에 있다.

그러나 어떤 의미에서는 우리는 하나님께 다른 것을 바친다. 웨슬리가 잘 알고 있는 "공동 기도문의 책"(The Book of Common Prayer)은 주의 만찬과

---

109) Ibid.

관련하여 히브리서 13:15-16을 인용하고 있다. [110]

> 그러므로 우리가 예수로 말미암아 항상 찬송의 제사를 하나님께 드리자.
> 이는 그의 이름을 시인하는 입술의 열매니라. 선을 행함과 다른 사람에게
> 나누어 주기를 잊지 말라. 하나님은 이런 제사를 기뻐하시느니라.

우리의 모든 예배는 하나님께 드리는 하나의 제물(an offering)로 여겨져야 한다. 이것은 미사의 제사(the sacrifice of Mass)에 대한 종교 개혁의 거부와 "신자들의 제사장직"이라는 종교 개혁의 원칙과 완전히 일치한다. 우리는 "예수 그리스도로 말미암아 하나님이 기쁘게 받으실 신령한 제사를 드리는 거룩한 제사장"(벧전 2:5)이 되어야 한다. 웨스트민스터 소 교리문답은 기도를 "그리스도의 이름으로 그의 뜻에 합당한 것을 위하여 우리 죄를 고백하고 그의 자비하심에 대한 감사로 하나님께 우리의 소원을 드리는 것"[111]이라고 정의하고 있다. 그러나 이러한 영적 희생은 우리가 드리는 것(기도, 찬양, 기타 동등한 것)은 우리 자신의 주도권과 힘으로 드리는 것이 아니다. 선행적 은혜에 대한 웨슬리의 교리는 그러한 오해를 피하는 데 도움이 된다. 우리가 찬양의 제사를 드릴 수 있는 것은 오직 은혜에 의해서이다. 그러므로 이런 의미에서 예레미아스의 통찰력은 정확하다. 하나님께 우리는 그리스도를 오직 드릴 수 있다. 우리가 성찬례에서 계속해서 그리스도를 희생 제물로 바치는 것이 아니라, 성찬례에서 그리스도가 우리의 유일한 구원임을 인정하면서 하나님 앞에 나아가는 것이다.

희생의 이미지에서 우리는 성화에 대한 웨슬리의 교리의 뜻에 부닥친다. [112] 이 장에서, 우리는 주님의 만찬을 "성화의 성찬"이라고 불렀다. 그 교리의 중심에는 희생에 관한 신약성경의 명령이 있다. 바울은 우리에게

---

110) 그러나 히브리서 자체에는 직접적인 관련이 없다.

111) Questiions, no. 98.

112) Cf. Dunning, 564.

"죽음에서 살아난 자들처럼 너희 자신을 하나님께 맡기라"(롬 6:13)고 당부하고, 다시 "너희 몸을 하나님이 기뻐하시는 거룩한 산 제물로 드리라 이는 너희가 드릴 영적 예배이니라(12:1)고 말한다. 웨슬리는 제러미 테일러(Jeremy Taylor)의 글을 읽고 즉시 자신의 전 생애를 하나님께 제물로 바치는 것과 또는 사실상 악마에게 희생이 될 자신에게 바치는 것 사이에는 중간 지점이 없음을 확신하고 자신의 모든 삶을 하나님께 헌신하기로 결심했을 때, 성결에 대한 그의 탐구가 본격적으로 시작되었다고 말했다.[113]

그러나 이런 자기의 봉헌과 주의 만찬의 성례전 사이에는 어떤 관계가 있는가? 독자는 이 장의 시작 부분으로 돌아가서 웨슬리가 주님의 만찬이 거룩하게 하는 은혜를 전달하는 수단으로 하나님에 의해 제정되었고 그것을 믿었다는 내용을 다시 한번 참고하라.[114] "우리의 몸이 빵과 포도주에 의하여 강하여지듯이, 또한 우리 영혼은 그리스도의 몸과 피의 상징(token)에 의하여 강하여지는 것이다. 이것은 우리 영혼의 양식이다. 이것은 우리의 의무를 수행할 힘을 주고 온전함으로 이끈다."[115] 따라서 웨슬리 신학에서 주님의 식탁(table)은 우리가 와서 우리 자신을 "산 제물"로 드려 거룩하게 하는 은혜를 받는 자리이다.

4. 신도들의 교제

성찬례에 대한 또 다른 신약의 이미지는 교제 또는 친교(communion)의 이미지이다. 이 말의 의미 해석상의 열쇠가 되는 단어는 헬라어 '코이노니아(koinonia)'이다. 이 단어는 교제, 친교, 참여, 나눔 등 다양하게 번역되는 것인데, 이 단어는 영어가 완전히 포착할 수 있는 것보다 더 풍부한 의미

---

113) Works 11:366.
114) 위에 있는 n. 7을 보라.
115) 위에 있는 n. 8을 보라.

를 지니고 있다. 신약성경의 코이노니아는 단순한 인간의 우정이나 환락(conviviality) 그 이상이다. 그리스도인들 사이의 사귐은 우리가 그리스도 안에서 가지고 있는 연합(unity)에서 유래되었다.

성찬례는 고린도전서 10장에서 코이노니아로 설명되고 있다. 주의 만찬에 대해 바울은 다음과 같이 말한다. "우리가 축복하는 바 축복의 잔은 그리스도의 피에 참여함(koinonia)이 아니며 우리가 떼는 빵은 그리스도의 몸에 참여함(koinonia)이 아니냐?"(16절). 그는 계속해서 그리스도인들이 그리스도의 몸과 피에 참여하는 것, 즉 그리스도의 피에 참여하는 데서 비롯되는 서로 연합하는 것에 대해 말한다. "빵이 하나요 많은 우리가 한 몸이니 이는 우리가 다 한 빵에 참예함이니라"(17절).

모든 문화권에서 식사는 고유한 언어를 사용한다. 특히 축제와 즐거운 행사는 식사와 함께 가장 잘 축하될 것이다. 식사에서 사람은 긴장을 풀고, 인정을 받고, 생각이 같은 다른 사람과 교제를 즐길 수 있다. 식사에는 참가자들을 하나로 묶는 무언가가 있다. 최소한 식사는 그래야 한다. 바쁜 일정, 일하는 어머니들, 맞벌이 부부의 아이들이 있는 급변하는 오늘날의 사회에서 식사 시간의 가족 친목은 종종 불가피하게 중단된다. 그러나 성경 시대의 유대인 가정에서의 식사는 가족을 하나로 묶는 행사로 이해되었다. 바울은 다음 구절에서 이 이해에 입각하여 말한다. "이스라엘 자손을 생각하라. 제물을 먹는 자가 제단에 참여하지 아니하느냐?" 바울에게 있어 함께 먹는다는 것은 참여, 교제, 친교(즉 코이노니아)를 의미한다는 것이 자명하기 때문에, 그는 잘못된 종류의 교제, 즉 우상과의 교제에 대해 경고하기 위해 더 고도로 그 개념을 추구한다(19절). "나는 너희가 귀신과 교제하는 자가 되기를 원하지 아니하노니 너희가 주의 잔과 귀신의 잔도 함께 마실 수 없나니 너희가 주의 상과 귀신의 상에 겸하여 참여하지 못하리라"(20-21절). 성찬례에서의 교제는 악과의 모든 타협을 배제한다.

이 견해는 디다케(Didache)에 반영되어 있다. 거기에 다음과 같은 교훈이 있다. "주의 이름으로 세례받은 자 외에는 아무도 당신의 성찬례에서 먹거나 마시게 해서는 안 된다. 이에 대해 주님은 '거룩한 것을 개에게 주지 말라'고 말씀하셨다."116) 성만찬을 드신 후 다음과 같은 기도를 드려야 했다. "주님, 당신의 교회를 기억하여 모든 악에서 구원하시고 당신의 사랑으로 온전케 하소서."117)

그러므로 우리는 바울과 초대교회에 있어서 주의 만찬은 신자들 사이의 교제와 우상숭배와 악의 배제를 의미했음을 알 수 있다. 사도는 성찬례에 합당하지 않게 참여하지 말라고 경고하면서 이 견해를 계속 이어나가고 있다. 그는 "누구든지 주의 빵을 먹고 주의 잔을 합당치 않게 마시는 자는 주의 몸과 피에 대하여 죄를 범하는 것이라"고 말한다(고전 11:27). 비극적으로, 바울의 의미를 이해하지 못한 많은 지각 있는 기독교인들이 주의 식탁에서 멀어졌다. 그런 사람은 의(righteousness)의 일정한 기준에 달하지 않고는 참여하면 안 된다고 생각하여 큰 축복에서 스스로 벗어나고 있다. 복음의 진리는 우리 중 누구도 전혀 진정으로 합당치 않다는 것이다! 우리 자신의 훌륭함(worthiness)이 주의 만찬에 들어가는 조건이라면 우리 중 누구도 참여할 수 없을 것이다.

바울이 한 말의 맥락을 잘 이해할 필요가 있다. 그는 예배에서의 예절에 대해 논의하고 있는 것이다. 그는 고린도 교회에 분열이 있다는 말을 들었다. 무엇보다도 주님의 만찬에 신도들의 교제가 없게 되었고, 그로 인해 교회의 일치(unity)가 위협받았다. 분명히 이 초기에는 성찬례가 여전히 아가페 식사, 즉 사랑의 잔치와 결합되어 있었다. 그럼에도 고린도 교인들은 상당히 이기적으로 행동했다. "각자는 다른 사람을 기다리지 않으며 먼저 가서 만찬을 먹었다"(고전 11:21). 일찍 도착한 자들은(혹은 줄의 앞자

---

116) Didache 9:5, in Cyril Richardson, 175.
117) Didache 10:5, in Cyril Richardson, 176.

리에 나와서) 다른 사람들은 배고파하는데, 나가서 음식을 다 먹어 치우고 있었다. 진정한 나눔의 정신이 사라졌다. 그래서 바울은 "너희가 먹으려고 함께 왔으면 서로 기다리라"(33절)고 촉구하였다.

이 두 절(21절과 33절)에서 바울이 주님으로부터 받은 주의 만찬 제정에 대한 설명이 있는데, 그가 말하는 "합당치 않게"(27, 29절) 먹고 마시는 것이 무엇을 의미하는가? 그는 우리에게 분명하게 그것은 "주님의 몸을 분별하지 아니하면서 먹고 마시는 것이라"(29절)고 말한다. 가장 오래되고 권위 있는 사본에는 "주님의"라는 단어가 없다. 그 말은 원본 텍스트의 일부가 아닐 가능성이 매우 높다. 그 텍스트에는 단순히 "몸을 인식하지 못하며"라고 되어 있다.

바울이 책망하는 사람은 빵과 포도주의 요소가 그리스도의 몸과 피라는 사실을 이해하지 못하는 사람이 아니다(이것은 거의 화체설을 거부하는 사람들의 정죄 같다!). 바울이 책망하는 사람은 그리스도인들이 그리스도의 몸임을 분명히 이해하지 못하는 사람이다. "합당치 않게" 먹고 마시는 것(27절)은 코이노니아를 범하는 것을 의미한다. "빵과 잔이 주어졌을 때, 거기 임재하는 몸은 예수님이다. 그리고 거기 임재하는 몸은 곧 공동체이다. 그리고 한 사람과의 관계와 다른 사람과의 관계 사이에는 다른 것이 없다."118) 그리스도인들은 성찬에 접근하기 전에 하나가 되어야 한다. 이 성례전이 그리스도의 만찬이다. 손님을 초대하는 분은 그분(주님)이시다. 그분의 초대는 갈보리에서 "많은 사람을 위해" 죽으신 것처럼 열려 있고 모든 사람을 위한 것이다. 우리를 식탁으로 초대하는 그 손은 십자가에서 죽으신 분의 못이 박힌 손이다. "이 열린 초대를 수락할 수 있는 유일한 자격은 이 잔치를 베푸신 분을 우리가 인정하는 것뿐이다."119) 우리가

---

118) Braaten and Jenson, 2:346-47.
119) Jurgen Moltmann, "The Life Signs of the Spirit in the Fellowship Community of Christ," in *Hope for the Church*, ed. Theodore Runyon (Nashville: Abingdon Press, 1979), 52.

그분을 진정으로 인정할 때 인간의 모든 분열과 불일치는 중요하지 않게 보인다. 그리고 그분이 우리 가운데 코이노니아를 만드실 수 있다.

5. 왕국을 미리 맛봄

고려되어야 할 성찬례의 마지막 이미지는 만물의 최종 완성에 대한 미리보기(preview)와 우리가 초대받을 천국 만찬을 미리 맛보는(foretaste) 성찬례의 이미지이다. 성경적 관점에서 보면 이것이 아마도 가장 중요한 이미지일 것이다. 성찬례에서 우리는 주님께서 오실 때까지(고전 11:26) 주님의 죽음을 선포하며, "때가 차서 하늘과 땅에 있는 만물이 하나가 되는 날을 고대한다. 머리도 한 분이시니 곧 그리스도시라"(엡 1:10) 울려 퍼지는 소리로 성찬례는 그리스도인의 종말론적 희망을 축하한다. 이 성찬례에서 우리는 주님께서 갈보리에서 하신 과거의 희생을 기억하고 그분의 미래의 승리에 대한 확신을 표현한다. "기독교의 예배에는 주의 만찬의 성례전에서처럼 과거와 현재와 미래를 내다보는 것이 없다."[120]

최근 몇 년 동안 성찬례의 종말론적 차원이 전면에 나서서 수 세기 동안 볼 수 없었던 상당한 신학적 관심을 갖게 되었다. 1926년 독일 학자 한스 리츠만(Hans Lietzmann)은 하나님 나라 사상에 근거한 성찬례에 대한 이해를 가능하게 하였다.[121] 그는 초대교회의 두 가지 유형의 성찬 예배를 확인했다. 한 유형은 그리스도를 위한 죽음과 다락방에서 만찬을 제정한 것에 중점을 두고 있다. 이 유형은 히폴리투스의 사도적 전통(The Apostolic Tradition of Hippolytus)에 보존되어 있었다. 다른 유형은 그리스도의 재림과 공동체 사상에 초점을 맞추고 있었다. 그것은 다다케(Didache)에 보존되어 있었다. 리츠만(Lietzmann)은 첫 번째 유형은 바울의 가장 오랜 출처(고전 10

---

120) Barclay, 110.

121) Hans Lietzmann, *Mass and Lord's Supper*, trans. Dorothea H. G. Reeve (Leiden: E. J. Brill, 1979); English translation of Messe und Herrenmahl (Berlin: Walter de Gruyter, 1926).

장과 11장)에서 찾아냈고, 두 번째 유형은 예수님이 살아 계신 동안 제자들과 함께하시고 부활하신 후에도 계속된 친교 식사로 거슬러 올라가 발견했다고 주장한다. 리츠만의 분석 이후에 두 번째 유형에 대한 관심이 증가했다.

오스카 쿨만(Oscar Cullmann)은 신약성경에는 단순히 다락방에 대한 설명보다 성찬례에 대해 언급한 내용이 더 많음을 지적한다. 그는 성찬례가 예수의 부활의 출현과 그리스도와 함께 먹고 마시는 것의 종말론적 중요성을 언급하고, 그것들이 초기 기독교 예배와 관련되어 있음을 보여주고 있다는 것을 이야기한다. [122] 쿨만(Cullman)은 고대 기도인 "Maranatha!"(주여, 오소서!)가 성찬례 거행의 특색을 나타내야 한다고 주장한다. 즉 그것이 예전에 그랬던 것처럼 특징지어져야 하며, "초대 그리스도인들이 실현한 것처럼, 그리스도께서 그의 이름으로 함께 모인 신자들 한가운데로 내려오시는 것을 보고 그 오심에서 스스로 발견하고자 하는 것과 그의 마지막 메시아적 재림에 대한 기대라는 두 가지 열망을 나타내야 한다."고 주장한다. [123] 『희망의 신학』을 저술한 몰트만(Jurgen Moltmann)과 다른 사람들은 또한 성찬례 신학의 이런 면을 강조한다. 아마도 이러한 주제를 가장 완전하고 구체적으로 다룬 사람은 웨인라이트(Geoffrey Wainwright)이다. [124] 그는 관련된 모든 성경 본문과 초기 기독교 문헌을 검토하면서 세 가지 성경 이미지를 사용하여 성찬례를 묘사했다. 즉 메시아의 만찬, 그리스도의 재림에 대한 기대, 그리고 왕국의 첫 열매의 이미지이다.

최근에 회복된 종말론적 차원은 성찬례의 새로운 특징을 더 오래된 이

---

[122] "The meaning of the Lord's Supper in Primitive Christianity," in Oscar Cullmann and F. J. Leenhardt, *Essay on the Lord's Supper*. trans. J. G. Davies (London: Lutturworth Press, 1971).

[123] Ibid., 23.

[124] Geoffrey Wainwright, Eucharist and Eschatology (New York: Oxford University Press, 1981).

미지와 대조할 때 가장 생생하게 나타날 수 있다. 브라우닝(Browning)과 리드(Reed)는 각각 6가지 강조점을 나열했다. "대부분의 기독교 전통에 공통적으로 전해진 전래적 이미지"는 다음과 같다.

1. 십자가와 예수의 죽음
2. 예수의 죽음을 구원하는 속죄의 주제로서의 희생(sacrifice)
3. 우리의 참여 방식으로서의 기념과 기억
4. 예수님의 희생적인 죽음으로 인해 사해진 과거의 우리 죄와 허물
5. 그리스도와의 개인적인 만남으로서의 성찬례
6. 십자가에서의 죽음, 우리의 죄, 값비싼 구원을 기억하는 침울한 사건으로서의 만찬[125]

이 저자들에 따르면 대조적인 이미지가 재발견되었다. 그리고 그것들이 최근의 역사적, 전래적 학문에 의해 소개되었다. 그 특징은 다음과 같다.

1. 부활하신 그리스도를 강조하는 부활
2. 기쁨과 축제의 잔치
3. 현재의 축하 행사의 주인이신 그리스도의 임재
4. 미래와 다가오는 하나님 나라
5. 그리스도 안에서 우리가 함께 만나는 교제로서의 성찬례
6. 축제 분위기에서 우리가 축하하는 밝고 행복한 행사로서의 만찬[126]

강조의 변화는 "주님의 만찬의 본질적 성격을 이해하는 열쇠로서 종말

---

125) Browning and Reed, 168.
126) Ibid.

론을 발견한 것"127)에 있다. 우리는 반드시 두 번째 강조 세트가 좀 더 전통적인 주제들, 즉 첫 번째 세트를 취소하지 않는다는 것을 이해해야 한다. 각 이미지 세트는 다른 이미지를 보완한다.

종말론이 성경의 두드러진 주제라는 것은 의심의 여지가 없다. 구약에서 유월절은 과거에 하나님의 크신 구속 행위를 기념하기 위해 지켰다. 그러나 유대인들은 또한 유월절 만찬을 메시아의 도래를 통해 마침내 하나님의 뜻이 성취되는 메시아의 잔치를 기대하는 것으로 보았다. 예수께서 제자들과 함께하신 최후의 만찬이 일종의 유월절 식사였다면(우리는 그럴 가능성이 있다고 결론을 내렸다), 예수께서는 성찬례를 제정하실 때 과거와 미래 모두를 기초로 삼으신 것이다. 벌코프(Berkhof)와 함께 "이스라엘과 함께하신 하나님의 방법은 한 끼 식사에서 다른 식사까지"였다고 말할 수 있다. 즉 매년 애굽으로부터의 구원을 기념하는 유월절 식사에서 하나님께서 죽음을 폐지하고, 모든 눈물을 닦고, 시온산에서 풍성한 잔치를 준비하시는(사 25장) "큰 미래의 식사"까지라고 말할 수 있다.128) 주의 만찬에 대한 웨인라이트의 명칭 중 하나는 "하늘의 전채(antepast)"이다.129) 우리는 이것을 메시아의 연회의 "식욕을 돋우는 음식(appetizer)"이라고 부를 수 있다.

구약성경이 주님의 만찬의 종말론적 의의를 이해하는 길을 열어준다. 피를 뿌려 봉인하는 언약을 시내산에서 세울 때, 먹고 마시는 일이 있었다(출 24:8-11). 이 말의 의미를 설명하면, 이스라엘 지도자들이 "하나님을 보고 먹고 마셨는데"도 하나님이 불쾌해하지 않으셨다는 것이다(11절). 시내산에서 만들어진 언약과 새 언약의 관계는 예수님의 말씀에서 볼 수 있다: "이것은 언약의 내 피이다"(마 26:28; 막 14:24).

---

127) Ibid., 168-69.
128) Berkhof, 362.
129) Wainwright, chap. 2.

모세 오경, 역사서, 지혜 문헌에는 종교의식과 관련하여 먹고 마시는 것에 대한 다양한 언급이 있다. 그들 대부분은 하나님 면전에서 현재 잔치를 벌이는 것이 언급되었다. 그러나 선지서들에서는 그러한 먹고 마시는 것이 미래에 있는 것으로 언급되고 있다.

이사야 49장과 55장과 에스겔 34장에서는 하나님이 바벨론 포로에서 구출되어 고향으로 돌아갈 때 그의 백성을 먹일 것이라고 기록되어 있다. 스가랴 9:16-17에서도 같은 내용이 있다. 그리고 이사야 25장에서는 사망이 폐하고 구원과 기뻐하는 날에 관련하여 만민을 위한 미래의 잔치(future feast)에 대해 말하고 있다.[130] 비슷한 주제가 구약성서와 신약성서 사이에 있는 중간기 문헌(intertestamental literature)에서도 발견된다. 그것들은 강력한 종말론적 의미를 나타내고 있다.[131]

신약성경에서 예수님은 하나님 나라에서 먹고 마시는 것에 대해 말씀하시고 이것을 성찬례와 연관시키셨다. 마태복음 8:11과 누가복음 13:29과 같은 구절에서 예수님은 먹고 마시는 것의 이미지를 왕국에서 장차 있을 구원(future salvation)을 묘사하기 위해 사용하셨다. 누가복음 12:35-38에서 깨어 있으라고 촉구하는 비유는 아마도 그분의 재림과 혼인 잔치에 왔을 때 깨어 있는 것을 발견한 종들은 칭찬받는다는 것을 가르치신 것 같다.

이와 같은 가르침(더 많은 예가 있음)은 예수의 사역 기간 동안 그가 식사에 참여하셨을 때 여러 번 있었다. 이런 식사는 그분이 아직 그들과 함께 계시는 동안 그분과 그분의 제자들 사이에 교제의 초점을 형성했었다. "신랑과 함께 있을 때 그의 손님을 금식하게 할 수 있는가?"(눅 5:34). 그러나 예수님은 세리들과 죄인들과 함께 의도적으로 식사를 하셨다. 함께 식사하자는 그분의 초대는 보편적이었으며 종종 죄인들이 그분과 함께 식사

---

130) Ibid., 21.
131) Cf. ibid., 21-25.

하려고 했다. 그러나 단순히 예수님과 함께 식사한다고 해서 천국 잔치에 들어갈 수 있다는 보장은 없었다. 오히려 죄인들이 회개하도록 초대받았다(눅 13:25-27). 5,000명을 먹이신 기적은 비록 사람들이 그것을 정치적인 용어로 해석했지만(요 6:14-15), 요한복음에서는 메시아적 의미를 부여했다. 이것들은 예수의 사역에 있은 식사에 관한 몇 가지 예에 불과하다.[132]

예수님께서 지상 사역을 하실 때 드신 식사와 주의 만찬의 성례전 사이에 관계가 있는가? 최후의 만찬이 유월절 만찬이건 아니건 이것은 예수께서 제자들과 함께 하신 친교의 만찬이었다. 즉 이것은 그들이 함께했던 식사들의 마지막 만찬, 신랑이 그의 친구들이 다 떠나기 전에 가졌던 마지막 식사(막 2:19), 또한 천국에서 그들과 더불어 새것으로 마시기까지는 (이제부터 마시지 아니하리라 하신고로-역주) 포도나무에서 난 것을 마시는 것이 이번이 마지막이었다(마 26:29). "최후의 만찬은 분명히 먹고 마시러 온 사람이 내려놓은 포물선의 식사 표시(meal-sign)의 마지막을 의도한 것 같고, 또한 그다음에 올 왕국의 완전한 잔치를 의도한 것 같다."[133] 따라서 그것은 예수님께서 성역을 베푸실 때 주신 다가오는 왕국의 상징과 앞으로 올 왕국의 메시아의 연회를 가리키는 표징(sign)을 다 상징했다. 첫 번째는 두 번째의 맛(taste)이다. 그것은 진정한 맛이지만 완전한 맛은 아니다. 우리가 그분의 식탁에 올 때 우리를 먹이시는 분은 그리스도이시지만 그분의 영광은 직접적으로 보거나 이해되지 않는다. 왕국은 "이미(already)"인 동시에 "아직(not yet)"이다. 웨슬리의 성찬 찬송 중에 이런 말이 있다.

자, 주님의 만찬을 나누는 자들은,

한마음으로 뭉쳐,

---

132) 독자는 모든 관련 텍스트의 철저한 처리를 위해 Wainwright를 참조하라. 여기에서 미래 왕국을 위한 이러한 식사의 중요성을 찾는 데 한 점의 돌도 돌릴 수 없다.
133) Ibid., 35.

우리 주님과 스승님의 찬양을 노래하자.

살아있는 빵으로 지상에 영양을 공급하고,

우리는 지금 그분의 식탁에서 음식을 먹고 있다.

그러나 우리의 하늘 왕을 뵙기를 기다리시오.

성례전의 베일이 없이

보이지 않는 위대한 것을 보기 위해

그의 모든 영광의 옷을 입고,

황홀한 기쁨과 사랑과 찬양으로

그분의 영원한 보좌의 높은 곳에서

열린 얼굴로 그분을 바라보리라.[134]

신약성경에서 너무나 명백한 성찬례에 대한 이 분명한 종말론적 특징이 개신교 종교 개혁 기간에는 거의 들리지 않았다. 가장 주의를 기울인 것은 미사에서 그리스도의 반복적인 희생에 관하여 있었던 로마 가톨릭과의 논쟁과 성찬례에서의 그리스도의 임재의 본질에 관한 집안에서의 논쟁이었다. 웨인라이트(Wainwright)가 바로 지적했듯이, "1745년에 웨슬리 형제가 성만찬에 관한 찬송(Hymns on the Lord's Supper)을 출판한 후에야, 서방교회는 하늘 왕국의 장래 잔치의 표징으로서의 성찬례에 대한 풍부한 감사를 다시 획득하였다."[135] 이 찬송가들(이 모두 166개의 찬송들)은 귀중한 것들인데 슬프게도 웨슬리안/성결 교회들의 주의 성만찬 거행에서는 소홀히 여겨져 왔다.

성찬례에 대한 종말론적 관점은 주의 만찬을 "성화의 성례전"이라고 부르는 것과 밀접하게 관련되어 있다. 웨슬리는 칭의와 성화를 구원의 "그

---

134) *Hymns on the Lord's Supper*, no. 93; Osborn 3:283-84.
135) Wainwright, 56.

두 가지 큰 부분"이라고 말했다.[136] 칭의는 하나님이 그의 아들을 통해 우리를 위해 하신 일이고, 성화는 하나님이 그의 영으로 우리 안에서 일 하시는 일이다.[137] 따라서 칭의는 그리스도의 초림을 뒤돌아본다. 그리고 칭의는 그분이 십자가에서 우리를 위해 하신 일에 대한 믿음으로 인하여 받는다. 성화도 속죄의 피로 의해 마련되었지만 그 초점은 미래에 있다. 달리 말해서, 성화는 하나님의 나라를 내다보고(anticipate) 대망하며 체험하는 것이다. 성령의 능력으로 이 세상에서 사는 것은 영원한 삶, 곧 왕국의 삶을 사는 것이다. 웨슬리의 이해에 따르면 성화는 일시적인 측면과 점진적인 측면이 있지만, 우리가 이미 지적했듯이 "지속적인 증가를 인정하지 않는" 정적 상태는 결코 아니다.[138] 그리스도인의 완전의 삶은 "이미(already) 그러나 아직(not yet)"의 삶이다. 성화는 종말에 속하지만, 이 종말론적 실재는 우리 개인 역사의 한가운데서(항상 대략적으로만) 예비적으로(proleptically) 받아들여질 수 있다. 왕국의 만찬인 성찬례는 피조물의 마지막 쇄신으로 약속된 하나님의 통치에 대한 비전을 열어주고 그것을 미리 맛보는 것이다. 이 약속된 하나님의 통치는 우주적이고, 공동체적이며, 개인적이다. 성화는 우리가 그 하나님의 통치(rule)에 자신을 열 때 일어난다. 우리는 "믿음의 온전한 확신으로 … 가까이 가"(히 10:22) 빵과 잔을 받을 때 그 하나님의 통치에 우리 자신을 연다.

---

136) Works 6:509.
137) Ibid., 5:56.
138) Ibid., 6:5.

8장
성찬례와 전도
Eucharist and Evangelism

웨슬리안/성결 전통에서는 전도의 중요성을 강조하기 때문에 웨슬리안 영성에서의 성례전의 위치에 대한 연구에서 이처럼 다른 한 주제를 다루게 되었다. 이 주제의 논의는 간단할 수 있지만 그것은 그 자체가 한 장을 차지할 가치가 있을 만큼 충분히 중요하다.

A. 거듭나게 하는 의식

우리가 앞 장에서 언급한 것처럼 성찬례를 "성화의 성례전"으로 부르는 것은 현재 주제를 약화시키는 것처럼 보일 수 있다. 웨슬리에게 있어서 주의 만찬은 또한 거듭나게 하는 의식이었다. 일부 웨슬리안들에게는 이것이 모순처럼 보일 수 있다. 그러나 그것은 회심과 성화에 대한 정적이고 "아둔한 개념(wooden concept)"을 갖고 있고, 웨슬리의 각각에 대한 역동적인 이해를 이해하지 못하는 웨슬리인들에게만 문제가 된다. 웨슬리에게 있어서 구원은 "단 한 번의 경험이 아니라 순간순간의 수련을 필요로 하는 역동적인 관계였다."[1]

성찬례에 표면적으로 회심하게 하는 의식이 나타나는 경우가 있는데,

---

1) Dunning, 560.

이런 경우는, 성만찬에는 진정으로 회개하였고 죄를 다 버린(과거 시제) 사람들만 초대될 수 있다고 규정하고 있는 나사렛 교회와 같은 교파에서는 모순처럼 보일 수 있다. 그러나 성만찬에는 진실로 진지하게 회개한(현재 시제) 사람들이 초대될 수 있다고 규정하고 있는 웨슬리안 교회(Wesleyan Church)와 자유 감리교회(Free Methodist Church)에서는 문제가 덜 된다. 그러나 우리가 보겠지만, 각각의 경우 문제는 실제보다 상상된 일(imagined)에 더 가깝다. 우리는 이러한 초대에 있어 관련된 회개에 대한 규정이 메소디스트 및 영국교회 의식의 규정에서 가져온 것과 본질적으로 동일하다는 점을 잊어서는 안 된다.

일부 웨슬리안/성결교단, 특히 나사렛 교회에서는 전도와 교회 성장이 최근 몇 년 동안 가장 중요한 관심사가 되었다. 1장에서 이에 대해 논의하였다. 그러한 관심이 예배와 성례전에 대한 관심보다 훨씬 더 공식적인 관심을 받고 있다. 전도에 큰 관심을 가지면서 그들 자신의 전통에서는 전도를 위한 가장 의미 있는 도구 중 하나로 여긴 성례전을 명백히 무시하는 오늘날의 웨슬리안들의 모습에는 극도의 아이러니가 있다.[2]

웨슬리의 주의 만찬 교리의 이러한 측면을 이해하려면, 그의 구원론 전체에서의 성례전의 중요성과 그의 "구원의 순서"(ordo salutis)에서 성례전이 차지하는 위치를 볼 필요가 있다. 그는 "주의 만찬은 사람들의 여러 필요에 따라 선행적 은혜나 의롭게 하는 은혜, 거룩하게 하는 은총을 전달하는 수단으로 하나님께서 제정하신 것"[3]이라고 설명한다.

우리는 이러한 여러 단계의 은혜를 역순으로 고려할 것이다. 앞에서 우리는 성찬례가 거룩하게 하는 은총을 전달한다는 웨슬리의 믿음에 주목했다. 여기서 그것은 더 이상 논의될 필요는 없다. 그러나 웨슬리는 성찬

---

2) 이러한 방치(neglect)의 한 가지 원인은 적어도 바울이 말한 "부적절한 방식으로" 먹고 마시는 것에 대한 오해 때문이다(7장, '신앙인의 교재' D를 보라).
3) Works 1:280. 그 제목에 의한 설교에서 모든 "은혜의 수단"에 대한 웨슬리의 설교에서도 유사한 진술이 있다. Ibid., 5:187.

례가 의롭게 하는 은총도 전달한다고 믿었다. 따라서 성례전은 회심케 하는 의식이라고 부를 수 있었다. 이에 대한 증거는 풍부하고 사실임에 틀림없다. 그는 경험과 성경의 증거로 그것을 확신했다. 회심했고 "온전한 의미의 신자"인 사람들만이 성찬에 참석할 수 있다는 주장[4]에 반대하여 그는 주님의 최후의 만찬에 대한 성경적 설명과 거기에 기록된 경험에 호소했다.

> 주장의 거짓은 … 성경의 교훈과 실례(example)에서 나타난다. 우리 주님은 그 당시 회심하지 않았고 아직 성령을 받지 못했으며 (완전한 의미에서) 신자가 아닌 바로 그 사람들에게 이를 행하여 "그를 기념하라"고 명령하셨다. 여기서 그 훈계는 분명하다. 그리고 그들에게 그는 자신의 손으로 요소(빵과 포도주-역주)를 전달했다. 여기에 논쟁의 여지가 없는 똑같은 실례가 있다.[5]

그는 칭의와 거듭남이 동시에 일어나는 것으로 이해했으며, 이것들은 "온전한 의미"에서 회심하는 것의 일부였다. 이것은 최후의 만찬에서의 제자들의 영적 상태에 대한 위의 평가에서 명백하다. 웨슬리가 그들을 "회심하지 않은" 그리고 "믿지 않는" 것으로 봤다는 사실은 그러한 사람들을 신자로 보는 경향이 있는 웨슬리안/성결 전통의 많은 사람을 당황하게 했다. 문제는 다음 두 가지를 이해하면 명확해진다. (1) 웨슬리에게는 영성의 모든 측면, 즉 믿음, 사랑, 확신, 거룩함, 완전에는 정도의 차이(degrees)가 있다. 그는 그의 진술에서 괄호 안에 있는 단어가 보여 주듯이 제자들이 어떤 의미에서 신자였다는 것을 부인하지 않는다. 그에게서 '회심(conversion)'은 '완전한 의미'에서의 믿음을 의미한다. 이것이 다음 요점으

---

4) 이 문맥에서 이 용어는 "성찬식을 받는 것(to receive Communion)"을 의미한다.
5) Works 1:279-80.

로 설명된다. ⑵ 웨슬리에게 "회심한" 사람, 곧 "완전한 의미에서의 신자"
는 성령을 받은 사람이었다. 그러므로 그는 "사도들 자신이 오순절 이후
까지는 올바른 기독교 신앙을 갖지 못했다"고 말할 수 있다.[6]

그는 베드로가 방문하기 전의 고넬료의 영적 상태와 참석한 모든 이방
인에게 성령을 부어주신 것에 대해서도 같은 말을 할 수 있었다. "기독교
의 견해에서 볼 때, 그때 고넬료는 불신자였다는 것이 분명하다. 그는 그
리스도에 대한 믿음이 없었다."[7] 웨슬리는 그의 "믿음으로 말미암는 구
원"이라는 설교에서 "우리가 구원을 받는 믿음은 그리스도께서 아직 지상
에 계실 때 사도들이 가졌던 것과 같은 것이 아니라, 그리스도의 죽음의
필요성과 공로, 그리고 그의 부활의 능력을 인정하는 믿음"[8]이라고 주장
한다. 웨슬리에게 "회심"은 복음주의적 회심, 즉 "종의 믿음"이 아니라 "아
들의 믿음"을 갖는 것을 의미했다. 오순절 이전의 제자들은 비록 "회심하
지 않았으며" 완전한 의미의 신자가 아니었지만(단지 "종의 믿음"을 가짐), 그
럼에도 불구하고 옛 언약의 조건 하에서 "의롭다 하심을 얻은" 사람이었
다."[9]

이 신약성경의 실례에서 웨슬리가 배운 것은 의심할 여지 없이 그의 어머
니의 경험에 의해 강화되었다. 수잔나 웨슬리는 주의 만찬에 참여하는 동
안 그녀가 완전한 믿음의 확신에 이르게 되었다고 간증했다. 당시 그녀의
나이는 70세였다. 이것은 그녀의 아들 존이 올더스게이트(Aldesgate)에서의
경험과 며칠 전에 있었던 그녀의 아들 찰스(Charles)의 유사한 "가슴이 뜨거
워지는" 경험이 있은 지 얼마 되지 않았을 때의 이야기이다. 물론 그녀는
오랫동안 헌신과 영적 훈련의 삶을 살았으나, 아들들의 이러한 내적 경

---

6) Ibid., 8:291. 우리가 5장에서 언급했듯이, 웨슬리는 그의 추종자들 중 많은 사람이 하
   는 경향이 있는 것처럼 "성령을 받는 것"과 "성령으로 충만함을 받는 것"을 구별하지
   않았다. 그에게 이 표현은 동의어였다.
7) NT Notes, 행 10:4.
8) Works 5:9.
9) Cf. 그의 요 14:23, 15:3에 대한 NT Note를 참조하라.

험에 대해서 처음에는 회의적이었다. 그러나 영국교회의 성직자인 그녀의 사위 홀(Hall)이 "우리 주 예수 그리스도의 피 곧 우리를 위하여 주신 피"라고 말할 때, 그 말을 들은 웨슬리의 어머니는 그 성찬식에서 자신의 "가슴이 뜨거워지는" 경험을 했다고 말했다. 그녀는 그 성직자의 말이 "내 마음을 꿰뚫었다. 그리고 나는 하나님께서 그리스도의 공로로 나의 모든 죄를 용서하셨다는 것을 알았다"[10]고 말하였다.

그러므로 웨슬리가 성찬례를 다소 제한적이고 상대적인 의미에서 거듭나게 하는 의식으로 보았다는 것은 분명하다. 주님의 식탁에서 믿음이 약한 사람(즉, 완전한 새 언약 의미에서 아직 회심하지 않은 사람)이 "완전한 의미에서" 믿음으로 "거듭날" 수 있다.

그러나 웨슬리는 성찬례가 믿음이 전혀 없고 어떤 의미에서도 믿지 않는 사람들을 위한 "거듭나게 하는 의식"일 수도 있다고 믿었는가? 경험의 권위에 호소하면서 그는 한 여성에 대해 말한다.

많은 사람이 … 그녀에게 믿음이 없다는 것을 설득하였더니, 그녀는 그들이 참을 수 없는 심령으로 대답하되, "나는 내가 지금 사는 삶은 나를 사랑하사 나를 위하여 자기 몸을 버리신 하나님의 아들을 믿는 믿음 안에서 사는 줄 안다: 그리고 그분은 빵을 떼시며 내게 알게 하신 때부터 한시도 나를 떠나지 아니하셨다"고 말하였다.[11]

이 "부정할 수 없는" 사실로부터 웨슬리는 다음과 같이 추론한다.

(1) 은혜의 수단, 즉 하나님의 내적인 은혜가 사람에게 통상적으로 전달되는 외적인 예법이 있다; 이로써 구원을 가져오는 믿음이 전에는 그 믿

---

10) Charge Rice, *Susanna Wesley: A Remarkable Woman and Mother* (Kansas City: Beacon Hill Press of Kansas City, 1990), 40-41.
11) Works 1:248.

음을 가지고 있지 못했던 자들에게 전해지는 것이다. (2) 그런 수단 중 하나가 주의 만찬이다. 그리고 (3) 이 믿음이 없는 사람은 하나님이 정하신 이 수단과 다른 수단을 사용하여 그것을 기다려야 한다.[12]

언뜻 보기에 세 번째 조항은 모호함을 포함하는 것처럼 보인다. 그는 믿음이 없는 것과 기다리는 것을 동시에 말하고 있다. 이것은 질문을 제기한다. 즉 은혜의 수단을 사용하면서 믿음을 "기다리는" 것은 어느 정도의 믿음이 이미 존재한다는 것을 의미하지 않는가? 웨슬리는 의심할 여지 없이 그렇다고 대답할 것이다. 다시 한번 이해의 열쇠는 믿음의 "정도"(또는 등급-degrees of faith)이라는 개념에 있다. 이때 "기다릴 때의 믿음"의 정도는 "구원을 가져다주는 믿음"보다 작은(less) 믿음인 것이다.

주의 만찬은 회심시키는(converting) 의식이 아니라 확증하는(confirming) 의식일 뿐이라고 주장하는 사람들에 대해 웨슬리는 다음과 같이 대답했다.

> 그러나 경험은 그 주장이 완전히 거짓임을 보여준다. … 당신들이 증인이다. 현재 많은 사람이 알고 있듯이, 당신이 하나님께로 개종한 바로 그 시작(아마도 어떤 사람들에게는 첫 번째 깊은 확신)이 주의 만찬에서 이루어졌다. 이제 이러한 하나의 실례가 그런 모든 주장을 전복시킨다.[13]

따라서 웨슬리가 성찬례가 성화의 은총뿐 아니라 그 이전에 의롭게 하는 은총도 전달한다고 믿었음이 분명하다. [14]

---

12) Ibid.

13) Ibid., 279.

14) 웨슬리에게 있어서, 성화는 칭의의 순간에 시작되지만, 성화는 칭의의 근거이기 때문에 신학적으로 후자가 우선이다. 그는 메소디즘이 부상한 한 가지 요인은 "사람은 성화되기 전에 의롭다 하심을 받는다"는 찰스와 그 자신의 발견이었다고 말한다. Ibid., 8:300. 물론 온전한 성화가 논의될 때 칭의의 우선순위는 신학적일 뿐만 아니라 연대기적이기도 하다.

그러나 심지어 주의 만찬이 칭의에 앞서는 선행적 은혜를 전달한다는 그의 주장을 우리는 어떻게 이해하여야 할까? 선행적 은총은 칭의에 앞서 오는 것이므로, 웨슬리는 불신자들이 그것을 받기 위해 식탁에 초대되는 것을 의도하는가? 그리고 선행적 은혜를 받아야 한다면 그런 사람은 지금 그것(즉 선행적 은혜-역주)을 받고 있지 않다는 것을 의미하는가?

이러한 질문은 웨슬리의 추종자들에게 특정한 문제를 일으킨다. 그는 모든 살아 있는 사람이 성령을 소멸(quench)하지 않는 한 선행적 은혜를 가지고 있다고 주장하기 때문에[15] 주의 만찬에서 이 은혜를 받아야 할 필요성을 말하는 것은 성령을 소멸함으로 말미암아 이 은혜가 상실되었음을 의미하는 것처럼 보인다. 이는 교대로 영적인 것에 대한 갈망이 전혀 없음을 암시할 것이다. 그러나 주의 만찬에서 주어진 은혜에 선행적 은혜가 포함되어 있다고 말하는 구절에서 웨슬리는 성례전을 받기 위한 조건으로 "주님이 기뻐하시는 것은 무엇이든 받고자 하는 열망 … 그리고 완전한 죄와 무력감에 대한 우리의 감각"[16]을 말하였다. 웨슬리 자신의 정의에 따르면, 이런 조건들은 선행적 은혜가 없는 사람에게는 충족될 수 없는 것들이다. 그러므로 그들은 그런 사람(즉 선행적 은혜를 상실한 사람-역주)을 주님의 식탁에서 제외하는 것처럼 보인다.

토마스 교회가 마치 웨슬리가 성만찬을 받는 사람들에게 믿음은 필요 없는 것으로 보았다고 몰고 가려는 시도에 대해, 웨슬리는 다음과 같이 답변하였다. "그러나 나는 당신이 이해하는 것보다 그 욕망에 훨씬 더 많이 포함되어 있다. 왜냐하면 우리의 완전한 무력감에 대한 이러한 감각은 보편적 거룩함에 대한 진지한 욕망 없이는 존재할 수 없기 때문이다."[17] 다시 한번 웨슬리의 "정도(degrees)"의 개념이 작용되고 있다.[18] 우리에게

---

15) Ibid., 6:512; 7:374.
16) Ibid., 1:280. Cf. Borgen's more detailed discussion of these problems. 195f.
17) Letters 2:231.
18) Cf. Borgen, 196.

주어진 선행적 은총의 분량에 관계없이 우리가 받은 은혜에 대해 긍정적
으로 반응하면 우리는 더 큰 은혜를 받고 구원을 위해 믿을 수 있는 길에
더 나아가게 될 것이다. 그러므로 우리는 성찬 수령자가 믿음이 전혀 없
이도 성례전이 그에게 구원의 은총을 전달한다고 암시하는 것으로부터,
"회심케 하는 의식"이 될 수도 있다는 그의 주장을 잘못 해석해서는 안 된
다.

> 심한 오해는 물리치라!
> 믿음으로 우리는 그분의 몸을 먹고
> 오직 성령이 전하는 믿음만으로
> 그리고 살아 있는 빵으로 우리 영혼을 배부르게 하는,
> 예수의 죽음의 은덕을 주신다.
> 그리고 그의 피를 우리 마음에 부어주신다.[19]

그리고 다시,

> 믿음의 눈을 들어 바라보라.
> 그가 제정하신 표징을
> 이렇게 생명의 떡이 부서지고
> 그리하여 하나님의 어린 양이 죽임을 당하였고,
> 이와 같이 갈보리에서 흘리신
> 나를 위한 그의 마지막 피 한 방울을!

> 도살당한 자의 희생을 보십시오.
> 피로 얼룩진 제단을 보십시오!
> 우리 눈으로 십자가에 못 박히신 자를.

---

19) Hymns on the Lord's Supper no 71: Osborn 3:266.

> 믿음은 죽으시는 하나님을 인식하고,
>
> 우리의 영혼이 살 수 있도록 죽으시며,
>
> 그의 마지막 숨을 거두시며 용서하심을.[20]

웨슬리는 그의 "우리 자신의 구원을 이루는 것에 대하여"라는 설교에서 구원으로 인도하는 단계를 다음과 같이 설명한다.

> 구원은 일반적으로 (그리고 매우 적절하게 말해) 선행적 은혜로 시작된다. 하나님을 기쁘시게 하려는 첫 번째 소원, 그의 뜻에 관한 빛의 나타남, 하나님에게 죄를 지었다는 약간의 일시적인 확신을 갖게 된다면 이는 선행적 은혜에 의한 것이다. 이 모든 것은 삶에 대한 어떤 경향을 암시한다. 어느 정도의 구원이다. 하나님과 하나님의 일에 대해 무지하고 무감각한 눈먼 마음에서의 구원의 시작이다. 이 구원은 흔히 성경에 '회개'라고 말하는 '깨닫게 하는 은혜(Convincing Grace)'로 인하여 계속 이루어진다. 회개는 좀 더 자기 자신을 알게 하고 돌과 같은 마음에서 한 걸음 한 걸음 더 건짐을 받게 한다. 그런 후에 우리는 진정한 의미에서의 그리스도인의 구원을 체험하게 된다. 이 구원은 인간이 "은혜로 인하여 믿음으로 말미암아" 얻는 것이다. 그리고 이 구원은 두 가지 중요한 부분 곧 '의인(義認)'과 '성화(聖化)'로 설명된다.[21]

신앙에는 여러 단계가 있기 때문에, 이와 같은 여러 가지 성례전의 은총을 받기 위해서 "신앙의 완전한 확신"을 꼭 가질 필요는 없다. 구하는 자가 진실하고 하나님의 은혜에 대한 진정한 열망과 그리스도 앞에서 무력함과 필요를 가지고 주님의 식탁에 나온다면 그것으로 충분하다.[22] 그

---

20) Hymns on the Lord's Supper no 18: Osborn 3:227-28.

21) Works 6:509.

22) Ibid., 1:280.

러면 하나님에 대한 갈망이 전혀 없는 사람, 자세히 말해서, 성령을 소멸한 사람은 어떠한가? 확실히, 웨슬리는 마음이 완고하고 회개하지 않으며 상습적인 죄인에게는 성찬례를 거부한다.

> 주님! 당신에 의해 제정된 이 성찬례가
> 얼마나 엄숙한 것인지요!
> 이 성찬례를 통해 삶과 죽음이 전달됩니다!
> 불경하고 속된 자들에게 죽음을
> 주를 믿는 우리의 믿음은 헛되지 아니하고
> 또한 주의 은혜를 기대하는 자에게도 헛되지 않습니다.[23]

그러나 웨슬리는 이 문제에 대해 그가 말한 모든 것에 근거하여, 사람이 위선이나 간교한 의도 없이 주님의 식탁에 초대에 응한다면, 이 미약한 응답도 갈망, 회개, 어느 정도의 믿음의 증거가 될 것이고, 그런 사람은 그리스도께서 외면하지 않으실 것이라고 확실히 믿었다. 다른 사람(또는 자기 자신)에게 욕망이나 믿음이 있는지 여부를 결정하는 것은 까다로운 질문이다. 이는 관점에 달려있다. 루이스(C. S. Lewis)의 영적 멘토였던 조지 맥도날드(George Macdonald, 1824~1905)의 말이 생각난다. "감정과 욕망의 완전한 부족, 빛도 열망도 없는 낮은 생각, 실패, 무시, 방황하는 망각의 무게를 가지고 하나님에게 나의 피난처라고 말하며, 나아올 수 있는 그 사람이야말로 믿음에 있어서 완전하다."[24]

이런 식으로 믿음을 보면, 웨슬리가 (1) 사람이 믿음 없이 성찬례에 올 수 있고, (2) 성찬례가 효력을 발휘하려면 믿음이 있어야 한다고 말한 듯한 그의 주장에 있는 모순을 이해할 수 있다. 웨슬리의 입장에서는, 겉으

---

23) Hymns on the Lord's Supper no. 56; Osborn 3:255.
24) C. S. Lewis, ed., *George Macdonald: An Anthology* (Garden City: N.Y: Doubleday and Co., 1962), 31.

로 보기에 구원의 믿음이 없는 사람이 여전히 어느 "정도"의 믿음을 가지고 있을 수 있는 것이다. 그런 "겨자씨 한 알만한" 믿음은 사람이 주님의 식탁에 나오게 하는 데 충분하다.

웨슬리에 따르면 주의 만찬은 "하나님의 은혜를 원한다는 것을 알고 느끼는 모든 사람, 즉 그들의 죄를 저지하거나 그들의 죄가 용서받음을 보여주거나 그들이 하나님의 형상으로 새롭게 되게 하기 위하여 제정되었다."[25] 여기서 우리는 웨슬리가 성찬례에서 받을 수 있는 세 가지 은총을 다음과 같이 정의한 것을 볼 수 있다.

> 선행적 은총—죄를 억제하기 위해,
> 의롭게 하는 은혜—그들의 죄가 용서되었음을 나타내기 위해,
> 거룩하게 하는 은총—그들의 영혼을 하나님의 형상으로 새롭게 하기 위해.

그는 세 가지 은혜 모두가 주님의 식탁에서 가능하다고 주장한다. 그리스도를 통하여 화해를 얻고 "하나님을 경외함으로 거룩함을 온전히 이루는"(고후 7:1) 사람들을 주의 식탁에 오도록 초대되었다. 또한 아직도 구원의 믿음이 없지만 믿음에 대한 열망이 조금이라도 있는 사람들도 초대되었다. 그들의 조상에 대한 이러한 후자의 확신은 오늘날의 웨슬리안들에게 그다지 마음에 흡족하진 않을 수 있겠지만, 고전적인 형태의 웨슬리안주의는 식탁은 누구에게든 열려 있어야 한다는 것을 알고 있다.

---

25) Works 1:280. 이 문장에서 "want"라는 단어는 'desire' 또는 'lack'으로 이해될 수 있다. 두 사전 정의 중 하나가 문맥(context)에 맞다. 그러나 "욕망(desire)"은 웨슬리가 다른 곳에서 사용하는 두드러진 단어이고, 그가 종종 "원하다(want)"를 "결핍(lack)"을 의미하기 위해 사용하기 때문에 여기에서 후자의 의미를 가지고 있다고 결론을 내리는 것이 안전하다.

B. 모든 사람을 위한 식탁(The Open Table)

　웨슬리안/성결 전통의 교회는 다른 종파, 전통, 또는 다른 신학적 입장의 교회에서 온 사람들을 성례전에 참석하지 못하게 하는 "배타적인 성찬식(closed communion)"을 거행한 적이 없다. 자신의 죄를 "정말 진지하게 회개"하는 모든 사람은 초대되었다. 아직 "구원에 이르도록 그리스도를 믿지 않은" 사람들을 초대하는 문제에 있어, 오늘날의 많은 웨슬리안이 시간을 끌며 웨슬리에서 벗어나는 경향이 있다. 죄인들을 차별 없이 초대하는 것이 웨슬리 찬송가에 표현되어 있다.

> 자, 성만찬에 오시오.
> 죄인들이여, 아직 자리가 있다.
> 모든 영혼은 그분의 손님이 될 것이라고
> 예수님이 모두에게 말씀하신다.
> 기념비적인 잔치에 참여하여
> 우리 주님이 주시는 만찬을 드시오.[26]

그리고 이어서:

> 죄인이여; 두려운 마음으로 가까이 다가와
> 여기서 당신의 구주를 발견하고
> 그리고 그의 성찬식에서
> 그분의 성례전의 옷을 만지시오.
> 그분의 몸에서부터 나오는 치유하는 능력 앞에 서시오.[27]

---

26) Hymns on the Lord's Supper no. 8; Osborn 3:221.
27) Hymns on the Lord's Supper no. 39; Osborn 3:243-44.

죄인들을 공개적으로 초대하는 것에 대한 이러한 강조는 주의 만찬에 대한 종말론적 이해에서 비롯된 것이며 자연스러운 결과이다. 우리는 앞 장의 후반부에서 종말론적 이미지, 즉 "왕국의 미리 맛보기"로서 성찬례를 논의했으며, 이것이 현대 성례전 신학의 두드러진 주제라고 언급했다. 이 것은 또한 웨슬리의 사상에서 발견되며 웨슬리안/성결 교회에서의 웨슬리의 "손자들"에 의해 새롭게 고려할만한 가치가 있다.

하나님 나라 천국 잔치의 서곡으로서의 예수님과 함께하는 잔치라는 주제는 다른 웨슬리의 찬송가들에서 발견된다.

예수께서 그의 만찬을 헛되이
제정하시고, 잔치를 베푸셨는가.
그분의 초기 종들 외에는 아무도 맛보지 못했는가?

사실은, 그러나 이것이 그분의 뜻이다.
(우리는 그것을 알고 느낀다.)
우리가 함께 먹는 잔치는
그분이 그렇게 기꺼이 모든 사람을 위하여 만드신 잔치이다.

오, 모든 사람은 서둘러
영적 잔치에 오라.
예수님의 말씀은,
이를 행하여 우리 주님의 사랑을 먹으라는 것이다.

기쁜 날을 가까이하여,
모두가 순종할 때
당신의 임종의 자리에서 하신 요청대로,
당신의 만찬을 먹고, 당신의 품에 의지할 것이다.

　　그리고 그때 우리는 당신의 영광을 보고,

　　공중에 들려 올라가,

　　하늘에서의 천국 잔치에 참여할 것이다.[28]

　구원에 대한 하나님의 부르심은 모든 사람을 위한 것이다. 하나님은 자신의 마지막 왕국에서 그분과 함께 잔치를 벌이도록 모든 사람을 초대하셨다. 그러므로 마지막 잔치를 미리 맛보는 성례전의 만찬에 대한 초대도 마찬가지로 보편적이어야 한다. 초대의 보편성(곧 모든 사람을 초청한다는 것-역쥐)은 모든 성찬례 거행이 전도를 위한 것이며 또는 선교적 행사임을 말한다.[29] 이것은 초청을 받아들일 모든 사람에게 구원을 제시하는 것이다. 그리고 웨인라이트가 말했듯이, "아직도 초대에 응하지 않거나 더 이상 초대에 응하지 않을 사람들은 삶보다 죽음을 선택하며 자신들을 구원에서 제외시키고 있는 것"[30]이다.

　누가복음의 한 비유는 주님의 만찬의 이러한 측면을 보여주고 있다. 누가복음 14:7-24에서 예수님은 어느 유명한 바리새인의 집에서 식사하시면서 잔치에 관한 두 가지 비유를 말씀하셨다. 각각 가난한 사람, 불구자, 다리 저는 사람, 눈먼 사람이 초대받았는데, 결국 초대를 받은 사람이 누구인지에 대해 큰 놀라움을 금치 못했다. 교훈은 분명하다. 하나님의 왕국에서 우리 인간의 가치는 거꾸로 되어 있다는 것이다.

　누가복음 12:35-37에서 예수님은 연회의 비유를 사용하여 왕국이 도래할 때를 알 수 없다고 가르치셨다. 왕국은 우리가 가장 기대하지 않을 때 올 수 있다. 그래서 우리는 항상 준비하고 대기하고 있어야 한다. 14장 24절에서 말하고 있는 사람들처럼 이들도 놀랐다. 주인이 옷을 차려입고 식탁에 앉아 대접하려 할 때 놀라움을 금치 못했다. 브라우닝과 리

---

28) Hymns on the Lord's Supper no. 92; Osborn 3:282.

29) Cf. Wainwright, 130.

30) Ibid.

드(Reed)가 말했듯이 "하나님의 새 시대는 잔치일 뿐만 아니라 … 공통 가치가 뒤집혔다. 이 잔치는 메시아가 식탁에서 식사를 시중드는 식사이다."[31]

이 두 구절과 다른 많은 구절에서 하나님의 왕국은 예수님에 의해 "행복한 성취로서 음식과 음료가 풍족하고 그리스도께서 대접하는 잔치요, 말하기는 이상하지만, 섬기는 자가 주최한 잔치이다."[32]

이사야 25장에 따르면, 하나님의 왕국은 모든 민족을 위한 시온의 큰 잔치이다. 누가복음 13:29에 "사람이 동서와 북과 남에서 와서 하나님 나라의 명절에 자기 자리에 앉으리니"라고 했다. 예수님께서 제자들과 함께 하신 식사는 의로운 엘리트들만의 식사가 아니라 "잃어버린 자를 찾아 구원하는"(19:10) 사명을 함께 하는 예수님의 친구들의 식사였다. 몰트만에 따르면 만찬에서 우리 기독교인의 식탁 교제는 예수님이 제자들과 함께 먹고 마시는 것을 특징짓는 세 가지 요소를 다시 포착해야 한다. "(1) 예수님의 십자가에서의 죽음을 예상하는 제자들과의 마지막 식사, (2) 예수님이 가난한 자와 죄인과 세리와 함께 하는 식탁의 교제, 그리고 (3) 시온에 있는 만민의 큰 잔치에 대한 선지자적 소망."[33] 이 모든 것을 비추어 볼 때 주님의 식탁은 틀림없이 모든 사람을 위한 것이 되어야 한다.

하나님은 마지막 왕국의 잔치에 모든 사람을 초대하기 때문에 많은 사람이 초대를 거절할지라도(눅 14:18-20), 가능한 한 많은 사람이 그 마지막 잔치의 표징이자, 그들에게 지금 미리 맛보기인 식사를 즐기게 하는 것이 하나님의 뜻임을 교회는 확신할 수 있어야 한다. 23절을 논평하면서, 웨인라이트는 "그들을 강권하여 오게 하라는 표현이 종종 교회의 선교와 복음 전도 과업에 영감을 주었음에도 불구하고, 교회가 종종 이것이 그

---

31) Browning and Reed, 170-71.
32) Ibid., 171.
33) *Hope for the Church*, 54.

만찬에 대한 비유의 한 부분이라는 사실을 잊어버리고, 문맥을 벗어나 이 명령을 취했다는 사실을 이상하게 여긴다.”고 하면서 그는 강조한다:

> 우리는 그들에게 들어오라고 강요했다. … 그런 다음 마지막 왕국의 큰 만찬의 징표인 식사에서 먹고 마시는 것 없이 그들을 방치했고, 오히려 그들에게 그들이 얻은 지식과 덕으로 말미암아 저들이 권리를 얻을 때까지 몇 년을 기다려야 한다고 말하였다. … 세례를 받고 잠시 후에 “견인례”를 받은 다음. 그때 가서야 주님의 식탁에 들어갈 것이라고 말하였다.[34]

웨슬리안/성결 교회에서 이해하는 성인이나 젊은이에 의한 개인적인 회심이나 공개적인 신앙 고백은 웨인라이트가 “견인례(confirmation)”라고 부르는 것에 대한 응답일 것이다. 비록 우리가 히폴리투스(Hippolytus)로부터 로마 교회에 3세기 초에 세례를 받기까지 3년의 준비 기간이 있었다는 것을 배웠음을 인정하면서도, 웨인라이트는 다음과 같이 예리하게 질문한다. “빌립보의 죄수가 세례를 받기 전에 … 그리고 음식(성찬례)을 차려놓을 때까지 얼마를 기다려야 했었는가?(행 16:25-34).”[35]

이것은 또 다른 질문을 제기한다. 웨슬리안의 확신 속에 성찬례가 회심케 하는 의식(converting ordinance)이 될 수 있다는 것이 이미 내포되어 있는 것이 아닌가.

C. 세례에 관한 다른 질문

이 책의 다른 곳에서 우리는 주의 만찬이 세례로부터 죽을 때까지 계속

---

34) Wainwright, 130.
35) Ibid., 204 n. 428. 여기에서 Wainwright는 34절에 언급된 식사가 어떤 성찬의 의미를 가지고 있다고 가정한다. 이 가정은 널리 받아들여지고 성찬례에 대한 현대의 종말론적 이해에서 비롯된 것이다.

해서 시행되어야 한다고 언급했다. 그러나 세례를 받지 않고 회심케 하는 성찬례를 진정으로 체험하게 된 사람은 어떻게 되는가? 여기서 우리는 다시 한번 웨인라이트의 말을 인용할 수밖에 없다.

> 교회는 세상에서 거행하는 성찬의 표징의 말과 행동을 통해 하나님께서 아직까지 당신의 왕국에 헌신하지 않은 사람들에게 구원의 축복에 참여하고자 하는 열망을 불러일으키실 것을 희망하고 기대해야 한다. 빵을 먹고 포도주를 마심으로 주님과 구원을 이루는 교제를 추구하기 위해 진행 중인 표징의 거행에 감동된 사람이 성찬례를 못 받게 해서는 안 된다.[36]

그는 계속해서 말한다.

> 그러나 그는 곧 세례를 받아야 한다. 그가 지금까지 모르고 처음이자 예외적인 경우로 구원의 수혜자로서 주님의 식탁에 인도되었다면, 그는 구원을 받는 그 자체로서 하나님의 구원 사역에 대한 증인이 된 것이다. 그리고 다른 사람들을 위해 자신이 받은 구원을 적극적으로 선포하는 사람들의 무리가 교회이다. 그리고 교회에 입회하는 정상적인 의식은 고넬료에게 주어진(행 10:47) 세례이다.[37]

이러한 언급은 특히 웨슬리안/성결 교회와 관련이 있다. 교회에 출석하지만 신앙고백을 하지 않는 많은 사람(대부분은 아닐지라도)이 유아세례를 받지 않았다. 그러한 사람들이 그리스도의 만찬 초대에 감동받는다면 그들로 먹게 하라! 그런 다음 곧 그들이 세례를 받도록 초대하라. 만약 세례를 거부한다면 그들이 왕국에 들어가기를 진정으로 원하는지 의심해봐

---

36) Ibid., 134.
37) Ibid., 134-35.

야 할 것이다. [38] 그런 다음 그들은 지상의 모든 왕국보다 하나님의 왕국을 갈망한다는 확신이 들 때까지 저들은 다시 잔치에 참여하지 않도록, 부드러움과 사랑으로 말려야 한다. "조롱을 받는 구원은 결국 심판으로 바뀐다."[39]

물론 어떤 전도의 방법으로든 회개와 신앙을 갖게 된 모든 사람은 가능한 한 빨리 세례와 성찬식에 참석하게 해야 한다. "그래서 그들이 이미 미래의 왕국의 축제를 맛보고 세계에서 만찬의 표시를 거행하는 것에 함께 할 수 있게 된다."[40]

* * *

이 장에서 우리는 웨슬리안/성결 교회에 있는 웨슬리의 "손자들"에 의해 크게 잊힌 웨슬리의 가르침을 다루었다. 과거의 남용으로 인해 전통적인 공개 전도 방법으로 많은 사람을 그리스도께로 끌어들이지 못하는 이 시대에, 예수님이 누가복음 14장 13절의 주님의 성찬 초대 이야기에서 "외부인"이 포함되어 있다면 얼마나 의미가 있겠는가? 여기서 우리는 이것을 복음 밖에 있는 사람, 곧 "구원을 위해 그리스도를 믿지 않는" 사람들에게 적용하고 있는 것이다.

그러한 사람들에게, 저들이 식탁에 다가가는 것 자체(곧 그들을 위해 꺾어지고 흘린 것을 받는 것)가 그들이 그렇게 하기만 한다면, 저들의 회개의 행위가 될 수 있다고 말할 수 있다. 그러한 사람들을 그리스도께서는 외면하시지 않을 것이다. 우리도 그들을 외면하지 말아야 한다.

---

38) Ibid.
39) Ibid.
40) Ibid.

9장
성례전 시행에 대한 몇 가지 제안
Sacramental Practice: Some Suggestions

이 장의 목적은 성례전의 실행에 관하여 몇 가지 유용한 제안을 제공하려는 것이다. 여기서 의도하는 것은 앞에서 다룬 이론적 고려 사항을 넘어 "어떻게" 실행하면 좋겠다는 제안을 하려는 것이다.[1] 그중 일부는 다른 것보다 더 도움이 될 수 있지만 모두 이전 장에서 발전된 성례전에 관한 관점과 일치한다. 세례식의 실행에 관한 제언과 성찬식에 대한 제안은 별도로 하겠다. 그러나 우리는 먼저 성례전의 실행에 있어 길잡이 역할을 할 몇 가지 일반적인 규범을 고려할 것이다

A. 성례전의 실행을 위한 규범

제임스 화이트(James E. White)는 성례전의 실행이 세 가지 일반적인 규범—즉 목회론적, 신학적, 역사적 규범에 기초해야 한다고 주장한다. 그는 이러한 영역 중 어느 하나의 문제가 성례전의 수행에 관한

---

1) 이 장의 형식에 대한 아이디어는 James F. White의 "성례전의 실행의 개혁(The Reform of Sacramental Practice"이라는 제목을 붙인 『하나님의 자기 증여로서의 성례전(*Sacraments as God's Self-Giving*)』의 6장에 있는 아이디어에서 차용했다. 많은 White의 제안이 웨슬리안/성결 교회에서 특별히 유용하지는 않지만, 다음 중 일부는 White에서 개작된 것이다.

모든 결정에 영향을 미칠 것이라고 한다.

> 이러한 영역 중 하나에서 심각한 문제가 발생하면, 그때는 계속 진행하기 전에 먼저 재고해야 한다. 각 각도에 체크포인트가 있는 삼각형을 상상할 수 있다. 목회적, 신학적, 역사적 세 가지 체크포인트 각각에서 검사를 잘 통과할 수 있다면, 그 행동의 과정은 바람직해 보일 것이다. 그렇다면 자유롭게 진행할 수 있다. 그러나 어느 한 각도에서 문제가 생기면 실행을 재고해야 한다.[2]

우리는 화이트가 이러한 규범을 적용한 정확한 방식을 따르지는 않겠지만, 이러한 규범이 성례전 실행을 평가하는 체크포인트의 역할을 해야 한다는 데 동의한다. 우리는 화이트가 나열한 각 규범의 순서를 역으로 살펴볼 것이다.[3]

1. 역사적 규범

이 규범은 성례전에 관한 결정이 20세기 동안 전 세계 수백만 그리스도인의 예배 경험과 관계없이 내려져서는 안 된다는 것이다. 존 웨슬리와 고전적 웨슬리안주의에 있어서 전통은 종교적 진리의 권위 있는 원천이었다. 그것은 이른바 "웨슬리의 사변형(Wesleyan Quadrilateral)"의 4면 중 하나였다. 역사적 기독교 전통에 대한 이해는 1차적인 것과 2차적인 것과 영원한 성격의 것과 문화적으로 조건 지어진 것을 구별하는데, 이런 구별은 우리에게 도움이 될 수 있다. 그것은 우리가 역사적 또는 성경적 기초가 없는 지나친 개인주의적인 해석을 피하는 데 도움이 된다. 역사에서 배우지 않는 사람은 실수를 반복하기 쉽다. 또한 수 세기에 걸친 사람들의 성례전

---

2) Ibid., 121.
3) Cf. ibid., 121-24.

적 믿음과 관습은 정당하게 무시될 수 없다. 과거에 시도되고 폐기된 관행은 현재 실현 가능성이 없어 보인다. 그러나 지속적으로 제공되는 관행들은 지속된 약속을 제공한다. 예를 들어, 이 역사적 체크포인트는 유아세례가 헌아식보다 훨씬 더 확실하게 시대의 시험을 통과했다는 사실을 알려준다. 따라서 역사적 체크포인트는 6장에서 언급된 유아세례에 대한 결론을 내리는 데 도움이 되었다. 또한 역사적 체크포인트는 다음에서 볼 수 있듯이 전적으로 침례를 주장하는(immersionist) 입장을 채택하는 것을 막는 역할을 하였다.

2. 신학적 규범

이 규범은 성례전의 시행이 기독교 신앙을 반영해야 한다는 것이다. 6장에서 유아세례 문제는 신학적 근거에 따라 결정되어야 한다고 주장한 것은 신학적 규범의 적용이었다. 물론 기독교 내에는 많은 교리적 다양성이 있다. 그리고 특히 성례전 교리에서 그렇다. 그러나 이 다양성 안에는 중심 진리에 대한 통일성이 있다. 신학적 규범은 편파적 성경 구절을 근거로(proof-texting) 한 성례전에 관한 결정을 예방한다. 복음의 위대한 중심 진리는 일반적으로 주변적인 진리에 관한 것보다 논쟁의 여지가 적다. 예를 들어, 은혜의 개념은 기독교의 중요한 진리이다. 그러므로 우리는 세례가 인간의 행위가 아니라 하나님의 행위라는 6장의 주장에서 그 진리가 우리를 인도했다. 성례전은 하나님께서 세상에서 어떻게 일하시는지에 대한 우리의 이해를 나타낸다. 그러므로 어떤 성례전이라도 기독교인들이 일반적으로 하나님이 행동하시는 방식에 대한 인식과 상충하는 것 같다면 그러한 관행을 버려야 한다. 예를 들어, 우리는 지역 교회나 교단의 교인들만이 주님의 식탁에 초대된다는 "배타적인 성찬식(closed Communion)"의 개념은 복음의 보편성과 상충한다고 생각한다. 이처럼 신학적 체크포인트는 기독교 신앙을 완전히 반영하지 못하는 우리의 관행을 걸러낸다.

3. 목회적 규범

이 규범은 성례전의 시행이 특정한 시간과 장소에 있는 실제 사람들의 필요에 적합하게 이루어져야 한다는 것이다. 목회적 규범은 때때로 우리의 관행을 조정하도록 촉구한다. 예를 들어, 어떤 성찬식에서는 공동사용의 잔으로 성찬의 포도주를 사용하는 것이 오랜 관행이었다. 신학적으로 이것은 작은 개인 잔을 사용하는 것보다 모든 신자의 일치를 더 잘 상징한다. 그러나 타액을 통해 전염될 수 있는 바이러스 및 기타 전염병에 노출될 수 있어 개별 잔 사용을 권장할 수 있다. 이것은 목회적 체크포인트에서 실행이 수정된 예이다. 그렇지 않으면 신학적, 역사적 규범을 따랐을 것이다. 아래에서 고려할 또 다른 예(세례식 시행에 관한 제안 6)에서 "위급한 세례(emergency baptism)"의 경우는 목회자들에게 어려운 선택을 제시한다. 그러한 대부분 경우에 신학적, 역사적 규범은 목회적 규범에 의해 무시될 필요가 있을 수 있지만 일반적으로 예외가 될 것이다. 최소한 목회적 규범은 목회자들이 예배와 예배 관행을 이해하는 방식에 민감할 것을 요구할 것이다. 이것은 사람들을 알고 그들의 문화적 배경과 성향을 존중하는 것을 의미한다. 목회적 규범은 주어진 맥락에서 성례전을 가장 효과적으로 만드는 방법을 결정하는 데 필수적인 "상황적" 측면을 가지고 있다.

이 세 가지 규범을 염두에 두고, 우리는 이제 먼저 세례에 대해, 다음으로 성찬례 실천에 대한 몇 가지 제안을 살펴볼 것이다.

B. 세례식 시행에 대한 제안

1. 유아세례와 헌아식을 혼동해서는 안 된다.

이것은 명백한 것처럼 보이지만 때때로 웨슬리안/성결 교회 목사가 세례가 분명한 선택 사항이 아닐 때, 어린이를 봉헌하는 데 물을 사용하려고 한다. 이것은 부적절하다. 물은 헌아식이 아니라 세례에 속한다. 목사가 아기를 봉헌하는 의식에서 물을 사용하면 이는 두 의식을 혼동하게 된다. 그것은 아마도 부모와 회중에게도 혼란을 줄 것이다.

2. 헌아식이나 유아세례를 다른 의미와 가치를 가진 의식 행위와 혼합되지 않아야 한다.

예를 들어, 어떤 목사는 아이를 봉헌할 때 물 한 그릇에 담근 장미를 아이의 머리에 뿌리기도 한다. 이것은 아마도 물을 사용하여 가능한 한 세례에 가까워지면서 세례의 상황을 피하려는 시도일 것이다! 또는 일부 목사는 실제로 유아에게 세례를 줄 때 이런 방식으로 장미를 사용한다. 어쨌든 그것은 역사적 또는 신학적 의미가 없는 모호한 관행이므로 피하여야 한다. 어떤 사람들은 그것이 "멋져 보이기" 때문에 그렇게 하려고 할지 모른다. 즉 그것이 그리스도의 죽음을 나타내는 의미의 성례전을 수행하는 데 매우 좋다면서 실행할지도 모른다. 그러나 십자가는 "멋져 보이는 것"이 아니다. 이러한 변경의 결과는 이벤트에 대한 심오한 감상화이다. "표징으로서의 장미는 모호하고, 표징의 물과 혼동된다."[4]

어린아이를 봉헌할 때 가끔 볼 수 있는 또 다른 혼란스러운 관행은 어린아이에게 기름을 바르는 것이다. 역사적으로 이 관행은 성격(character)을 전달하는 것으로 믿어지는 세 가지 로마 가톨릭의 성례전, 즉 세례, 견진례, 서품과 관련이 있다. 헌아식은 은혜를 전달하는 것을 뜻하는 것이 아니라 부모의 서약일 뿐이므로 기름을 사용하는 것은 혼란스럽게 할 수 있다. 웨슬리는 견진례를 성례전으로 믿지 않았다. 그리고 웨슬리안/성결 교인들은 그것을 실천하지 않았다. 기름을 사용하는 일은 야고보서 5:14에 근거하여 병자에게 기름을 바르는 것이다. 기름을 유아 봉헌식과 관련시켜서는 안 된다. 그러면 물도 아니고 기름도 아니라면 헌아식에 사용될 "외적 표징"은 무엇인가? 대답은 '없음(None)'이다! 봉헌식은 성례

___

4) Browning and Reed, 63.

전이 아니다. 그러므로 "외적 표징"이 필요하지 않다. 한 가지를 쓰게 되면 기독교 역사를 다시 쓸 것을 가정하는 것이다!

3. 유아세례는 부모나 보호자가 확실한 신자로서 자녀를 신앙의 환경에서 양육하겠다고 약속할 때만 시행되어야 한다.

어떤 사람이 그 아이를 위하여 부모의 대리인이 되겠다고 약속한 경우는 예외일 수 있다. 그러나 이는 현대 사회의 이동성을 고려할 때 문제가 있다. 그들 중 많은 사람이 믿음을 갖게 될 가능성이 적어 보인다면 세례가 무분별하게 또는 되는 대로 시행되어서는 안 된다. 그러한 관행을 본회퍼는 "값싼 은혜"라고 불렀다. 그는 유아세례가 "확고한 신앙이 있는 경우에만" 시행되어야 하고, 그렇지 않으면 이는 "성례전을 남용할 뿐만 아니라 어린아이의 영혼을 다루는 데 있어서 역겹고 천박함을 나타내는 것이라"[5]고 주장했다. 이러한 관습으로 인해 많은 교회에서 유아세례가 환영을 못 받게 되고, 칼 바르트와 몰트만과 같은 신학자들에게 비판을 받았던 이유이다. 그러나 우리가 전에 말했듯이, 교회가 정당한 의식을 잘못 사용하는 것이 이것의 정당한 사용을 무효로 만들지는 않는다. 만약 부모가 기독교 신자가 아니므로 세례가 거부되었더라도, 그들이 나중에 기독교 신자가 되면 아이들은 언제든지 세례를 받을 수 있다. 화이트(James F. White)가 선언한 바와 같이, "신앙 성장의 가망이 없이 세례를 주는 것은 세례를 마법의 행위, 보호를 위한 하나의 부적에 지나지 않게 만드는 것이다."[6] 세례는 항상 대상자 자신이나 그들을 신앙으로 인도할 책임을 지는 누군가의 헌신을 요구하는 행위이다. 확실한 믿음이 없는 부모가 세례(또는 헌아식)를 요청한다면 목사는 그것으로 인해 상담하고, 그

---

5) Dietrich Bonhoeffer, *The Cost of Disciplined*, trans. R. H. Fuller (New York: Macmillan Co, 1963), 261.

6) Sacraments, 126.

들을 그리스도를 믿는 신앙으로 인도할 좋은 기회를 얻게 되는 것이다.

4. 세례는 유아의 경우나 성인의 경우에나 그 대상자 또는 그들의 부모에게 적절한 교육과 상담을 하고서 시행하여야 한다.

세례를 받을 때 부모가 자녀를 위해 해야 할 책임을 그 부모가 완전히 알고 있다고 가정할 수는 없다. 또한 세례를 요청하는 모든 청소년이나 성인이 이 예식이 요구하는 윤리적 변화와 교리적 헌신을 이해한다고 가정할 수도 없다. 세례는 매우 중요하므로 적절한 준비 없이는 해서는 안 된다. 우리는 히폴리투스(Hippolytus)에게서 초대교회가 세례를 받기 위해 3년의 준비 기간을 요구할 수 있었다는 것을 배운다.[7] 이것은 꽤 가혹한 일이었지만, 이 일을 겪은 사람들은 그들의 신앙을 위해 기꺼이 (그리고 종종) 죽을 각오가 되어 있었다.

5. 유아세례를 받은 사람이 장성하여 그리스도에 대한 개인적인 믿음을 고백하면, 부모가 전에 자신을 대신하여 한 서원을 공개적으로 인정하고 소유하도록 격려해야 한다.

일부 전통에서는 이것을 "서약 인정(owning the covenant)"이라고 불렀다. 재세례의 부적절성은 6장에서 살펴보았다. 일반적으로 세례는 반복되어서는 안 된다. 재세례로 해석될 수 있는 모든 관행은 피해야 한다. 그러나 교회가 세례 서약을 재확인할 기회를 제공하는 것은 적절하다. 웨슬리안/성결 전통에서는 이것이 일반적으로 세례받은 사람이 성숙(개인적 회심)에 이르렀을 때 그들이 하는 개인적인 믿음의 고백을 포함할 것이다.[8] 이 전통에서는 이러한 경험이 견진례를 대신한다. 그러나 이와 함께, 그리고

---

7) Dix, 28.
8) 여기에서 "보통(usually)"이라는 단어는 웨슬리의 이해에서 가능한 종류의 예외를 허용한다. 독자는 6장에 있는 "세례에 의한 중생설?"이라는 섹션을 다시 참조하라.

실행 가능한 한 빨리, 유아기에 부모가 자신을 대신하여 한 세례 서약을 자신을 위해 재확인하는 일종의 공개 의식이 적절할 것이다.

6. 세례에 있어서 특별한 경우는 관대하게 다루어야 한다.

스투키(Stookey)는 그러한 특별한 경우로 두 가지 예를 말한다. 한 가지 특별한 경우는 긴급을 요하는(emergency) 세례의 경우이다. 한 당황한 아버지가 병원에서 목사에게 전화를 걸어 "아내가 막 아이를 낳았는데, 의사가 말하기를 아기가 아마 몇 시간도 못 살 것 같다고 합니다. 와서 우리 아이에게 세례를 주실 수 있습니까?"라고 말하는 경우다. 또는 나이 많은 사람으로부터 온 경우인데, 전화를 건 사람이 말하기를 "내 남편이 사고로 중상을 입었는데 세례를 받으려고 합니다. 오실 수 있으세요?"라고 세례를 요청한다. 스투키(Stookey)는 첫 번째 예에서 "신학적으로 영리한 목사는 요청을 거절할 몇 가지 이유를 생각할 수 있을 것이라"고 말한다. 그러나 그는 계속해서 말하기를 "그러나 두 상황 모두에서 목사는 일반적으로 요청을 존중한다. … 조직신학을 이용하면서도 교리에 관한 교과서가 모든 경우를 다룰 수는 없음을 알고, 복음이 절실하게 도움이 필요한 사람들에게 제공된다는 것을 아는 목회신학이 있는 것이다."[9] 이러한 경우에는 목회적 규범이 부모와 죽어가는 사람이 하나님의 은혜와 지원 공동체에 포함되는 눈에 보이는 확신이 필요하다고 말하는 것이다. 요청에 대한 이유가 잘못되었거나 부분적으로는 비합리적일 수도 있다. 그러나 이러한 경우에는 스투키가 말했듯이 "교조주의의 이성적 체계나 언약적 책임에 대한 권고는 많은 것을 성취하지 못할 것이다. 목회적 본능은 말한다. '가서 세례를 주라. 필요하면, 나중에 설명하고 권면하라.'"[10]

---

9) Stookey, 57.
10) Ibid., 58.

많은 목회자가 그들의 책임을 다하지 못하는 것은 "나중에 설명"해야 할 대목이다. 이러한 실패는 요청과 잘못된 생각을 키울 뿐이다. 세례받은 사람이 죽으면 목사는 그 가족이 슬픔의 과정을 잘 이겨낼 수 있도록 도와야 한다. 그 사람이 건강을 회복한다면 세례의 뜻을 살펴보아야 한다. 세례받은 사람은 예배 중에 회중에게 보여야 하며 회중은 헌신과 지원을 서약해야 한다. 세례 서약을 공개적으로 재확인하는 것이 적절할 수 있다. 세례받은 사람을 지역 교회의 삶에 통합시키기 위해 모든 노력을 기울여야 한다.

7. 역사적, 신학적 규범이 재세례에 대해 강력하게 경고하지만, 목회적 규범이 그것을 요구하는 경우가 있을 수 있다.

우리는 처음 논의에서 신학적 근거를 바탕으로 이상적인 상황에서 최선의 행동 방침을 제시하려고 했다. 그러나 종종 이상적이지 않은 상황이 발생했다. 유아기에 세례를 받았고 여러 해 동안 교회를 떠나 있다가 중요한 회심을 경험한 사람은 지금 자신에게 의미 있는 방식으로 세례를 받고자 강하게 열망할 수 있다. 목회적 규범은 그 소원이 이루어질 수 있게 하고자 한다. 그러나 이것을 가볍게 여겨서는 안 된다. 먼저 그런 사람과 상담하고 가르치려는 모든 시도를 하여야 한다. 그 사람에게 세례의 의미와 재세례의 뜻을 명확하게 알려야 한다. 만약 그 사람에게 이런 교육과 상담의 결과가 여전히 만족스럽지 않고, 그가 성인 세례를 계속 주장하면, 목회적 규범은 그 필요가 충족되도록 허용할 것이다. 개종자의 목에 맷돌을 걸어두는 것보다 신학적 규범을 굽히는 것이 낫다! 그러나 목사는 그들이 하는 일이 바로 신학적 규범을 어기고 있다는 사실을 이해해야 한다. 이는 이상을 조정한 것이다.

8. 모든 유아세례는 세례받은 모든 성인에게 세례에 대한 소생의 기회

가 되어야 한다.

세례를 주는 것은 목사가 아니라 교회이고, 목사가 교회를 대신하여 행하는 것이다. 세례를 받은 모든 성인은 자신이 어린아이의 세례에 참여하는 것으로 생각해야 한다. 또한 세례의 의미를 깨닫고 세례의 정신을 새롭게 하는 기회가 되어야 한다. 세례는 교회에 의한 것만이 아니라 또한 교회를 위한 것이다. 온 교회는 회개하고, 새롭게 결심하고, 새롭게 기도하고, 끝까지 충성하여야 한다. 포사이스(P. T. Forsyth)는 이렇게 말한다.

이 높고 참되고 실제적인 의미에서 세례받은 교회 전체는 유아세례 때마다 성인 세례를 경험한다. 그들은 처음에는 무의식적으로 겪었던 일을 의식적으로 경험한다. 그들은 세례의 구경꾼이 아니다. 도와주는 사람이다. 그리고 그들은 도움을 줄 뿐만 아니라 세례에 참여한다.[11]

그러므로 유아세례는 전체 회중의 예배하는 행위가 되어야 한다. 이를 위해 다음 제안을 말하겠다.

9. 세례는 회중이 보는 가운데, 그리고 전체가 볼 수 있는 공개 행사가 되어야 한다.

신앙 공동체의 실존은 세례에서의 물의 사용이 중요하듯이 대단히 중요하다. 5장에서 언급했듯이, 세례는 한 사람을 그리스도의 몸에 결합시키는 것이다. 세례를 받은 자는 항상 공동체에 속하며, 그 공동체의 존재와 참여는 성례전의 중요한 부분이다. 화이트(James F. White)는 "그 사람이 없으면 '하나님이 자기 백성이라고 주장하신 백성'(벧전 2:9)의 일부가 되는 것을 나타내기가 어렵다."[12]고 말한다.

---

11) Forsyth, 182.
12) Sacraments, 127.

10. 성인이 세례받는 경우에는 자신이 세례받는 방식(mode)을 선택할 수 있다는 것을 그들에게 분명히 알리라.

물론 여기서 우리는 대상자에게 선택권을 줄 수 있는 교회를 염두에 두고 말하는 것이다. 여기에는 웨슬리안/성결 전통 안의 큰 교파들 모두가 포함되며, 특히 메소디스트 배경에 가장 밀접하게 충실한 교단이 포함된다. 그런데 이러한 교회의 목사들 가운데, 특히 개인적으로 침례를 선호하는 목사들은 때때로 새로운 회원들에게 선택 가능한 옵션을 알려주지 않는다. 교회 역사에서 실행되어온 양식에는 세 가지 주요 양식이 있다. 즉 물을 끼얹음(aspersion), 물을 뿌림(affusion), 침수 곧 몸 전체를 물에 잠그는 것(immersion)이다. 처음 두 가지 양식, 즉 끼얹고 뿌리는 것이 더 일반적이다.

물론 침례교는 침례만이 유효한 방식이라고 주장한다. 6장에서 유아세례의 주제를 논의하면서 우리는 그것이 신약에서 행해졌는지, 행해지지 않았는지에 대해 결정적으로 볼 수 없다는 점에 주목했다. 세례의 방식에 관해서도 마찬가지이다. 침례교의 논증은 (1) 세례가 침수를 의미한다는 것과 (2) 로마서 6:3-6과 골로새서 2:11-12과 같은 구절이 그리스도의 죽음과 부활이 침수를 의미한다는 것이다. 첫 번째 주장에 관해서는 신약과 70인역에 나오는 그리스어 baptizo와 그 동족어가 비록 그 의미 중 하나지만 항상 침수만을 가리키는 것은 아니다.[13] 고전적 용법에서 baptizein은 일반적으로 '담그다'를 의미하는데, 이것은 반드시 완전히 잠겼다는 것을 의미하지는 않는다(예를 들어, 예수께서 접시에 적셔서 주신 떡, 요 13:26). 지리와 이동으로 인해 신약성경에 기록된 일부 세례는 침수식으로 집행하기가 다소 어려웠을 것이다(완전히 불가능한 것은 아니지만). 예를 들어서,

---

13) Cf. Amdt and Gingrich, 131-32. 세례식과 관련된 헬라어 단어에 대한 간결하지만 철저한 논의를 위해, John Murray, *Christian baptism* (Nuley, NJ: Presbyterian and Reformed Publishing Co., 1977), 9-22을 보라.

오순절 날 3,000명이 함께 받는 경우나 광야에서 에디오피아의 내시, 빌립보에서의 간수의 경우도 침수로는 어려웠을 것이다. 그러므로 우리가 가지고 있는 예는 결정적이지 않다. 히브리서 9:10, 13-14, 10:22; 그리고 구약성경의 에스겔 36:26에 나오는 언급은 물을 뿌리는 경우였다고 할 수 있다. 누가복음 11:38과 고린도전서 10:2의 경우를 보면 Baptizein라는 그리스어는 침수를 의미할 수 없다.[14]

　　두 번째 침수론자들의 주장은 롬 6:4과 골 2:12에서 그리스도와 함께 "장사되었다"는 상징주의가 침수를 암시한다고 말한다. 그러나 우리가 이미 지적했듯이 이 이미지는 물이 아닌 죽음과 빈 무덤이다. 우스꽝스럽게 말해서, 그 텍스트는 사람을 물에 잠그지 않고 흙을 삽으로 덮어서 문자 그대로 수행할 수 있다고 말할 수 있다! 물은 죽은 사람이 묻힌 땅의 흔치 않은 상징이다.[15] 신약에서 세례를 위해 사용된 다양한 이미지(불, 물, 무덤, 신생, 헌 옷을 벗고 새 옷 입는 것 등)가 있으며, 이러한 이미지 중 어느 것도 합법적으로 양식(mode)을 결정하는 것이 될 수 없다. 만일 이 구절들을 문자적으로 세례의 양식을 가리키는 것으로 받아들인다면, 고린도에서 세례가 대상자에게 물 한 컵을 마시게 함으로써: 즉 "우리가 다 한 성령으로 세례를 받아 한 몸이 되었고 … 그리고 또 우리는 한 성령을 마시게 한 것"으로 베풀어졌다는 의미로 고린도전서 12:13을 문자적으로 취하지 않는 이유는 무엇인가? 신약성경에서 세례에 대한 언급에서 물의 주된 상징은 매장이 아니라 씻음을 상징한다. 그러므로 바울이 매장 이미지를 사용한 것은 문자 그대로의 양식을 지시하기보다는 비유적으로 이해되어야

---

14) 이 책의 목적은 한 세례 방식이 다른 방식보다 더 중요하다(priority)고 주장하는 것이 아니라 단지 일부 소홀히 하는 한 방식의 유용성을 지적하기 위한 것이므로 모든 관련된 성경 구절을 검토하려는 시도는 여기에서 하지 않는다.

15) 물론 바다에 매장될 때 죽은 사람은 물에 "매장"되지만 이것은 필연적으로 생긴 예외이며 유대인인 바울이 본질적으로 항해를 하지 않았기 때문에 유대인인 바울이 매력적으로 여겼을 이미지는 거의 없다. 또는 바다를 사랑하는 사람들도 없다. 새 하늘과 새 땅에 대한 요한의 환상에는 바다가 없었다(계 21:1).

한다. 즉 (어떤 방식으로든) 세례에서는 오래된 죄 많은 생명이 그리스도와 함께 묻히고, 새로운 삶으로 다시 태어나는 것으로 이해되어야 한다.

신약성서에서 "세례"라는 단어를 사용하는 것 중 하나는 세례 요한의 성령과 불로 주는 세례에 대한 약속이다(마 3:11; 눅 3:16). 그리고 그 약속이 오순절 날에 성취되었다. 만약에 세례가 침수(immersion)를 의미한다면, 요한이 예수가 성령과 불로 세례를 주실 것이라는 말은 "예수가 성령과 불로 침수(immerse)하겠다"는 말로 바로 이해하여야 한다. 그러나 우리가 실제로 기록에서 발견하는 것은 성령세례가 침수와 일치하지 않고 침수를 배제하는 식으로(in terms) 언급되었다는 것이다. 거기에 사용된 이미지(형상)들은 성령이 그들에게 "오셨다"(행 1:8), 성령이 부어내렸다(poured out, 행 2:17, 2:33, 10:45), 성령이 대상자에게 "내려오다" 또는 "오라"(행 10:44, 11:15) 등이다. 그 용어는 모두 물을 부으심(affusion)이지 침수(immersion)의 양식이 아니다. 그러나 이 양식을 "세례"라고 불렀다. 그리고 구약성경에서도 성령을 주신다는 약속을 말할 때 붓는 것과 뿌림에 관하여 언급하고 있다(사 32:15; 욜 2:28; 잠 1:23; 겔 36:25-27). 간단히 말해서, baptizo와 그것 동족어는 침수를 나타내는 데 사용될 수 있지만, 또한 다른 양식으로 수행할 수 있는 동작을 나타내는 데에도 사용할 수 있다는 말이다.

침수에 대한 선호는 기본적으로 더 많은 물이 있고 더 많은 신체가 물에 잠길수록 세례가 더 유효하다는 생각에 근거한다. 그들에게는 이런 상징이 뿌리거나 붓는 것보다 더 적절해 보이는 것 같다. 그러나 같은 논리로 더 많은 물이 더 나은 세례를 의미한다면, 주의 만찬에서 음식으로 가득 찬 식탁에서 즐기는 맛있는 잔치가 성찬을 받는 사람들이 일반적으로 소비하는 소량의 떡과 포도주보다 더 성찬례가 미리 맛보는 하늘 잔치의 적절한 상징인 것처럼 보일 것이다.[16] 그리고 만일 성찬을 받는 사

---

16) 물론, 이 주장은 잔치에 더 가까운 무언가가 성찬식이 거행되는 방법의 표준이 되어야 한다고 주장하는 사람들에 의해 무효로 여겨진다.

람들이 소파에 기대어 식사했다면 최후의 만찬을 더 잘 재현하는 것이었을 것이다! 그러한 사고는 상징주의의 본질을 잘못 이해하고 있는 것이다. 2장에서 "종교적 상징주의"에 대한 논의에서 함축된 것은 분량(quantity)이나 양이 상징의 유효성과 필연적인 관계가 없다는 것이었다. 국가의 국기를 상징으로 사용하는 예를 생각해 보면, 이웃 사람이 작은 국기를 표시하기 때문에 그의 애국심을 경시하기 위해 한 미국인이 7월 4일에 잔디밭에 큰 국기를 게양한다면 웃기는 일일 것이다! 상징의 가치는 분량에 의하여서가 아니라 품질(quality), 즉 "현실의 차원과 수준에 해당하는 우리 영혼의 차원과 요소"[17]를 여는 힘에 의해 결정된다.

물에 잠기고(immersion), 물을 뿌리고, 붓는 것은 각각 세례의 의미를 상징한다. 침수는 위에 표현된 유보에도 불구하고 그리스도의 죽음과 부활 안에서 우리와 그리스도와의 연합을 상징하는 데 가장 가깝다. 물을 뿌리는 것은 히 9:13, 19, 21에 기술된 바와 같이 "악한 양심으로부터 벗어나고"(히 10:22) 마음을 정화하는 것을 가장 잘 상징한다. 그리고 물을 붓는 세례는 오순절에 성령을 부어주심을 가장 잘 상징한다.

> 침수, 물을 뿌림, 물을 붓는 것, 즉 그리스도와 함께 죽고 다시 사는 것, 용서, 그리고 성령의 은사, 이 모든 것은 사망에서 생명으로 우리를 구원하시는 예수 그리스도의 사역의 측면들이다. 사실 각 양식(mode)은 구세주이신 예수 그리스도의 전체 사역을 이해하는 하나의 방식이다. 그러므로 각 세례 양식은 다른 두 양식의 의미에 참여한다. 그러므로 어떤 방식을 사용하든 상관없다.[18]

11. 교회의 세례 신학과 전례는 교회 체계(architecture)에 나타나 있어야

---

17) Tillich, DF, 42.
18) Hardin, Quillian, and White, 112.

한다.

　예를 들면 나사렛 교회는 신앙개조에서 세례에 대하여, "신청자의 선택에 따라 뿌리거나 붓거나 담그는 방법으로 집행할 수 있다"[19]고 언급하고 있다. 그러나 아이러니하게도 대부분 나사렛 교회 건물에는 침수용으로 사용할 수 있는 세례용 물통(baptistry)이 있지만, 물을 붓거나 뿌리는 데 사용하는 세례반(baptismal font)은 거의 찾아볼 수 없다. 그 대신에 물을 뿌리거나 붓는 경우에는 종종 일시적인 그릇(아마도 사탕 접시)을 사용하고는 보이지 않는 곳에 숨겨둔다. 이것은 교회가 건축을 통해 성례전에 대해 언급해야 한다는 말이라고 할 수 없다. 자유 감리교회와 웨슬리안 교회는 저들의 교리 신조에서 세례 주는 방식(mode)을 언급하지 않고 있어, 저들의 세례의식에서 세 가지 옵션을 사용할 수 있게 하였다. 이런 선택이 주어진 경우는 교회의 체계가 교리들은 반영하고 모든 승인된 의식을 규정해야 한다.

　12. 세례에서 물을 뿌리거나 붓는 것이 타당한 방식으로 장려하는 것은 몇 가지 실용적인 이점이 있다.

　웨슬리안/성결 전통의 대부분 교회는 지원자가 세례 방식을 선택할 수 있도록 허용한다. 침수 방식이 행하여지고 있는 교회들 가운데 다수는 건물에 침수용 세례반이 없기 때문에 소규모 교회에서는 종종 어려움을 겪는다. 그러한 경우 이웃 교회(아마도 다른 종파)를 빌려야 한다. 그것이 가능하지 않다면 세례식은 야외 수영장에서 거행되어야 한다. 추운 기후, 겨울철에 개종자가 있을 때는 따뜻한 날씨에 강, 개울, 호수 또는 수영장(또는 기타 장소)에서 세례를 행할 수 있을 때까지 세례식을 연기해야 한다. 이것은 회심한 후 가능한 한 빨리 사람에게 세례를 베푸는 신약성경의 선례를 위반하는 것이 된다. 뿌리거나 붓는 것이 더 널리 행해진다면

---

19) Manual, 1989, 36.

그러한 실제적인 문제를 해결하는데 얼마나 간단할 것인가. 웨슬리안/성결 교단의 대부분은 세례 방식의 선택을 허용한다. 필요한 것은 그 교회가 자체의 교리 및 전례 자원을 사용하기 시작하는 것이다! 그런 다음 세례는 제단이나 성만찬 현장(rail)에서 거행될 수 있다. 이것이 일반적으로 침수례로 할 수 있는 것보다 훨씬 더 중요한 예배의 일부가 되게 할 수 있다. [20]

13. 교회와 목회자들은 세례의 관수식(affusion, 곧 물을 붓는 것)을 더 고려해야 한다.

웨슬리안/성결 교회에서의 대부분 지원자는 침수를 선택하는 것 같다. 물을 뿌리는 양식(aspersion)은 먼 2차로, 물을 붓는 양식은 매우 약한 3차로 생각하는 것 같다. 그러나 물을 붓는 것이 물을 뿌리는 것보다 더 오랜 전통이 있다. 사실, 일부 권위자들은 그것이 침수보다 더 오래된 것으로, 그리고 신약에서 시행된 방식이라고 믿고 있다. 많은 초기 기독교 예술은 대상자가 무릎 깊이의 물에 서서 손으로 물을 떠서 머리 위에 붓고 있는 장면을 묘사하고 있다. 오늘날 대부분의 교회 건물에서는(일반적으로 침수를 시행하는 세례반에서는 할 수 있지만) 그것을 실행하는 것은 비실용적일 수 있다. 일반적으로 물을 붓는 것은 물을 뿌리는 것보다 더 많은 물을 필요로 하기 때문에 침수가 불가능하거나 비실용적이고 물 뿌리는 것은 사용되는 물이 "너무 적다"고 느낄 때는 물을 붓는 것이 침수와 물 뿌리는 것 사이의 바람직한 절충안이 될 수 있다. 물 붓는 것은 유아 및 성인 세례에서 모두 집행될 수 있다. 성인 세례일 때 회중이 볼 수 있을 만큼 충분한

20) 우리는 교회의 세례 신학이 교회의 건축에 반영되어야 한다고 말했지만, 대부분의 웨슬리안/성결 교회는 세례의 세 가지 방식을 인정하지만, 붓거나 뿌리는 것만을 실천하는 것이 더 나은 청지기 직분으로 보일 수 있다. 침수용 세례당을 짓는 데 드는 수천 달러 대신에 간단한 세례반을 훨씬 더 경제적으로 제공할 수 있고, 그 돈은 세계 선교나 주린 사람들을 먹이는 것과 같은 보다 가치 있는 일에 사용될 수 있다. 이하 생략(역주).

양의 물을 사용해야 하며, 아마도 대상자의 머리에 작은 잔으로 부을 수 있다. 머리카락이나 어깨와 같은 육체의 외모가 주된 관심사가 되어서는 안 된다. (결국 세례는 패션쇼가 아니라 교회의 성례전이다.) 그러나 원할 경우 옷이 지나치게 젖지 않도록 어깨에 무엇인가를 걸칠 수 있다. 세부 사항을 처리하는 방식이 어떻든 대부분 웨슬리안/성결 교회에서 현재 누리고 있는 것보다 물을 붓는 양식이 더 강조되어야 한다. 이 방식의 세례가 침수나 물을 뿌리는 것보다 회중에게 더 의미 있는 가능성이 있다.

물을 붓는 것이 물을 뿌리는 것보다 더 적합한 방식으로 고려된다는 제안은 위에서(제안 10번에서) 물의 양이 표징의 타당성을 결정하지 않는다고 주장한 것과 모순되는 것처럼 보일 수 있다. 그러나 요점은 사용된 물의 양이 회중에게 그것의 가시성(visibility)보다 덜 중요하다는 것이다. 성례전은 "보이는 말씀"임을 기억하라. 물을 담고 쏟아지는 것을 보고 심지어 이러한 행동의 소리를 듣는 것은 사람들이 예식에 더 많이 참여할 수 있도록 한다(위의 제안 9번 참조). 더욱이, 물을 뿌리는 양식에서는 물의 양이 너무 적어서 회중이 잘 보지 못하고 세례받은 사람이 겨우 느낄 뿐이기에 물을 뿌리는 양식에 대한 반대의 대부분을 피하는 것처럼 보일 것이다.

웨슬리안/성결 전통에서는 오순절에 "쏟아진" 성령의 은사를 강조하는 역사적 전통이 있기 때문에 물을 붓는 양식이 적합한 세례 양식처럼 보일 것이다.

14. 가능하면 세례는 주요 예배의 일부로 시행하여야 한다.

대부분의 웨슬리안/성결 교회에서는 세례식을 주일 아침 예배에 시행할 것이다. 소수의 예외를 제외하고는 이 모임은 대부분 회원이 참석하고 더 많은 손님이 참석할 때의 예배이다. 두 그룹 모두가 집행되고 있는 성례전을 경험하는 것은 중요하다. 그것은 교회가 할 일을 선포하는 한 가지 방법이다. 어느 성례전도 "한구석에서" 행해서는 안 된다. 즉 더 적은 사람들이 참석할 것으로 예상되는 경우에는 세례식을 피하여야 한다. 일요일 아침 예배에서 세례를 받는 것은 물을 붓거나 뿌리는 옵션을 선호하는 또 다른 주장이다. 이 경우에는 일반적으로 침수 양식보다 더 쉽게 예배에 편입될 수 있다. 그러나 세례반이 있는 교회에서도 주일 아침에 침수를 행하지 못하는 데는 다른 이유가 있다.

이제 우리는 성찬례의 실천을 위한 몇 가지 제안을 하고자 한다.

C. 성찬례 실행에 대한 제안

1. 주의 만찬은 항상 말씀 봉독과 설교와 함께 시행되어야 한다.

4장에서 우리는 성례전을 "보이는 말씀"으로 묘사한 아우구스티누스의 견해를 다루었다. 하나님의 말씀은 가시적(visibly)으로 재현되었으면, 또한 들을 수 있도록(audibly) 선포되어야 한다. 개신교 개혁자들은 말씀과 성례전이 그룹을 이룬다고 주장했다. 이것은 단지 설교가 항상 신약성경의 "(성례전을) 제정한" 본문에 기초한 성찬식 명상의 형태를 취해야 한다는 것을 의미하지 않는다. 만약 목사의 설교 프로그램이 교회의 성구집(lectionary readings)을 따른다면, 그 설교는 그 주간에 있어야 할 말씀에 대한 설명이 될 수 있을 것이다. 중요한 것은 말씀과 성례전이 분리되지 않아야 한다는 것이다.

2. 성찬식 시행의 분위기는 성찬식을 감사, 찬양으로 드리는 것이라야 한다.

우리는 성만찬의 이러한 측면이 침울하고 엄숙한 분위기를 위해 억제돼야 한다는 것을 이미 언급했다. 그리스도의 죽음을 기억하라는 바울의 권고를 고려하면 우울한 감정이 완전히 잘못된 것은 아니다. 그러나 그것은 제자들과 함께 식사하는 예수님에 대한 공관복음 이미지와 성찬례가 하늘의 축연(Heavenly Banquet)에서의 잔치를 미리 맛보는 것에 대한 비유적 가르침에 의해 균형을 이룰 필요가 있다. 불행히도, 성찬식의 분위기가 잔치의 분위기라기보다는 더 장례식 분위기 같다! 그러한 분위기를 만드는 한 가지는 테이블 위에 있는 떡과 잔을 흰색 천으로 덮는 데서 온다. 물론 이렇게 하는 관행 뒤에는 전통이 있다. 그것은 단지 사람들에게 식사를 상기시켰을 것이다. 이는 아마도 우리 조부모님이나 증조부모님도 그랬을 것이다. 그들은 전날 정오에 식탁 위에 음식이 남으면 그것을 저녁 식사로 먹기 위하여 천으로 음식을 덮어 음식에 먼지나 곤충이 앉지 못하게 하였다. 그러나 천이 오늘날의 식사 알림의 역할을 하는지는 의문이다. 오히려 예배자들이 교회에 모일 때 식탁과 천으로 덮인 요소(떡과 잔)의 모습은 무의식적으로 장례식 느낌을 줄 수 있다! 하여간 그런 관행은 재고할 필요가 있다.

   3. 성찬식은 행동에 가능한 한 최대의 상징적 가치를 부여하는 방식으로 거행되어야 한다.

   우리는 떡을 떼는 것이 신약 교회에서 중요한 사건임을 보았다. 그것은 교회의 일치와 사도 바울이 "우리가 감사하는 바 감사의 잔은 그리스도의 피에 참예함(koinonia)이 아니냐? 우리가 떼는 떡은 그리스도의 몸에 참여함(koinonia)이 아니냐? 떡이 하나요 많은 우리가 한 몸이니 이는 우리가 다 한 떡에 참여함이라"(고전 10:16-17)고 기록한 그리스도 안에 있는 우리의 하나 됨의 강력한 표징이다. 이러한 점에서 성찬례의 상징적 가치는 한 조각의 떡이 나누어지기 전에 회중이 모두 보는 앞에서 목사가 한 조각의 떡을 쪼개어 줌으로써 향상될(enhanced) 것이다. 이것은 얇게 자르지 않은 진짜 떡이어야 한다. 이것이 맛이 없는 웨이퍼(살짝 구은 양과자)나 미리 자른 작은 떡 조각을 배포하는 것보다 더 나은 "징표"가 될 것이다. 하나의 잔이나 성배로 마시는 것이 작은 개별 잔으로 나누어 마시는 것보다 연합의 더 좋은 표시가 될 것이다. 그러나 우리가 위에서 언급한 것처럼 목회적 규범이 이를 반대할 수 있다.

"진짜 떡"에 대한 찬성이 "진짜 포도주"에 대한 찬성에도 사용될 수 있음을 인정해야 한다. 그러나 웨슬리안/성결 전통은 포도 주스를 채택한다. 웨슬리 자신은 성찬에 진짜 포도주를 사용했고, 그리고 포도 주스의 사용은 비교적 현대적인 개념으로서, 1876년의 교회 장정에서 메소디스트들에게 처음으로 권장된 것이지만, 그들의 알콜 음료 소비에 대한 철저한 반대를 고려할 때 다른 방법을 취할 여력이 없다. 알코올 음료의 과도한 소비로 인해 발생하는 현대 사회 및 가족의 해악을 고려하여 웨슬리안/성결 교인들은 알코올을 자제함으로써 저들이 세상에 주는 증거가 성찬례에서 실제 포도주의 사용에 의하여 손상될 것이라고 믿는다.

4. 성찬례는 웨슬리안/성결 전통의 대부분 교회에서 일반적으로 행해지는 것보다 더 자주 시행되어야 한다.

존 웨슬리는 모든 그리스도인은 가능한 한 자주 성찬을 받아야 한다고 설교했다.[21] 그에게 일주일에 몇 번은 너무 많은 시간이 아니었다. 그리스도의 제자 교회, 그리스도의 교회, 로마 가톨릭, 동방 정교회와 같은 교회들은 매주 주요 예배에서 이 성찬례를 지킨다. 최소한 3개월에 한 번은 주의 만찬을 거행해야 한다는 대부분 웨슬리안/성결 교단의 권고는 성찬례에 그 중요성을 충분히 부여하지 않은 것 같다. 이 교회 중 일부는 성찬례를 월례 행사로 옮겼다. 매주 성찬례를 시행하고자 하는 염려 뒤에는 "익숙해지면 경멸이 따른다"는 속담이 있듯이, 이 성찬례가 의식이 아니라 기계적인 것이 된다는 그럴듯한 관심이 숨어있다. 그러나 같은 논리를 편다면 주간 설교나 일반적인 예배를 금지할 수 있다는 이야기가 된

---

21) 이것이 그가 설교 "지속적인 성찬의 의무"(Works 7:7:147ff)에서 강조한 두 가지 요점 중 하나이다.

다. 매주 드리는 성찬례는 큰 축복이 될 수 있다. 그러나 특정한 조건에서만 가능하다. 화이트(James F. White)는 "지금 대부분 개신교 교회에서 매달 또는 가끔 거행되고 있는 정신과 형식으로 매주 성찬례를 거행하는 것은 완전한 실패일 것이다. … 이는 과도하게 길고, 과도하게 우울하고, 과도하게 고행(penitential)의 의식이 될 것이다"[22]라고 주장한다. 만약에 성찬례 시행이 우리가 "성찬례의 이미지"에 대한 논의에서 열거한 요소를 더 강조할 수 있다면 성찬식을 현재보다 훨씬 더 자주 거행할 수 있고 큰 유익을 얻을 수 있을 것이다. 이것에서 다음 제안이 나온다.

5. 주의 만찬은 그 주의 주요 예배에서 시행되어야 한다.

세례식에 대한 제안에서 우리는 다른 성례전에 대해서도 같은 말을 했다. 주요 예배는 보통 주일 오전 예배가 될 것이다. 앞서 언급한 바와 같이 이것이 가장 많은 교인이 참석할 것이며 또한 많은 외부인이 참석하게 될 예배가 될 것이다. 두 그룹 모두가 시각적으로 선포되는 복음을 보고 음성으로 선포되는 것을 듣는 것이 중요하다. 특히 성화 교리가 중심 교리인 웨슬리안/성결 전통에서는 "성화의 성례전"이 주간의 주요 예배보다 참석자가 적은 예배에서 고정되게 집행되어서는 안 된다.

6. 초대교회가 성찬식을 아가페 만찬이나 사랑의 애찬과 함께 시행했던 관행을 회복하여 시행하는 것을 고려해 보는 것도 유익할 것이다.

이것은 우리가 7장에서 논의한 성찬례의 종말론적 측면에 초점을 맞춘 것이다. 우리는 주의 만찬을 천국 잔치를 미리 맛보는 것이라고 불렀다. 그러나 이 잔치에는 지상적인 면과 그것이 상징하는 하나님의 나라가 있다. 세상의 굶주림이 성찬례 거행과 마지막 왕국 사이에 있다. 모든 그리스도인에게 열려 있고 회개하는 "세리와 죄인"에게도 열려 있는 식사인 성

---

22) Sacraments, 128.

찬식의 식사는 세상의 굶주림을 극복하기 위한 종말론적 희망을 겉으로 나타내고 있다. 만약 가난한 사람들과 노숙자들을 "고속도로와 산울타리에서" 데려와 진정한 사랑의 잔치로 배부른 식사를 했다면 이것은 훨씬 더 생생하게 나타났을 것이다. 그러한 아가페 만찬이 친교 회관에서 단순히 흥겨움과 경박함을 위한 시간이 아니라 진정한 그리스도인의 교제와 나눔의 정신으로 시행하고, 그 후에 사람들이 주의 만찬을 거행하기 위하여 성소로 이동했다면, 교회에 어떤 영향을 미칠지 상상할 수 있다. 또는 주의 만찬이 식사를 한 같은 식탁에서 거행될 수 있다면, 교회에 어떤 영향을 미칠지 상상할 수 있다. 어느 정도 이것은 유월절 식사 중에 제정된 최후의 만찬을 모방했을 것이다. 성찬례가 식사의 특성을 더 많이 취할수록, 성찬례는 그것을 목격하는 사람들에게 예수께서 설명하신 하나님 나라의 특성을 더욱 분명하게 드러낼 것이다.

7. 주의 만찬은 항상 모든 사람을 초청하는 공개 행사가 되어야 한다.

이것은 언급할 필요가 없을 정도로 명백한 것 같다. 초대교회에서는 성찬례를 비공개로 거행하는 경우가 있었다. 그러나 그것은 박해 등의 이유 때문에 그랬지만, 오늘날에 거행되는 곳에서는 그럴 이유가 거의 존재하지 않는다. 동방 교회의 몇몇 예식은 성찬례가 거행되기 전에 세례받지 않은 사람들을 쫓아내고 개인 미사 형태를 시행했다. 로마 가톨릭은 오랫동안 사제만이 만찬을 거행하는 "개인 미사"를 시행했다. 이것은 종교 개혁이 그토록 열렬히 공격한 "미사의 제물(sacrifice)"의 개념의 한 요인이었다. 물론 이것은 사라지는 실행이다. 그러나 웨슬리안/성결 교회의 결혼식에서 결혼식 중에 신부와 신랑에만 성만찬을 제공하는 "개인 성만찬(private communion)"의 유형을 종종 볼 수 있다. 이것은 매우 부적절한 것이다. 이는 성찬례의 바로 그 의미와 일치하지 않는다. 목사는 회중의 모든 사람이 참여하도록 초대받지 않는 한 신부와 신랑에게만 주의 만찬을 집례하는 데 동의해서는 안 된다. 회중이 모두 보는 앞에서, 다른 사람들을 따돌리면서, 주의 만찬을 함께 하는 것은 매우 이기적인 행동으로 보인다. 그리스도의 몸이 누구를 위해 찢겨지고 그분의 피가 흘렀는지를 진정으로 이해하는 사람은 아무도 그렇게 하지 않을 것이다.

집이나 병실에서 아프고 갇힌 사람들에게 성만찬을 베푸는 경우는 상황이 약간 다르다. 그러나 그곳에서도 참석한 모든 사람에게 참여할 기회가 주어져야 한다. 그러한 행사를 매우 의미 있게 만드는 한 가지 방법은 교회에서 성만찬 예식을 가진 직후에 그러한 사람들에게 성찬례를 베푸는 것이다. 목사와 회중에서 선출된 몇몇 대표자들이 교회에서 성별되고 봉사했던 것과 동일한 요소(떡과 포도주)들을 병자에게 가져갈 수 있다. 이렇게 하면 교회에서 행하여진 동일한 만찬의 연장선이 될 것이며, 아픈 사람은 자신이 여전히 회중의 필수적인 부분이며 식탁에서 기억되고 있음을 알게 될 것이다.

8. 가능하다면, 사람들은 앉은 자리에서 떡과 잔을 받는 대신 성찬식 식탁 앞으로 나와서 또는 무릎을 꿇고 성찬대에서 떡과 잔을 받도록 하여야 한다.

대형 교회에서는 이것이 실용적이지 않을 수 있지만, 그 상징하는 바가 좋다. 식탁 주위에 모이기 위해 움직이거나 성찬 레일(rail)에 무릎을 꿇는 것은 그리스도 만찬의 초청에 대한 우리의 응답을 의미한다. 그것은 웨슬리와 메소디스트의 전통과 보조를 맞추는 것이다. 그러나 어느 쪽이든 복잡한 실행(logistics)은 주의가 필요한 문제이다. 규정(order)은 중요하지만 너무 많은 통제(regimentation)는 행동의 중요성을 떨어뜨린다. 많은 것들이 문제가 된다. 예를 들어서, 성소의 배치, 좌석 사이의 공간, 성찬식 테이블 근처의 공간 등이 문제가 된다. 계획은 필요하지만 "위대한 예술은 예술을 은폐"하고, 작업의 부드러움은 진정한 성찬식 거행을 특징짓는 자유와 자발성을 손상시키지 않아야 한다. 어떤 면에서, 어떤 교회 건물에서는 사람들이 앉을 자리에서 앞으로 나오라고 안내를 받는 것보다 교인이 교회의 어느 곳에서든 준비가 될 때마다 나오는 것이 더 의미가 있을 수 있다. 그러나 다시, 교회의 본당의 회중석의 배치(layout)가 요인이 될 것이다. 언제 앞으로 나올지에 대한 지침이 제공되어야 한다.

떡과 포도주가 좌석에서 제공될 때 사람들은 때때로 모든 사람이 동시에 함께 먹을 때까지 요소(떡과 잔)를 가지고 있으라는 지시를 받는다. 이것이 자리에서 성찬을 받는 것에 대한 한 가지 주장이다. 여기에는 가치가 있을 수 있다. 이것이 하나됨(unity)을 상징할 수 있을 것이다. 그러나 거기에는 그래야만 할 이유는 없다. 그리고 그것들을 흘릴 가능성도 있다. 하나 됨의 표시로서 그것은 이미 언급한 바와 같이 떡을 한 덩어리의 떡(a single loaf)에서 떼는 것보다 덜 효과적이다. 한 번에 모두가 함께 참여하는 것에는 특별한 의미가 없다. 아마도 더 나은 상징은 우리가 기근에 시달리는 지역의 사람들이 구호 트럭에서 음식을 받는 사진을 텔레비전 뉴스 방송에서 본 것을 상기시키는 그것이다. 그러한 상황에서는 아무도 다른 사람의 식사를 시중들지 않는다. 음식이 주어지면 각자 먹는다. 그리스도인은 "의에 대해 굶주리고 목마른 자들"이며, 예수님은 그들이 (굶주림에서) 채워질 것이라고 약속하셨다. 그 주님이 우리를 보고 기다리라고 하시는가? 물론 이것은 바울이 고린도전서 11:20-21에서 언급하고 우리가 이미 논의한 것과는 다른 문제이다.

화이트(James White)는 각 통로의 앞에 있는 여러 성만찬식 스테이션에서 목사와 보조자들이 서 있는 가운데 일부 교회에서 흔히 볼 수 있는 방식, 곧 사람들이 성만찬을 받고 있는 방식을 설명한다. 그런 다음 그것을 받는 사람들은 자기 자리에 돌아가든지 또는 성찬식 난간에 무릎을 꿇고 원하는 시간만큼 기도한다.[23] 화이트는 "'일부를 거절하는 식탁(table

---

23) Ibid., 130.

dismissals)'만큼 서비스를 훼손하는 것은 없고", 그것을 제거한다고 예배 기간을 단축하고 회중을 분열시키는 결과를 초래하지 않는다고 믿는 다.[24]

9. 주의 성만찬은 목사와 교인들이 성찬대에 둘러 모인 것을 상징하는 양식으로 시행되어야 한다.

물론 이것은 성찬 테이블이 가능하면 사람들과 가깝게 있고 동일한 높 이(level)에 있어야 하며, 목사는 회중을 향해서 있어야 한다. 1965년까지 로마 가톨릭 사제들은 마치 하나님이 "한가운데"가 아니라 "밖에서" 사 람들과 떨어져 있는 것처럼 회중을 등지고 성찬식을 거행하는 중세 양식 을 따랐다. 사람은 하나님의 가족에게 당연히 등을 돌리지 않는다. 일부 개신교 목사들은 여전히 이 관행을 따르고 있다. 이것은 웨슬리안/성결 교회에서는 어울리지 않는다. 우리가 세례식에 대한 제안에서 언급했듯 이, 교회의 건축 무대는 그의 신학을 반영해야 한다. 성찬의 테이블의 배 열과 배치를 포함한 건축적 배경은 설교보다 복음의 본질을 더 효과적으 로 전달할 수 있다. "건물이 설교와 모순되면 건물이 이길 가능성이 더 크 다."[25]

10. 마지막으로 주의 만찬을 거듭나게 하는 의식으로 사용하는 일을 제안한다.

이 문제는 "성찬례와 전도"의 장에서 언급되었다. 거기에서 웨슬리의 모 범에 따라 불신자들도 특정한 조건 하에서 주님의 식탁에 초대될 수 있다 는 것이 제안되었다. 독자는 8장의 마지막 짧은 단락과 거기에 있는 다 음 제안을 주목하기 바란다. "그런 사람들에게 저들의 성찬식탁에 다가

---

24) Ibid., 131.
25) Ibid., 130.

가는 것 자체가 … 그들이 그렇게 하려고 하면, 저들의 회개하는 행위일 수 있다고" 말할 수 있다. 아무도 이것이 정확히 어떻게 이루어져야 하는 지에 대해 엄격한 규칙을 세울 수는 없다. 세심한 설명이 필요할 것이다. 시도해 볼 가치가 있다고 확신하는 목사들은 그 소명을 분명히 할 방법을 찾을 것이다.

10장
웨슬리안 디자인: 구조에 의한 영성
The Wesleyan Design: Spirit via Structure

이 마지막 장에서는 할 말이 거의 남아 있지 않다. 결론은 각 단계별로 도출되었는데, 이는 우리 연구의 이 시점에서 분명해야 한다.

이 장의 제목을 첫 번째 장의 제목과 비교하면서 고려해야 한다. 우리는 웨슬리안의 딜레마를 고려하는 것으로 시작했다. 우리의 연구는 명백해진 웨슬리안의 설계(design)를 인식하는 것으로 끝내야 한다. 우리는 오늘날의 웨슬리안/성결 전통에 있는 성례전의 양면성을 "정신 대 구조"로 특징짓는 것으로 시작했다. 그러나 우리의 연구는 진정한 웨슬리안의 방법은 "구조에 의한 정신"임을 보여주었다.

첫 장에서 설명한 오늘날의 웨슬리안/성결 교회의 딜레마는 일반적으로 예배와 특히 성례전과 관련하여 매우 현실적이다. 우리는 성례전을 어떻게 해야 하는가? 영성 발전에 있어 지금까지 성례전에게 주어진 것보다 더 큰 자리를 성례전에게 주어야 하는가? 물론 내 대답은 분명한 긍정(yes)이다. 여기에서의 나의 노력이 다른 사람들에게 나의 관심사를 공유하는 데 도움이 되기를 바란다.

웨슬리 자신의 생각에 있는 딜레마도 또한 현실적이다. 우리는 그가 교회의 두 가지 방식을 가지고 일했던 것, 즉 한편으로는 성례전과 단체적인 것에 대한 뿌리 깊은 존경심과 다른 한편으로는 열렬하고 강렬하게 개인적인 복음적 신앙 사이에서 균형을 잡기 위해 애쓰는 것을 보았다. 그럼에도 불구하고 웨슬리는 바로 이 균형 속에서 우리가 그의 웅장한 디자인을 찾을 수 있도록 노력했다. 정신과 구조는 둘 다 중요했다. 그리고 저들은 상호 배타적이지 않았다.

구조는 정신과 반대되는 것이 아니라 바로 그 전달자(conduit)였다. 예배 형식, 질서 정연한 예배, 공동 기도서, 영혼을 하나님께로 인도하는 찬송, 고대 신조, 기도문 등은 하나님이 죄를 깨닫게 하고 거듭나게 하고 거룩하게 하는 영을 보내실 수 있는 바로 그 통로였다. 그것들은 "은혜의 수단"이었다. 이런 구조 중 가장 중요한 것이 성례전이었다.

1726-28년경, 영국교회 저술가이자 상당한 위치에 있는 윌리엄 로(William Law)는 존 웨슬리(John Wesley)에게 큰 영향을 미쳤으며, 웨슬리가 기독자 완전의 교리를 형성하는 데 도움을 주었다.[1] 웨슬리는 그 점에 대해서는 로에게서부터 배운 것을 결코 버리지 않았다. 그러나 30년 후 웨슬리는 성례전과 다른 은혜의 수단에 관하여 로에 대해 날카로운 문제를 제기했다. 영성의 발달에 있어서 사람이나 책의 도움을 구하지 말고 하나님의 규례를 완전히 무시하면서 "당신 자신을 전적으로 하나님께 맡겨야" 한다는 로(Law)의 주장에 대하여 웨슬리는 다음과 같이 질문했다: "그러나 사람이 어떻게 '하나님의 의식을 완전히 등한히 하여 자신을 온전히 하나님께 맡길 수 있는가?' 그는 종교의 모든 외적인 것은 우리 영혼을 의와 참된 거룩함으로 새롭게 하려 함이라"고 주장했다.

그는 외적 길과 내적 길이 두 가지 다른 길이라는 견해를 거부했다. "우리가 내적 은혜를 받는 단 하나의 성서적 방법이 있다. —그것은 하나님이 제정하신 외적 수단을 통하여 받는 길이다."[2]

---

1) Works 11:367.
2) Letters 3:366-67.

공적 예배와 성례전과 관련하여 로(Law)는 주의 만찬이 한 사람의 내면 (inner being)에서 개인적인 일로 지켜지는 보다 신비로운 예배를 주장했다. 그는 이런 내적 예배에 잘 기초를 둔 사람은 외적 수단이 필요하지 않으며, "시간과 장소를 초월하여 하나님께 복종하기"를 배웠을 것이라고 주장했다. 그러나 웨슬리에게 있어서는 하나님의 말씀과 하나님의 성령은 "서로 연관되어 역사한다." 그리고 성경은 그에게 우리가 시간과 장소를 초월하여서가 아니라 엄밀히 특정한 시간과 특정한 장소에서 마음으로 하나님을 예배해야 한다고 가르쳤다. [3]

그러나 웨슬리안의 디자인을 '구조를 통한 정신'으로 볼 때, 우리는 하나님이 구조를 통해 주시는 것이 정신(spirit)이라는 점을 간과해서는 안 된다. 이것은 감정, 태도, 어조 또는 음성 그 이상을 의미한다. 엄밀히 말하면 성례전과 같은 은혜의 수단으로 하나님이 주시는 것은 영(성령)이다. 하나님은 성례전에 자신을 묶으셨지만 하나님은 성례전에 자신을 제한하지 않으셨다. 주권자는 성령이지 구조가 아니다.

우리의 부제(subtitle)에서 알 수 있듯이 이 책은 웨슬리안의 양식(mode)에서 영성의 발전에 있어서 성례전이 가져야 할 위치에 관한 것이다. 서문에서 우리는 영성에 대한 간략한 정의를 말했다. 아마도 지금 우리는 그것에 대해 더 말할 수 있는 위치에 있다. 그것은 하나님에 대한 인식과 우리 삶과 세상에서의 거룩함을 인정하는 것으로 정의될 수 있다. 영성은 신성한 것(the sacred)에 대한 우리의 인식이 우리의 전체 삶, 즉 우리가 사는 방식 및 우리가 내리는 선택에 영향을 미친다는 것을 의미한다. 그것은 우리가 하나님의 끌어당김에 우리 자신이 민감해지고, 이 끌어당김에 자신을 맞추려고 노력한다는 것을 의미한다. 영성에 관여하는 것은 의미를 추구함이 우리의 가장 중요한 추구라는 것을 이해하는 것이다.

탐구는 피상적이고 얕고 주관적인 것으로 만족할 수 없다. 영성은 감

---

3) Ibid., 367.

정적인 기분이 좋은 자극이나 해방 그 이상이다. 영성은 객관적인 실체, 하나님의 입에서 나오는 모든 말씀에서만 양육될 수 있다, 즉 성육신하신 말씀, 기록된 말씀, 전파된 말씀, 성례전의 "가시적인 말씀"에서만 양육될 수 있다. 세례로 그리스도와 함께 장사되고 새 생명으로 다시 살아나는 것을 아는 것, 그것이 영성이다! 예수의 몸인 떡을 먹고 그분의 피인 포도주를 마시는 것, 그것이 영성이다! 우리의 구속주이시며 장차 오실 왕이신 분을 "기억하여 이것을 행"하고, 그리고 "동서남북으로부터" 온 자들과 함께 앉아(눅 13:29), 하나님 나라의 잔치에 저들과 함께 앉게 될 그 날을 기쁘게 기대하며 이것(성례전)을 행하는 것, 그것이 영성이다!

서문에서 말했듯이, 이 책을 쓴 나의 목적은 웨슬리안/성결 전통에 있는 동료 그리스도인들이 성례전의 진가를 잘 알고, 분명한 성례전의 비전이 거룩한 삶에 도움이 될 수 있음을 보여주기 위함이었다. 내 노력으로 소수의 사람이라도 그 비전을 공유할 수 있게 되었다면 나는 많은 보상을 받은 것이다.